中国财政科学研究院年度智库报告

世界主要国家财政运行报告（2018）

中国财政科学研究院 著

中国财经出版传媒集团
中国财政经济出版社

《世界主要国家财政运行报告（2018）》

编　委　会

目录
CONTENTS

第三篇 北美洲

第四篇 南美洲

第五篇 大洋洲

第六篇 非洲

第七篇　亚　洲

第一篇

总　论

第一章 从“逆全球化”看2018年国际经济形势

近年来，国际经济从全球化转向“逆全球化”，国际经济和全球治理面临诸多不确定性，为2018年国际经济形势增添了极大的变数。综合全球各主要经济体的表现，我们认为，2018年国际经济将继续保持复苏态势，但复苏的基础并不牢固，以美欧为中心的“逆全球化”对国际贸易、投资等带来一定的负面影响，但不会逆转全球化大势，全球化的未来不再仅由西方决定，新兴世界既有保持全球化进程的巨大利益，也具备捍卫它的空前力量和决心，全球经济总体处于两个经济增长波段的“交汇期”和“博弈区”。对中国而言，“逆全球化”既是挑战，也是机遇，我国应立足于全球化发展中的新情况、新变化，增强应对不确定性的能力，主动参与和推动“新全球化”。

一、“逆全球化”的兴起与表现

2008年国际金融危机之后，全球经济进入“新平庸时代”（拉加德，2014）。英国脱欧，法国、意大利等国的民族主义、民粹主义上升，特朗普“美国优先”战略和贸易保护主义大行其道，发达国家和发展中国家间跨境资本流动下降，国际经济从全球化向“逆全球化”转向，加上新技术革命及气候危机等因素的影响，使未来国际经济和全球治理面临很大的不确定性。

一是日益抬升的“贸易保护主义”。数据显示，国际金融危机爆发十年来，各国出台的贸易保护措施不下 3 000 项，导致全球经济增长因贸易和跨境投资减少而放缓，多边贸易体系屡遭挫败。

二是毫无顾忌的“税收本位主义”。为了保护美国本国利益，鼓励本国制造业发展和吸引海外资金回美国，特朗普政府计划将企业所得税从 35% 降至 20%，年收入个人所得税起征点翻倍至 1.2 万美元，取消房产遗产继承税等，引发全球税收竞争。

三是不断增强的“政治分离势力”。2017 年 9 月德国大选中极右翼政党意外胜利，10 月奥地利大选右派大胜，同月捷克议会选举中反建制派 ANO 党获得压倒性胜利，11 月加泰罗尼亚地区政府宣布独立，欧洲的政治风险似乎再度死灰复燃。经济不平等和政治两极化双管齐下，进一步放大全球风险。①

四是颠覆传统的新技术革命。在当今世界中，生产、通信、能源和其他系统正在以前所未有的速度和规模改变及颠覆就业模式、社会关系和地缘政治稳定性等方方面面，技术革新给风险格局带来乘数效应，受影响产业和地区的收入下降、失业率上升，进而引发破坏性的社会不稳定。

五是持续加大的气候危机。自 2008 年以来，每年有 2 150 万人因气候变化或气候危机事件流离失所。联合国减灾办公室报告称，2015 年有接近 10 亿人受到自然灾害的影响。由于海平面不断上升，从阿拉斯加到斐济和基里巴斯的多个社区都已经或计划迁离。世界银行预计，水资源危机将会给包括中东和荒漠在内的地区造成极端的社会压力，到 2050 年之前，水资源稀缺造成的经济影响可能占其 GDP 的 6%。水资源稀缺、气候变化、极端气候事件和非自愿移民相关的风险交汇产生催化剂，进一步放大“风险乘数”。

从根源上看，此次“逆全球化”，以美国、欧洲部分国家为中心，是西方国家内部经济结构失衡、社会两极分化等诸多矛盾累积的现实反映，为 2018 年国际经济运行增添了极大的变数，甚至可能成为引发社会动荡和国家冲突的导火索。对此，我们绝不能掉以轻心。

二、世界主要经济体的经济形势

（一）美国的经济形势分析

在美国，“逆全球化”主要表现为“美国优先”，集中体现在特朗普政府实施的

① 世界经济论坛：《全球公共风险报告（2017 年）》。

一系列政策上，一定程度上推动美国经济呈现出稳定增长的态势。2017年上半年美国经济先抑后扬，一季度经济增速仅为1.2%，二季度大幅反弹至3.1%，三季度约为3.2%，这是两年多来美国GDP首次连续两个季度达到3%的增速，四季度增速为2.5%。美国经济2017年表现不俗，主要得益于个人消费表现强劲，企业投资增长超过预期，商品和服务净出口达到2014年以来的最高增速，共同推动了美国经济的稳定增长。

然而，美国经济的隐患也是显而易见的。一是全要素生产率趋势的估计大幅度下降。研究显示，关于美国全要素生产率趋势的估计大幅度下降，这增加了人们对这种下降是永久性下降的担忧。二是高额的家庭负债对美国经济带来重大的负面影响。截至2017年6月，美国家庭负债总额与去年同期相比，增加了5 000多亿美元，达到12.84万亿美元，约是美国国内生产总值（GDP）的三分之二。IMF最新发布的《全球金融稳定报告》认为“美国家庭消费负债若持续维持高位，会导致经济持续下行并更为深化”。三是美国一系列以邻为壑的政策，如税收、贸易、移民、气候、能源及货币政策等，对世界经济发展将会造成极大的负面影响，也不利于美国经济的平稳增长。

（二）欧盟的经济形势分析

在欧盟，“逆全球化”主要表现为反欧洲一体化，内部凝聚力不断降低，为欧盟经济带来种种不确定性。2017年，一些有利于经济增长的因素开始发挥作用，如石油价格持续走低，欧元兑美元有所贬值，量化宽松政策带来积极的刺激作用，财政政策逐渐回归中性，欧盟经济开始复苏。据欧盟委员会在2017年2月的预测①，欧元区的GDP增长率在2017年将有0.1个百分点的回落，从2016年的1.7%回落到1.6%，但有望在2018年上升到1.8%。但根据欧盟统计局在2018年1月份的估计，欧元区在2017年的经济增长率为2.5%，创下近十年来最快增速，2018年预计增长2.3%，2019年为2.0%。今明两年的经济增长可能略为放缓。整个欧盟的GDP增长率也将从2016年的1.9%增长到2017年的2.5%。②

在驱动力方面，私人消费是欧盟经济增长的主要动力，投资则表现不佳，政府

① European Commission, European Economic Forecast, Winter 2017, 02.2017.

② GDP up by 0.6% in both the euro area and the EU28, http://ec.europa.eu/eurostat/documents/2995521/8627394/2-30012018-AP-EN.pdf/0374d17b-ba86-4aab-8837-c4865e087ceb, 30 Jan. 2018.

消费将继续保持其对 GDP 的稳定贡献，对外贸易对欧盟 GDP 的增长率接近于零。2018 年，欧元区的就业增长率预计从 2017 年的 1.3% 降至 1%，欧盟的就业增长率会降至 0.8%。劳动力工资水平预计将温和增长，带动通货膨胀率的上升。欧元区政府债务率预计会达到 89.25%，比 2016 年降低 2.25 个百分点。通过对欧盟的财政结构性平衡指标进行判断，欧盟财政政策已经从 2015 年开始逐步从紧缩转向中性。货币政策短时间内将继续保持量化宽松。

然而，欧盟经济也面临着诸多风险。一是美国减税及贸易保护主义将使欧洲经济遭受打击；二是特朗普的上台削弱了西方的自由共识，助长欧洲右翼势力的兴起，给欧洲经济的稳定增长带来隐患；三是英国“脱欧”程序正式启动，将对英欧贸易产生负面影响，甚至会引发其他欧盟国家效仿；四是欧元区一体化改革存在分歧，欧盟内部改革已经“迫在眉睫”。

（三）日本的经济形势分析

在日本，主张全球化和反全球化同时并存。由于外向型经济一直占据主要地位，日本很大程度上是受益于全球化发展的，为了应对“逆全球化”带来的影响，日本积极采取措施，启动日美经济对话。但“逆全球化”并非和日本没有关系，正在实施的安倍增长战略实际上就带有反全球化的色彩，安倍晋三主张的“一亿人总活跃社会”总目标就是变形的“日本第一”，类似于“美国第一”。

根据日本内阁府统计，2017 年日本经济实际 GDP 增长率为 1.7%[①]，连续 3 年实现正增长，但上涨节奏正在放缓，经济复苏实力仍欠缺力度。日本经济的驱动力是以个人消费和设备投资为中心的内需，由于出口增长缓慢，其外需对经济增长的贡献度预计将出现负值。公共部门方面，在老龄化不断发展的背景下，政府消费正在缓慢增加。2018 年日本经济实际增长率预计为 1.0%，较 2017 年下降 0.7 个百分点。如果除去缩减指数（0.5%），预计基本和 2017 年增速相当。东京奥运会场馆建设将拉动基础设施投资，推动经济增长。受世界经济继续复苏的影响，预计出口将继续增加。设备投资方面，为了应对人手短缺，促进 AI 及 IoT 利用的研发投资预计将持续增加。

日本经济也面临着诸多不利因素：一是世界经济减速，日本出口减少；二是个人消费较为低迷；三是劳动力短缺问题日益严重，给部分行业造成供给制约。这些不利因素可能引发日本经济近期存在下行风险。

① 日本内阁府网站 http：//www. esri. cao. go. jp/jp/sna/menu. html

（四）部分金砖国家的经济形势分析

金砖国家是应对“逆全球化”的主力军，正在创造和引领新的全球化。受美欧贸易保护主义及自身结构调整等因素的影响，金砖各国今后 10 年平均增长率预计将从过去 10 年的 6.5% 左右有所下降。

俄罗斯正在实施进口替代政策，推进产业结构转型，摆脱资源依赖，但欧美国家对其进行的经济制裁导致无法保证充分的资本投入，推进基础产业培育和提升国际竞争力有难度。另外，生产年龄人口也将继续减少，这些都将导致俄罗斯潜在增长率缓慢降低。俄罗斯今后 10 年的平均增长率预计将高于过去 10 年的 1% 左右的增长率。

巴西在 2016 年特梅尔就任总统之后，修订了《巴西劳动法》，推行基础设施经营权转让、民营化等改革，预计将扩大外国资本的流入。如果导致巴西财政赤字的最大因素——养老金改革成功，紧缩财政政策有所放松，将可能带来劳动投入的增加，潜在增长率将缓慢上升。世界银行预测①，巴西 2018 年经济将增长 2%，2019 年增长 2.3%。综合来看，巴西今后 10 年的平均增长率预计将略低于 3%，高于过去 10 年 1% 左右。

印度莫迪政府正在推进经济改革，放宽对外资的管制、引进商品服务税等，加之外界对其“超越中国”的增长期待，外国投资持续流入，基础设施投资需求旺盛，城镇化、工业化以及服务业发展加快，预计将带来劳动生产率的上升。从中长期看，上院、下院的“不和”将缓解，土地收用法、就业法等改革取得进展，有利于生产率的进一步提高。印度今后 10 年的平均增长率预计将高于过去 10 年的 7% 以上的增长率。

（五）部分新兴国家的经济形势分析

新兴国家是全球化的受益对象，也是抵制“逆全球化”倾向的重要力量。“逆全球化”必然损害新兴国家的贸易利益，但也是一种机遇，亦是一种强大的激励，促使新兴国家进行必要的结构性改革，提高生产力，实现国内工资及消费水平增长。

2016 年之后，国际经济复苏，跨国资本再次流入新兴国家。预计新兴国家整

---

① 世界银行 2018 年 1 月 9 日《2018 年全球经济展望》。

体今后10年的平均增长率将低于过去10年的5%的增长。在新兴国家，随着老龄化的出现，劳动投入量的减少，将压低潜在增长率；而基础设施投资增长，城镇化、工业化加快发展，又为经济增长提供重要支撑。如果石油价格逐渐上涨，今后10年的前半段受资源贬值最直接影响的国家、地区将成为增长率上升的核心；但后半段，中国经济进一步减速将波及以亚洲为中心的地区增长率开始减速。

在ASEAN4国家（马来西亚、泰国、印尼、菲律宾），生产年龄人口的增加推动潜在增长率上升的效果将逐渐减弱，劳动生产率的上升将成为增长的支撑力。在后发新兴CLM国家（柬埔寨、老挝、缅甸），劳动成本低廉的优势非常突出，但面临着高附加值产业不足、家庭债务负担高以及贪污腐败等缺陷。上述国家今后10年的平均增长率预计在5%左右，保持与过去10年相同的水平。

韩国和台湾地区以出口导向型发展模式实现了经济高增长，但其出口所占比重过大，受国际贸易的影响显著，潜在增长率面临下行压力。另外，受老龄化提升、储蓄率低迷等影响，资本投入也将放缓。政府致力于推动新兴产业发展以及通过教育改革实现人力资本质量提升，未来经济增长将会有所改善。

（六）对2018年国际经济形势的预测

综上分析，我们认为：源于各国货币政策、财政政策以及结构性改革等有效支撑和拉动，加之市场在一些领域实现了自我出清，全球主要经济体将继续保持复苏态势；由于以智能制造和新能源技术为代表的新一轮科技革命以及新产业、新业态、新商业模式，尚未成为推动全球经济进入新增长周期的主导力量，全球新旧动能转换仍在进行之中，特别是经济结构失衡问题没有得到根本解决，表明全球经济复苏的基础并不牢固；以美欧为中心的“逆全球化”，对国际贸易、投资等带来一定的负面影响，加大了全球经济风险，加剧了全球资本和产品竞争，但不会逆转全球化大势，也不会逆转国际经济复苏的趋势。全球化的未来不再仅由西方决定，新兴世界既有保持全球化进程的巨大利益，也具备捍卫它的空前力量和决心[①]。可以说，全球经济总体处于两个经济增长波段的“交汇期”和“博弈区”。

---

① 透视“逆全球化”表象，http：//finance. eastmoney. com/news/1351，20170322722474380. html，2017. 3. 22.

表 1－1　　　主要国际组织及机构对世界经济的预测　　　单位：%

指标	预测机构	2016	2017	2018	指标	预测机构	2016	2017	2018
	国际货币基金组织					国际货币基金组织			
	世界	3.2	3.6	3.9		发达国家	0.8	1.7	1.7
	发达国家	1.7	2.2	2.3		发展中国家	4.3	4.2	4.4
	美国	1.5	2.2	2.7					
	欧元区	1.8	2.1	2.2	通货膨胀率	联合国			
	日本	1	1.5	1.2		发达国家	0.7	1.5	1.9
	发展中国家	4.3	4.6	4.9		发展中国家	5.2	4.4	4.3
	世界银行					国际货币基金组织			
	世界	2.3	2.7	3.1		世界	2.4	4.2	4
	发达国家	1.6	1.8	2.2					
经济增长率	发展中国家	3.4	4.2	4.5					
	美国	1.6	2.2	2.2					
	OECD								
	世界	3.3	3.5	3.7					
	美国	2.5	2.1	2.5					
	欧元区	1.8	2.1	2.1					
	日本	1	1.6	1.2	贸易				
	联合国					联合国			
	世界	2.4	3.0	3.0		世界	1.2		
	美国	1.5	2.2	2.1		美国		1.9	
	欧元区	1.9	2.2	2.1		欧元区		1.8	
	日本	1.0	1.7	1.2		日本		0.9	

资料来源：国际货币基金组织《世界经济展望》2018年1月；世界银行《2018年全球经济展望》2018年1月；OECD《OECD经济展望报告》2017年11月；联合国《世界经济形势与展望（2018）》2017年12月。

注：贸易和通货膨胀率见国际货币基金组织《世界经济展望——寻求可持续增长：短期复苏及长期挑战》2017年10月版；贸易见联合国《世界经济形势与展望（2017）》2017年1月版。

三、推动“新全球化”的发展

当前国际经济形势的发展，对我国既有有利的因素，也有不利的因素。适应全球化发展中的新情况、新变化，我国需增强应对不确定性的能力，主动参与和推动“新全球化”。

（一）对我国的有利因素分析

一是“逆全球化”为中国提供了新全球化“引领者”和“塑造者”的重大历史机遇。与传统的全球化不同，“新全球化”应当建立在平等相待、利益共享、包容互惠、互商互谅等原则之上、以新型伙伴关系为基础的全球化，是打造“人类命运共同体”的必然选择，但“新全球化”并未成形。中国应抓住这一历史机遇，提供“新全球化”的中国方案，增强在全球治理中的话语权。

二是国际经济整体回升带来“共振”效应，有利于我国经济增长与发展。我国自2016年下半年以来延续的良好经济发展势头，其中一个重要原因是全球经济整体好转，促进了我国进出口的回升。2018年，全球经济继续好转，将会给我国经济发展创造一个良好的国际环境，有利于我国经济持续发展。

三是美欧等国的再工业化以及新兴经济体的成长，有利于我国经济结构优化和升级。一方面，为中国制造、创造和智造提供了广阔的市场空间，同时也提供了推动中国制造转向中国创造和智造的强大动力；另一方面，为中国企业“走出去”、参与“一带一路”建设及推动全球治理变革等提供了新机遇，符合我国发展的长远利益。

（二）对我国的不利因素分析

一是逆全球化及贸易保护主义抬头给我国的对外贸易带有一定影响，但这一影响不会太大。由于当今世界各主要经济体之间复杂交织、相互嵌套，我国与欧美主要国家在资源禀赋和产业结构方面的差异，决定了我国与之在经贸方面互补性与竞争性并存。特别是鉴于我国经济体量的增大、在全球治理中话语权的提升，以及欧洲国家被自身的一些问题所困扰，因此，未来我国与欧洲国家发生大的贸易战可能性较小，但小的贸易摩擦可能会加剧。由于美国特朗普政府奉行“美国优先”理念，并接连出台诸多贸易保护措施，增加了中美发生贸易战的风险，给我国经济发展带来负面扰动因素。

二是发达经济体再工业化加速趋势，以及可能出现的减税、全球税收竞争等因素，对我国的制造业带来新的挑战和压力。如果美欧企业所得税税率下降，在其他条件不变的情况下，必然会提升制造业资本的税后利润，从而对全球制造业资本的配置产生影响，促进制造业资本流向美欧，不利于我国工业转型升级。但由于制造业的竞争力，除了税制等因素外，还取决于人才、供应商网络、基础设施建设、创新政策和本地市场吸引力等诸多因素，因此，对我国制造业的竞争力影响不会过大。

三是我国经济发展的国际环境面临的不确定性增加。全球性宽松货币政策的退出、全球债务迅速增加，可能削弱吸引外资能力，引起资本外流和企业外迁加剧，从而削弱我国发展的优势和动力。此外，民粹主义、分裂主义等全球政治问题，也会使我国的发展环境面临的不确定性增加。

（三）我国的应对策略

依据全球经济形势的发展和变化，制定有针对性的国内和全球策略。在国内策略方面，以提升我国企业竞争力为根本目标，以供给侧结构性改革为主线，建设现代化经济体系，激发创新动力和经济活力，培育新竞争优势，提升防范财政金融风险的能力；在全球策略方面，以“一带一路”建设、金砖国家合作等为抓手，积极参与全球经济治理，引领、塑造“新全球化”。

一是以推进供给侧结构性改革为主线。一方面，通过调整、优化国有资源配置结构，消除资源配置中的“挤出效应”，为民营企业发展提供相对宽松的资源环境，进一步释放经济活力，稳定当前经济增长；另一方面，通过提升国有资源配置效率，化解结构性失衡，解决经济发展中的深层矛盾，为中长期经济发展积聚新动能，实现经济持续健康发展。

二是以技术创新为引领经济增长的动力之源。以简政放权与能力建设相结合，加快推进政府综合改革，规范和明确政府的权力边界和职责范围；建立健全创新创业的法律体系，打破不合理的垄断和市场壁垒，促使社会资本在公平竞争中实现创新；实施乡村振兴战略，继续推进土地制度和农村产权制度改革，激发农村活力；优化财政、金融、产业等宏观政策，支持创新以及转型升级和结构调整；针对可能发生的全球税收竞争，做好税收调整预案，根据中央与地方的承受能力、纳税人税负结构、税收征管以及国外税制等多种因素，适当调低增值税和企业所得税税率；完善支持自主创新的科技金融政策体系，构建多层次风险分担与政策支持机制。

三是以防范财政金融风险为重点。进一步强化地方债务管理，既要强化流量管理，切实把债务风险关进笼子里，更应着眼于存量调整，防范地方债出现“灰犀牛”；实行综合系统管理，规范PPP、政府采购和投资基金运行，防止出现新的债务风险；建立省级资源统筹和改革协调机制，削减存量债务，促进融资平台转型；优化财政支出结构，增强财政应对不确定的能力。

四是以 G20、金砖国家等合作机制为载体，实施好“一带一路”等重大战略。加快推进“一带一路”建设和金砖国家合作机制步伐，拓展新的贸易伙伴和贸易领域，为新全球化以及全球新的合作发展模式提供“样板”；推动全球经济治理规则改革，加强与新兴国家的联系与磋商，提升中国在经济治理机制中的话语权和资源定价权；积极推进双、多边经贸合作，加快 RCEP、FTAAP、中欧 BIT、中加 FTA 等谈判，主动参与 TPP 谈判，构建面向全球的自由贸易区网络。

主要参考文献

[1] Brookings, Tracking Indexes for Global Economic Recovery, https: //www. brookings. edu/research/september - 2011 - update - for - tiger - tracking - indexes - for - global - economic - recovery/, 08. 2017.

[2] European Commission, European Economic Forecast, Winter 2017, 02. 2017.

[3] Eurostat, Regional Yearbook 2017, 08. 2017.

[4] Fitch, Good News Continues on the World Economy, 08. 2017.

[5] UN, World Economic Situation and Prospects 2017, 01. 2017.

[6] Global Economic Prospects. A Fragile Recovery. June 2017.

[7] https: //openknowledge. worldbank. org/bitstream/handle/10986/26800/9781464810244. pdf.

[8] http: //www. imf. org/. World Economic Outlook. GLOBAL PROSPECTS AND POLICIES. October 29, 2017.

[9] By Andrew Mayeda. America First No More as IMF Sees U. S. Fading as Growth Engine. Posted on July 24, 2017.

[10] East Asia Pacific Economic Update, October 2017. October 4, 2017.

[11] http: //www. oecd. org/eco/outlook/economic - outlook/. Interim. OECD Economic Outlook and Interim Economic Outlook. Economic Outlook release of 20 September 2017.

[12] http: //www. esri. cao. go. jp/. 四半期別 GDP 速报 2017 年 4—6 月期 · 2 次速报（2017 年 9 月 8 日）。

第二篇
欧 洲

德国

英国

法国

俄罗斯

第二章
英 国

英国全称大不列颠及北爱尔兰联合王国（The United Kingdom of Great Britain and Northern Ireland），位于欧洲西部，岛国，面积 24.41 万平方公里（包括内陆水域），人口 6 605 万（2017 年），首都伦敦。1688 年发生“光荣革命”，确定了君主立宪制。18 世纪 60 年代至 19 世纪 30 年代成为世界上第一个完成工业革命的国家。1914 年占有的殖民地比本土大 111 倍，是第一殖民大国，自称“日不落帝国”。第一次世界大战后开始衰落，其世界霸权地位逐渐被美国取代，第二次世界大战严重削弱了英国的经济实力。随着 1947 年印度和巴基斯坦相继独立，英国殖民体系开始瓦解，但英国仍是英联邦 53 个成员国的盟主，目前，在海外仍有 13 块领地。英国 1973 年 1 月加入欧共体（即后来的欧盟），非欧元区国家，2016 年 6 月 23 日英国举行脱欧全民公投，脱欧派获 51.9% 支持率，英国在加入欧盟 43 年后决定脱离欧盟，目前英国正在就脱欧问题与欧盟进行协商。英国对英联邦成员国无论是语言还是体制、制度上都有深远的影响。不但如此，英国的很多法律和制度还是世界各国学习和效仿的对象，例如君主立宪制、大宪章。①

一、经济概况

（一）国民经济②

英国经济实力较强，是世界第六大经济体，欧盟第三大经济体。农业在英国国

① 中国外交部，《英国国家概况》，2018 年 2 月更新，中国外交部网站。
② 中国外交部，《英国国家概况》，2018 年 2 月更新，中国外交部网站。

内生产总值（GDP）中所占比重不到1%，从业人口约45万，不到就业总人口的2%，低于欧盟国家5%的平均水平，低于其他主要工业国家。农用土地占国土面积的70%，其中多数为草场和牧场，仅1/4用于耕种。农业人口人均拥有70公顷土地，是欧盟平均水平的4倍。英国农业主要包括畜牧、粮食、园艺、渔业，可满足国内食品需求的近2/3。英国是欧盟成员国中最大捕鱼国之一，捕鱼量占欧盟的20%，能满足国内2/3的需求量。

工业在英国国内生产总值的比重约23%，工业主要包括采矿、冶金、化工、机械、电子、电子仪器、汽车、航空、食品、饮料、烟草、轻纺、造纸、印刷、出版、建筑等，其中生物制药、航空和国防是英国工业研发的重点，也是英国最具创新力和竞争力的行业。英国制造业中的电子和光学设备、人造纤维和化工产品，特别是制药行业，仍保持雄厚实力。

服务业是英国经济的支柱产业，占英国国内生产总值的四分之三左右，主要包括金融保险、零售、旅游和商业服务等。伦敦是世界著名金融中心，拥有现代化金融服务体系，从事跨国银行借贷、国际债券发行、基金投资等业务，同时也是世界最大外汇交易市场、最大保险市场、最大黄金现货交易市场、最大衍生品交易市场、全球第三大保险市场、重要船贷市场和非贵重金属交易中心，并拥有数量最多的外国银行分支机构或办事处。

（二）经济增长

根据英国《2017年秋季预算》（Autumn Budget 2017），英国经济在过去的18个月中有所恢复，经济保持持续增长的时间超过19个季度。国家统计办公室（the Office for National Statistics，缩写ONS）估计，2016年英国GDP实际增长率为1.8%。2017年GDP增长仍然稳固，但增长率比2016年略低，前3个季度的增长率为1.5%。预算责任办公室（OBR）将其对2017年GDP增长率的预测下调到1.5%（参见表1－1）。[①]

（三）宏观经济

从表2－1可以看出，2016年英国GDP实际增长率为1.8%，预测2017年该比率会下调到1.5%。2016年英国人均GDP增长率为1.0%，预测2017年该比率会略

① HM Treasury，Autumn Budget 2017，November 2017，P9～P14，英国财政部网站。

有下调到0.9%。2016年英国消费者价格指数（CPI）通货膨胀率较低，为0.7%，预测2017年该指标会有较大幅度的上升，达到阶段性高点的2.7%。2016年英国就业人口数量会增加到3170万人，预计到2017年会继续增加到3 210万人。2016年劳动力调查（Labour Force Survey，缩写LFS）的失业率为4.9%，预测2017年该指标会下降到4.4%。2016年劳动生产率增长率较低，为0.2%，预测2017年该指标会降至0%。

表2-1 英国预算责任办公室（OBR）对宏观经济的预测（2016~2022年）

年 份	预 测						
	2016	2017	2018	2019	2020	2021	2022
实际GDP增长率	1.8%	1.5%	1.4%	1.3%	1.3%	1.5%	1.6%
人均GDP增长率	1.0%	0.9%	0.8%	0.7%	0.7%	0.9%	1.0%
CPI通货膨胀率	0.7%	2.7%	2.4%	1.9%	2.0%	2.0%	2.0%
就业（百万人）	31.7	32.1	32.3	32.4	32.5	32.6	32.7
劳动力调查的失业率	4.9%	4.4%	4.3%	4.4%	4.6%	4.6%	4.6%
劳动生产率增长率	0.2%	0.0%	0.9%	1.0%	1.2%	1.3%	1.3%

资料来源：HM Treasury，Autumn Budget 2017，November 2017，table 1.1，英国财政部网站。

注：（1）CPI为消费者价格指数。

（2）劳动力调查英文为Labour Force Survey，缩写LFS。

（四）财政概况①

英国的债务水平过高，因此政府十分重视控制公共支出。英国公共部门管理总支出（total managed expenditure）② 占GDP的比重已经从2010/2011财年的44.8%下降到2016/2017财年的39.0%。预计在之后的财年仍然保持下降态势，2017/2018财年会继续下降到38.9%。

2010年以来，政府为财政重回健康和良好运行的轨道做出了很多努力，取得了

① HM Treasury，Autumn Budget 2017，November 2017，P16~P21，英国财政部网站。

② 本章把total managed expenditure翻译成管理总支出，这里的管理总支出的口径是公共部门的管理总支出，公共部门指除中央和地方政府外，还包括非金融类国有企业、央行（英格兰银行）、其他国有银行，管理总支出=经常性支出+净投资+折旧。

重大成就。赤字率（公共部门净借款[①]）从 2009/2010 财年占 GDP9.9% 的战后最高点削减了 3/4，到 2016/2017 财年仅占 GDP 的 2.3%，是全球金融危机以来的最低点。

尽管赤字大幅削减，但是债务水平仍然过高。预算责任办公室预测，债务占 GDP 比重将在 2017/2018 财年达到历史性高点的 86.5%，是 50 年以来的最高值。为了保证经济的灵活性、增加财政可持续性和降低下一代的负担，在未来财年必须降低借款规模。

表 2-2　　英国财政概况（2016/2017 财年）

	数量关系	占 GDP 比重（%）
收入和支出类		
公共部门经常性收入	a	36.7
管理总支出	b	39.0
其中：		
公共部门经常性支出	c	35.0
公共部门净投资	d	2.0
折旧	e	2.1
财政强制性及附加目标		
周期调整后的净借款		2.2
公共部门净债务（3 月底）		85.8
赤字指标		
公共部门净借款	b - a	2.3
经常性预算赤字	c + e - a	0.4
周期调整后的经常性预算赤字		0.2
原发性赤字		0.6
周期调整后的原发性赤字		0.5
融资指标		
中央政府净现金需求		3.4
公共部门净现金需求		5.1

资料来源：HM Treasury，Autumn Budget 2017，November 2017，table C.2，英国财政部网站。

① 净借款 = 管理总支出 - 经常性收入。

二、政府支出

英国是单一制国家，政府分为两个层级，即中央和地方。除政府外，英国还包括很多其他的公共部门，如非金融类国有企业（NFPCs，Non - Financial Public Corporations）、英格兰银行（BoE，Bank of England）、其他国有银行（PSBGs，Public Sector Banking Groups）。英国财政数据以两个范畴为主，一是公共部门的财政数据，二是中央政府的财政数据，但为了方便与其他国家进行比较，下文仅分别从政府和中央政府两个口径对英国财政概况进行详细说明，由于政府口径的数据不是十分全面，只能尽力做到准确和详尽。

（一）全国政府支出

1. 支出规模及其变化

因为统计口径和数据可获得性的原因，这里分析全国政府管理总支出作为替代。2016/2017 财年，英国全国政府管理总支出 7 669 亿英镑，占 GDP 的 38.0%。近些年来，从总量上看，管理总支出呈现增长态势；但从支出占 GDP 比重来看，管理总支出呈现明显的下降态势，从 2013/2014 财年的占 GDP 的 40.1% 下降到 2016/2017 财年的 38.0%（见表 2 - 3）。

表 2 - 3　英国政府支出概况（2013/2014—2016/2017 财年） 单位：百万英镑

财年	2013/2014		2015/2016		2016/2017	
	总量	占 GDP 比重	总量	占 GDP 比重	总量	占 GDP 比重
经常性支出	672 339	37.0%	690 772	35.6%	702 006	34.8%
净投资	30 413	1.7%	30 145	1.6%	35 099	1.7%
折旧	26 463	1.5%	29 439	1.5%	29 777	1.5%
管理总支出	729 215	40.1%	750 356	38.7%	766 882	38.0%

资料来源：（1）Office for National Statistics，Public Sector Finances：April 2015，22 May 2015，PSA10，英国财政部网站。

（2）Office for National Statistics，Public Sector Finances：Jan 2017，21 February 2017，PSA10，英国财政部网站。

（3）Office for National Statistics，Public Sector Finances：Jan 2018，21 February 2018，PSA10，英国财政部网站。

注：（1）根据 Office for National Statistics，Public Sector Finances：Jan 2018，21 February 2018 表格 PSA 1 计算 2013/2014 财年 GDP 约为 18 192 亿英镑，2015/2016 财年 GDP 约为 19 395 亿英镑，2016/2017 财年 GDP 约为 20164 亿英镑，据此计算占 GDP 比重。

（2）管理总支出 = 经常性支出 + 净投资 + 折旧，管理总支出为计算得出。

2. 支出结构及其变化

（1）经济分类。

从支出结构来看，管理总支出由经常性支出、净投资、折旧汇总而来，其中以经常性支出为主。2016/2017 财年，英国全国政府经常性支出 7020 亿英镑，净投资（资本性支出净值）351 亿英镑，折旧 298 亿英镑，分别占 GDP 的 34.8%、1.7% 和 1.5%，分别占管理总支出的 91.5%、4.6% 和 3.9%①（见表 2-3 和图 2-1）。近些年来，从总量上看，经常性支出、净投资和折旧呈现略有增长的态势；但从支出占 GDP 比重来看，经常性支出呈现明显的下降态势，净投资和折旧比较稳定；从支出占管理总支出比重来看，经常性支出是管理总支出的重要组成部分，占比在 92% 左右，从历史变化来看其占比略有下降。

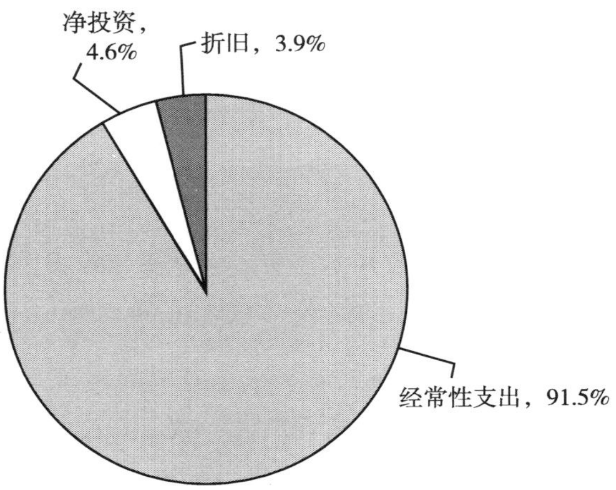

图 2-1　全国政府管理总支出结构：经济分类（2016/2017 财年）

资料来源：Office for National Statistics, Public Sector Finances: Jan 2018, 21 February 2018, PSA10，英国财政部网站。

注：（1）管理总支出 = 经常性支出 + 净投资 + 折旧，管理总支出为计算得出。

（2）各类支出占管理总支出比重为计算得出。

（2）政府分类。

从政府层级来看，全国政府管理总支出分为中央政府管理总支出和地方政府管理总支出，其中以中央政府管理总支出为主。2016/2017 财年，英国全国政府管理总支出 7 669 亿英镑，其中中央政府管理总支出 7 179 亿英镑，占全国政府管理总支

① 各类支出占管理总支出比重根据表 1-3 数据计算得出。

出的93.6%，地方政府管理总支出490亿英镑，占全国政府管理总支出的6.4%（见图2-2）[①]。

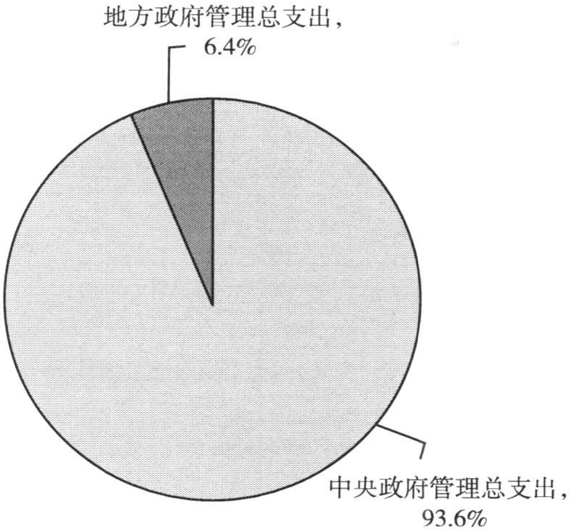

图2-2 全国政府管理总支出结构：政府分类（2016/2017财年）

资料来源：Office for National Statistics，Public Sector Finances：Jan 2018，21 February 2018，PSA10，英国财政部网站。

注：（1）管理总支出=经常性支出+净投资+折旧，管理总支出为计算得出。

（2）中央政府和地方政府管理总支出的数量及其占全国管理总支出比重均为计算得出。

（二）中央政府支出

1. 支出规模及其变化

2016/2017财年，英国中央政府总支出7496亿英镑，占GDP的37.2%（见表2-4）。从变动趋势来看，近年来支出总量逐年增长，但增长率较低，在1%左右；支出占GDP比重逐年呈现明显的下降趋势，占比从2013/2014财年的39.8%下降到2016/2017财年的37.2%。

2. 支出结构及其变化

（1）经济分类。

按经济分类，中央政府支出分经常性支出和资本性支出两大类别。2016/2017财年，中央政府的经常性支出6 922亿英镑，占总支出的92.3%，资本性支出574亿

① 根据Office for National Statistics，Public Sector Finances：Jan 2018，21 February 2018，PSA10及计算得出。

表 2－4　英国中央政府支出概况（2013/2014～2016/2017 财年）

项目＼财年	2013/2014	2014/2015	2015/2016	2016/2017
总支出（百万英镑）	724 762	734 185	739 943	749 619
支出增长率		1.3%	0.8%	1.3%
GDP（亿英镑）	18 192	18 749	19 395	20 164
支出占 GDP 比重	39.8%	39.2%	38.2%	37.2%

资料来源：Office for National Statistics，Public Sector Finances：Jan 2018，21 February 2018，PSA6C，英国财政部网站。

注：（1）GDP 根据 Office for National Statistics，Public Sector Finances：Jan 2018，21 February 2018，PSA1 计算得出。

（2）支出增长率和支出占 GDP 比重均为计算得出。

英镑，占总支出的 7.7%（见表 2－5）。从变动趋势来看，经常性支出一直是支出的最重要类别，经常性支出和资本性支出占总支出的比重都较为稳定，经常性支出占比略高于 92%，资本性支出占比不到 8%（见表 2－5）。

表 2－5　英国中央政府支出结构：经济分类（2013/2014～2016/2017 财年）

单位：百万英镑

项目＼财年	2013/2014	2014/2015	2015/2016	2016/2017
总支出	724 762	734 185	739 943	749 619
经常性支出	670 456	677 120	682 076	692 218
资本性支出	54 306	57 065	57 867	57 401
	占总支出比重			
经常性支出	92.5%	92.2%	92.2%	92.3%
资本性支出	7.5%	7.8%	7.8%	7.7%

资料来源：Office for National Statistics，Public Sector Finances：Jan 2018，21 February 2018，PSA6C，英国财政部网站。

注：占总支出比重为计算得出。

（2）部门分类。

由于缺乏英国中央政府支出部门分类的数据，因此这里对英国公共部门管理总支出（total managed expenditure）按部门分类情况进行分析。按部门分类，英国管理总支出分为25个部门[①]，分别是：（1）国防，（2）单一账户，（3）国土安全办公室，（4）外交和联邦办公室，（5）国际发展，（6）医疗卫生，（7）就业和养老金，（8）教育，（9）商业、能源和产业战略，（10）交通，（11）脱欧办公室，（12）数字化、文化、媒体和体育，（13）社区和地方政府（MHCLG，HM Communities and Local Government）的住房和社区，（14）社区和地方政府的地方政府，（15）苏格兰，（16）威尔士，（17）北爱尔兰，（18）司法，（19）检察官部，（20）环境、食品和农村事务，（21）收入和关税，（22）财政，（23）内阁办公室，（24）国际贸易，（25）小型独立机构。

从支出的数量来看，最重要的支出部门依次是就业和养老金、医疗卫生、教育（参见表2－6及图2－3）。2016/2017财年，就业和养老金、医疗卫生、教育这三个部门的支出分别为1791亿、1 484亿和897亿英镑，占部门支出汇总的比重分别为27.5%、22.8%和13.8%，这三个部门支出占部门支出汇总的比重高达64.1%，其他22个部门的支出一共是2333亿英镑，占总支出的35.9%。

从近年变动趋势看，就业和养老金部门一直是支出最高的部门，支出占部门支出汇总的比重较为稳定，在27%左右。医疗卫生部门的支出排在次位，支出占比小幅上升。教育部门的支出排在第三的位置，占比在2015/2016财年明显下降，在2016/2017财年又恢复到原有水平。

表2－6　英国管理总支出：部门分类（2012/2013～2016/2017财年）

单位：百万英镑

财年 项目	2012/2013	2013/2014	2014/2015	2015/2016	2016/2017
医疗卫生	124 101	127 899	135 292	165 784	148 380
就业和养老金	173 158	170 598	174 734	179 729	179 129
教育	79 717	82 347	88 095	81 532	89 730
其他	242 731	254 269	222 245	336 839	233 271
部门支出汇总	619 707	635 113	620 366	763884	650 510
	占部门支出比重				
医疗卫生	20.0%	20.1%	21.8%	21.7%	22.8%
就业和养老金	27.9%	26.9%	28.2%	23.5%	27.5%

① 这个部门分类是财政支出的部门分类，与英国中央政府的部长级的25个部门不同。

续表

财年 项目	2012/2013	2013/2014	2014/2015	2015/2016	2016/2017
	占部门支出比重				
教育	12.9%	13.0%	14.2%	10.7%	13.8%
其他	39.2%	40.0%	35.8%	44.1%	35.9%

资料来源：HM Treasury，Statistical Bulletin：Public Spending Statistics February 2018，Table 8，英国财政部网站。

注：（1）其他为计算得出。

（2）占比为计算得出。

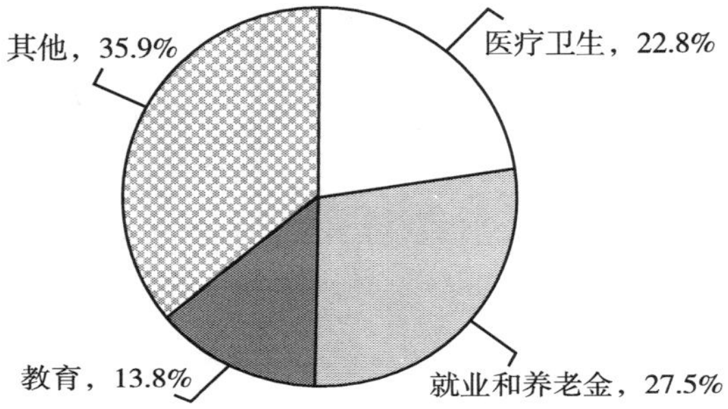

图 2－3　英国管理支出：部门分类（2016/2017 财年）

注：根据上表绘制。

（3）功能分类。

由于缺乏英国中央政府功能分类的数据，因此这里对英国公共部门服务支出按功能分类的结构进行分析。按功能分类，英国公共部门服务支出分为 11 个类别，它们是：（1）一般公共服务，（2）国防，（3）公共秩序与安全，（4）经济事务，（5）环境保护，（6）住房和社区服务，（7）医疗卫生，（8）娱乐、文化和宗教，（9）教育，（10）社会保障，（11）与欧盟相关的支出。

从支出的数量来看，最重要的支出类别依次是社会保障、医疗卫生和教育。2016/2017 财年，社会保障、医疗卫生和教育支出分别为 2 656 亿、1 444 亿和 865 亿英镑，占公共部门服务支出的比重分别为 37%、20% 和 12%，其他 8 类支出共计 2 147 亿英镑，占公共部门服务支出的比重为 31%[①]（参见表 2－7 及图 2－4）。

从变动趋势来看，上述三类最主要的支出中社会保障支出数量增长明显，从

① 比重根据表 1－7 数据计算得出。

2000/2001 财年的 1 767 亿英镑，到 2010/2011 财年增长到 2 532 亿英镑，之后较为稳定在 2 650 到 2 700 亿英镑之间。医疗卫生支出变动趋势与社会保障支出相似，从 2000/2001 财年的 745 亿英镑，到 2010/2011 财年增长到 1 318 亿英镑，增长较快，之后增幅缩小，到 2016/2017 财年增加到 1 444 亿英镑。教育支出相对来看稳定一些，呈现先升后降态势，从 2000/2001 财年的 631 亿英镑，到 2010/2011 财年增长到 1 006 亿英镑，增长较快，之后持续呈现下降态势，到 2016/2017 财年下降到 865 亿英镑（参见表 2 – 7）。

表 2 – 7　　英国公共部门服务支出结构：功能分类

（2000/2001 ~ 2016/2017 财年）　　单位：十亿英镑

实际数	2000/2001	2010/2011	2014/2015	2015/2016	2016/2017
1. 一般公共服务	53.2	69.1	61.1	61.0	62.4
2. 国防	35.3	43.2	37.8	37.4	37.1
3. 公共秩序与安全	28.0	36.4	31.4	30.9	30.1
4. 经济事务	32.7	44.0	41.0	46.6	47.4
5. 环境保护	7.0	12.0	11.9	11.9	11.1
6. 住房与社区服务	7.6	14.6	10.6	10.0	10.3
7. 医疗卫生	74.5	131.8	137.9	141.5	144.4
8. 娱乐、文化和宗教	10.7	14.3	12.8	11.5	11.5
9. 教育	63.1	100.6	87.5	86.8	86.5
10. 社会保障	176.7	253.2	268.5	270.6	265.6
与欧盟相关的支出	–3.6	6.5	6.4	7.8	4.7
公共部门服务支出	485.3	725.6	706.9	716.1	711.2
账户调整	34.5	62.8	66.1	57.6	61.1
管理总支出	519.8	788.4	773.0	773.7	772.2
	占 GDP 比重				
1. 一般公共服务	3.5%	3.9%	3.2%	3.1%	3.1%
2. 国防	2.3%	2.5%	2.0%	1.9%	1.9%
3. 公共秩序与安全	1.9%	2.1%	1.6%	1.6%	1.5%
4. 经济事务	2.2%	2.5%	2.2%	2.4%	2.4%
5. 环境保护	0.5%	0.7%	0.6%	0.6%	0.6%
6. 住房与社区服务	0.5%	0.8%	0.6%	0.5%	0.5%
7. 医疗卫生	4.9%	7.5%	7.2%	7.3%	7.3%

续表

实际数	2000/2001	2010/2011	2014/2015	2015/2016	2016/2017
	占 GDP 比重				
8. 娱乐、文化和宗教	0.7%	0.8%	0.7%	0.6%	0.6%
9. 教育	4.2%	5.7%	4.6%	4.5%	4.4%
10. 社会保障	11.7%	14.4%	14.1%	13.9%	13.4%
与欧盟相关的支出	-0.2%	0.4%	0.3%	0.4%	0.2%
公共部门服务支出	32.1%	41.3%	37.2%	36.8%	35.8%
账户调整	2.3%	3.6%	3.5%	3.0%	3.1%
管理总支出	34.4%	44.8%	40.6%	39.8%	38.9%

资料来源：HM Treasury，Statistical Bulletin：Public Spending Statistics February 2018，Table 10a and 10b，英国财政部网站。

注：（1）实际数指将名义数按照2016/2017财年的价格进行了调整后的数。

（2）采用权责发生制会计处理方法。

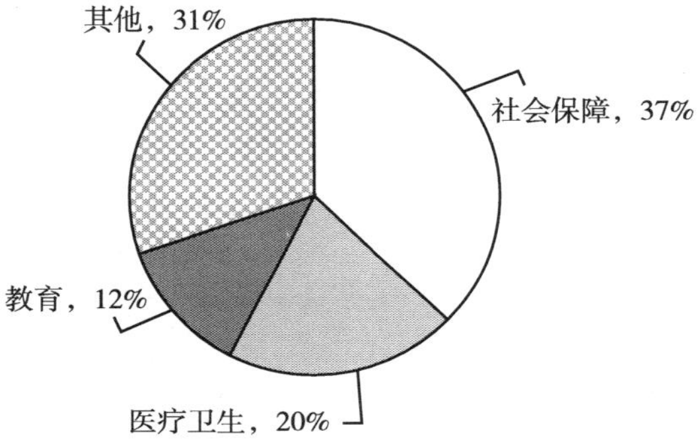

图2－4 英国公共部门服务支出结构：功能分类（2016/2017财年）

注：根据上表数据绘制。

三、政府收入

（一）全国政府收入

1. 收入规模及其变化

因为统计口径和数据可获得性的原因，这里仅分析全国政府收入中的经常性收入。2016/2017财年，英国全国政府经常性收入7 198亿英镑，占GDP的35.7%

（参见表1－8）。从近年来的变动趋势看，经常性收入在数量上逐年增加，而且经常性收入占GDP的比重也略有增长，从2013/2014财年的占GDP的34.5%增长到2016/2017财年的占GDP的35.7%（见表2－8）。

表2－8　英国政府收入概况（2013/2014～2015/2016财年）

项目＼财年	2013/2014	2015/2016	2016/2017
经常性收入（百万英镑）	627 605	674 051	719 780
占GDP比重	34.5%	34.8%	35.7%

资料来源：（1）Office for National Statistics，Public Sector Finances：April 2015，22 May 2015，PSA10，英国财政部网站。

（2）Office for National Statistics，Public Sector Finances：Jan 2017，21 February 2017，PSA10，英国财政部网站。

（3）Office for National Statistics，Public Sector Finances：Jan 2018，21 February 2018，PSA10，英国财政部网站。

注：根据Office for National Statistics，Public Sector Finances：Jan 2018，21 February 2018表格PSA 1计算2013/2014财年GDP约为18 192亿英镑，2015/2016财年GDP约为19 395亿英镑，2016/2017财年GDP约为20 164亿英镑，据此计算占GDP比重。

2. 收入结构及其变化

从政府层级来看，经常性收入分为中央政府经常性收入和地方政府经常性收入，其中以中央政府经常性收入为主。2016/2017财年，中央政府经常性收入6 786亿英镑，占政府经常性收入的94.3%；地方政府经常性收入412亿英镑，占政府经常性收入的5.7%①。

（二）中央政府收入

1. 收入规模及其变化

2016/2017财年，英国中央政府总收入7 103亿英镑，比上一财年增长6.4%，占GDP的比重为35.2%（参见表2－9）。从近年来的变动趋势看，总收入逐年增长，增幅超过3%，超过支出的增长幅度，收入占GDP的比重较为稳定并略有提高（参见表1－9）。

① Office for National Statistics，Public Sector Finances：Jan 2018，21 February 2018，PSA10，比重为计算得出。

表 2－9　英国中央政府收入状况（2013/2014～2016/2017 财年）

项目＼财年	2013/2014	2014/2015	2015/2016	2016/2017
总收入（单位：百万英镑）	623 645	643 836	667 616	710 294
总收入增长率		3.2%	3.7%	6.4%
GDP（亿英镑）	18 192	18 749	19 395	20 164
总收入占 GDP 比重	34.3%	34.3%	34.4%	35.2%

资料来源：Office for National Statistics，Public Sector Finances：Jan 2018，21 February 2018，PSA6C，英国财政部网站。

注：（1）Office for National Statistics，Public Sector Finances：Jan 2018，21 February 2018，PSA1 计算得出 GDP 数据。

（2）总收入增长率和占 GDP 比重均为计算得出。

2. 收入结构及其变化

（1）总收入的结构及其变化。

英国中央政府收入分经常性收入、产出①、养老金缴费、对中央政府的经常性转移支付、对中央政府的资本性转移支付、营运盈余六个部分，其中以经常性收入为主。

2016/2017 财年，英国中央政府经常性收入 6 786 亿英镑，占总收入的 95.5%，其他 5 个部分的收入一共是 317 亿英镑，占总收入的 4.5%②（见表 2－10）。从近年来的变动趋势看，经常性收入一直是收入的主体，占总收入比重比较稳定，略高于 95%。

表 2－10　英国中央政府收入结构（2013/2014～2016/2017 财年）

单位：百万英镑

项目＼财年	2013/2014	2014/2015	2015/2016	2016/2017
总收入	623 645	643 836	667 616	710 294
经常性收入	596 159	616 858	637 013	678 598
产出	18 960	19 070	19 956	21 430
养老金缴费	23 287	23 535	26 146	27 062

① 英文为 market output and output for own final use，本文简单翻译成产出。

② 其他 5 部分的收入及占总收入比重均为根据表 1－10 数据计算得出。

续表

项目＼财年	2013/2014	2014/2015	2015/2016	2016/2017
对中央政府的经常性转移支付	111	130	128	318
对中央政府的资本性转移支付	2 711	2 187	2 686	1 135
减营运盈余	-17 583	-17 944	-18 313	-18 249
	占总收入比重			
经常性收入	95.6%	95.8%	95.4%	95.5%
产出	3.0%	3.0%	3.0%	3.0%
养老金缴费	3.7%	3.7%	3.9%	3.8%
对中央政府的经常性拨款	0.0%	0.0%	0.0%	0.0%
对中央政府的资本性转移支付	0.4%	0.3%	0.4%	0.2%
减营运盈余	-2.8%	-2.8%	-2.7%	-2.6%

资料来源：Office for National Statistics, Public Sector Finances: Jan 2018, 21 February 2018, PSA6C，英国财政部网站。

注：比重为计算得出。

（2）经常性收入的结构及其变化。

英国中央政府经常性收入分为税收收入、国民社会保险缴费、利息和红利收入和其他收入四类（见表2-11）。其中税收收入是经常性收入的主体，占比在75%左右；其次是国民社会保险缴费，占比在18%左右；再次是其他收入，最后是利息和红利收入，这两类收入合计占经常性收入的6%左右。

表2-11　英国中央政府经常性收入结构（2013/2014~2016/2017财年）

单位：百万英镑

项目＼财年	2013/2014	2014/2015	2015/2016	2016/2017
经常性收入	596 159	616 858	637 013	678 598
税收收入	446 897	464 235	482 816	511 311
国民社会保险缴费（NICs）	107 306	110 260	114 061	125 936
利息和红利	20 341	19 137	17 190	18 415
其他收入	21 615	23 226	22 946	22 936
	占经常性收入的比重			
税收收入	75.0%	75.3%	75.8%	75.3%

续表

项目 \ 财年	2013/2014	2014/2015	2015/2016	2016/2017
	占经常性收入的比重			
国民社会保险缴费（NICs）	18.0%	17.9%	17.9%	18.6%
利息和红利	3.4%	3.1%	2.7%	2.7%
其他收入	3.6%	3.8%	3.6%	3.4%

资料来源：Office for National Statistics，Public Sector Finances：Jan 2018，21 February 2018，PSA6C，英国财政部网站。

注：比重为计算得出。

2016/2017 财年，税收收入、国民社会保险缴费、利息和红利收入和其他收入分别为 5 113 亿、1 259 亿、184 亿和 229 亿英镑，占经常性收入的比重分别为 75.3%、18.6%、2.7% 和 3.4%。从近年来发展趋势看，各项收入占经常性收入的比重基本稳定，税收收入所占比重略有提高，国民社会保险缴费所占比重也略有提高，而其他两类收入占经常性收入的比重略有下降。

（3）税收收入的结构及其变化。

英国中央政府税收收入分为产品税类、所得和财产税类和其他三大类（见表 2－12）。其中产品税类和所得和财产税类的税收收入是税收收入的主体，占税收收入比重分别在 50% 和 46% 左右；其他税收收入相对较小，占比不到 4%。

2016/2017 财年，产品税类、所得和财产税类和其他的税收收入分别为 2 534 亿、2 404 亿和 175 亿英镑，占税收收入的比重分别为 49.6%、47.0% 和 3.4%。从近年变动趋势来看，产品税类所占比重较为稳定，在 2016/2017 财年占比有所下降；所得和财产税类占税收收入的比重也是较为稳定，在 2016/2017 财年占比有所上升；其他税收收入所占比重略有下降。

表 2－12　　英国中央政府税收收入结构

（2013/2014～2016/2017 财年）　　单位：百万英镑

项目 \ 财年	2013/2014	2014/2015	2015/2016	2016/2017
税收收入	446 897	464 235	482 816	511 311
产品税类	225 175	233 710	243 661	253 446
所得和财产税类	204 948	213 794	221 707	240 383

续表

项目 \ 财年	2013/2014	2014/2015	2015/2016	2016/2017
其他	16 774	16 731	17 448	17 482
	占税收收入的比重			
产品税类	50.4%	50.3%	50.5%	49.6%
所得和财产税类	45.9%	46.1%	45.9%	47.0%
其他	3.8%	3.6%	3.6%	3.4%

资料来源：Office for National Statistics, Public Sector Finances: Jan 2018, 21 February 2018, PSA6B，英国财政部网站。

注：比重为计算得出。

分税种看，最重要的税种依次是收入所得税（PAYE IT – Pay As You Earn Income Tax）、增值税、企业所得税。收入所得税收入占税收收入比重在30%左右；增值税收入占税收收入的比重在27%左右；企业所得税收入占税收总收入的比重在10%左右；其他一些较为重要的税种还有燃料税（fuel duty）、商业（房产）税①（Business rates）、自我评估所得税（self assessed income tax），这三个税种的收入占税收收入的比重都在5%～6%左右。

2016/2017财年，中央政府税收收入中占比最高的三个税种依次是收入所得税、增值税和企业所得税，其税收收入分别为1 497亿、1 356亿和548亿英镑，占税收收入的比重分别为29.3%、26.5%和10.7%（见表2－13）。从近年来变动趋势看，收入所得税占税收收入比重较为稳定，在2016/2017财年略有下降；增值税占税收收入比重也是较为稳定，在2016/2017财年略有下降；企业所得税占税收收入比重也是较为稳定，在2016/2017财年略有上升。

表2－13　英国中央政府税收收入结构：分税种

（2013/2014～2016/2017财年）

单位：百万英镑

项目 \ 财年	2013/2014	2014/2015	2015/2016	2016/2017
产品税类	225 175	233 710	243 661	253 446
增值税	120 167	124 846	130 715	135 590

① 这个税种是对商业房产征收的房产税，曾属地方税种后被收归中央，其收入用于在各地间进行转移支付，这个税种的另外一种英文叫法是Non－Domestic Rates，翻译过来是非住宅房产税的意思。

续表

项目 \ 财年	2013/2014	2014/2015	2015/2016	2016/2017
酒税	10 308	10 449	10 697	11 117
烟草税	9 556	9 251	9 106	8 681
燃料税	26 882	27 156	27 622	27 937
商业（房产）税	24 924	25 441	25 999	26 810
印花税（股票）	3 108	2 925	3 323	3 715
印花税（土地和财产）	9 371	10 852	11 272	12 406
企业支付的车辆税	1 794	1 923	2 103	2 187
其他	19 065	20 867	22 824	25 003
所得和财产税类	204 948	213 794	221 707	240 383
自我评估所得税	20 854	23 644	24 328	28 547
资本利得税	3 910	5 558	7 060	8 379
收入所得税（PAYE IT）	135 481	140 001	146 159	149 735
其他所得税	1 285	–22	–1 613	–1 034
企业所得税	41 642	44 067	45 593	54 783
石油所得税	1 118	77	–562	–653
杂项税	658	469	742	626
其他税收收入	16 774	16 731	17 448	17 482
电视牌照税	3 120	3 137	3 115	3 163
家庭支付的车辆税	4 311	3 971	3 803	3 794
银行税	2 430	3 117	3 183	3 000
其他	6 913	6 506	7 347	7 525
税收收入汇总	446 897	464 235	482 816	511 311
	占税收收入的比重			
增值税	26.9%	26.9%	27.1%	26.5%
酒税	2.3%	2.3%	2.2%	2.2%
烟草税	2.1%	2.0%	1.9%	1.7%
燃料税	6.0%	5.8%	5.7%	5.5%
商业（房产）税	5.6%	5.5%	5.4%	5.2%

续表

项目 \ 财年	2013/2014	2014/2015	2015/2016	2016/2017
印花税（股票）	0.7%	0.6%	0.7%	0.7%
印花税（土地和财产）	2.1%	2.3%	2.3%	2.4%
企业支付的车辆税	0.4%	0.4%	0.4%	0.4%
其他	4.3%	4.5%	4.7%	4.9%
自我评估所得税	4.7%	5.1%	5.0%	5.6%
资本利得税	0.9%	1.2%	1.5%	1.6%
收入所得税（PAYE IT）	30.3%	30.2%	30.3%	29.3%
其他所得税	0.3%	0.0%	-0.3%	-0.2%
企业所得税	9.3%	9.5%	9.4%	10.7%
石油所得税	0.3%	0.0%	-0.1%	-0.1%
杂项税	0.1%	0.1%	0.2%	0.1%
电视牌照税	0.7%	0.7%	0.6%	0.6%
家庭支付的车辆税	1.0%	0.9%	0.8%	0.7%
银行税	0.5%	0.7%	0.7%	0.6%
其他	1.5%	1.4%	1.5%	1.5%

资料来源：Office for National Statistics, Public Sector Finances: Jan 2018, 21 February 2018, PSA6D，英国财政部网站。

注：比重为计算得出。

四、政府盈余/赤字

（一）全国政府经常性预算盈余/赤字、净借款及现金需求

2016/2017 财年，英国全国政府经常性预算赤字（经常性支出 + 折旧 - 经常性收入）120 亿英镑，占 GDP 的 0.6%；加上净投资 351 亿英镑，净借款达到 471 亿英镑，占 GDP 的 2.3%；再考虑其他影响现金需求的交易如资产购买，净现金需求 697 亿英镑，占 GDP 的 3.5%（见表 2-14）。

表 2－14　英国政府经常性预算盈余/赤字、净借款及现金需求

（2013/2014～2016/2017 财年）　　单位：百万英镑

财年 项目	2013/2014		2015/2016		2016/2017	
	金额	占 GDP 比重	金额	占 GDP 比重	金额	占 GDP 比重
经常性预算赤字	71 197	3.9%	46 160	2.4%	12 003	0.6%
净投资	30 413	1.7%	30 145	1.6%	35 099	1.7%
净借款	101 610	5.6%	76 305	3.9%	47 102	2.3%
净现金需求	76 718	4.2%	62 018	3.2%	69 710	3.5%

资料来源：（1）Office for National Statistics，Public Sector Finances：April 2015，22 May 2015，PSA10，英国财政部网站。

（2）Office for National Statistics，Public Sector Finances：Jan 2017，21 February 2017，PSA10，英国财政部网站。

（3）Office for National Statistics，Public Sector Finances：Jan 2018，21 February 2018，PSA10，英国财政部网站。

注：（1）Office for National Statistics，Public Sector Finances：Jan 2018，21 February 2018，PSA1 计算 2013/2014 财年 GDP 约为 18 192 亿英镑，2015/2016 财年 GDP 约为 19 395 亿英镑，2016/2017 财年 GDP 约为 20 164 亿英镑，据此计算占 GDP 比重。

（2）经常性预算赤字＝经常性支出－经常性收入＋折旧，净借款＝经常性赤字＋净投资，净现金需求＝净借款＋与净现金需求相关的交易。

近些年来，从数量上看，经常性预算赤字下降明显，净借款得益于经常性预算赤字的下降也是下降较为明显，净现金需求在 2016/2017 财年略有增加。从各指标占 GDP 比重来看，经常性预算赤字和净借款占 GDP 的比重呈现明显下降态势，说明政府为控制赤字做出很大努力，财政状况得到改善，由于其他交易如资产购买等的影响，政府净现金需求占 GDP 比重在 2016/2017 财年略有增加。

（二）中央政府经常性预算盈余/赤字、净借款及现金需求

2016/2017 财年，英国中央政府经常性预算赤字 13 亿英镑，占 GDP 的 0.1%；加上净投资 380 亿英镑，净借款达到 393 亿英镑，占 GDP 的 2.0%；再考虑其他交易如资产购买，净现金需求 654 亿英镑，占 GDP 的 3.2%（见表 2－15）。

近些年来，从数量上看，中央政府经常性预算赤字下降明显，净借款得益于经常性预算赤字的下降也是下降较为明显，净现金需求在 2016/2017 财年略有增加。从各指标占 GDP 比重来看，中央政府经常性预算赤字和净借款占 GDP 的比重呈现明显下降态势，说明中央政府为控制赤字做出很大努力，财政状况得到改善，由于其他交易如购入资产等的影响，中央政府净现金需求占 GDP 比重在 2016/2017 财年

略有增加。

表 2-15 英国中央政府经常性预算盈余/赤字、净借款及现金需求（2013/2014～2016/2017 财年）

单位：百万英镑

财年 项目	2013/2014		2015/2016		2016/2017	
	金额	占 GDP 比重	金额	占 GDP 比重	金额	占 GDP 比重
经常性预算赤字	69 183	3.8%	35 220	1.8%	1 308	0.1%
净投资	33 944	1.9%	34 927	1.8%	38 017	1.9%
净借款	103 127	5.7%	70 147	3.6%	39 325	2.0%
净现金需求	79 832	4.4%	59 629	3.1%	65 353	3.2%

资料来源：（1）Office for National Statistics，Public Sector Finances：April 2015，22 May 2015，PSA10，英国财政部网站。

（2）Office for National Statistics，Public Sector Finances：Jan 2017，21 February 2017，PSA10，英国财政部网站。

（3）Office for National Statistics，Public Sector Finances：Jan 2018，21 February 2018，PSA10，英国财政部网站。

注：（1）Office for National Statistics，Public Sector Finances：Jan 2018，21 February 2018，PSA1 计算 2013/2014 财年 GDP 约为 18 192 亿英镑，2015/2016 财年 GDP 约为 19 395 亿英镑，2016/2017 财年 GDP 约为 20 164 亿英镑，据此计算占 GDP 比重。

（2）经常性预算赤字 = 经常性支出 - 经常性收入 + 折旧，净借款 = 经常性赤字 + 净投资，净现金需求 = 净借款 + 与净现金需求相关的交易。

五、政府债务

（一）全国政府债务

1. 总债务规模及其变化

2016/2017 财年，英国全国政府总债务 1.72 万亿英镑，占 GDP 的 85.3%（参见表 2-15）。从历史变动情况来看，全球金融危机以来，英国政府总债务不断积累，总量上看，从 2008/2009 财年的 8 220 亿英镑持续增加到 2016/2017 财年的 1.72 万亿英镑，总债务占 GDP 比重从 2008/2009 财年的 53.6% 增加到 2014/2015 财年的 85.6% 的阶段性高点，之后有所下降，到 2016/2017 财年又略微回升到 85.3%（参见表 2-16）。也就是说，全球金融危机之后英国政府总债务不断积累，总债务占 GDP 比重从 2015/2016 财年开始出现下降，但是目前还没有得到有效地缓解和改善。从债务结构来看，英国政府总债务以中央政府债务为主。

表 2－16　英国政府债务水平（2008/2009～2016/2017 财年）（期末，名义价值）

单位：百万英镑

财年 项目	2008/2009	2010/2011	2014/2015	2015/2016	2016/2017
政府总债务	822 026	1 214 478	1 604 017	1 651 966	1 720 036
其中：中央政府	808 146	1 198 491	1 586 456	1 633 328	1 699 721
地方政府	67 568	71 496	86 570	88 976	91 883
政府净债务	722 329	1 101 172	1 450 110	1 497 605	1 541 289
	占 GDP 比重				
政府总债务	53.6%	74.9%	85.6%	85.2%	85.3%
其中：中央政府	52.7%	73.9%	84.6%	84.2%	84.3%
地方政府	4.4%	4.4%	4.6%	4.6%	4.6%
政府净债务	47.1%	67.9%	77.3%	77.2%	76.4%

资料来源：（1）2008/2009 财年的数据来自 Office for National Statistics，Public Sector Finances：Jan 2017，21 February 2017，PSA8A、PSA8C，英国财政部网站。

（2）Office for National Statistics，Public Sector Finances：Jan 2018，21 February 2018，PSA8A、PSA8C，英国财政部网站。

注：（1）据 Office for National Statistics，Public Sector Finances：Jan 2018，21 February 2018 的 PSA1 计算 GDP，比重根据 GDP 计算得出。

（2）政府总债务＝中央政府总债务＋地方政府总债务－中央和地方政府之间的债务，英文为 general government（GG）consolidated debt（Maastricht）。

（3）政府净债务＝政府总债务－官方储备金－中央政府存款和其他短期资产－地方政府存款和其他短期资产。

2. 净债务规模及其变化

2016/2017 财年，英国全国政府净债务 1.54 万亿英镑，占 GDP 的 76.4%（参见表 2－15）。从历史变动情况来看，全球金融危机以来，英国政府净债务不断积累，总量上看，从 2008/2009 财年的 7 223 亿英镑持续增加到 2016/2017 财年的 1.54 万亿英镑，净债务占 GDP 比重从 2008/2009 财年的 47.1% 增加到 2014/2015 财年的 77.3% 的阶段性高点，之后有所下降，到 2016/2017 财年下降到 76.4%（参见表 2－15）。也就是说，全球金融危机之后英国政府净债务不断积累，净债务占 GDP 比重从 2015/2016 财年开始出现下降，政府净债务出现了缓解和改善的迹象。

（二）中央政府债务

2016/2017 财年，英国中央政府总债务 1.70 万亿英镑，占 GDP 的 84.3%（参见表2－15）。从历史变动情况来看，全球金融危机以来，英国中央政府总债务不断积累，总量上看，从2008/2009财年的8 081亿英镑持续增加到2016/2017财年的1.70万亿英镑，中央政府总债务占GDP比重从2008/2009财年的52.7%增加到2014/2015财年的84.6%的阶段性高点，之后有所下降，到2016/2017财年又略微回升到84.3%（参见表1－15）。也就是说，全球金融危机之后英国中央政府总债务不断积累，英国中央政府总债务占GDP比重从2015/2016财年开始出现下降希望，但是目前还没有得到有效地缓解和改善。

六、政府间转移支付

作为财政权力高度集中的单一制国家，英国政府收支都高度集中在中央政府手中。英国中央政府管理总支出占全国政府管理总支出的94%左右，2016/2017财年，英国全国政府管理总支出7 669亿英镑，其中中央政府管理总支出7 179亿英镑，占全国政府管理总支出的93.6%①。同样，中央政府经常性收入占全国经常性收入的94%左右，2016/2017财年，中央政府经常性收入6 786亿英镑，占政府经常性收入7 198亿英镑的94.3%②。

中央政府经常性收入占全国政府经常性收入的94%左右，中央政府的管理总支出也占全国政府管理总支出的94%左右。但是中央和地方的支出责任大概是70%和30%的关系。为保证地方政府提供公共服务的需要，中央政府需要对地方政府进行转移支付。由于英国的转移支付不仅涉及中央政府和地方政府，也涉及到国有企业（public corporations）和私人部门（private sector），既有政府对国有企业和私人部门的转移支付，也有来自国有企业和私人部门的对政府的转移支付，这里主要讨论中央政府与地方政府之间的转移支付。

（一）中央政府对地方政府的转移支付

1. 转移支付规模及其变化

英国中央政府对地方政府转移支付的规模较大，但呈现下降态势（参见表

① 根据Office for National Statistics, Public Sector Finances: Jan 2018, 21 February 2018, PSA10及计算得出。

② 比重根据Office for National Statistics, Public Sector Finances: Jan 2018, 21 February 2018, PSA10数据计算得出。

2－16）。2016/2017 财年，中央政府对地方政府的转移支付（经常性＋资本性）为 1 255 亿英镑，转移支付总额占中央政府总支出的 16.7%，占中央政府总收入的 17.7%。

从变动趋势来看，近年来中央政府对地方政府的转移支付从绝对量看呈明显的下降态势，从 2013/2014 财年的 1 368 亿英镑下降到 2016/2017 财年的 1 255 亿英镑；从转移支付占中央政府收支的比重看也呈现明显的下降态势，转移支付占中央政府总收入的比重从 2013/2014 财年的 21.9% 下降到 2016/2017 财年的 17.7%，转移支付占中央政府总支出的比重从 2013/2014 财年的 18.9% 下降到 2016/2017 财年的 16.7%（参见表 2－16）。

地方政府的支出主要依赖来自中央政府的转移支付。如前文所述，2016/2017 财年，英国地方政府经常性收入 412 亿英镑，地方政府管理总支出 490 亿英镑，而中央政府对地方政府的转移支付（经常性＋资本性）为 1 255 亿英镑，因此可以看出，英国地方政府的支出极其依赖中央政府对其的转移支付。

2. 转移支付的结构及其变化

从中央政府对地方政府转移支付的结构看，中央政府对地方政府的转移支付分为经常性转移支付和资本性转移支付两大类，其中以经常性转移支付为主，占比在转移支付的 90% 以上。2016/2017 财年，中央政府对地方政府的经常性转移支付 1 144 亿英镑，占转移支付的 91.1%；中央政府对地方政府的资本性转移支付 112 亿英镑，占转移支付的 8.9%（参见表 2－17）。从变动趋势来看，近年来中央政府对地方政府的经常性转移支付一直是转移支付的主要部分，占比稳定在 90%～91% 左右。

表 2－17　英国政府间转移支付（2013/2014～2016/2017 财年）

单位：百万英镑

项目 \ 财年	2013/2014	2014/2015	2015/2016	2016/2017
对中央政府的资本性转移支付	2 711	2 187	2 686	1 135
其中来自地方政府的资本性转移支付	289	298	1 122	211
中央政府对地方政府的经常性转移支付	124 930	121 937	117 996	114 353
中央政府对地方政府的资本性转移支付	11 829	11 993	12 968	11 158
汇总	136 759	133 930	130 964	125 511

续表

财年 项目	2013/2014	2014/2015	2015/2016	2016/2017
经常性转移支付占比	91.4%	91.0%	90.1%	91.1%
资本性转移支付占比	8.6%	9.0%	9.9%	8.9%
中央政府对地方政府转移支付（经常性+资本性）占中央政府总支出的比重	18.9%	18.2%	17.7%	16.7%
中央政府对地方政府转移支付（经常性+资本性）占中央政府总收入的比重	21.9%	20.8%	19.6%	17.7%

资料来源：转移支付数据来自 Office for National Statistics，Public Sector Finances：Jan 2018，21 February 2018，PSA6E、PSA6F，英国财政部网站。

注：（1）转移支付汇总和两类转移支付占转移支付汇总的比重均为计算得出。

（2）中央政府总支出和总收入数据根据 Office for National Statistics，Public Sector Finances：Jan 2018，21 February 2018，PSA6C，英国财政部网站。转移支付占总支出和总收入比重为计算得出。

（二）地方政府对中央政府的转移支付

就中央政府获得的来自地方政府转移支付来看（参见表1-16），近年来，中央政府获得地方政府的资本性转移支付是常态，但是金额不高而且财年间变化较大。2016/2017财年，中央获得地方政府的资本性转移支付2.11亿英镑。近年来，该类转移支付基本在2亿~3亿英镑之间，只有2015/2016财年较高，为11.22亿英镑。

七、施政方针与财政改革

（一）国家的优势和面临的挑战①

1. 拥有的优势

（1）经济稳定增长。根据英国《2017年秋季预算》（Autumn Budget 2017），英国经济在过去的18个月中有所恢复，GDP稳定增长，增长的时间超过19个季度。

（2）就业水平高。与2010年相比，就业增长了300万人，接近历史最高，失业

① HM Treasury，Autumn Budget 2017，November 2017，P9，英国财政部网站。

率达到1975年以来的最低点。就业的增加使国家经济更为繁荣，收入上的不平等达到30年的最低水平。

2. 面临的挑战

（1）通货膨胀率较高。较高的通货膨胀率增加了家庭的负担，商业投资也受到不确定性的影响，劳动生产率也被抑制。

（2）劳动生产率增速放缓。2008年全球金融危机之后，所有发达经济体的劳动生产率的增速都出现了下滑，但是英国下滑的幅度是最大的。与2017年春季预算相比，预算责任办公室调低了预测期内对劳动生产率增长率的预期。如果英国可以启动劳动生产率的增长，那么还有机会在长期内提高经济增长、工资和生活水平。

（3）英国退出欧盟带来的不确定性。根据新华网2018年8月16日《英国脱欧谈判陷入困局 正滑向“无协议”脱欧》一文，无协议脱欧是指英国与欧盟在没能达成任何正式协议的情况下，按照《里斯本条约》第五十条所规定的最后期限，于2019年3月29日退出欧盟，没有具体的脱欧协议意味着，英国脱欧后不会有过渡期，英欧关系或将出现瞬间断裂，即所谓的“断崖式脱欧”。

（二）前景展望

1. 经济前景展望①

国家统计办公室（ONS）估计，2016年英国GDP实际增长率为1.8%。预算责任办公室（OBR）将其对2017年GDP增长率的预测下调到1.5%，预测2018年到2020年GDP增长率仍然维持较低水平，分别为1.4%、1.3%和1.3%，到2021年和2022年GDP增长率会有所提升，分别为1.5%和1.6%。预计GDP增长率较低的部分原因是国家统计办公室最新的人口预测显示，每年人口净流入将会减少大约2万人，截至2022年将导致GDP下降0.2个百分点。

预算责任办公室预测2017年劳动生产率增幅为0，2018年和2019年分别增长0.9%和1.0%，到2021年和2022年会增加到1.3%，这比2017年春季预算的预测的平均值1.7%要低很多。

英国就业人口的数量有望持续增加，到2022年有望增加到3 270万，比2017年增加60万。预算责任办公室调低了每个预测年度失业率的预测值。失业率预计会先降后升，从2016年的4.9%下降到2018年的4.3%，2020年失业率预计为4.6%。

① HM Treasury，Autumn Budget 2017，November 2017，P9～15，英国财政部网站。详细数据参见表1－1。

预算责任办公室预测，消费者价格指数（CPI）通货膨胀率在2017年底达到阶段性高点的2.7%，2018年开始通货膨胀会有所缓解，预测期后3年的2020～2022年将维持在2%左右。

2. 财政前景展望①

预算责任办公室对英国财政整体概况的预测结果如表2－18所示。可以看出，财政收支的缺口不断收窄，净借款（赤字指标）和净债务的控制得到进一步加强，净债务的总量虽然在上升但其占GDP比重将有所下降。

英国的债务水平过高，因此政府十分重视控制公共支出。公共部门管理总支出占GDP的比重已经从2010/2011财年的44.8%下降到2016/2017财年的39.0%。预计在之后的财年仍然保持下降态势，2017/2018财年会继续下降到38.9%，2022/2023财年下降到37.7%，重回2003/2004财年的水平。

2010年以来，政府为财政重回健康和良好运行的轨道做出了很多努力，取得了重大成就。公共部门净借款从2009/2010财年占GDP9.9%的战后最高点削减了3/4，到2016/2017财年仅占GDP的2.3%，是全球金融危机以来的最低点。预计之后财年仍然保持持续下降态势。

尽管赤字大幅削减，但是债务水平仍然过高。预算责任办公室预测，公共部门净债务占GDP比重将在2017/2018财年达到历史性高点的86.5%，是50年以来的最高值。为了保证经济的灵活性、增加财政可持续性和降低下一代的负担，在未来财年必须降低借款规模。预计到预测期末，公共部门净债务占GDP比重会下降到GDP的79.1%。

2017年1月，议会批准的财政规则规定，政府要在2020/2021财年前将周期调整后的赤字率（净借款占GDP比重）降至GDP的2%以下，净债务占GDP的比重同期也要下降。规则要引导英国在2025年左右实现预算平衡。预算责任办公室预测，政府将实现这两项财政目标。

（三）施政方针和目标

英国要实现降低赤字、保持财政灵活性和为未来进行投资这三者之间的平衡。为英国所有的年轻人提供更多机会，让年轻人具备他们需要的技能。在公共服务领域引进更多投资，提供公共服务。在建设为所有人服务的经济体的同时，帮助普通

① HM Treasury，Autumn Budget 2017，November 2017，P16～17，英国财政部网站。

表 2－18　　预算责任办公室对财政状况的预测

（2016/2017～2022/2023 财年）　　单位：占 GDP 比重，%

项目 \ 财年	2016/2017	预测					
		2017/2018	2018/2019	2019/2020	2020/2021	2021/2022	2022/2023
收入与支出							
公共部门经常性收入（a）	36.7	36.5	36.6	36.7	36.7	36.6	36.7
管理总支出（b）	39.0	38.9	38.5	38.3	38.2	37.9	37.7
其中：							
公共部门经常性支出（c）	35.0	34.9	34.8	34.3	33.8	33.6	33.5
公共部门净投资（d）	2.0	2.0	1.8	2.0	2.4	2.3	2.3
折旧（e）	2.1	2.0	2.0	2.0	2.0	2.0	2.0
财政目标							
周期调整后的净借款	2.2	2.3	1.8	1.5	1.3	1.2	1.1
公共部门净债务	85.8	86.5	86.4	86.1	83.1	79.3	79.1
赤字							
公共部门净借款（b－a）	2.3	2.4	1.9	1.6	1.5	1.3	1.1
经常性预算赤字（c＋e－a）	0.4	0.4	0.1	－0.4	－0.9	－1.0	－1.2
融资							
中央政府净现金需求	3.4	2.1	2.0	2.1	2.7	2.4	2.4
公共部门净现金需求	5.1	6.4	2.2	2.2	0.4	－1.1	2.5
	单位：十亿英镑						
公共部门净借款	45.7	49.9	39.5	34.7	32.8	30.1	25.6
经常性预算赤字	7.0	8.1	1.6	－9.4	－20.9	－23.4	－29.4
周期调整后的净借款	43.0	48.0	37.9	32.3	29.7	28.1	25.0
周期调整后的经常性预算赤字	4.3	6.2	0.0	－11.8	－24.0	－25.4	－29.9
公共部门净债务	1 727	1 791	1 840	1 885	1 879	1 853	1 909

资料来源：HM Treasury，Autumn Budget 2017，November 2017，table C.2，英国财政部网站。
注：公共部门净债务截至 3 月底。

的工薪家庭。继续使英国能够凭借收入不是借款为支出提供资金。在下一届议会时实现公共财政的平衡。不再增加债务，保证不让下一代承担更大负担。①

① HM Treasury，Spring Budget 2017：Philip Hammond's speech，8 March 2017，英国财政部网站。

（四）2017/2018 财年重点推进的财政改革[①]

1. 支出政策

（1）10 亿英镑的教育投资。预算提议为教育部提供 10 亿英镑的资金，用于投资学校的体育运动和健康计划。

（2）提高国家生活津贴。2016 年，通过国家生活津贴（the National Living Wage）英国政府提高了一百多万收入最低人群的工资。在 2017 年 4 月，国家生活津贴将再次提高到 7.5 英镑。对一个全职职工来说，2017 年国家生活津贴的增长带来的收入增加将超过 500 英镑，国家生活津贴比其刚实施时增加 1 400 英镑。

（3）增加妇女和育儿支出。到本届议会任期结束的 2020 年，英国政府的育儿支出将达到 1 年 10 亿英镑。其他措施还包括：首先，增加 2 000 万英镑的政府资金用于支持打击针对妇女和女孩的暴力犯罪活动的行动，本届议会任期内（2015～2020 年），英国政府在该领域的支出总量将超过 1 亿英镑；其次，卫生棉条税还会为英国妇女慈善事业再提供 1 200 万英镑的资金；最后，将 500 万英镑用于公共和私人部门的重返职场（returnships）计划，帮助人们在暂时性失业后重新就业。2018 年是《1918 年国民参政法》（the 1918 Representation of the People Act）颁布 100 周年，该法案是英国妇女获得政治解放的决定性一步。因此英国政府还将再投入 500 万英镑用于其 100 周年的庆祝活动，让年轻人了解该法案的重要意义。

（4）保护消费者权益。在《消费者权益保护绿皮书》出台前，英国政府将首先保护消费者免于支付没有预料到的费用或者受制于不公平的消费条款，简化交易条件，给消费者协会更大的权力。

（5）增加科技和创新支出。为巩固英国在科学和创新方面的世界领先地位，预算建议拨款 3 亿英镑用于最优秀、最出色的研究人员，包括提供以 STEM 为重点的 1 000 个新的雇佣博士和研究人员的岗位；2.7 亿英镑用于使英国在一些颠覆性科技领域继续保持前沿位置，这些领域包括生物技术、机器人系统和无人驾驶；1 600 万英镑用于建立一个新的 5G 手机技术中心；2 亿英镑用于地方项目，撬动私人部门在全纤维宽带网络领域的投资。

（6）交通支出计划。9 000 万英镑和 2 300 万英镑分别用于发展北部和中部地区的交通。为英格兰的地方行政当局提供 6.9 亿英镑的竞争性资金，解决城市拥堵和

---

① HM Treasury, Spring Budget 2017: Philip Hammond's speech, 8 March 2017，英国财政部网站。

改善地方交通网络。

（7）支持地方的区域发展。英国政府发布中部引擎战略（Midlands Engine Strategy），解决中部地区的发展障碍。由于权力的下放，提供下述新增资金：给苏格兰政府3.5亿英镑；给威尔士政府2亿英镑；给即将成立的北爱尔兰行政院（Northern Ireland Executive）1.2亿英镑。

（8）教育资助计划。即将实施的学校白皮书（Schools White Paper）计划将要求大学和私立学校为新建免费学校提供资金。英国政府还将为新建110所免费学校提供资金，这样政府承诺建设的学校数达到500所。学生在精英学校（selective schools）入读通常需要3次往返交通，因此英国政府将把免费的学校交通扩展到为精英学校的所有学生提供免费学校餐。政府还将为现有的学校提供投资——在未来3年，再提供2.16亿英镑，这样本届议会批准的对学校条件的总投资将超过100亿英镑。政府还将为非全日制大学生提供生活贷款以及首次为全体博士生提供博士贷款。

2017年4月，英国将开始征收学徒税（the Apprenticeship Levy），该税的收入将在2020年前再资助300万学徒。英国政府将把16～19岁技术生的培训时间再增加50%，包括为每个学生提供高质量的为期3个月的工作实习，这样当学生们达到毕业要求时，他们真正“为工作做好了准备”。这个计划一旦全面实施，将为年龄从16～19岁的技术生再投入5亿英镑。为了鼓励和资助他们中最优秀的学生继续学习高级技术，政府将为那些在新的技术学院和国立大学为获得高级技术资质而学习的学生提供生活贷款。

不断变化的劳动力市场体现了再培训的重要性。今天的年轻人中的很多，在他们超过50年的职业生涯中，至少需要经历一次再培训，或者可能还会更多。英国政府将考虑如何为劳动者在其整个工作周期中提供最好的、高质量的教育和培训。英国教育部将投入最高为4 000万英镑的资金来测试涵盖整个职业生涯的学习的各种方法的有效性。

（9）社会医疗支出计划。今天，年龄超过75岁的人口数量比2010年时多出50万，10年后还会再增加200万人。因此，在2018～2020年这未来的3年里，英国政府给社会医疗体系提供超过70亿英镑的额外支出。同期，政府还将再拨付20亿英镑用于英国的社会医疗，其中在2017/2018财年拨付10亿英镑。

社会医疗资金包将立即为国民健康保险提供支持，保证国民健康保险重新将重点集中到为“国民健康保险英格兰向前看计划”（the NHS England Forward View Plan）提供资金。到2020年前，英国政府将对该计划每年多提供100亿英镑的资金，在2017年将多提供40亿英镑。

在2017年秋季预算中，政府将提出一项多年度的资本性计划，该计划将支持实施得到赞同的高质量的STP。同时，卫生部长希望，在秋季预算之前就可以获得最重要的STP所需的一小部分资金。因此，2017年春季预算提议另外提供3.25亿英镑保证STP的首选计划得以实施。

经验表明，急诊部门全科医生的就地急诊分类对急诊的等候时间有重大积极影响。因此，预算建议立刻再拨付1亿英镑，这样在下个冬天前，英格兰的医院将可以运行100个新的急诊分类项目。

本届政府将继续支持国民健康保险计划。截至2020年，排除通货膨胀的影响，英国政府为该计划提供的资金将增加100亿英镑。为保护国民健康保险免受没有修改的个人伤害折扣率的影响，已经预留59亿英镑的资金。

2. 税收政策

（1）调低企业所得税税率。2017年4月，英国企业所得税的税率将降至19%，这个税率在G20国家中是最低的。在2010年，英国企业所得税的税率还高达28%，在2017年下调到19%后，到2020年还会再次下调到17%。

（2）大幅削减商业（非住宅）房产税收入。在下次评估前，英国政府承诺实施总额近90亿英镑的商业房产税一揽子削减措施，永久性地将小型企业应该缴纳的商业房产税税收的减免提高1倍，同时提高征收门槛，这样60万小型企业不用交纳该税。

英国政府再提出3项措施改进英格兰的国家商业房产税体系。首先，不再享受小型企业商业房产税减免的企业将可以得益于一项附加的税收优惠。不再享受小型企业商业房产税优惠的企业2018年每月交纳的该项税金的增长幅度不会超过50英镑，增加的税金最终不会超过过渡期的税收优惠限额或者每月50英镑中的最高值。其次，由于地方小酒馆在社区中发挥着重要的作用，因此英国将对所有应税价值低于10万英镑的小酒馆——涵盖了小酒馆中的90%，给予2017年应交纳商业房产税1 000英镑的税收减免。最后，将为地方政府提供3亿英镑的自由可支配资金用于解决地方的工业困难问题，资金将按照公式在地方政府间分配①。这三项措施一起将进一步缩减4.35亿英镑的商业房产税收入，减税的目的是减轻税收负担增长最明显的那些小型纳税企业和小酒馆的税收负担以及让地方政府解决地方存在的问题。

① 商业房产税收入是中央政府用于对地方政府进行转移支付的资金，因此该政策属于对商业房产税改革的内容。

（3）打击偷漏税，增加税收收入。2010 年以来，通过采取积极措施打击偷漏税等行为，英国新增 1 400 亿英镑的税收收入。英国政府制定了进一步行动方案以防止企业将资本性损失计入交易损失、应对国外养老金计划的滥用以及与国际标准相一致对欧盟外的电信漫游服务征收增值税。2017 年 7 月份开始，英国将对避税并被收入和海关总署（HMRC）查获的人员收取一项新的严厉的金融罚金，这些措施将在预测期内增加 8.2 亿英镑的收入。

（4）增进国家保险缴费体系的公平，增加自我雇佣者的费率。公平的税收体系要保证个人之间的公平，这样做相似工作的人们得到相似的收入，享受相似公共福利的人们负担的税收也相似。收入为 3.2 万英镑的雇员将分别以个人和雇主名义一共承担 6 170 英镑的国家保险缴费。而收入相同的自我雇佣者只需要负担 2 300 英镑——比雇员交纳的一半还要少很多。历史来看，国家保险缴费上雇员和自我雇佣者的差异反映的是享受的国家养老金福利待遇上的差别。但是，随着新的国家养老金政策的实施，这种待遇上的差别大为缩小。2016 年宣布的废除适用自我雇佣者的第二类国家保险缴费标准将在 2018 年实施，这将进一步扩大雇员和自我雇佣者之间的差异。

为了增进税收公平，英国财政部曾经考虑过简单地取消废除第二类国家保险缴费标准的决定，但是第二类国家保险缴费是个倒退而且已经过时，废除是正确的决定。因此，2018 年 4 月第二类国家保险缴费标准被废除后，替代它的适用于自我雇佣者的第四类国家保险缴费标准的基准费率将被提高 1 个百分点，增加到 10%，在 2019 年 4 月还将被再次上调 1 个百分点。废除第二类国家保险缴费标准以及第四类缴费标准的提高一起，到 2021/2022 财年为止，将为英国每年新增 1.45 亿英镑的收入，英国的自我雇佣者每人每周平均大约要支付 60 英镑。

（5）下调红利税收优惠的免税额。红利税收优惠（the Dividend Allowance）允许每个主管或者股东从本公司获得的红利中有 5 000 英镑可以免予征税，这个优惠幅度超过了个人的红利税收优惠。这对有大量股票投资组合的投资人来说是极其慷慨的税收优惠。因此，从 2018 年 4 月起，英国政府将把红利税收的免税额从 5 000 英镑下调到 2 000 英镑。

（6）削减个人所得税。个人所得税的免税额被连续上调了 7 年，从 2017 年 4 月开始将达到 1.15 万英镑，最高税率的适用门槛是 4.5 万英镑。2 900 万人的税后收入将有所提高，与 2010 年相比，典型的基本税率纳税人少交了 1 000 英镑的税。在本届议会结束时，最低档所得税的纳税门槛将被提高到 1.25 万英镑，最高档的纳税门槛将被提高到 5 万英镑。

（7）减少软饮料税的预期收入。对每公升的软饮料按基本和高档（针对高糖饮品）分别征收18便士和24便士的税收。

（8）实施儿童护理免税政策。英国重要标志性的儿童护理免税（Tax - Free Childcare）政策将被实施，这个政策允许英国的工薪家庭每年可以得到最高为2 000英镑的免税额，这个免税额是考虑到有12岁以下儿童的家庭每个儿童的育儿成本。这个计划将在2017年底前对所有符合规定的父母铺开。从2017年9月开始，有3岁和4岁孩子的有工作的父母可以享受的带薪育儿假会提高1倍，达到每周30个小时。这对有一个3岁孩子、父母都工作的年轻家庭来说，相当于1年5 000英镑的价值。

（9）其他。英国将继续把承运人需要交纳的VED税和载重货车道路使用税再冻结1年，预算提议开征一项新的香烟最低消费税，预算提议仍按原计划提高酒精和烟草税。

主要参考文献

[1] 中国外交部，《英国国家概况》，2018年2月更新，中国外交部网站。

[2] HM Treasury, Autumn Budget 2017, November 2017，英国财政部网站。

[3] Office for National Statistics, Public Sector Finances: April 2015, 22 May 2015，英国财政部网站。

[4] Office for National Statistics, Public Sector Finances: Jan 2017, 21 February 2017，英国财政部网站。

[5] Office for National Statistics, Public Sector Finances: Jan 2018, 21 February 2018，英国财政部网站。

[6] HM Treasury, Statistical Bulletin: Public Spending Statistics February 2018，英国财政部网站。

[7] HM Treasury, Spring Budget 2017: Philip Hammond's speech, 8 March 2017，英国财政部网站。

[8] 新华网，《英国脱欧谈判陷入困局 正滑向"无协议"脱欧》，2018年8月16日，新华网。

第三章
德 国

德国全称为德意志联邦共和国，位于欧洲中部，是欧洲邻国最多的国家。面积为357 020. 22平方公里（1999年12月）。全国人口约8 200万（2014年），主要是德意志人，还有少数丹麦人、吉卜赛人和索布族人。有750万外籍人，占人口总数的9%。通用德语。居民中33.7%的人信奉基督教新教，33.2%的人信奉罗马天主教。近十年来，德国人口的增长始终处于低迷状态，人口增长率上升缓慢。德国分为联邦、州、地区三级，共有16个州，14 808个地区。德国是高度发达的工业国家，经济实力居欧洲首位，属世界第三大经济强国。德国是商品出口大国，工业产品的一半销往国外。德国的出口额现居世界第二位。德国近1/3的就业人员为出口行业工作。主要出口产品有汽车、机械产品、电气、运输设备、化学品和钢铁。进口产品主要有机械、电器、运输设备、汽车、石油和服装。主要贸易对象是西方工业国。

一、经济概况

（一）经济发展概况

德国当前的经济景气状况正处于稳步上升的阶段。2017年全国BIP（GDP）的增长率为2.2%，2016年德国BIP（GDP）的增速为1.9%，已经是2010年以来的最高增长率，而2017年又超越了这个水平。除增长率指标外，有关经济的其他各项数据也同样显示了景气状况积极向上的发展状况：建筑业、制造业增长势头强劲，能源电力发展平稳。对经济发展形势的良好预测不仅出自于联邦经济顾问委员会，联邦银行（央行）的专家预测也得出了德国经济总体向好的结论。在此基础上，联邦银行专家预测 2018 年德国经济的增长速度依然会保持在一个较高的发展水平上。

由于经济景气形势的持续上扬激发了劳动力市场的积极活跃态势，2017 年的就业人口比 2016 年有所增长，达到 4 429 万人，比 2016 年增加了 1.5%。而失业率又创历史新低，2017 年的失业率（年平均）为 5.7%，达到两德统一以来的最低水平。2017 年国内登记的失业人数为 253 万人，比 2016 年减少约 22.5 万人。

国际贸易收支平衡是德国官方衡量社会经济发展状况的重要指标之一，德国政府在促进出口增长的同时，也特别关注进口的变化状况。国际收支能够达到平衡从一个方面反映了一国国民经济的良性运行与发展。根据德国联邦统计局发布的数据显示，2017 年德国进口与出口均有较大增长，出口达到 1.28 万亿欧元，比 2016 年增长 6.3%，进口达到 1.03 万亿欧元，比 2016 年增长 8.3%。贸易盈余 2 449 亿欧元，比 2016 年的 2 489 亿欧元减少了 40 亿欧元，减少 1.6%。

在经济增长速度逐年提高的同时，德国市场的物价水平也有所增长。从联邦统计局发布的信息看，2017 年的居民消费价格指数与前一年同期相比上升了 1.8%。虽然物价指数的上涨还没有达到影响货币政策变动的程度，但已经引起相关部门的关注。

（二）政府公共投资的重点领域

2017 年联邦政府出台或调整相关经济政策，加强对基础设施建设投资，以填补近 20 年来忽视基础设施建设所产生的经济发展中的薄弱环节。从 2015 年开始，德国基础设施建设投入严重不足的现状越来越多地引起社会各界以及各级政府的关注。尽管联邦财政预算赤字连续 3 年为零，税收收入持续增长，但在财政资金的分配上并没有向基础设施建设方面倾斜，老旧的设施如学校、医院、桥梁、公路、铁路、网络等等在全国各地比比皆是，尤其是财力弱的地区，残旧落后的设施已影响到人们的日常生活需求。同时新的基础设施建设也没有得到充分的重视，如宽带建设与信息化网络运用的发展水平与速度在国际上并没有处于领先地位，甚至落后于一些科技能力远不如德国的国家。目前新老基础设施的建设与改造、维护已被联邦财政部列为今后十年公共投资的重点领域。

在调整促进发展政策方面，2016 年 7 月，德国联邦议会通过了对 2014 年版《可再生能源法》的修订草案，新版《可再生能源法 2017》（EEG2017）已经于 2017 年 1 月 1 日开始实施。可再生能源在补贴政策促进下发展迅速，而电网扩建却相对缓慢，这一矛盾已成为德国发展可再生能源的瓶颈。北部多余的风电不仅无法被输送至用电需求旺盛的南部，还会给电网带来负担。为此，德国政府在改革方案中变直接价格补贴为鼓励发电入网基础设施的扩充建设补贴，调整促进政策，调控限制可再生能源的发展速度，确保电网与发电设施扩建同步进行。

（三）社会经济发展过程中存在的问题

在预测2018年经济发展继续向好的同时，专家们也指出了目前德国经济存在的主要问题：一是增速逐年提高引起经济发展过热，导致一些行业企业超负荷运转，部分经济部门承载了超出自身能力的过大压力，从而使市场机制的作用受到制约，对劳动力市场以及物价水平、竞争能力等均会产生不良的影响，最终影响经济的进一步发展。二是社会老龄化问题日益严重，老龄化的人口结构将直接导致就业人口与退休养老人口的比例失调，造成养老保险入不敷出的显性风险。而德国人口出生率逐年下降的趋势在短期内难以扭转，因此人口结构也不可能有明显的逆向变化。三是基础设施建设资金投入不足，虽然2013年以来德国经济逐步走出危机的低谷，但社会投资的积极性并未完全恢复，政府投资的资金并不充足，特别是公共基础设施建设作为政府支出责任的重要领域，其投资需求与财政资金的供给之间存在着较大的差距。2018年联邦财政将加大对地方政府进行基础设施建设的支持力度，筹集资金帮助地市级政府缓解投资不足的压力。

表3-1　　德国经济的主要宏观指标（2012～2017）

年份 项目	2012	2013	2014	2015	2016	2017
国内经济						
实际GDP（亿欧元）（现价）	27 583	28 262	29 325	30 437	31 441	32 634
与前一年相比（+-）%	2.0	2.5	3.8	3.8	3.3	3.8
不变价GDP（亿欧元）	26 876	27 008	27 529	28 009	28 554	29 191
与前一年相比（+-）%	0.5	0.5	1.9	1.7	1.9	2.2
国内需求（亿欧元）	20 608	21 127	21 666	22 216	22 953	24 340
与前一年相比（+-）%	—	2.5	2.6	2.5	3.3	4.1
私人部门国内需求（亿欧元）	15 395	15 715	16 043	16 348	16 791	18 750
与前一年相比（+-）%	—	2.1	2.1	1.9	2.7	3.9
CPI，期末值	2.2	1.4	0.2	0.3	1.7	1.8

续表

项目 \ 年份	2012	2013	2014	2015	2016	2017
失业人口（万人）	289.7	295.0	289.8	279.4	275.5	253.0
失业率%	6.8	5.2	6.7	6.4	6.1	5.7
国民总储蓄（亿欧元）	2 372.39	2 377.22	2 764.41	3 049.31	3 136.39	
与前一年相比（+－）%	—	0.2	16.3	10.3	2.9	
国内总投资（亿欧元）	532 531	549 961	577 789	583 607	598 648	
与前一年相比（+－）%	—	3.3	5.1	1.0	2.6	
国际收支						
经常账户余额（10 亿欧元）	215.9	219.1	252.5	261.3	258.1	257.3
与前一年相比（+－）%	—	1.5	15.2	3.5	－1.2	－0.3
贸易余额（差额）（亿欧元）	1 493	1 694	1 964	2 362	2 387	2 449
与前一年相比（+－）%	—	13.5	15.9	20.3	1.1	2.6
贸易条件（变化率,%）						
净 FDI						
储备（期末值，10 亿美元）						

资料来源：德国联邦统计局网站，德国联邦财政部网站。

二、政府支出

（一）三级政府财政支出规模

1. 表 3－2 是德国联邦财政部最新公布的三级政府 2017 年财政收支状况的基本数据，包括财政收入、支出、收支差额以及投资、贷款等实际数据。表 3－3 是 2013 年至 2017 年德国三级政府财政支出规模一览表，反映了各级政府财政支出近 5 年的发展变化情况。

表 3－2　　2017 年德国三级政府财政状况一览　　单位：亿欧元,%

	总计	联邦政府	州政府	地市级	中央政府所占比重	地方政府所占比重
经常性收入	9 425	3 304	3 683	2 438	35.0	65.0
经常性支出	9 154	3 254	3 559	2 341	35.5	64.5

续表

	总计	联邦政府	州政府	地市级	中央政府所占比重	地方政府所占比重
经常性预算差额	+281	+50	+124	+107	17.8	82.2
净投资	642	340	302	—	53.0	47.0
净贷款	0	0	0	0	0	0

资料来源：德国联邦财政部网站。

表 3-3　　2013～2017 年德国三级政府财政支出规模一览

年度 项目	2013		2014		2015		2016		2017	
	亿欧元	增减%	亿欧元	增减%	亿欧元	增减%	亿欧元	增减%	亿欧元	增减%
联邦总支出	3 078	0.3	2 955	-4.0	2 993	1.3	3 106	3.8	3 254	4.7
1. 经常性账户	2 738	1.4	2 656	-3.0	2 690	1.3	2 766	2.8	2 884	4.2
2. 资产性账户	340	-7.5	299	-12.2	303	1.3	339	12.2	370	9.1
联邦州总支出	3 087	3.2	3 194	3.5	3 327	4.2	3 477	4.5	3 559	2.4
1. 经常性账户	2 768	3.2	2 857	4.6	2 989	4.6	3 144	5.2	3 219	2.4
2. 资产性账户	319	3.0	337	5.7	338	0.4	332	-1.7	340	2.4
地市政府支出	1 956	4.4	2 051	4.8	2 152	4.9	2 292	6.5	2 341	2.1
1. 经常性账户	1 690	4.2	1 773	4.9	1 867	5.3	1 991	6.6	2 021	1.5
2. 资产性账户	266	5.2	278	4.5	285	2.5	301	5.9	320	6.3
三级政府总计	8 182	—	8 200	0.2	8 472	3.3	8 875	4.8	9 154	3.3
1. 经常性账户	7 196	—	7 286	1.3	7 546	3.6	7 901	4.7	8 124	2.8
2. 资产性账户	925	—	914	-1.2	926	5.0	972	5.0	1 030	6.0

资料来源：德国联邦财政部网站。

从联邦财政部公布的数据看，2017 年德国三级政府财政支出的总额为 9 154 亿欧元，比 2016 年增长了 3.3%，其中经常性账户 8 117 亿欧元，增长率 2.7%，资产性账户 1 030 亿欧元，增长率达到 6.0%，增幅较大。2017 年全国政府财政支出占本年 BIP（GDP）的 28%，2013 年至 2017 年三级政府财政支出占当年 GDP 的比重分别为 27.7%（2013），27.2%（2014），26.6%（2015），28.2%（2016），28.0%（2017）。2017 年与 2016 年相比，减少了 0.2%，所占比重基本持平。

三级政府中，联邦财政支出 3 254 亿欧元，占三级政府总支出的 35.6%，2017 年比 2016 年增加了 4.7%。经常性账户增长在 4.2%，而资产性账户增幅 9.1%，低于 2016 年的增长幅度。

2017 年州级财政支出总额为 3 552 亿欧元，占三级政府总支出的 38.8%。支出增长幅度为 2.2%，低于 2016 年的增长幅度，也低于联邦财政支出的增长。尽管德国统一已有 28 年之久，但在经济发展方面，东部的 6 各州与原西德的 10 个州仍然存在着较明显的差异，财力的不平衡导致发展的不平衡，因此州级财政支出规模的扩大与增长在一定程度上也会受到区域间财力差异的制约。

地市级政府的财政支出规模近几年在稳步增长，从 2013 年至 2017 年，地市级财政经常性支出增加了 385 亿欧元，2013 年至 2016 年的增幅较大，2016 年达到 6.5 个百分点，而 2017 年放缓了增速，仅为 2.1%。

2. 表 3－4 显示了近 5 年来德国联邦级财政支出占当年 BIP（GDP）的比重的状况，5 年来这一比例的变化没有超过 1%，但略显下降的趋势。在联邦财政支出规模逐年增长的状态下，其占 BIP（GDP）的比重呈现下降趋势，这一方面显示了德国近几年整体经济运行在良性循环的轨道上，另一方面也显示出联邦政府在实施稳定机制，控制财政支出，实行零赤字预算、降低累积债务的现实财政方针与政策。

表 3－4　　德国联邦政府支出状况（2013～2017）　　单位：亿欧元

项目 \ 年份	2013	2014	2015	2016	2017
财政支出总计	3 078	2 955	2 993	3 106	3 254
财政支出增长率%	0.3	－4.0	2.1	3.8	4.7
GDP	28 208	29 157	30 259	31 441	32 634
财政支出占 GDP 比重%	10.9	10.1	9.9	9.9	10.0

资料来源：德国联邦财政部网站。

（二）联邦财政支出结构

表 3－5 是 2013 年至 2017 年联邦财政支出按经济分类显示的经常性支出与资本性支出在支出总额中所占的比例。从 2014 年开始，经常性支出逐年上升，从比例上看，虽然支出总额在逐年增长，但经常性支出在总额中的比例一直保持在 89%～90% 之间，资本性支出稳定在 10%～11% 之间，由此可见联邦政府的支出政策没有大的变动，经济景气状况也处在稳固上升阶段，没有突发性的经济波动状况，回顾

2012 年联邦财政的资本性支出达到了 12%，这与 2008 年爆发的全球性经济危机相关，在应对危机所采取的措施中增加了对公共基础实施的投资，同时政府对公共服务的购买也有一定的增量，反映了资本性支出的增加。从这一侧面可以了解到德国整体经济的发展处于稳定的状态，公共财政的投资支出保持在常规水平。

表 3-5　德国联邦政府支出结构：经济分类（2012~2017）　单位：亿欧元

项目＼年份	2013	2014	2015	2016	2017
财政支出总计	3 078	2 955	2 993	3 106	3 254
经常性支出	2 738	2 656	2 690	2 766	2 884
资本性支出	340	299	303	339	370
占总支出比重	%				
经常性支出	89	90	90	89	89
资本性支出	11	10	10	11	11

资料来源：德国联邦财政部网站。

图 3-1 是按功能分类的 2017 年联邦公共财政支出结构示意图。饼图右侧显示的是社会保障类支出，占总支出的 52%，其中包括：法定社会保险支出 34%，劳动力市场政策性支出 11%，社会家庭、子女、母婴等保障性支出 2%，其他社会保障

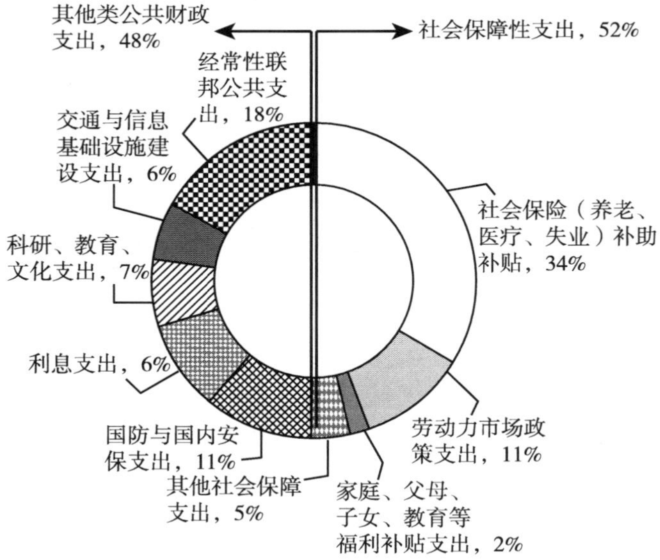

图 3-1　2017 年度德国联邦公共财政支出结构（执行）按功能分类示意图

资料来源：德国联邦财政部网站。

支出5%。饼图左侧是其他类支出，占总额的48%。包括：联邦级财政其他类支出18%，交通、通讯、信息等基础设施建设支出6%，教育、科技研发、文化事业支出7%，债务利息支出6%，国防保卫与社会治安11%。联邦财政承担着社会保障的保底责任，因此每年度的预算中社会保障支出均占50%以上。

图3－2是联邦政府2018年财政预算支出分类示意图，按功能分类的比例与2017年相比有明显变化的是社会保障与劳动力市场支出，2018年该类支出计划为41.8%，比2017年减少3.2%，交通与信息宽带基础设施建设支出比2017年增加2.5个百分点，其他类支出没有大的变化。

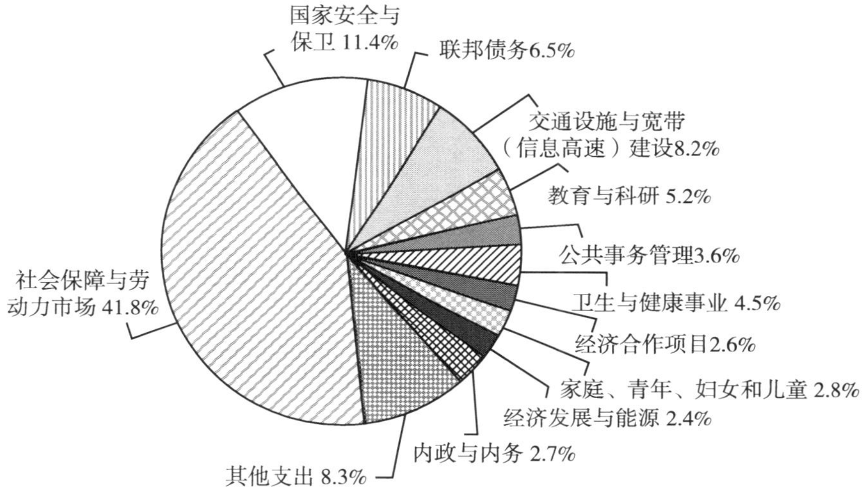

图3－2　2018年度德国联邦财政预算支出结构分类所占比重

资料来源：德国联邦财政部网站。

（三）联邦财政主要支出项目增减状况分析

1. 社会保障支出。表3－6是2013年至2018年联邦财政主要支出类项一览。在上列十大类支出项目中，占总支出额比例最大的是社会保障支出，其增长幅度也是最大的。从2013年至2017年，社会保障支出的逐年增长率分别为：1.7%，3.3%，4.8%，5.4%，2018年的增长率为1.9%。社会保障支出包含的项目较多，其中一直呈刚性增长的是对养老保险的补贴支出。2017年联邦财政对养老保险的支出达到910亿欧元，比2016年的868亿欧元增加了42亿欧元，增加了4.8%。达到了近年来增幅的高水平。

表 3－6　　联邦财政 2013 年至 2018 年主要支出类别一览表　　单位：亿欧元

项目 \ 年份	2013 年实际	2014 年实际	2015 年实际	2016 年实际	2017 年实际	2018 年实际
社会保障支出	1 461.02	1 486.4	1 535.6	1 609.7	1 698.2	1 731.2
经济发展与能源支出	49.85	49.9	51.2	52.1	69.9	64.6
交通基础设施建设与网络宽带建设支出	217.60	215.0	218.9	236.1	260.6	262.4
科技文化与教育支出	184.29	186.0	201.5	214.2	239.3	240.6
环境保护支出	9.47	11.5	11.6	12.8	14.6	17.3
经济合作与发展支出	58.99	63.8	64.0	72.9	79.5	—
住宅与城市建筑支出	19.46	16.7	16.4	22.0	30.6	30.1
公共事项与债务利息及融资支出	482.31	259.4	298.6	307.9	284.9	328.5
国家安全与防御	277.4	279.0	285.3	295.2	313.2	328.4
农林业、食品与消费者保护	10.42	9.7	9.8	10.2	14.7	13.0

资料来源：德国联邦财政部网站：各年度中期滚动预算报告。

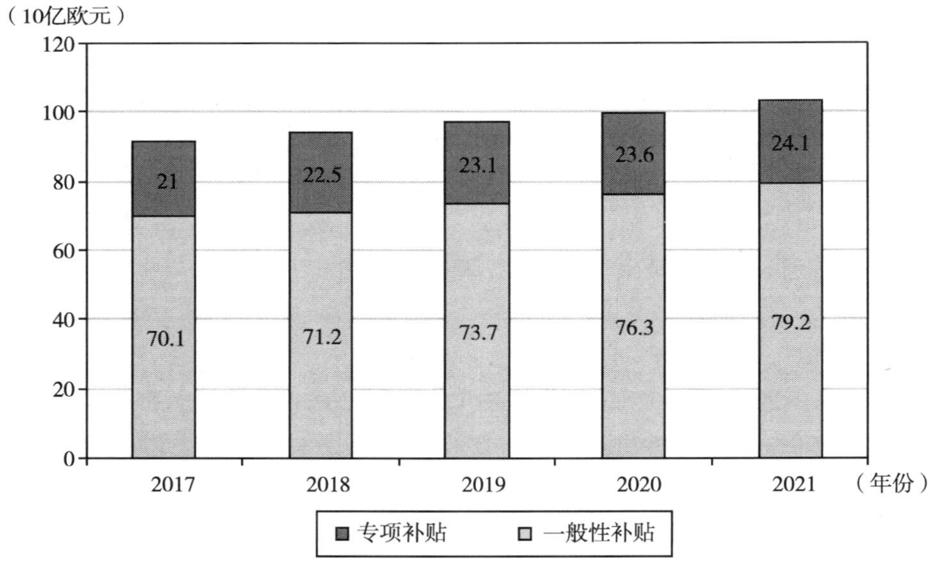

图 3－3　2017～2021 年德国联邦财政养老保险补贴支出一览（含预测）

资料来源：德国联邦财政部网站。

从近几年养老保险支出绝对增长的状况看，德国社会老龄化的特点日益突出，这除了与退休人员人数的自然增加有直接关联外，联邦政府从 2015 年调整退休政策、适度降低退休年龄界限也对养老保险支出的快速增长有一定的影响。

联邦政府对失业保险及劳动力市场的补贴支出近五年来一直处于增长的态势，2017 年比 2016 年增加了约 29.1 亿欧元，增长了 8.5%，而 2018 年预算与 2017 年相比仅增加了 3.4 亿欧元，增长率不足 1%。2017 年的就业状况好于 2016 年，失业登记人口年平均为 253 万，失业率为 5.7%。虽然失业率在下降，但联邦政府用于劳动力市场的资金投入及补贴并没有减少，一方面失业金（包括一类失业金和二类失业金）的给付标准随着经济的发展会有所变动，且变动多为增长趋势，另一方面劳动力市场需要有一定的资金投入用于对劳动力技能和知识更新的培训，还有一部分资金用于提高劳动力市场的管理水平，包括对现代化管理设备的应用等。一般情况下，如果没有大的经济波动，联邦财政对失业保险和劳动力市场的补贴基本维持在稳定基础上略有增加的水平上。

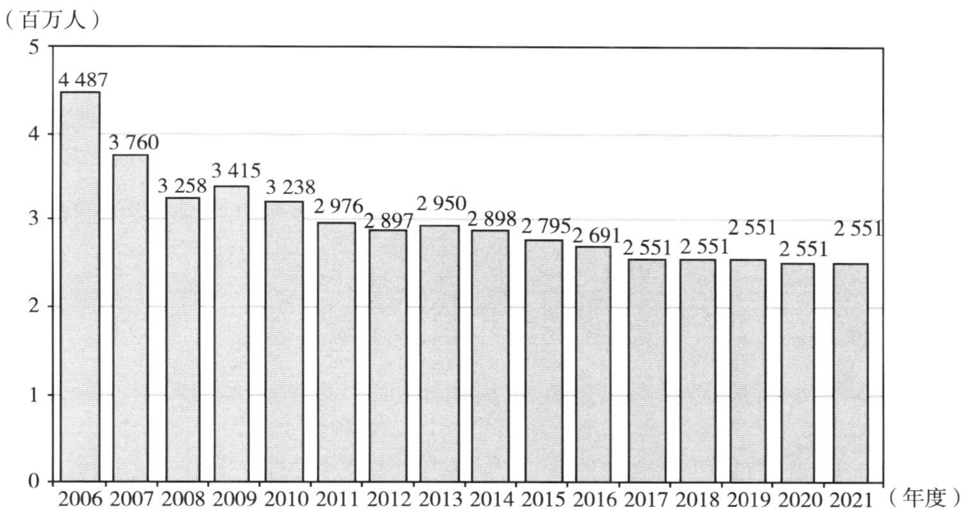

图 3-4 2006~2021 年德国登记失业人数状况一览（含预测）

资料来源：德国联邦财政部网站。

社会保障支出中第三大项是联邦财政对法定医疗保险的补贴支出和对公共卫生健康事业的资金投入。2016 年这一项的支出额度为 140 亿欧元，2017 年在此基础上增加了 5 亿欧元，达到 145 亿欧元，增长了 3.6%。2018 年对该项支出的预算与 2017 年持平。2017 年增加的支出资金主要用于法定医疗保险的改革和保险缴费率下调的补贴。2017 年联邦财政对该项的支出是 145 亿欧元，比 2016 年增加了 5 亿欧元。

社会保障支出的其他项目包括家庭政策性补助、住房补贴、农业人口社会政策补助、社会救助、战争遗留问题补助等，其支出额度变化均不大，增减都在正常范围内，没有大的波动。

2. 教育、文化与科学技术研究支出。联邦财政对教育与科学技术研究的投入多年来始终保持增长的态势，2016 年该项支出为 214. 2 亿欧元，2017 年达到 239. 3 亿欧元，比 2016 年增加了 25. 1 亿欧元，增加幅度为 11. 7%。2018 年预算额度为 240. 6 亿欧元，与 2017 年相比较增幅不大。

联邦财政对科学技术研究的投入主要用于对科技创新领域的项目投资，目的在于促进尖端科学领域的研究成果的产生以及最新技术的快速转化应用，2017 年对科研的支出为 112. 6 亿欧元，比 2016 年增加 12 亿欧元，增长幅度为 12. 1%。2018 年该项预算支出比 2017 年增加 5. 4 亿欧元，低于 2017 年度的增长率。

联邦财政对教育的支出主要针对高等院校、职业教育、普通进修培训教育、专业技术培训教育等领域。联邦财政按联邦政府与州政府共同发展高等院校基础设施建设与有效提升教学科研品质的协议执行对高等院校的资金投入，此协议分为三个阶段，目前已进入第三阶段，2017 年该项支出为 40. 9 亿欧元，比 2016 年增加 3. 7 亿欧元。2018 年此项支出略有下降，至 2021 年均呈下降趋势，资金投入的减少应与阶段性基建项目的结束有关联。对职业教育与进修培训教育的支出 2017 年为 59. 9 亿欧元，这两项支出每年均有一定比例额的增长，由于其与劳动力市场的发展有

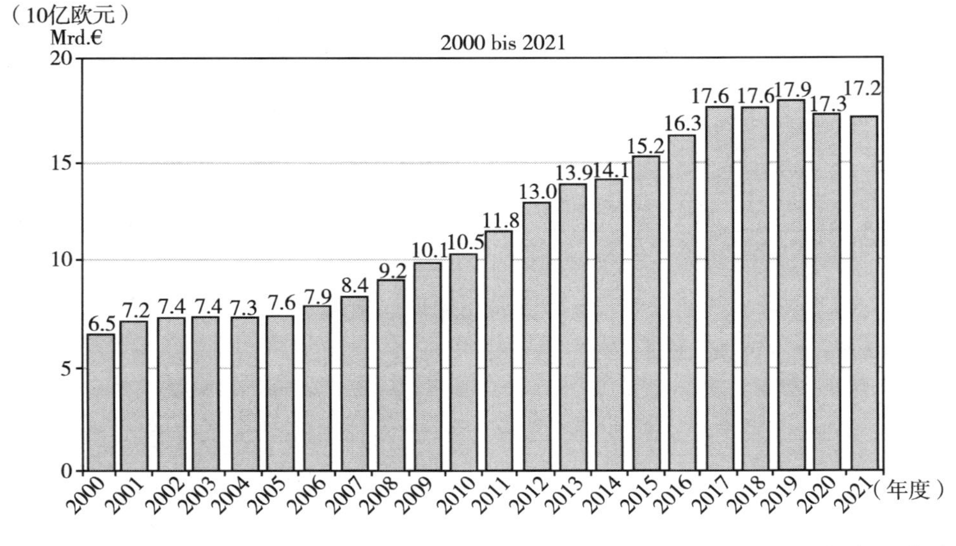

图 3－5　德国联邦财政 2000～2021 年教育与科研支出一览（不包括文化事业支出）

资料来源：德国联邦财政部网站。

直接的关系，因此也倍受联邦政府的重视。文化事业支出 2017 年约为 25.8 亿欧元，比 2016 年增加了 3.4 亿欧元，2018 年以后该项支出每年维持在 25 亿 ~26 亿欧元之间。

3. 交通运输基础设施与网络宽带建设支出。2017 年联邦财政对交通设施建设与网络宽带建设的支出为 260.6 亿欧元，比 2016 年增加 24.5 亿欧元，增加了 10.4%，超出前三年的增幅。交通基础设施建设包括联邦公路、高速公路、航道交通与港口、航空交通与港口、通讯设施、信息网络宽带等。从 20 世纪 70 年代开始，德国陆路交通和水路交通的基础设施建设曾有三十年保持着世界领先水平的地位，但由于缺乏及时的更新改造与维护，其设施陈旧老化，由此引发的问题也日益增多。因此德国政府近两年加大了对交通基础设施建设的投入，预计在未来五年中，该项支出的增加还将继续保持现有的支出额度，其占公共支出的比例也会有一定的增长。

4. 公共事项与债务利息及融资支出。2017 年联邦政府的债务利息及融资支出在联邦财政支出总额中占 6% 左右，是一项较大的支出，2017 年债务利息及融资支出为 284.9 亿欧元，比 2016 年的 307.9 亿欧元减少了 23 亿欧元。2018 年预算 328.5 亿欧元，占联邦财政总支出的比例达到 6.5%，高于 2017 年的 6%。由于利息支出与政府债务的构成有直接关联，因此该项支出常呈现波浪起伏的动态状况。随着联邦政府“债务刹车”稳固原则的不断推进，未来三年联邦财政将继续实行年度“0”赤字预算，并依计划降低累积债务水平，债务利息支出也将在偿债高峰期过后出现逐步下降的趋势。图 3-6 是 2006~2021 年联邦债务利息支出示意图，图中显示 2017 年的债务利息为 185 亿欧元，2018 年为 208 亿欧元，而 2021 年又将达到 217 亿欧元。

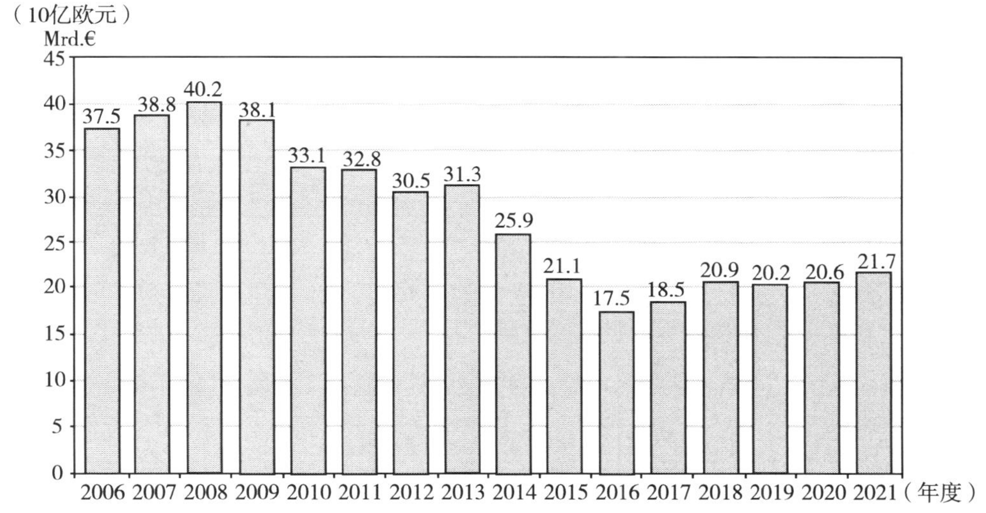

图 3-6　德国联邦财政 2006~2021 年利息支出一览（含预测）

资料来源：德国联邦财政部网站。

三、政府收入

德国联邦政府的财政收入包括三部分：一是税收收入，一般占总收入的80%以上；二是非税收入，即规费收入，一般占到总收入的5%～10%；三是债务收入，即联邦政府为弥补当年预算赤字而安排的举债收入。联邦州政府的财政收入构成除了税收和规费收入外，还有来自纵向与横向的转移支付资金收入。地市级政府的财政收入则是由税收、规费和来自上级政府的转移支付资金构成。三级政府财政收入中主要来源均是税收，德国是最早实行分税制的国家之一，依据各级政府的行政事权划分税收收入，将不同的税种划分为共享税与专享税，在三级政府间合理分配，以达到与行政事权相匹配的目的。德国政府财政收入不包括社会保险收入和专项基金收入，这两类收入与支出均独立核算，不属于财政收入。

（一）税收收入在三级政府间的分配

1. 共享税。

共享税包括公司所得税（即法人税、公司税）、个人（工资收入）所得税、增值税（原营业税）、利息税和清偿债务及出售转让（财产等）税费。四类共享税的分配比例如下：

①公司所得税中的50%属联邦政府所得，50%属各联邦州所得，地方政府不分享公司所得税。

②个人所得税由三级政府共同分享，其中联邦政府享有42.5%，州政府享有42.5%，地方政府享有15%。

③增值税的分配比较特殊，有专有的分配制度与方式。按最终分配比例，联邦政府分得增值税的53.9%，州一级政府分得44.1%，地方政府分得2%。

④利息税与清偿债务及出售转让税费按联邦政府44%、州一级政府44%、地方政府12%的比例进行分配。

以上分配比例是当前具体实行的标准，一般情况下，联邦政府每隔三至五年会就各州与地方政府的税收能力与财力状况进行评估测算，并依据评估结论、各级政府的财政状况以及总体经济景气形势对分配比例做出调整。每年的税收分配具体方案都会在年初以文件的形式确定并公布出来，一经公布即成为具有法律效力的文件，如特殊情况下需要调整（包括微调）均需报经联邦议会讨论通过，方可调整。

2. 专享税。

（1）联邦税：能源税、电税、烟草税、咖啡税、烧酒红酒税、保险税、大型运输卡车税、团结统一税

（2）联邦州税：遗产赠与税、土地购置税、啤酒税、赌马彩票税、赌场税、消防保护税

（3）地方税：营业许可税、工商税、土地税、娱乐税、狗税、第二居所税、自动赌博游戏机税、饮料税

（4）欧盟税：增值税特别基金 、海关税、糖税、BNE 特别基金

由于各州人口与经济发展不平衡，州和地方所属的专享税是否开征、税率高低由各州或地方政府自行确定。因此在这方面各州之间存在一定的差异。

（二）近五年来各级政府财政收入简况

表 3－7 至表 3－10 是近五年来德国各级政府财政收入的发展状况。从表 3－10 中可以看到，2017 年三级政府财政收入总计达到 9 425 亿欧元，占 2017 年 GDP（BIP）32 634 亿欧元的比重为 28.3%，2013 年至 2017 年期间，这一比重基本维持在 28%～28.5% 之间，说明财政总收入的增长与 GDP 的增长呈正相关联动关系。

表 3－7　　德国联邦政府收入状况（2013～2017）　　单位：亿欧元

项目＼年份	2013	2014	2015	2016	2017
财政收入总计	2 855	2 951	3 111	3 168	3 304
财政收入增长率 %	0.5	3.4	5.4	1.9	4.3
GDP（BIP）	28 208	29 157	30 259	31 441	32 634
财政收入占 GDP 比重	10.1	10.1	10.3	10.0	10.1

资料来源：德国联邦财政部网站。

表 3－8　　德国联邦州政府收入状况（2013～2017）　　单位：亿欧元

项目＼年份	2013	2014	2015	2016	2017
财政收入总计	3 068	3 189	3 330	3 538	3 683
财政收入增长率 %	4.5	4.0	4.4	6.2	4.1
GDP（BIP）	28 208	29 157	30 259	31 441	32 634
财政收入占 GDP 比重	10.9	10.9	11.0	11.1	11.3

资料来源：德国联邦财政部网站。

表 3－9　　德国地方政府收入状况（2013～2017）　　单位：亿欧元

项目＼年份	2013	2014	2015	2016	2017
财政收入总计	1 973	2 053	2 182	2 337	2 438
财政收入增长率 %	3.8	4.1	6.3	7.1	4.3
GDP（BIP）	28 208	29 157	30 259	31 441	32 634
财政收入占 GDP 比重	7.0	7.0	7.2	7.3	7.5

资料来源：德国联邦财政部网站。

表 3－10　　德国三级政府收入总计（2013～2017）　　单位：亿欧元

项目＼年份	2013	2014	2015	2016	2017
联邦政府	2 855	2 951	3 111	3 168	3 304
联邦州政府	3 068	3 189	3 330	3 538	3 683
地市级政府	1 973	2 053	2 182	2 337	2 438
三级政府收入总计	7 896	8 193	8 623	9 043	9 425
与前一年相比增长%	2.9	3.8	5.2	4.9	4.2
GDP（BIP）	28 208	29 157	30 259	31 441	32 634
总收入占 GDP 比重%	28.0	28.1	28.5	28.4	28.3

资料来源：德国联邦财政部网站。

2017 年的总收入比 2016 年的 9 043 亿欧元增加了 4.2%，从财政收入增速上看，近 5 年来最高的是 2015 年的 5.2%，而这一年的现价 GDP（BIP）的增速为 3.8%，也是本阶段的最高水平。

近几年来德国全国的财政收入一直呈增长趋势，但从各级政府状况来看，增长的态势有所不一。其中地市级政府的增幅较大，但在 2017 年有所回落，从 2016 年的 7.1 降到了 4.3%，说明政策性的收入调整对地市级财政收入的影响已经在减低，增长的动力主要还是来自于经济的发展。州级政府近几年的财政收入增速除 2016 年外均保持在 4%～4.5%之间，比较稳定。相比之下，联邦政府的财政收入增长的波动较大，在 0.5%～5.4%之间，尤其在 2015 年达到 5.4%的良好态势下，2016 年的增幅只达到 1.9%。2017 年其增幅上升到了 4.3%，从收入分类来看，2016 年的税收增长达到 3.0%，而其他规费收入及资产性账户收入均为负增长，说明联邦财政的收入受到政策调整和经济景气形势的影响比较明显。

（三）三级政府的财政收入结构

三级政府的财政收入中，联邦政府与州政府均以税收收入为主要来源。2013～2017年期间，联邦财政的税收收入占总收入的比例在90%～94%之间，并且呈平缓上升趋势。而规费收入的变化较大，五年中既有较大幅度的增加，也有较大幅度的减少，这种波动较大的变动主要与当年经济的发展、具体政策的调整以及行政管理规范的变化有关。资产性账户收入在联邦财政收入中所占比例仅为2%以下。

表3－11　　联邦政府财政收入结构一览

项目 \ 年份	2013	2014		2015		2016		2017	
	亿欧元	亿欧元	增减%	亿欧元	增减%	亿欧元	增减%	亿欧元	增减%
总收入	2 855	2 951	3.4	3 111	5.4	3 168	1.9	3 304	4.3
1. 经常性账户	2 790	2 917	4.6	3 065	5.1	3 135	2.3	3 279	4.6
1.1 税收	2 598	2 708	4.2	2 817	4.0	2 890	2.6	3 094	7.1
1.2 其他收费	192	210	9.3	248	18.3	245	－1.4	185	－24.4
2. 资产性账户	65	34	－47.2	45	33.2	34	－25.7	25	－26.5

资料来源：德国联邦财政部网站。

表3－12　　州级政府财政收入结构一览

项目 \ 年份	2013	2014		2015		2016		2017	
	亿欧元	亿欧元	增减%	亿欧元	增减%	亿欧元	增减%	亿欧元	增减%
总收入	3 068	3 189	4.0	3 330	4.4	3 538	6.2	3 683	4.1
1. 经常性账户	2 932	3 050	4.0	3 207	5.2	3 415	6.5	3 538	3.6
1.1 税收	2 243	2 342	4.4	2 488	6.3	2 699	8.5	2 798	3.7
1.2 其他规费	689	708	2.7	719	1.5	716	－0.4	740	3.4
2. 资产性账户	135	139	2.8	123	－11.8	123	0.0	145	1.8

资料来源：德国联邦财政部网站。

表3－13　　地市级政府财政收入结构一览

项目 \ 年份	2013	2014		2015		2016		2017	
	亿欧元	亿欧元	增减%	亿欧元	增减%	亿欧元	增减%	亿欧元	增减%
总收入	1 973	2 053	4.1	2 182	6.3	2 337	7.1	2 438	4.3
1. 经常性账户	1 825	1 900	4.1	2 021	6.4	2 180	7.9	2 268	4.0

续表

项目＼年份	2013	2014		2015		2016		2017	
	亿欧元	亿欧元	增减%	亿欧元	增减%	亿欧元	增减%	亿欧元	增减%
1.1 税收	767	794	3.5	848	6.8	897	5.8	933	4.0
1.2 其他收入	1 058	1 106	4.5	1 174	6.1	1 283	9.4	1 335	4.1
2. 资产性账户	148	153	3.3	161	4.9	157	－2.2	170	8.3

资料来源：德国联邦财政部网站。

2013～2017年，州级政府的税收收入占州财政总收入的比例在73%～76%之间，规费收入占总收入的比例在20%～22%之间，资产性账户所占比例约为4%～4.5%左右。其中税收收入呈稳定上升趋势，但规费收入与资产性账户的变化均波动较大，既有正增长，也有负增长。资产性账户收入的变化与政府资本投资及其收益有关，因此其不同于经常性收入的增长。

地市级政府的财政收入中，税收所占比例在37%～40%之间（2013～2017年），经常性账户中的其他收入主要包括来自州政府的转移支付和联邦政府的专项补助补贴资金，这部分收入占地市级政府总收入的50%以上，除此之外还有比例很小的一部分地方规费收入。资产性账户收入约占总收入的7%左右。

近20年来，德国各级政府的财政收入结构均比较稳定，没有经过大的调整，也没有出现政府间财权分配上的不均衡矛盾，其政府间的分配体制基本建立在合理配置事权与财力的基础上，因而始终能够保持在稳定运行的状态。

（四）联邦政府的税收构成

表3－14、表3－15是联邦财政税收构成项目一览，表中数据源自于德国税收预测工作委员会于2018年5月上旬在美因茨召开的第153次会议上对联邦政府税收做出的预测结果。其中2016年、2017年为实际完成数据，2018年、2019年为预测数据。

表3－14　　联邦财政税收实际及第153次预测结果一览

（共享税及专享税总计）

项目＼年份	2016 实际	2017 实际	2018 预测	2019 预测
联邦税收中的共享税（百万欧元）				
工资税部分	78 551.1	83 097.6	87 741	93 543
估定收入税部分	22 879.0	25 257.0	26 201	28 008

续表

项目 \ 年份	2016 实际	2017 实际	2018 预测	2019 预测
非估定收入税部分	9 275.8	10 459.0	10 950	10 820
出售转让、利息税部分	2 613.4	3 226.6	3 474	3 540
公司所得税部分	13 721.0	14 629.4	16 165	17 355
营业与流转税收收入部分	107 328.6	114 805.2	118 226	127 027
其中：增值税	82 036.6	86 475.3	89 022	95 639
进口增值税	25 292.0	28 329.9	29 204	31 388
营业税工商税分摊	1 755.0	1 940.8	1 971	2 052
纯联邦税收（联邦专享税）	104 440.9	99 933.6	108 562	110 160
联邦税收在扣除欧盟及专有基金前的总额	341 014.8	353 349.3	373 291	392 503
向欧盟缴纳的税额	-24 160.6	-16 619.7	-25 120	-31 240
其中				
增值税税额	-4 250.1	-2 362.2	-2 510	-2 590
欧盟 BNE 基金	-19 910.5	-14 257.6	-22 610	-28 650
向州的专项转移支付				
能源税专项资金	-8 200.0	-8 347.6	8 498	-8 651
LFA 专项补助补贴支付	-9 844.6	-9 229.0	-8 545	-7 976
重型运输卡车税补贴支付	-8 992	-8 992	-8 992	-8 992
稳定与巩固经济发展救助支付	-800	-800	-800	-800
联邦税收收入总计	289 017.8	309 361.2	321 336	334 845
联邦共享税收入与前一年相比%				
工资税部分	3.3	5.8	5.6	6.6
估定收入税部分	10.8	10.4	3.7	6.9
非估定收入税部分	8.4	7.5	4.7	-1.2
出售转让、利息税部分	-28.1	23.5	7.7	1.9
公司所得税部分	40.1	6.6	10.5	7.4
营业与流转税收收入部分	-2.4	7.0	3.0	7.4
增值税	-1.5	5.4	2.9	7.4
进口增值税	-5.1	12.0	3.1	7.5
营业税工商税分摊	5.9	10.6	1.6	4.1
联邦专享税与前一年相比%	0.2	-4.3	8.6	1.5

续表

项目 \ 年份	2016 实际	2017 实际	2018 预测	2019 预测
联邦税收在扣除欧盟及专有基金前的总额	1.8	3.6	5.6	5.1
向欧盟缴纳的税额	-6.3	-31.2	51.1	24.4
其中				
增值税税额	1.2	-44.4	6.3	3.2
欧盟 BNE 基金	-7.7	-28.4	58.6	26.7
向州的专项转移支付	10.7	1.8	1.8	1.8
能源税专项资金	-2.0	-6.3	-7.4	-6.7
LFA 专项补助补贴	0	0	0	0
重型运输卡车税（变更）补贴	0	0	0	0
稳定与巩固经济发展救助	0	0	0	0
联邦税收收入总计	2.3	7.0	3.9	4.2

资料来源：德国联邦财政部网站。

表 3-15　联邦财政税收实际及第 153 次预测结果一览（专享税）

项目 \ 年份	2016 实际	2017 实际	2018 预测	2019 预测
联邦专享税	104 440.9	99 933.6	108 562	110 160
1.1（百万欧元）				
能源税	40 090.7	41 022.3	41 300	41 450
烟草税	14 186.1	14 398.8	14 160	14 080
红酒（葡萄酒）税	2 070.2	2 093.6	2 100	2 090
烧酒及含酒精饮料税	1.3	2.0	2	2
泡沫红酒饮料税	400.6	367.9	390	388
半成品中间成品税	15.2	16.6	18	18
咖啡税	1 039.8	1 057.4	1 055	1 055
保险税	12 763.2	13 269.3	13 670	13 990
电税	6 569.2	6 943.9	6 930	6 930
重型运输卡车税	8 952.1	8 947.7	9 010	9 090
空运交通运输税	1 073.7	1 120.5	1 175	1 215
核燃料税	442.4	-7 261.9	0	0

续表

项目 \ 年份	2016 实际	2017 实际	2018 预测	2019 预测
团结统一附加（税）	16 854.8	17 953.3	18 750	19 850
其他联邦税收	0	0.5	0	0
进口税预估	1.6	1.6	2	2
1.2 与前一年相比%	0.2	-4.3	8.6	1.5
能源税	1.3	2.3	0.7	0.4
烟草税	-4.9	1.5	-1.7	-0.6
红酒（葡萄酒）税	0.0	1.1	0.3	-0.5
烧酒及含酒精饮料税	-41.1	53.5	-1.0	0.0
泡沫红酒饮料税	-6.6	-8.1	6.0	-0.5
半成品中间成品税	5.2	9.2	8.5	0.0
咖啡税	0.8	1.7	-0.2	0.0
保险税	2.8	4.0	3.0	2.3
电税	-0.4	5.7	-0.2	0.0
重型运输卡车税	1.7	0.0	0.7	0.9
空中交通运输税	5.0	4.4	4.9	3.4
核燃料税	—	—	—	—
团结统一附加（税）	5.8	6.5	4.4	5.9
其他联邦税收	-96.4	34 844.8	-	—
进口税预估	-3.0	1.5	24.9	0.0
相关信息数据				
团结统一附加来源：（百万欧元）				
工资税	11 299.1	11 915.1	12 460	13 170
估定收入税	2 601.2	2 876.9	3 020	3 230
利息及其他收入	325.7	401.0	430	440
非估定收入税	1 006.6	1 016.0	1 065	1 110
公司所得税	1 622.2	1 744.2	1 775	1 900
能源税来源（百万欧元）				
其他地矿核心原材料	1 194.9	1 244.3	1 180	1 157
地矿核心燃气原材料	2 440.9	3 183.6	3 060	3 060
其他	36 454.9	36 594.4	37 060	37 233

续表

项目 \ 年份	2016 实际	2017 实际	2018 预测	2019 预测
2. 关税（百万欧元）	5 112.9	5 062.6	5 200	5 300
与前一年相比%	-0.9	-1.0	2.7	1.9

资料来源：德国联邦财政部网站。

联邦财政的税收由共享税和专享税两部分构成。2017 年联邦政府的税收总额在扣除欧盟税和专项转移支付之前为 3 533.5 亿欧元，其中共享税税收 2 534.2 亿欧元，约占总额的 71.7%，专享税 999.3 亿欧元，约占总额的 28.3%。由此可见共享税是联邦税收的主要来源。扣除欧盟税和专项转移支付 440 亿欧元后，实际税收总额为 3 094 亿欧元。

专享税中，能源税、烟草税、保险税以及团结统一税是联邦专享的支柱型税种，2017 年这四项税收共计 857.4 亿欧元，约占专享税总额的 85.8%。共享税中，增值税（包括国内和进口）排在税收的第一位，其次为个人所得税中的工资税和估定收入税，排在第二位，2017 年增值税和个人所得税合计达到 2 336.2 亿欧元，占联邦所得共享税的 66.1%，这一比例比 2016 年的 63.9% 提高了 2.2%。

（五）三级政府税收发展趋势预测

在 2018 年 5 月上旬召开的第 153 次税收预测工作会上，与会委员和多位专家学者对近期的经济景气形势做了客观的分析与评价，对德国社会经济的未来发展趋势进行了深入的研究探讨，依据目前法定的税则税率以及宏观经济的发展速度，对 2018 ~ 2022 五年的全国税收收入做出预测，预测结果形成了这一阶段的各级政府中期预算收入的基础数据。

表 3-16　　2016 ~ 2022 年德国全国税收预测结果一览

项目 \ 年份	2016	2017	2018	2019	2020	2021	2022
税收全国总计（百万欧元）	705 791	734 512	772 090	806 925	838 938	873 165	905 912
与前一年相比（%）	4.8	4.1	5.1	4.5	4.0	4.1	3.8
国内生产总值（GDP）（10 亿欧元）	31 441	32 634	34 020	35 390	36 550	37 750	38 990
与前一年相比（%）	3.3	3.8	4.2	4.1	3.3	3.3	3.3
税收占 GDP 比例%	22.45	22.51	22.70	22.80	22.95	23.13	23.24

续表

项目 \ 年份	2016	2017	2018	2019	2020	2021	2022
税收的分配							
联邦政府（百万欧元）	289 018	309 361	321 336	334 845	341 406	354 744	367 671
与前一年相比（%）	2.3	7.0	3.9	4.2	2.0	3.9	3.6
州政府总计（百万欧元）	288 673	298 414	310 276	320 670	337 053	351 290	365 088
与前一年相比（%）	7.6	3.4	4.0	3.3	5.1	4.2	3.9
地方政府税收总计（百万欧元）	98 827	105 055	110 158	114 870	123 599	128 721	133 503
与前一年相比（%）	7.1	6.3	4.9	4.3	7.6	4.1	3.7
欧盟（百万欧元）	29 274	21 682	30 320	36 540	36 880	38 410	39 650
与前一年相比（%）	-5.4	-25.9	39.8	20.5	0.9	4.1	3.2

资料来源：德国联邦财政部网站。

从预测的结果可以看到，德国从2018年至2022年的GDP增速保持在3%以上，在3.3%～4%之间，预测这一阶段经济发展处于比较平稳的状态。在此基础上，全国税收的增加幅度保持在3.8%～5.1%之间，高于GDP的增速。最低的是2022年的3.8%，最高的是2018年的5.1%。本中期预算年度内，全国税收占GDP的比重基本保持在23%左右的水平上。

在税收分配上，2017年联邦财政税收占全国税收总额的42.1%，各州税收总计占全国税收总额的40.6%，地市级税收总计占全国税收总额的14.3%，欧盟税额占全国税收总额的3%。2018年，各级政府税收所得占全国税收总额的比例仅有极微小的变化，其结果不会影响到现有的分配格局。

四、政府盈余/赤字

从2012年开始，德国联邦政府依据欧盟委员会的《稳定与增长公约》和近期提出的“债务刹车”的稳定机制原则，采取相应措施严格控制政府举债，增收减支，把实现财政收支平衡作为当前以及今后的重要行政目标。经过三年多的努力，联邦政府财政在2014年终于实现了“0”赤字，达到了收支平衡。随后的2015和2016两年，联邦财政继续保持了没有新的净债务收入。2017年联邦财政实现财政盈余50亿欧元，而在2018年至2021年的中期预算中，四年均无赤字预算。（见图3-7）

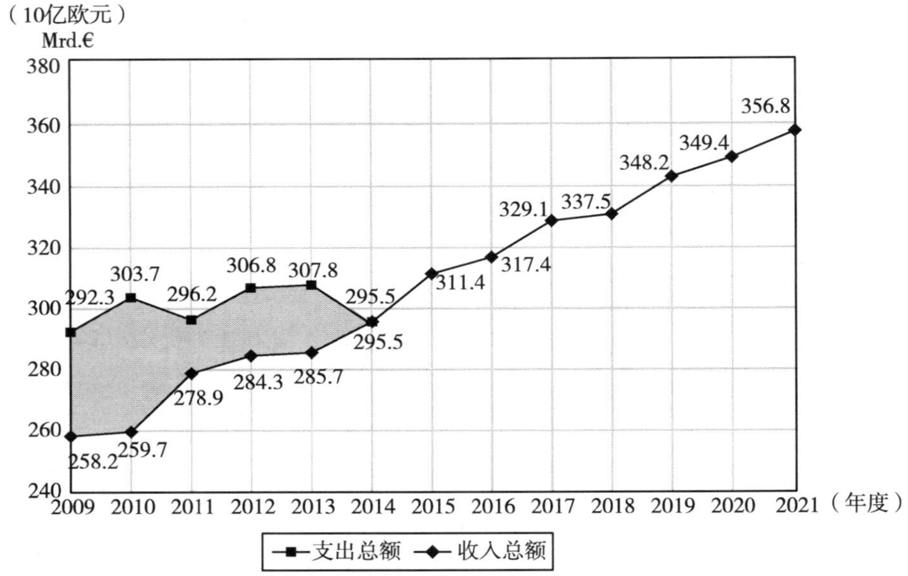

图 3－7　2009～2021 年德国联邦财政收支示意图

资料来源：德国联邦财政部网站。

表 3－17　　2017 年三级政府财政盈余一览　　单位：亿欧元

	总计	联邦政府	州政府	地市级
经常性收入	9 425	3 304	3 683	2 438
经常性支出	9 154	3 254	3 559	2 341
经常性预算差额	+281	+50	+124	+107
净贷款	0	0	0	0
财政盈余占总收入百分比 %	2.98	1.51	3.37	4.39

资料来源：德国联邦财政部网站。

据德国联邦财政部公布的数据显示，2017 年德国全国的财政收支状况良好，联邦政府、各州、各地方政府以及社会保险机构的财政总收入均有一定盈余，其中州政府盈余达到 124 亿欧元，占州财政收入总额的 3.37%，地市级财政盈余为 107 亿欧元，占本级财政收入总额的 4.39 %。联邦财政盈余 50 亿欧元，占联邦财政收入总额的 1.51%。据德国统计局的统计报告分析，出现财政盈余的主要原因在于国内经济形势良好、就业市场稳定及适度的财政支出政策。

2017 年 8 月 11 日，德国联邦财政部公布了 2018 年财政经济年度预算报告（《Finanzberichit 2018》），本报告每年 8 月定期出版公布，汇集了联邦财政部中期预算与年度预算等重要文件与信息数据，其内容较为丰富详细。其中中期预算报告与年度预算已经过联邦议会审议通过，年度预算形成正式预算法案，具有法律效力。本预算报告与前两年发布当期预算时一样，突出强调 2018 年联邦预算仍坚持“0”赤字的大政方针，继续实施一系列的社会经济稳定机制，进一步扩大 2015 年以来已达到的财政收支总量平衡的成果，不再增加新的债务，同时按进度持续降低政府的累积债务率，使联邦财政以及各级财政达到良性循环的状态。近三年来，联邦、州和地市三级政府严格执行“债务刹车”的规定，在欧盟稳定机制的框架下共同努力，达到了实际的收支平衡。这一成果在新一轮的中期预算中将继续保持下去，杜绝年度赤字、降低政府债务率也是当前德国财政经济相关部门的最重要任务之一。

五、政府债务

（一）政府债务状况

自 2012 年欧洲联盟开始实行“债务刹车”的稳定机制以来，德国不仅从 2014 年起不再有新的债务产生，而且对减轻政府累积债务负担采取了积极的措施，使已超出马斯特里特条约上线标准的政府债务水平有了明显的下降。图 2－8 是 2001 年至 2020 年德国政府债务占 GDP 比重变化的示意图，2001～2015 年为实际数据，2016～2020 年为中期预算数据。从图 3－8 中可以看出，德国政府债务占 GDP 的比重最高时达到 81%（2010 年），超出马约规定的“政府累积债务不得超过当年 GDP 的 60%”的警戒

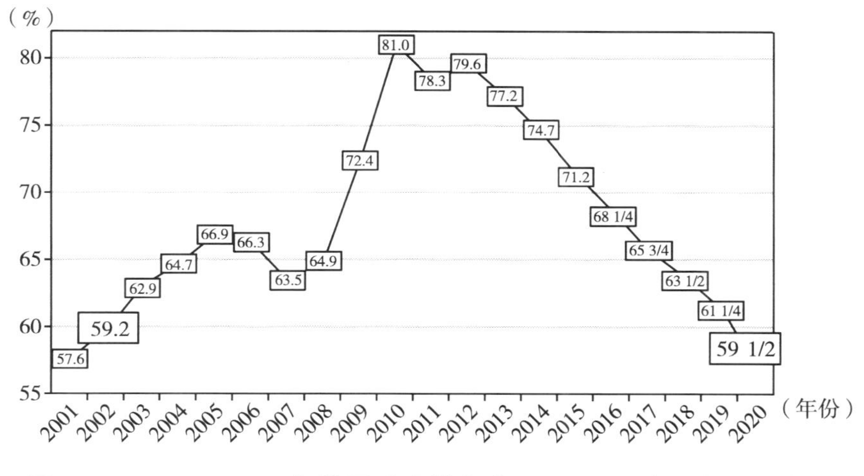

图 3－8　2001～2020 年德国政府债务占 GDP 比重发展状况示意图

资料来源：德国联邦财政部网站。

标准21%，而2009和2010是债务累积增长最快的两年，由于这两年为应对全球性的经济危机联邦政府采取了一系列扶持企业生产、扩大就业面、降低失业率、促进经济复苏的救助措施，导致财政支出超常增长，政府净债务累积直线上升，两年间政府债务占GDP的比重增加了16.1个百分点。远超出马约的原则规定。实行债务刹车的稳定机制后，联邦政府要求各级政府一方面不再举新债，另一方面努力降低累积的债务水平，从中期预算着手，逐年做出减债计划，力争在2020年达到马约规定的警戒线以下。近三年来联邦政府的减债计划已经取得了初步的成果，2016年累积债务降到了68.5%，2017年又降到了65.8%。随着债务率的逐年下降，联邦政府计划在2020年将全国的累积债务降到59.5%，达到马约的债务上限要求%。

（二）政府债务分布状况

表3－17列示了2012年至2016年德国政府债务的在各级政府间的分布状况。在三级政府中，负债最高的是联邦政府，五年中最高时占总债务的51.1%，最低时占50.7%。五年中2012～2014年呈逐年上升态势，2015年后呈下降趋势，2016年年末比2014年减少了258亿欧元，减少了2.3%。州级政府债务累积近五年保持在5 300亿～5 500亿之间，约占债务总额的25%左右。与联邦级债务的变化趋势相同，前4年呈逐年上升态势，2015年以后呈下降趋势。地方政府债务数额不大，约占债务总额的4%左右，在相关政策的导引下，地方债也在逐年下降。与政府相关的其他债务包括社保基金、政府特别财产、政府专项基金的债务累积，亦包括政府担保项目的借贷资金。这部分债务不属于政府直接债务，但属于政府行政范畴的间接负债，因此也在政府债务的统计范围以内。这部分债务约占总债务的20%左右。

表3－18　　2012～2016年政府债务分布一览　　单位：亿欧元

项目＼年份	2012	2013	2014	2015	2016
1. 全国GDP（BIP）	27 549	28 208	29 157	30 437	31 441
2. 联邦政府债务（直接）	10 955	11 136	11 150	10 972	10 892
联邦政府债务占GDP %	39.8	39.5	38.2	36.1	34.6
与前一年相比较＋－%	1.8	1.7	0.1	－1.6	－0.7
3. 州政府债务（直接）	5 386	5 441	5 471	5 407	5 330
州政府债务占GDP %	19.3	18.8	17.9	17.8	17.0
与前一年相比较＋－%	1.5	1.0	0.6	－1.2	－1.4
4. 地方政府债务（直接）	836	829	833	813	843

续表

项目 \ 年份	2012	2013	2014	2015	2016
地方政府债务占 GDP %	3.0	2.9	2.9	2.7	2.7
与前一年相比较 + - %	0.5	-0.8	0.5	-2.4	3.7
5. 与政府相关的其他债务	4 738	4 372	4 374	4 357	4 409
与政府相关债务占 GDP %	17.2	15.5	15.0	14.3	14.0
与前一年相比较 + - %	10.9	-7.7	0.05	-0.4	1.2
6. 三级政府债务总额（直接）	17 177	17 406	17 454	17 192	17 065
政府总债务占 GDP %	62.4	61.7	59.7	56.5	54.3
与前一年相比较 + - %	1.7	1.3	0.3	-1.5	-0.7
7. 全国政府总债务	21 915	21 778	21 828	21 549	21 474
全国政府总债务占 GDP %	79.6	77.2	74.8	71.0	68.3
与前一年相比较 + - %	3.5	-0.6	0.2	-1.3	-0.3

资料来源：德国联邦财政部网站。

注：表 2 - 17 中：6 = 2 + 3 + 4　7 = 2 + 3 + 4 + 5。

（三）联邦债务规模

图 3 - 9 是 2000 ~ 2018 年联邦政府债务（不包括联邦特别财产）规模变化示意图。从图 2 - 9 中可以看出近 20 年联邦政府债务（不包括联邦特别财产）累计总额最

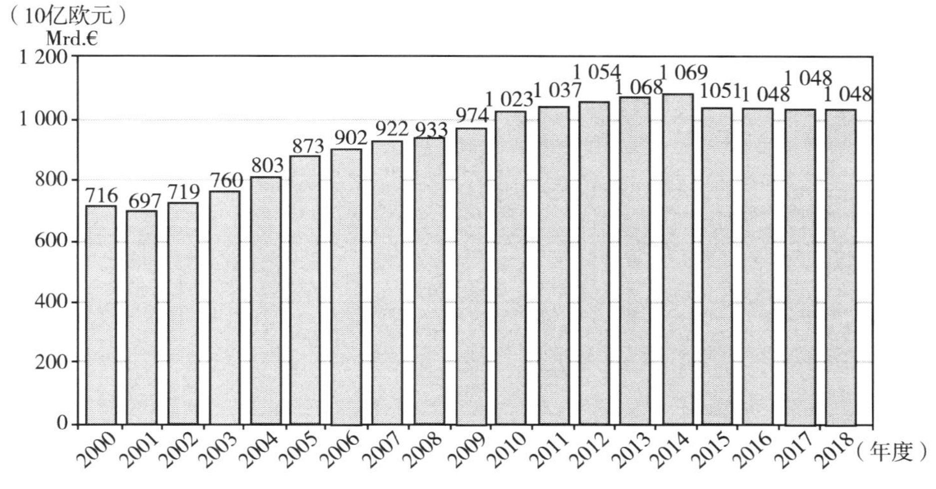

图 3 - 9　2000 ~ 2018 德国联邦政府债务规模变化一览（不包括联邦特别财产）

注：本图数据不包含联邦特别财产（专项基金）数据

资料来源：德国联邦财政部网站。

高的是2014年，达到10 690亿欧元，占当年GDP的36.5%。而2014年全德国各级政府债务占GDP的74.7%，联邦政府的债务几乎是全国政府债务总计的二分之一。2015年以后，全国总计政府债务率开始下降，联邦政府的债务总额也开始逐年消减。

从图3－9中可以看出近20年联邦政府债务（不包括联邦特别财产）累计总额最高的是2014年，达到10 690亿欧元，占当年GDP的36.5%。而2014年全德国各级政府债务占GDP的74.7%，联邦政府的债务几乎是全国政府债务总计的二分之一。2015年以后，全国总计政府债务率开始下降，联邦政府的债务总额也开始逐年消减。

根据联邦财政部最新公布的数据，截至2017年12月末，联邦财政和联邦特别财产（包括政府基金）债务总额为10 863亿欧元，其中联邦财政债务为10 450亿欧元（比图1中2017年数据又减少30亿欧元），联邦特别财产债务为413亿欧元，其中资金市场稳定机制基金224亿欧元，投资与偿债基金189亿欧元。联邦财政直接债务占债务总额的96%。德国2017年GDP（BIP）总额为32 633亿欧元，联邦政府债务占GDP的33.3%。进入2018年后，一月份联邦政府债务又有所下降，一月末联邦政府债务总额为10 845亿欧元，新增贷款205亿欧元，还债283亿欧元（其中还债款222亿欧元，支付利息61欧元，）新增（205亿欧元）与还债（222亿欧元）相抵，比2017年年末减少了17亿欧元。由此可见联邦政府正在努力地实施自己提出的减债计划，每月都对联邦政府债务状况做适时变动报告并予以公布，广大民众以及外界均可以一目了然地获知联邦政府的债务状况。

（四）联邦政府债务的构成

表3－19　　2017年末联邦政府债务构成一览

项　目	2017年年末实际	占债务总额比例 %
联邦财政与特别财产债务总计	10 863亿欧元	100
按债务使用方向划分：		
1. 联邦政府预算	10 450亿欧元	96.2
2. 资金市场稳定基金	224亿欧元	2.0
3. 投资与偿债基金	189亿欧元	1.8
按债务形式划分（包括特别财产）：		
1. 联邦债券	10 727亿欧元	98.8
联邦预算借款	6 933亿欧元	其中：63.8
其中：30年期	2 035亿欧元	—

续表

项 目	2017年年末实际	占债务总额比例%
10年期	4 898 亿欧元	—
联邦通胀指数债券	729 亿欧元	6.7
其中：30年期	63 亿欧元	—
10年期	521 亿欧元	—
连带还款责任	145 亿欧元	—
联邦担保债券	2 039 亿欧元	18.8
联邦国库债券	910 亿欧元	8.3
联邦无息政府债券	100 亿欧元	1.0
其他联邦债券	17 亿欧元	0.2
2. 借据贷款	91 亿欧元	0.8
3. 其他贷款与账面负债	45 亿欧元	0.4

从上表中可以看到现有联邦政府债务的构成从形式上可分为三个部分，联邦债券、借据贷款和其他贷款与账面负债，以联邦债券形式的债务为主要组成部分，其他两部分因所占比重均不超过1%，所以一般不会对联邦政府债务的发展变化产生重要影响。在联邦债务形式的债务中，以预算借款形式形成的累积债务最高，达到6 933亿欧元，其中10年期的达到4 898亿欧元，占预算借款债务总计的70%以上，也就是说，在10年之内联邦政府面临着较重的偿还各类债券的负担。其次联邦担保债券2 039亿欧元，占到联邦债务总额的18.8%，排在第三位的是按惯例发行的联邦国库券、政府公债形式的债务，占联邦政府债务总额的8.3%。再依次下来是联邦通胀指数债券（6.7%）、无息政府债券（1.0%）和其他债券（0.2%）。从结构上看，中短期债务比例较高，长期债务约占总额的30%左右。

附：2012～2016联邦政府债务构成数据（包括联邦特别财产）：

表3－20　　2012～2016年联邦政府债务构成一览　　单位：亿欧元

项目 \ 年份	2012	2013	2014	2015	2016
联邦财政与特别财产债务总计	10 955	11 136	11 150	10 972	10 892
按债务使用方向划分：					

续表

项目 \ 年份	2012	2013	2014	2015	2016
1. 联邦政府预算	10 537	10 679	10 694	10 509	10 482
2. 资金市场稳定基金	205	244	256	252	222
3. 投资与偿债基金	213	213	200	210	188
按债务形式划分（包括特别财产）：					
1. 联邦债券	10 776	10 956	10 967	10 798	10 748
联邦借款	6 314	6 428	6 534	6 629	6 698
其中：30 年期	1 679	1 763	1 828	1 890	1 938
10 年期	4 636	4 665	4 706	4 738	4 760
联邦通胀指数债券	521	517	632	745	665
联邦担保债券	2 176	2 348	2 446	2 324	2 216
联邦储蓄债券	1 177	1 100	1 034	964	957
联邦无息储蓄债券	500	500	280	109	191
其他联邦债券	88	63	40	28	22
2. 借据贷款	120	122	120	106	98
3. 其他贷款与账面负债	59	58	63	67	45

资料来源：德国联邦财政部网站。

注：因表中数据不保留小数点后数字，经四舍五入后，个别加总后的数据与总计数略有差异。

表 3－18 通过两种划分列示了 2012～2016 年联邦债务的不同类别与数额。从债务的使用方向上，区分了联邦政府预算的直接债务和联邦特别财产的相关联债务，其中 2016 年直接债务 10 482 亿欧元，占总债务额的 96.2%，两项基金（特别财产）的债务额为 410 亿欧元，占债务总额的 3.8%。由此可见联邦政府减债的主要调控方向是在联邦政府预算方面。从债务形式上划分，联邦债务主要以三种形式存在，一是联邦债券，二是借据贷款，三是其他贷款和账面负债，其中联邦债券又由联邦借款、通胀债券、担保债券、储蓄债券等七类项目构成。2016 年联邦债券规模为 10 748 亿欧元，占联邦政府债务总额的 98.8%，其他形式的债务仅占 1.2%。在联邦借款中，中期贷款（10 年）占 71.1%，长期贷款（30 年）占 28.9%，除中长期贷款外，联邦担保债券在债务总额中也是较大的分支，占总额的 20.3%，可见联邦担保债券也是政府举债的一个常用形式。

六、政府间转移支付

德国是一个联邦制国家，共有 13 个联邦州和 3 个联邦直辖市（统称为 16 个联邦州）。联邦政府为德国的中央政府，各州政府在国家宪法和基本法的原则框架下实行自治管理。州政府与联邦政府并非上下从属关系，具有相对独立性，在各自管辖范围内其事权财权拥有高度的自主权。联邦政府对各州政府的事务以及财政资金的使用管理不能用行政命令的方式进行干预，出现问题与矛盾时可通过政府之间协商或通过联邦议会协调解决。联邦财政对联邦财政部与各州财政部也不存在上下级之间的垂直管理关系，各自对本级政府负责，在宪法和基本法的原则基础上编制本级政府的当年财政预算以及中长期财政滚动预算。州政府对本州内的地市级政府（统称为地方政府）有管辖权，地方政府原则上接受州政府的领导。地方政府有自己一级的财权与事权，有一定的自主管理权限，州财政部与地市财政局联系紧密，具有上下级工作机构的指导与接受指导的关系。

（一）政府间事权划分

1. 联邦政府的事权与责任权：国家安全与防卫、外交事务与国际组织机构、基本社会保障、造币与货币发行管理、海关与边境管理、国家级科研项目开发、基础性科研项目资助、由联邦政府承担的交通运输基础设施建设与管理（包括铁路、水运、航空、邮电、高速公路、远程公路等）、跨区域综合经济协作与开发（包括资源性开发）、农业补贴及经济结构调整等政策性支出、国有企业与国有资产的经常性支出、联邦一级政府机构行政事务性支出等。

2. 联邦州政府的事权与责任权：社会保障（部分）、高等教育、专业中等教育、治安警务与司法管理、文化体育事业、卫生防疫与环境卫生、健康医疗体系建设、住房保障、科学研究与技术开发应用、州级公路建设与维护、区域经济结构与农业结构调整及改善、河湖海岸养护与管理、州级政府机构行政事务与管理、承担法定的联邦政府委托的基础经济建设项目（如能源开发利用、交通基础设施建设等）。

3. 地方政府的事权与责任权：本区域基础设施建设、区域内治安保护、社会救济与社会援助、幼儿园与小学教育、地市级公路建设、区域内公共交通网络建设与运营、公用事业建设与发展（包括供水、供电、供煤、能源利用、垃圾与污水处理等）、公共福利、文化设施、成人教育、社区服务、地市一级政府机构行政事务与管理、承担法定的联邦以及州政府委托的具体工作项目（如人口普查、突发事件处理等）。

（二）政府间财权划分

1. 税收权的划分：本章在第三节“政府收入”中对三级政府间共享税与专享税的分配以做过阐述介绍，这里不再重复，请参见第三节相关内容。

2. 行政收费的划分：德国相关法律规定，行政事业的收费权与相对应的事权归属一致，所收资费纳入本级财政收入，并根据财务制度的相关规定进行管理。

（三）德国的转移支付制度

在联邦与州以及地方政府之间的财力平衡关系上，德国采取的是纵向转移支付与横向转移支付相结合的均衡制度。在按财权与事权相匹配的原则进行财力初次分配后，由地区差异与经济发展不平衡造成的公共服务非均等化则由转移支付制度来进行调节，尽可能地缩小地域间的贫富差距。德国的《基本法》对联邦和州财政分配关系的基本内容做了规定。根据相关规定，德国政府间财政分配与转移支付主要分四个层次进行：

1. 首先是将所有税收收入在联邦、州、地方政府这三个行政层级之间进行分配其中包括联邦对州、州对地市财政的专项补助补贴资金，即纵向的转移支付制度。

2. 第二层是州级政府应得的增值税收入的25%部分根据相关规定按比例在各个州之间进行横向分配。

3. 第三层是财力较弱的州和财力较强的州之间进行的州际平衡调节，即横向转移支付制度。

4. 第四层是经过均衡调节后财力仍较弱的州将获得联邦政府的均衡调节补充资金（联邦特别补贴拨款）。

以上四个层次构成了德国现行的政府间财政平衡制度。

表3-21　2012～2016年联邦财政对州级财政转移支付一览　单位：亿欧元

项目 \ 年份	2012	2013	2014	2015	2016
1. 一般性转移支付	2 911	3 175	3 517	3 832	4 267
与前一年相比（+-）%	10.1	9.1	10.8	9.0	11.4
2. 专项转移支付	517	517	517	517	517
与前一年相比（+-）%	0.0	0.0	0.0	0.0	0.0

续表

项目＼年份	2012	2013	2014	2015	2016
3. 对地区结构性失业专项补贴	711	711	777	777	777
与前一年相比（+-)%	-29.0	0.0	9.3	0.0	0.0
4. 对新联邦州的特别补贴	7 260	6 545	5 778	5 062	4 295
与前一年相比（+-)%	-9.6	-9.8	-11.7	-12.4	-15.2
联邦对州转移支付总计	11 399	10 948	10 589	10 188	9 856
与前一年相比（+-)%	-6.5	-4.0	-3.3	-3.8	-3.3

资料来源：德国联邦财政部网站。

联邦财政对州级财政的转移支付主要是联邦政府对州的补充拨款。而这类补充拨款是联邦向财力较弱州的资金补助，并非每个州都同样享受，实际上是对州际财政平衡的一个补充。联邦补充拨款大部分不设定具体的用途，以满足其一般性财政需求。在操作上分为一般性联邦补充拨款和特殊需求联邦补充拨款。通过一般性联邦补充拨款可以进一步缩小财力较弱的州在州际财政平衡后与全国人均财力水平之间仍存在的差距。2016 年联邦财政对州的转移支付总计 98.56 亿欧元，比 2015 年减少了 3.3%，直观近 5 年的转移支付总额的变化，可见其逐年递减的趋势，但一般性转移支付的额度却呈逐年上升的趋势。从表 2-19 可以看出，额度呈减少状态的是对新联邦州的特别补贴，随着新联邦州经济的发展，其区域财力已有较明显的改善，一些针对新联邦州的补贴优惠政策将逐步减少或转化成其他支持形式。

表 3-22　2012~2016 年州财政对地市级财政转移支付一览　单位：亿欧元

项目＼年份	2012	2013	2014	2015	2016
转移支付总计	600	649	681	742	902
其中：老联邦州	471	513	541	599	728
新联邦州	129	137	140	143	175
一般性转移支付	371	397	421	430	459
其中：老联邦州	286	304	326	339	365
新联邦州	85	92	95	92	94
专项转移支付	229	253	260	312	444
其中：老联邦州	186	208	215	260	363

续表

项目 \ 年份	2012	2013	2014	2015	2016
新联邦州	43	44	45	52	81
地方财政总收入	1 900	1 973	2 053	2 182	2 337
州对地市转移支付占地方财政收入比例%	31.5	32.9	33.1	34.0	38.6

资料来源：德国联邦财政部网站。

地市级政府的财政资金来源分为三个方面，一是地市级政府的税收收入，二是来自州和联邦两级政府的转移支付，三是地方行政收费。其中税收收入占地方财政总收入的37%左右，收费和其他收入约占30%，其余的约33%即为转移支付资金。表3-20显示，2012~2016年联邦州对地市财政的转移支付在逐年增加，2016年比2015年增加160亿欧元，增长了21.6%，这一转移支付总额比2012年增长了50.3%，而2016年地市级财政总收入比2012年增长23%，可见五年来转移支付的增长要大于总收入的增长。2016年转移支付总额中，一般性转移支付占比重为50.8%，专项转移支付占49.2%。

（四）州与州之间的横向转移支付

州级之间的转移支付是指财力较弱的州直接从财力较强的州那里得到均衡拨款。为了在州际财政平衡的同时增强各州的财政责任和自治能力，在州际平衡时只需使各州之间的收入差距保持在适度的比例范围内。州际财政平衡的出发点是每个州的人均财力。一个州的财力是指该州收入总和加上该州地方总收入的64%，再除以本州居民人口，即得出人均财力。州人均财力与全国人均财力（全国财政总收入除以全国居民人口）相比较，以全国人均财力为100%，可得出该州人均财力水平。高于全国人均财力的为富裕州，低于全国人均财力92%以下的为财力弱的州。财力弱州接受的均衡转移支付的具体数值取决于这个州人均财力与全国人均财力值之间的差距。在实践中会运用线性渐进补偿率来将差距平均缩小到适当的比例范围内。相关条例还规定，州际平衡不会改变这些州在人均财力方面的排名。州级财政平衡可以使州与州之间的财力差距显著减小。例如，一个财力较弱的州在州际财政平衡之前的人均财力只有平均水平的70%~90%，而在州际财政平衡后会达到平均水平的91%~96%。财力较强的州在州际财政平衡前的人均财力是平均水平的110%~120%，州际财政平衡后是会降到平均水平的104%~106.5%，但其财力的排名不会改变。

2018 年 3 月德国联邦财政部公布了 2017 年各联邦州之间进行横向转移支付和联邦补充拨款的最终执行方案，即已经过联邦议会财政委员会批准的各州之间财政收入资金输出输入的平衡结果。尽管 2017 年 6 月联邦议会一致通过了被称为调整改革政府间财政关系的“新财政规章制度”的议案，重新调整了区域财力差异的均衡体系，具体规定了纵向与横向转移支付的目的、范围、标准和方式，但在新制度没有生效之前，联邦州之间的横向转移支付制度依然照原法律制度执行。2017 年度的财政收入资金平衡结果在得到各州确认后，将按照规定数额做出调整，联邦对各州的补充拨款也将实施到位，并纳入州的财政决算报告。

各州经过平衡后财力所达到的状况如下表：

表 3－23　　　州级财力平衡转移支付输出与输入一览

项目 联邦州	未进行增值税平衡前的税收力（人均税收力百分比 %）	增值税平衡后输出输入资金（百万欧元）	经过增值税平衡后的人均财力百分比 %	经过州级横向平衡后输出输入资金（百万欧元）	经过州级财力平衡后人均财力%	来自联邦财政部的联邦补充拨款（百万欧元）	平衡后最终达到人均财力百分比 %
资金输出州：（－）							
巴登符腾堡（BW）	116.6	－2 042	110.5	－2 779	104.3	—	104.3
巴伐利亚（BY）	128.9	－2 412	117.6	－5 887	106.5	—	106.5
汉堡（市）（HH）	154.2	－338	100.9	－40	100.5	—	100.5
黑森州（HE）	125.1	－1 158	115.7	－2 480	105.9	—	105.9
资金输入州：（＋）							
不莱梅（HB）	89.1	11	73.2	692	91.7	225	97.7
勃兰登堡（BB）	68.8	1 039	90.2	607	96.2	263	98.8
柏林（市）（BE）	92.1	－152	69.3	4 233	90.7	1 340	97.5
梅前州（MV）	56.9	1 044	87.5	523	95.4	210	98.6
下萨克森（NI）	86.1	611	95.8	696	98.0	378	99.2
北威州（NW）	95.7	－1 999	96.6	1 243	98.3	670	99.2
莱法州（RP）	93.5	－282	95.5	392	97.8	212	99.1
萨尔兰（SL）	74.8	296	91.7	198	96.6	91	98.8
萨克森（SN）	59.8	2 420	88.6	1184	95.7	489	98.6
萨安州（ST）	56.3	1 476	90.3	539	96.2	234	98.8

续表

项目 / 联邦州	未进行增值税平衡前的税收力（人均税收力百分比 %）	增值税平衡后输出输入资金（百万欧元）	经过增值税平衡后的人均财力百分比 %	经过州级横向平衡后输出输入资金（百万欧元）	经过州级财力平衡后人均财力 %	来自联邦财政部的联邦补充拨款（百万欧元）	平衡后最终达到人均财力百分比 %
石勒苏益格（SH）	90.0	-1	96.0	239	98.1	130	99.2
图林根（TH）	54.8	1 489	88.3	641	95.6	263	98.6
输入输出合计	—	±8 386	—	±11 186	—	4 506	—

资料来源：德国联邦财政部网站。

从一览表中可以看到，在州级财力平衡转移支付中，资金输出州有四个：巴登符腾堡、巴伐利亚、汉堡、黑森州。除汉堡（汉堡和其他两个直辖市州一样，根据基本法及相关政策规定用虚增人口的方法计算本州人均财力，参与州级财力平衡的方式也有所不同。）以外，其他 3 个州在输出资金后人均财力指标的下降幅度均在 12% 以上。四个州两次平衡输出的资金达到 171.36 亿欧元，占平衡资金总额 240.78 亿欧元的 71%。

在州级财力平衡中资金输入的州有 12 个，其中在初次分配中人均财力达到全国人均财力水平 90% 以上的有 4 个州：柏林、北威州、莱法州、石勒苏益格。按规则这四个州第二层次平衡中需“先出后入”，平衡调节后除柏林（柏林作为直辖市与汉堡一样，根据基本法及相关政策规定用虚增人口的方法计算本州人均财力，参与州级财力平衡的方式也有所不同。）外，另 3 个州的人均财力水平比初始指标均有不同程度的提高。其他初次分配人均财力在 89% 以下的州在第二层次平衡过程中属于完全的资金输入州，经过资金调节，除不莱梅州（不莱梅作为直辖市与汉堡、柏林一样，根据基本法及相关政策规定用虚增人口的方法计算本州人均财力，参与州级财力平衡的方式也有所不同。）以外，其余 7 个州的人均财力均有较大幅度的提高，最低水平的图林根由 54.8% 提高到 88.3%，提高了近 30 个百分点。勃兰登堡从 68.8% 提到 90.2%，提高了 20% 以上。除 2 个直辖市外，每个州的人均财力都达到了 88% 以上。由此可见，现行的州级财力平衡制度在第二层次的调节作用较大，形成了整体财力调节的基础。在第三层次的平衡中，12 个资金输入州除 2 个直辖市外，其余 10 个州的平衡调节幅度均在 2% ~8% 之间。2 个直辖市在这一层次的平衡调节中受益明显，不莱梅增幅达到 18%，柏林达到 21%。可以看出对直辖市财力的调节主要在这一层的平衡体系中。第四层次平衡的资金来源是联邦财政的补充拨款，原则是向财力贫困的州倾斜，最终使各州的人均财力都达到97.5%（98%）以上，以缩小各州之间的财力差距。

2017年州级财力平衡第二层次的调节资金总额基本上与2016年的83亿欧元持平，仅略有上升。第三层次的调节资金比2016年增加了5.6亿欧元，总额达到112亿欧元。第四层次的平衡调节资金来源于联邦财政部的补充拨款，2017年比2016年增加2亿欧元，补充拨款总额为45亿欧元。

从资金输出州的情况看，巴伐利亚的输出资金仍然是最高的，两次输出共计83亿欧元，占四个富裕州输出资金总额的42.4%，巴腾符藤堡输出资金48.2亿欧元，占输出资金总额的24.6%。也就是说，这两个最富的州承担了三分之二的调节资金的来源，在州级财力平衡中起到了至关重要的作用。

七、施政方针与财政改革

（一）财政发展的基本方针

2017年8月11日，德国联邦财政部公布了2018年财政经济年度预算报告（《Finanzberichit 2018》），其中《2017～2021中期预算计划》依据当前经济发展的景气状况制定未来五年的财政收支预算方案，这期间每年联邦政府的债务性收入均为“0”，没有安排预算赤字的计划。

在财政支出方面，2017年至2021年的支出总额在逐年增长，2021年计划支出达到3 568亿欧元，比2017年增长了8.4%，平均每年增长2%左右。这一增长率低于全国BIP（GDP）的增长速度。根据政府经济发展预测的数据，本轮中期预算区间BIP（GDP）平均增长速度将达到3.1%。

从财政收入方面看，五年期间税收的增长率有高有低，处在1.6%～4.4%之间，2017～2021年税收的平均增长率为3.4%，高于BIP（GDP）的3.1%的平均增长率。税收预算计划的结果显示了联邦政府对本国经济发展的稳定性和良好前景有较强的信心。

在政府债务方面，未来五年仍面临艰巨的消减累积债务的任务。近三年来，联邦、州和地市三级政府严格执行“债务刹车”的规定，在欧盟稳定机制的框架下共同努力，终于从2015年开始在预算中消灭了财政赤字，达到了实际的收支平衡。这一成果在新一轮的中期预算中将继续保持下去，杜绝年度赤字、降低政府债务率也是当前德国财政经济相关部门的最重要任务之一。

（二）2017年财政体制与政策改革重点

1. 实施欧盟委员会的财经改革计划与政策目标。自从2010年欧盟一些成员国爆发政府债务危机以后，欧盟委员会与欧洲议会针对长期以来其成员国内部存在的政府债台高筑、“民主赤字”日益突出、财政与货币政策分离、官僚决策低效、缺乏有效的统一政策等问题，制定了一系列逐步实施的长期改革计划，形成了从2010～2020年横跨10年的欧盟“改革季”，而其中每一年的改革内容都将是欧洲联盟未来发展所依赖的必要基础。

2017年的各项改革，同样是欧盟系列改革的重要组成部分。本年度改革的目标是在成员国内部对经济、财政、金融、就业等方面的政策进行协调整合，对相互抵触或违和的政策与制度做出必要的改革与调整，使各项政策的作用方向达到一致，起到政策间相互支撑的效果。欧盟委员会特别强调：支持在经济策略决策过程中将加强投资、结构调整改革以及充分发挥财政政策的职能责任这三个目标合并在同一个层次上做出宏观策略的整合与修正，使之形成有效地促进本国经济发展的合力。

2. 实施促进社会经济发展的的改革方案与措施。

（1）运用财政政策鼓励并支持拉动国内需求增长、促进国内投资形成上升趋势。增加公共领域的政府投资，最大限度地释放总体规划中的瓶颈部位的束缚，促进生产能力的快速发展。

（2）制定有利于投资主体的税收优惠政策。积极改善投资环境，打开制度通道，改革税收体制，当前这方面改革的重点是支持个人投资创业，支持自由择业者与服务行业就业者提高自身在市场环境中的竞争力，同时也要运用财税政策协助其加强自身的抗风险能力。这项改革措施有利于减少失业人口，扩大就业面。

（3）进一步减轻小微企业及低利润个体的税费负担，降低赋税额度，2017年继续提高基础免税额。调整社保缴费标准，提高社保缴费基数，德国西部的缴费基数由原来的6 200欧元/每月增加到6 350欧元/每月，东部地区由5 400欧元提高到5 700欧元/每月。这项调整意味着社保体系越来越清晰地显示出其财政压力增大，必须及时调整缴费标准，否则将会影响到社保体系的可持续发展。

支持企业建立补充养老保险，已实行的“哈尔茨计划”（企业补充养老保险）从本年度开始提高给付水平，对加入该计划的养老金领取者增加补助金额。

（4）执行欧盟委员会的指令性建议，为逐步提高实际工资水平创造条件。德国在欧盟中是经济复苏最早、发展最稳定的国家，但在经济景气状况好转的情况下，全国总体薪资增长的趋势并不明朗，虽然企业员工的薪资从 2014 年开始有所起色，却仍然没有给就业者的实际收入带来明显的变化。因此欧盟委员会德国政府提出“德国必须为薪资增长创造条件”。2017 年，德国联邦政府继续采取系列措施，为就业者实际薪资增长与家庭实际可支配收入增加创造了条件。德国联邦财政部长在 2017 年年末的一次访谈中认为，联邦政府近期为提高实际薪资水平所采取的政策措施收到了较明显的效果，目前德国实际薪资的增长速度是几十年以来最快的。

3. 通过改革政府间财政关系法案。德国联邦议会在 2017 年 6 月 1 日召开的例行会议上，对政府立法部门提交的改革联邦与州两级政府间财政关系的法律议案进行了审议，并于 6 月 2 日经过投票表决，一致通过了此项法律议案。该项被称为调整改革政府间财政关系的“新财政规章制度”的议案，包括基本法律条款和执行制度条款两部分文件，对目前所实施的政府间财政关系制度做了多项重要变革，明确划分了某些重要领域的事权与支出责任，重新调整了区域财力差异的均衡体系，具体规定了纵向转移支付的目的、范围、标准和方式。可以说这一法律议案的通过是当前德国联邦财政体制改革的最重要环节之一，因其关系到国内政府间是否能形成公平公正并保持高效率的合理的财政关系，同时也关系到全国范围内区域经济的平衡协调发展。政府间财政关系“新财政规章制度”的改革重点内容如下：

（1）在某些重要公共事务领域调整现行的事权与支出责任划分，联邦财政部收回原来由州政府行使的对这些公共事务的管辖权，赋予联邦政府相关部门相应的管理职能，由联邦财政承担对该类事务的支出责任，该类事务主要包括对地市级政府专项公共支出的补贴和对财力（税收）较弱州财政资金平衡的补助补贴。

（2）取消区域间财政均衡体制中的增值税预先扣除，改革横向资金转移支付的平衡方式。现行的横向转移支付制度，是自二战之后德意志联邦共和国新中国成立以来实施区域间财力平衡的关键性体制，也是现行的政府间财政关系的重要基础之一。经过 70 多年的实践，现实状况越来越明显地反映出现行体制的弊端以及与发展的不适应性，因此联邦政府锐意对现行体制进行改革。原有平衡方式的第一步即是通过预先扣除各州所属增值税的 25% 来进行州级之间的再分配，分配的原则目标是向财力弱的州倾斜，财力弱的州多得，财力强的州少得或不得。新财政规章制度规定取消这一层的增值税 25% 的预先扣除，取而代之的是根据各州的财力进行直接的追加或减免增值税上缴的方式，对财力强的州追加上缴，对财力弱的州减免上缴数额并由联邦财政加强对其财政资金的补贴力度，增加联邦补充拨款，使财力弱的州在联邦财政纵向转移支付方面获得强有力的支持。这一区域平衡体制的改革方案也将从 2020 年开始正式执行。

（3）继续加强对财政稳固机制的贯彻与实施。本次改革法案进一步强调在维持联邦和各州财政自治的基础上，继续按“债务刹车”规定的基本原则严格控制各级财政的预算赤字，将收支负差控制在标志线以内（目前执行的标准是赤字率不超过当年 BIP <GDP> 的 0.35%）。在政府减债方面，不仅严控债务总额与债务率的增长，而且要在一定时期内努力将现有的累计债务降到当年 BIP（GDP）的 60% 以下，以达到欧盟马约规定的债务率标准。为保障管控效率，新财政规章制度还就加强对债务发展变化状况进行监督管理等问题做出了具体规定，从 2020 年开始，各级政府的举债事项均需纳入相关部门的监管范围，接受规范化的监督检查。

（4）在新的法律制度基础上，联邦财政与地市级政府将实行共同承担教育基础设施建设或参与教育基础设施项目投资，对于财政支付能力弱的地区将给予资金上的援助与支持。除此之外，联邦财政还将对“地方政府投资促进基金”增加 35 亿欧元拨款，以提高对地方政府基础设施建设的支持力度。同时，联邦财政将从程序与方法上改进并完善对这部分资金使用情况的监督和检查，加强联邦财政资金支出的管理责任。

（5）新财政规章制度进一步明确规定，联邦政府保持对联邦高速公路从计划、建设、企业、维护、放弃等的支出责任以及由此而形成的管理事权责任，即联邦高速公路的全部事权属联邦政府所有，其所属支出责任也由联邦财政承担。

新财政规章制度的宗旨是促进联邦政府与各州政府在公共事务管理职能上相互协调发展，在联邦制的基础上，既有明确的事权与支出责任划分，又有公平合理的协调机制相联系，建立科学的转移支付体系，使全联邦范围内的公民和企业在联邦和州两级政府的行政管理体系中，都能够充分享受到均等化的基本公共服务水平，以达到为公民提高生活质量、为企业创造良好发展环境的目的。

主要参考文献

[1] Finanzbericht 2016—Stand und voraussichtliche Entwicklung der Finanzwirtschaft im gesamtwirtschaftlichen Zusammenhang, Bundesministerium der Finanzen.

[2] 德国联邦财政部，2015 年财政年度报告（财政经济综合信息报告）。

[3] Finanzbericht 2017, Stand und voraussichtliche Entwicklung der Finanzwirtschaft im gesamtwirtschaftlichen Zusammenhang, Bundesministerium der Finanzen.

［4］德国联邦财政部，2016年财政年度报告（财政经济综合信息报告）。

［5］Finanzbericht 2018，Stand und voraussichtliche Entwicklung der Finanzwirtschaft im gesamtwirtschaftlichen Zusammenhang，Bundesministerium der Finanzen.

［6］德国联邦财政部，2017年财政年度报告（财政经济综合信息报告）。

［7］德国联邦财政部网站相关信息资料。

［8］德国联邦统计局网站相关信息资料。

第四章
法 国

法国，是欧元区第三大经济体，也是欧盟经济的“发动机”之一，在国际舞台上一直占据着重要的地位。在国内，自2016年以来，法国经济逐渐开始复苏。2017年新任总统埃马纽埃尔上台后，经济增长势头更加迅猛。这主要是得益于马克龙上台后推行的一系列改革措施，使人们对法国经济重新拾起了信心。在国外，马克龙积极争取法国在国际上更多的话语权，作为欧盟的重要成员国，法国支持欧盟一体化，支持自由贸易，反对贸易保护主义，希望能够在国际舞台上承担起更多的大国责任。

一、经济概况

（一）总体情况

2016年以来，法国经济增长势头良好，法国2016年的GDP增长率为1.2%。2017年和2018，经济增长速度将进一步加快，两年年均增长1.5%。之后，增速仍将加快，在2019年和2020年分别达到1.6%和1.7%。通货膨胀预计从2016年的0.2%上升到2017年的1.2%，然后在2018年降到1.1%。推动法国经济加速增长的因素包括马克龙当选总统使人们对法国经济重拾信心，政府出台一系列经济改革措施以及全球经济回暖尤其是欧元区经济向好。

表 4－1　　法国 2016～2020 年宏观经济指标　　单位：%

年增长率，%	2016	2017	2018	2019	2020
国内生产总值	1.2	1.5	1.5	1.6	1.7
居民消费支出	1.8	1.2	1.5	1.6	1.7
全国政府消费支出	1.4	0.8	0.2	－0.5	－0.2
总固定资产形成	2.8	2.7	2.7	3.5	3.2
其中：非金融企业	4.0	3.2	3.0	3.5	4.1
存货变动对实际 GDP 增长的贡献率	0.0	0.1	0.0	0.0	0.0
商品和服务对外贸易对实际 GDP 增长的贡献率	－0.8	－0.1	0.0	0.0	0.0
商品和服务进口	3.6	3.6	3.6	4.2	4.2
商品和服务出口	1.2	3.4	3.7	4.4	4.4
GDP 平减指数	0.8	0.9	1.0	1.4	1.5
居民消费平减指数	0.0	1.2	1.1	1.4	1.5
工资收入	2.5	2.8	2.9	3.3	3.5
就业率	1.1	1.1	0.5	0.3	0.5

资料来源：《法国稳定计划 2016～2020》。

随着美国经济的反弹和法国向新兴经济体出口的增加，2017 年和 2018 年，法国经济增长的前景十分光明。

美国经济的反弹与英国经济的放缓形成鲜明对比。受益于世界经济和全球需求的扩张，美国的私人投资将会反弹，特别是在制造业领域。此外，特朗普政府宣布的扩张性财政政策将会促进经济增长，减税和潜在的军事和基础设施开支可能会达到更高的水平。与之相反，英国的经济增长将会放缓，原因是“脱欧”谈判的不确定性以及英镑贬值后消费者购买力的下降。然而，英镑的疲软会对其货物出口有利。日本经济预计 2017 年将会增长强劲，主要是因为出台了大规模刺激计划。随着财政刺激措施的消退，2018 年经济增速将会略有放缓。

在过去三年里，欧元区的就业状况一直在稳步复苏，这种趋势将会持续下去。与此同时，尽管得到了来自欧洲央行的货币支持，但由于财政政策的失利，欧元区的经济将会增长缓慢。此外，能源价格上涨引发的高通胀，将会影响到家庭的购买力，进而减缓私人消费支出的增长。英国公投的影响也将会对投资和对外贸易产生负面影响。2017 年欧元区主要国家的分歧主要是在财政政策方面，例如德国移民支出的减少，西班牙的主要结构的调整以及意大利经济的进一步向好。

2017 年，全球对法国出口商品的需求预计增长 3.4%，2016 年法国出口增长 2.4%。增长加快的原因包括美国经济复苏、巴西和俄罗斯从衰退中崛起以及新兴经济体的进口需求的增加。2018 年，全球对法国出口的需求预计将增长 3.6%，这主要归功于美国需求的增长以及来自德国私营部门投资的增长。

（二）对外贸易

自 2015 年开始，对外贸易对法国经济的增长一直为负，2015 年对法国 GDP 的贡献率为 -0.3%，2016 年甚至达到了 -0.8%，这也有 2016 年恶劣天气对法国农作物的影响，因为法国的农产品占其对外出口的很大一部分。2017 年，对外贸易对法国经济的负面贡献将有所缓和，估计贡献率仅为 -0.1%，2018 年贡献率将为零。

经历了 2016 年的停滞之后，2017 年法国出口总额应该会增长 3.4%，2018 年将增长 3.7%，因为 2017 年和 2018 年全球需求将增长 3.4% 和 3.6%，而且预计天气也不会像 2016 年一样继续糟糕下去。

法国对外进口在 2017 和 2018 将分别增长 3.6%，与 2016 年保持同样的增长速度，并与全球整体的需求增长保持一致。

根据法国海关的统计数据，以 FOB 价计算，法国商品贸易逆差从 2015 年的 450 亿欧元轻微增加到 2016 年的 480 亿欧元。虽然能源进口呈逐步削减的趋势，但非能源贸易的赤字却呈现出了不断扩大的趋势。随着油价再次上涨，2017 和 2018 的贸易逆差将进一步增加，预计会达到 560 亿欧元。

（三）国内私人需求

法国国内消费者购买力将继续上升，但增速放缓，2015 年增长 1.6%，2016 年增长 1.9%。考虑到 2017 年工资的购买力预计只会上升 0.5%，因此消费者购买力增长率在 2017 年将会放缓至 1.2%，2016 年工资购买力的增幅为 1.2%。工资购买力增幅缩小的原因主要是因为伴随着市场上就业增长势头的强劲，通货膨胀也进一步卷土重来。到 2018 年，消费者购买力将增长 1.5%。实际工资的增长率会加快，预计 2018 年增长 1.2%，这与整体劳动生产率的 1.4% 的增长是一致的。

与此同时，法国 2016 年居民消费增长 1.8%，2017 年增长 1.2%，2018 年增长 1.5%，与消费者购买力增长相一致。居民储蓄率预计保持稳定。2018 年，储蓄率将保持在 14.5% 的水平。

（四）居民投资

在2016年上涨2.1%之后，居民投资的增长率在2017年将会达到3.5%，2018年增长率将达到3.6%。这种增长既归因于较好的经济形势，例如消费者购买力的提高和就业率的上升，也反映了法国国内财政状况的改善。2016年1月1日为购房者提供的零息贷款以及对新增购房的一系列税收激励都是促进居民投资的积极因素。至2018年底，建筑许可证的发放水平将会恢复到2010年和2011年的水平。

（五）企业投资

得益于2013年开始实行的低利率和较高的折旧补贴措施，2016年，法国企业投资增长强劲，增长率为4.0%。随着折旧补贴措施的到期，这一增长速度将会逐渐放缓，但由于有着国内和国外需求的支撑，增长速度仍将会在2017年达到3.2%，2018年达到3.0%。

（六）通货膨胀率

2016年，法国的通货膨胀率为0.2%，2017年将会增加到1.2%，主要原因是能源价格的上涨和商品价格的管制。油价的升高和能源税的实施将会法国的通货膨胀率贡献0.6个百分点。核心通胀率将会稳定在0.6%。虽然从服务业来看，名义工资增长迅速，通货膨胀率比较温和，但这会被欧元升值所导致的进口制成品价格降低所抵消。

由于能源价格的影响，法国的通货膨胀率将在2018年小幅回落至1.1%，因为传统的预测是基于不变的油价和汇率。然而，核心通胀率将会小幅上升，达到1.0%。制成品价格将会在2018年企稳，因为它们将不再受汇率的拖累，而是会受到外国商品价格和非能源商品价格的提振。此外，随着名义工资的加速，服务业的通货膨胀率将会继续上升。

（七）就业市场

在法国，经济的强劲增长带来了就业岗位的繁荣，2016年国内新增18万个就业岗位。2017年，就业岗位总量将仍将保持这样的速度增长，预计2017年就业岗位将增加20万个。到2018年，就业岗位总量预计将增长缓慢，新增就业岗位85 000人。就业减少的原因在于，2017年开始，针对企业的招聘补贴将会逐步减少，并在2018年结束补贴。

2016年，市场部门就业形势出现明显改善，就业增长自2007年以来最高。2016年法国的市场部门新增就业岗位15.5万个，而2015年新增岗位仅为1.5万个。就业岗位的增加主要是得益于竞争力和就业税收抵免（CICE）、《责任和团结协议》以及中小企业招聘奖励计划（Embauche PME）的综合影响。这种积极影响在2017年还会继续存在，并继续创造17万个就业岗位。由于经济增长较快，就业增长预计将抵消旨在降低劳动力成本的措施的影响。2018年，在既有政策下，市场部门的就业将会继续增长，平均每年新增8万个就业岗位。这一增长将受到经济增长的推动，但由于对企业招聘的补贴计划（PME计划）将于2017年上半年结束，因此会对就业产生阻碍效果。

2017年，法国的非市场部门的就业增长将会放缓，平均每年新增2万个工作岗位，而2016年为3万个。到2018年，这个数字将会呈现负增长，因为有招聘补贴减少的预期，所以预计2018年非市场部门的工作岗位会削减1.5万个。

二、政府支出

据2018年财政预算法草案，法国国民预算总额为4 247亿欧元。与前一年的预算法案相比，2018年度的预算支出增长了70亿欧元。这些支出主要分为了三个板块：法国各行政部门，对地方的拨款以及与退休金，债务和欧盟的支出。对法国各部门的支出占了整个预算的“大头”，2018年政府部门的预算为2 400亿欧元。但是法国政府单项支出最多的还是养老金（565亿欧元）。在各部门预算中，预算最多的是学校教育的支出（510亿欧元）。接下来就是国防预算（342亿欧元）以及研究和高等教育预算（274亿欧元）。

（一）全国政府支出

2017年，为了保证财政平衡，法国政府大力控制公共支出增长。同时，也是为了保证CICE税收抵免计划和《责任和团结协定》有充足的资金作保障。2017年是法国2015—2017储蓄计划的第三年。该计划涉及了所有政府部门的所有开支。

2016年，法国全国政府财政支出的名义增长为1.2%，2015年和2014年的增幅分别为0.9%和1.0%。财政支出的增长率创了新低。2007～2012年，法国全国政府的财政支出年平均增长率为3.2%。财政支出的增长得到有效控制主要是归因于储蓄计划两年的成效，以及地方政府的财政支出连续两年都得到削减。此外，低利率导致了法国国内债务偿还成本不断降低。到 2016 年底，法国 10 年期收益率仅为 0.75%。2016 年财政支出增长相比较快，部分原因在于福利支出的增加。

2017 年增长的财政支出主要由于中央政府对一些部门优先事项的拨款增加，例如教育、青年、就业和安全，以及地方政府投资支出的逐步恢复。2017 年，在国家卫生保健支出增长目标（Ondam）下，法国医疗保健支出增长率也将会上升到 2.1%，而 2016 年则为 1.8%。然而，预计财政支出将保持相对温和增长。

全国政府财政支出占国内总产值的比重，将会从 2015 年的 55.2% 下降到 2016 年的 54.8%，然后在 2017 年达到 54.3%。由于这三年为了削减财政支出而进行的努力，会使全国财政支出占 GDP 的比重这一份额在 2018 年减少到 53.6%。

表 4－2　　全国政府支出变化趋势　　单位：%

项目 \ 年份	2015	2016	2017	2018
全国政府	0.9	1.2	1.4	1.3
中央政府	－1.6	0.7	0.7	－0.5
其他中央政府部门	2.5	0.4	0.9	－0.5
地方政府	－0.9	－0.8	1.8	1.2
社保基金	1.4	1.8	1.4	1.7

资料来源：《2017 年法国稳定计划》。

（二）中央政府支出

2016 年，法国中央政府财政赤字为 690 亿欧元，与 2015 年 705 亿欧元相比，有所改善。事实上，在 2016 年的《补充预算案》中，预计 2016 年的中央政府财政赤字会达到 699 亿欧元，比实际还多了 9 亿欧元。

2016 年，除了债务还本付息和养老金以外的其他项目支出比 2015 年减少了 27 亿欧元。这主要是归因于中央政府对财政支出的严格控制：2016 年 4 月出台的《稳定计划》规定，在一个财政年度内，如果需要发生额外的支出，包括紧急拨款项目，都需要通过重新安排该部门的财政支出结构和支出类别来获取财政资金。同时，法国对欧盟预算的贡献预计也会减少，增值税补偿基金的支出也预计会降低。

2017 年，法国中央政府继续进行财政整顿，严格财政支出。2017 年，由于为政府优先事项（例如教育、安全、就业）提供资金，导致在债务还本付息和养老金以外的财政支出增长了39亿欧元。

像往年一样，法国政府会运用财政管制工具，以确保2017年法国中央政府的财政支出目标和应急储备要求能够实现。2017年的初级准备金率仍然保持在8%，其中不包括人事支出和0.5%的工资和薪金支出。

此外，根据这一《稳定计划》的规定，2017年，债务还本付息和养老金以外的支出相比较2017年的《预算案》削减了17亿欧元，仅为2 996亿欧元，这是该预算支出首次低于2013年的《预算案》支出。较低的财政支出会对以下几个方面产生影响：一是对各部委的财政自处产生影响，预计会削减15亿欧元。这种削减是通过对2017年《预算案》中的部门支出进行一次性削减来完成的。二是通过增值税补偿基金的形式向地方政府的转移支付将会减少2亿欧元。

（三）其他中央政府机构的支出情况

除了部委以外的其他的中央机构也为中央政府的支出削减贡献了力量。过去，这些机构的财政支出一度快速增加，但现在，对这些机构的监管更加严密。随着《2014～2019年公共财政计划法案》的颁布和实施，一些政府性基金开始受到严格的约束和监督，包括预算赠款和专项税收，在大多数情况下，这些支出都被设置了上限。对财政支出的控制手段还包括禁止以银行借贷或发行一年或者多年期债务证券的形式产生债务。此外，中央政府机构会派出代表到其他机构进行监督，以确保各个机构的预算平衡。“投资未来”项目的机构支出情况是由中央层面的投资委员会进行监督的，并与法国的经济和财政部合作协调，向法国总理进行报告。

总的来说，除了部委以外的其他政府机构的财政支出在2016年的增幅小于2015年。增幅减小的一个很大的原因在于将一部分支出用来作为对电力部门的补偿，这部分大约抵消了70亿欧元。

2017～2020年期间，政府仍将控制工资水平的增长以及经常性项目的支出。2017年，由于由服务和支付机构承担的招聘补贴政策的实施，部委以外的其他中央政府机构的财政支出将会有所增加。到了2018年，由于上述招聘补贴政策到期终止，财政支出的增长预计会放缓。

（四）社保基金支出

2016年，法国的社会保障基金支付的福利增长放缓至0.9%，比2015年降低了0.7个百分点。原因之一是将家庭购房福利支出纳入到了中央政府预算，这一支出项目在2016年增长了1.9%。退休金支出增长速度在2016年打到了1.9%，比2015年多了0.2个百分点，基本上持平，2016年，法国退休金的支出增长几乎为零。医疗保险支出则比2015年有所放缓，2016年的增长率仅为1.8%，比2015年降低了0.2个百分点，国家医疗支出增长计划连续七年达标。

2017年，社保基金支出预计会增长1.7%，比2016年增长率略低。这主要是因为2017年退休金改革引起的养老保险支出增长幅度的缩小，包括退休和遗属养恤金、长期护理福利等。2017年通货膨胀率的升高预计对养老保险支出影响不大，这主要是由于基础养老金和补充养老金的指数挂钩程序的改革。支出增长的放缓同时还归因于持续的削减支出的努力，包括预算案中提到的一些储蓄政策，例如2016年的福利调整程序、打击舞弊行为、2015年10月达成的补充退休计划、节省社会保障机构的管理费用，以及最近的一些措施等，包括死亡补贴、针对老龄化的社会福利调整、新生儿父母的假期等。

2018年，社会福利支出预计会增长较快，增幅预计会达到2.6%，比2017年的1.7%增长0.9个百分点。这主要归因于将之前的团结基金纳入到了社保预算的范畴内。之后，随着近几年控制支出的一系列措施的实施，以及2017年3月份签署的失业保险协议的生效，福利支出会逐步趋于平稳。2017年《社保预算法案》中提到的支出增长目标预计会实现。

表4-3　社保支出的年度增长率　单位:%

	2016	2017
社保支出	1.9	1.7
退休金	1.9	1.5
医保	1.8	2.1
其他	1.4	1.0

资料来源：《2017年法国稳定计划》。

（五）地方政府支出[①]

2017年，法国地方政府财政支出预计会温和增长，经常性项目支出会被有效控制，投资性支出会有所回升。

中央政府向地方政府的转移支付在2014年首次出现削减，削减额度达到15亿

① 在本章，除了中央政府以外的各级政府均属于地方政府。

欧元，其后 2015 年削减 34 亿欧元，2016 年削减 32 亿欧元。2017 年《预算法》继续沿着这条道路进一步下调，中央政府进一步削减 25 亿欧元对地方政府的转移支付，并削减 2 亿欧元的增值税补偿基金支付。2014 年至 2017 年期间，地方政府财政支出的总削减额达 109 亿欧元。削减中央政府转移支付意味着地方政府必须增加自身在财政整顿中的作用。此外，地方政府的一系列改革也将产生效果，进一步削减经常性政府支出。其中大都市地区的建立和减少城市数量一直以来都是促进地方政府支出合理化的有力工具。截至 2016 年 1 月 1 日，法国大都市地区的数量从 22 个减少到 13 个，这也简化了法国的行政结构。根据 2015 年 8 月 7 日《地方行政改革法》的出台有助于清晰各级政府之间的事权划分，并简化地方政府的行动。此外，法国还规定，从 2017 年 1 月 1 日开始，通过将城市一级的最低人口门槛提高到 15 000 人这一措施，可以有效减少税务征收部门的数量，从原来的 2 062 个减少到 1 266 个，减少近 40%。此外，根据 2015 年 3 月 16 日颁布的相关法律，将 1 760 个城市合并到 517 个，使法国的城市数量低于 36 000 大关，达到 35 416。相比之下，2011 年至 2015 年间，仅有 25 个新市镇因 70 个原市政府的合并而成立。

法国《2014 ~ 2019 年公共财政规划法案》中以地方政府支出增长目标（OD-EDEL）的形式创建了一种新的治理工具。这一工具通过对地方政府支出增长的共同承诺进行正式化，增强了地方政府和中央政府之间交易的透明度和信任度。2014 年和 2015 年目标的达成表明，这项不具约束力的承诺为地方政府官员提供了指导。自 2016 年起，预算草案的目标制定按地方政府层级被打破，各级政府分别制定符合其自身实际情况的预算目标，以增加地方政府的责任心和自主权。考虑到低通胀的有利影响，2016 年法国地方政府的支出增长速度预计比《2014 ~ 2019 年公共财政规划法案》中规定的 1.9% 有所放缓，会达到 1.2%。2017 年的支出增长目标没有改变，仍然保持在 2.0%。

2017 年，法国地方政府财政支出发生了一些显著变化。首先，地方政府的投资支出在 2016 年进一步收缩，但收缩比例有所下降，根据《稳定计划》显示，2016 年的下降比例为 3.3%，小于 2015 年 9.7% 和 2014 年 8.3% 的下降比例。之所以会产生财政支出的缩减，一部分是受到地方政府选举周期的影响。根据该推测，法国地方政府的财政支出预计在 2017 年底会再次回升，并在 2020 年市政选举之前的 2018 年和 2019 年实现更快的增长。

其次，2016 年法国地方政府的经常性支出增长 0.1%，远远低于 2015 年 1.1% 的增长率。工资支出的增长率在 2016 年下降了 0.8%，仅为 1.1%，2017 年，经常性支出的增长率预计为 1.6%，增长的原因是由于公务员薪酬提高以及职业与薪酬协议（PPCR）框架下一系列保障公务员薪酬的措施。当这些措施逐渐步入稳定，那么人员开支的增长将继续下滑。预计2018年的工资增长率只有0.8%，此外，受中央转移支付削减的影响，2018年法国地方政府的经常性支出的增长率预计只有0.8%。

三、政府收入

（一）全国政府财政收入

由于财政整顿措施生效，2009年至2013年法国全国政府的财政收入稳步上升。但随后从2014年开始有所下降，2016年累计税率和社会保障缴费率会继续下降至占GDP的44.3%。预计2017年税率和社会保障总费用率将保持稳定。宏观经济形势的逐步改善意味着税收和缴费将会是对经济增长的真实反映，总体税收弹性等于1。酌情采取的措施应该总体上保持中立：一方面对家庭减税和企业进行减税，《2017年初始预算法案》通过了20%的个人所得税减免，对企业主要是社会保障缴款减免和第一阶段企业所得税削减，以及2013年以来法国税收抵免政策（CICE）中未抵免部分的退还，另一方面是一些税收的增加，例如生态税，养老金改革和2017年初始预算法中提到的使税收征收日期更接近报告日期的相关措施。

2018年总税率和社会保障缴费比率将比2017年下降0.2个百分点，达到GDP的44.1%。总体税收弹性应该等于1。总税率和社会保障缴费率的下降主要来自企业所得税的第二次削减，CICE税收抵免的退还（2014年以来的工资以6%的比率退还，从2017年的工资开始，退还比率达到7%）以及将税收抵免延伸到家庭服务工作岗位。此外，公共非税收入在国内生产总值中的份额应该从2016年的7.5%略微下降至2017年和2018年的7.4%。

表4-4　　法国税收和社保贡献变化率　　单位：%

项目＼年份	2015	2016	2017	2018	2019	2020
占GDP的百分比	44.4	44.3	44.3	44.1	43.9	43.3
平均税收弹性	0.9	1.0	1.0	1.0	1.0	1.0

资料来源：《2017年法国稳定计划》。

（二）中央政府财政收入

与2016年相比，2017年法国中央政府的税收和社会保障缴款占GDP的百分比预计仅会增加0.1个百分点。个人所得税和企业所得税的削减将会减少中央政府的收入，尤其是20%的个人所得税减免和2013年以来尚未退还的CICE税收抵免的退还，如果不考虑政策变动，中央政府收入预计增长3.0%，超过2.4%的GDP增长。有几个因素支持这种增长：低通货膨胀率将提高个人所得税收入，因为指数相关的税率调整跟不上名义工资增长的步伐，此外，应税交易额的增长也会超过GDP的增长，带来增值税的增长。

2018年，中央政府的税收和社会保障缴款预计将由于减税措施的影响下降0.5个百分点。愿意主要来自企业所得税的第二次削减，CICE税收抵免以及将税收抵免延伸至家庭服务岗位。此外，向一些地区进行的增值税转移支付以代替一般性转移支付的措施也应该会减少中央政府的收入。由于企业所得税收入增长强劲，对GDP增长的税收弹性应该略高于1，这通常会对周期性上涨产生有利的反应。

（三）社保基金收入

2016年，法国社保基金收入增长率为1.3%，略高于2015年的1.1%增长率。《责任与团结协定》中规定从2016年开始逐步减少社保缴费。这也解释了为什么社会保障税和缴费总额从2015年的24.3%下降到2016年的23.9%。

2017年，社保基金收入的增长速度预计会明显加快，增长率为2.7%，这主要是由于社保贡献率的增加。2017年，社保基金收入将占GDP的23.9%，其增长率将与名义GDP增长2.4%几乎一致。

2018年，社会保障收入增长将进一步增加至3.4%，这主要是因为用于资助特定团结津贴的收入从被归类为中央政府机构的收入转移到了社会保障基金收入。

（四）地方政府财政收入

2016年，地方政府税收收入增长3.5%，比2015年少了0.5个百分点。与2015年情况一样，地方财政收入的增长主要是靠着房产销售收入维持（DMTO），2016年房产税增长势头强劲，这主要是由于低利率推动了房产交易达到了历史新高，同时，一些省份还上调了房产税。地方政府的直接税税收收入增长了2.6%。消费税收入受到低收入养老金领取者豁免的影响有所减少。2016年来自中央政府的转移支付继续被削减。2016 年中央对地方的转移支出减少了 32 亿欧元，2015 年减少了 34 亿欧元，2014 年减少了 15 亿欧元。

基于房地产市场出现调整的预期，随着利率上升和融资条件恢复正常，房地产交易量将恢复至 2016 年初的水平，因此 2017 年法国地方政府收入增长将放缓至 2.9%。中央政府对地方政府的财政转移也会再次削减，与 2016 年相比减少 27 亿欧元。

2018 年，地方政府收入增长将会就加速，增长率会增加到 5.7%，这主要是由于中央政府向地方政府转移的 48 亿欧元的增值税，同时中央政府转移支出继续减少，从而产生 0.3% 的地方政府净收入增长率。

四、政府盈余/赤字

2016 年，公共赤字占国内生产总值的比例为 3.4%，与 2015 年相比降低了 0.2 个百分点。赤字率状况的改善主要是由于法国国内采取的一系列削减和控制财政支出的相关措施。2016 年，法国全国政府财政支出名义增长率仅为 1.2%，增长率低于该年的法国 GDP 增长率。支出的削减不仅能够有效降低赤字率，而且可以为法国进行的减税提供保障和可行空间。减税措施包括个人所得税的减免和在《责任与团结协定》框架下的企业所得税的减免。具体来说，CICE 税收抵免对结构性调整贡献了 0.1 个百分点，而非税收入低于预期的增长则为结构性调整贡献了 -0.1 个百分点。

2016 年总体结构调整达到国内生产总值的 0.4 个百分点。结构性平衡优于 2014 年 12 月出台的《公共财政规划法》规定的目标。与此同时，由于 2016 年实际 GDP 增长率为 1.2%，低于 1.5% 的潜在增长，因此 2016 年赤字的周期性成分比 2015 年增加了 0.2 个百分点。

2017 年，由于政府在《稳定计划》中采取了一系列支出节约计划，使财政支出的名义增长被控制在 1.4%，这些在财政支出方面做出的努力，使法国政府的财政平衡状况会有改善。具体来说，财政平衡状况预计会改善 0.6 个百分点。其他结构性调整因素将会保持中立，CICE 税收减免带来的影响也会微乎其微。因此，2017 年的结构性平衡状况将会再次达到《公共财政规划法案》中规定的目标。随着经济不断复苏，实际增长率超过 1.5% 的潜在预期，周期性调整部分将为零。

2018 年的结构性调整将会占 GDP 的 0.5%。2019 年和 2020 年，全国政府名义上的平衡状况预计应提高 0.7 个百分点和 0.2 个百分点。经济状况的改善将使财政赤字的周期性组成部分每年减少 0.2 个百分点。2019 年的结构调整应该是 0.5 个百分点，这意味着 2014 年 12 月《公共财政规划法》确定的中期结构性均衡目标将得以实现。预计 2020 年结构调整为零。

表 4－5　　法国结构性平衡调整路径　　单位：% GDP

项目＼年份	2015	2016	2017	2018	2019	2020
全国政府平衡状况	－3.6	－3.4	－2.8	－2.3	－1.6	－1.3
周期平衡状况	－1.6	－1.8	－1.7	－1.7	－1.5	－1.3
结构性平衡状况	－1.9	－1.5	－1.0	－0.5	0.0	0.0
结构性调整	0.3	0.4	0.5	0.5	0.5	0.0

资料来源：《2017 年法国稳定计划》。

注：周期性赤字是指一国财政赤字中因经济周期性波动而产生的部分，是内生性变量。
结构性赤字是非政策性或常规的税收调整和支出变动引起的赤字，是外生性变量。
结构性调整是指政府针对结构性赤字而做出的调整。

五、政府债务

2016 年，法国向欧盟委员会通报的债务水平为 21，474 亿欧元，相当于法国国内生产总值的 96.0%，而 2015 年这一比率为 95.6%，比 2014 年小幅上升 0.7 个百分点。该比率在 2016 年开始趋于稳定，同比上升 0.4 个百分点。公共赤字占 GDP 的比例从 2015 年的 3.6% 下降到 2016 年的 3.4%，抵消了两个百分点的名义 GDP 增长率的。这意味着与债务稳定平衡机制的偏差在整体上保持不变，占 GDP 的 1.5 个百分点。与 2015 年一样，股票流量调整也做出了重大贡献，使债务率降低了 1.2 个百分点。股票流量的调整主要是低利率下大额发行溢价的结果，这可以使债务率降低 0.9 个百分点。

2017 年，法国全国政府负债率将稳定在 GDP 的 96.0% 水平。一方面，赤字率将从 2016 年 GDP 的 3.4% 下降到 2017 年的 2.8%，另一方面，加上经济持续复苏，名义 GDP 增长率为 2.4%，将自动减缓负债率的增长，与债务稳定平衡机制的偏离度将减少到占 GDP 0.6 个百分点。

2018 年，由于赤字持续下降至 GDP 的 2.3%，再加上名义 GDP 增长 2.5%，所以法国全国政府债务率将开始小幅下降，达到 95.9%。2019 年和 2020 年，持续的财政整顿和较快的国内生产总值增长也会带来债务率的下降，预计 2019 年法国全国政府债务率下降 1.2 个百分点，2020 年下降则继续下降到 93.1%。

由于法国债务以欧元计价，因此没有货币风险。此外，债务工具的平均成熟度在 2017 年从 2014 年的 7 年延长到 7.5 年，这使法国得以在未来几年获得低利率。投资者的基础是多种多样的。尽管最近略有下降，但外国投资者持有的法国债务（接近 60%，在欧元区和其他国家之间大致平均分配）中所占比例很高，可能成为脆弱性的根源。然而，投资者对法国债务的兴趣仍然很高。

根据债务可持续性分析的基线情况，在政策不变的情况下，法国的公债比率预计在 2028 年将持续上升，达到 GDP 的 105.7%。公共债务增加的原因是，由于与年龄有关的支出增加，即养老金、保健和长期护理。到 2026，这些压力仅部分由有利的雪球效应抵消（例如，政府债务的隐性利率与经济名义增长率之间的差额）。当上升的利率负担超过名义增长所产生的影响时，这种效应就会淡出并随后变成负值。《2018 年老龄化问题报告》重新计算了法国的可持续性指标。衡量 2032 地平线可持续风险的 S1 可持续性指标表明，中期风险很高。这一指标意味着，与基线情况相比，为了到 2032 年将债务比率降低到 GDP 的 60%，法国不得不在未来五年内缩减赤字规模。公共债务对利率和经济增长率特别敏感。法国的高利率以及 GDP 增长降低的预期或许将导致 10 年后债务比率大幅提高。

然而，由于老龄化有关的开支预计将下降，长期的可持续性风险将会出现。在政策不变的情况下，S2 指标主要用来衡量财政长期可持续性挑战。就法国而言，通过对 S2 指标进行分析得出，为确保债务比率长期保持可持续性，所需的预算调整相对较小。

尽管 S2 指标风险指数较低，由于法国债务率水平较高，所以欧盟建议法国采取财政政策进行调整，以保证债务率的稳定，此外，如果全要素生产率降低或者医疗保健支出增长，都会对法国债务发展产生不利影响，导致长期债务风险的发生。

表 4-6　　法国全国政府债务率变化趋势　　单位：% GDP

项目＼年份	2016	2017	2018	2019	2020
债务率	96.0	96.0	95.9	94.7	93.1
除去向欧元区成员国财政援助后的债务率	93.0	93.1	93.1	92.0	90.4
债务率变化率	0.4	0.0	-0.1	-1.2	-1.6
与法国债务稳定平衡机制的偏离	1.5	0.6	0.0	-1.2	-1.6

资料来源：《2017 年法国稳定计划》。

六、政府间转移支付

（一）各级政府间的事权划分

法国政府分为中央、大区、省和市镇四级，相应地，财政体制也由四级组成。大区、省和市镇列入地方政府，它们的财政共同构成地方财政。法国是一个具有深厚的中央集权传统的国家，国家的政治、军事、经济大权都集中在中央政府，地方政府的自主权十分有限。但是，法国各级政府的职能和事权划分比较明确，各行其是，运作基本有序。财政上高度集权，中央财政居于主体地位，财政立法权也集中在中央。

政府的经济管理职能主要包括：运用宏观政策手段调节社会总需求和总供给；制定国民经济长期发展目标和战略，对经济结构和地区布局进行引导和不同程度的调整；提供基础设施、生态保护及其他公共产品与服务；建立和制定法律和法规，规范市场运行秩序；运用税收、福利政策和行政手段对国民收入进行再分配和调节；有效管理国有资产等。

根据法国地方自治法规定：各地区的重大事务按照中央政府的命令执行，地方议会不得讨论政治性问题，其主要权力和责任范围只限于表决预算案和负责税收事务。此外，就是制定市政规划，成立保健事业，管理地方公路，安排区内的国土整治，如农业开发、河道整治、落后地区的发展、支持中小企业技术开发、发展文化娱乐、处理空气污染等所谓的“公用事业”和“慈善事业”。从地方各级政府的职能分工来看，大区政府主要负责经济结构布局的调整，制定地区发展的五年计划，提出有关基础设施等战略性项目的规划，经与中央政府有关部门进行谈判，以法律的形式确定下来。省级政府负责社会保险和社会问题。提供社会保险是省级政府职能的主要内容。省级政府设立一个专门机构补充社会保险，发放社会津贴。解决就业问题是省级政府所要解决的另一个社会问题。省级政府一方面在国家和地区的帮助下解决就业问题，另一方面间接地通过民间组织来帮助企业。首先是帮助投资者在该省设立企业，如为新的企业提供与其他企业横向联系的机会，在土地使用和招收员工方面提供方便，以及为企业寻找新的入股人；其次是为新企业在厂房建设方面提供一些补贴，降低其成本；再次是从技术上帮助企业，提供信息网络、高技术服务，帮助企业以合同形式与大学和科研机构建立联系。市镇政府只负责本市的市政规划和建设，并提供最基本的公共产品和服务。有些市镇政府也可以给企业一些力所能及的帮助，向大区一级提议帮助企业，通过当地中介组织为企业提供有关信息等。

法国的财政管理体系是由其行政结构决定的。法国的行政结构分为中央、大区、省和市镇四级。与行政结构相适应，法国的财政体系由中央财政（国家财政）和包括大区、省、市镇财政的地方财政组成。每一级财政，在其预算允许的范围内行使其权力。中央财政的主要任务是：职能方面的任务，即负责社会安全、国防、外交等部委工作的正常运行；社会方面的任务，注意社会公平分配，提供社会福利补贴等；经济方面的任务，包括促进农业发展和外贸发展，直接进行投资或通过补贴引导社会投资（主要针对国家重大的，但短期内没有多少收益的建设项目，如航空、铁路等），支持地区经济发展。此外中央财政还负责预测经济发展趋势，制定国家财政和税收政策；管理全国的税收、海关工作等。大区财政主要负责经济发展和职业培训等。省一级财政的任务主要是初中教育，省级公路及部分社会福利。市镇财政主要负责安排居民的日常生活，即城建、水、电、电视天线网络，小学教育、文体设施、老年人安置等。三级地方财政之间不存在隶属关系，其财政预算由各级议会决定，但国家对地方的三级财政都有事后的法律监督权。当中央政府或代表中央利益的大区专员和省长认为地方的项目或预算违法或不符合国家法律时，可通过行政法庭裁决，予以撤销。

（二）政府间税权的划分

在税权方面，税收立法权由中央统一行使，征税权和税额分配权都由中央政府行使，地方政府在法律规定的权限内对本级政府的税种享有征收权及适当的税率调整权、税收减免权。在中央授权范围内，地方政府可以开征某些税种。“税收是地方政府财政自治的基础，法国的市镇、省和大区都享有一定的税收权力。在法国，即使议会独享税收主权，但与其他国家相比，法国的地方政府实际上享有税收自主权。”“市镇、省和大区议会虽然不能决定本地区地方税的计税依据，但是，它们有权直接决定本地区地方税的税率，只要不超过议会规定税率的2倍或2.5倍即可。”

在税种划分上，中央与地方实行彻底的分税制，税源划分清楚。中央税及其收入由中央政府掌握，地方税及其收入由地方政府掌握，没有共享税。在征收管理上，分设中央、地方两套征收机构，分别征收本级政府的税收。属于中央税的税种有：个人所得税、公司所得税、增值税、消费税、印花税、交易税、遗产税和关税等。属于地方税的税种有：建筑地产税、非建筑地产税、房地产税、专利税、国家转移的工资税、财产转移税、娱乐税、电力税、海外领地海洋税等。

（三）中央对地方财政的转移支付

法国的转移支付制度大体上始于1975年，70年代以专项补助为主，80年代随着分权化改革的推进，地方政府自主权逐步扩大，转移支付也由专项补助为主逐步转向以平衡补助（综合运行拨款）为主。后者的主要特征是：（1）用因素法确定补助数额，比较规范，避免各种讨价还价和人为因素的影响；（2）这种补助是一揽子性的，中央政府不具体规定其使用方向，各级地方政府自主使用。

法国由于是中央集权制国家，其中央预算收入所占的比重较大。法国中央预算收入除满足中央政府行使职能的需要外，其余大都用来对地方的转移支付。中央预算的转移支付，每年约占地方总收入的30%左右。2010年地方财政收入为2 270亿欧元，中央对地方财政的转移支付金额达972亿欧元，占地方财政收入的43%。（见图表）法国政府一直努力通过财政转移支付来支持欠发达地区的经济发展，缩小地区发展差距。除对经济欠发达地区在税赋方面给予优惠政策（如免除5年的行业税）外，还通过中央财政转移支付来资助困难地区。一是发放领土整治补助，用于帮助一些落后地区新建或扩建企业，增加就业岗位；二是国家就一些重点建设项目通过与地方签订“国家——地区计划”合同的方式来扶持地区的发展。国家根据每个地区的税收潜力、平均失业率和就业总量三项标准来确定国家资助额。总的原则是，对经济欠发达地区，国家投入多；对富裕地区国家投入少。

法国中央财政对地方（包括大区、市镇三级）转移支付的主要形式有以下几种：

（1）综合运行拨款。这是目前法国转移支付的最主要形式。此项拨款由人口、公和长度、学生数、公用设施负担情况、贫富状况等60个因素决定。

（2）职能转移和分权综合拨款。20世纪80年代以来，法国实行了分权为核心的政治和经济体制改革，其主要内容是：①取消原来的中央政府对地方的一些审批制度，改为事后检查制度；②将原来由省长完成的行政职权改为由省议会议长完成；③允许地方政府拥有地方税税率的决定权和减免权；④将原来由中央政府承担的部分社会服务职能（如社会救济、公共交通建设和管理、国民教育和职业培训等）下拨给地方政府。在职能转移的同时，资金也作本应转移，这种转移是通过税收和预算两条渠道来进行的。一是将原属于中央的部分税种如房地产税、汽车税等改为地方税；二是设立一个综合运行拨款预算指标，以弥补社会救济、中央学校校舍维修等项支出下放所增加的地方财政支出负担。

（3）减免税补助。地方各级政府为了保证其支出需要，必须加强对地方税种的征管。当中央政府认为有必要对一些地方税种实行减免政策时，由此造成的地方政府收入的减少便由中央财政进行补助。这里所说的减免税补助实际上是由中央财政代替纳税人支付某些地方税。

（4）贫富调节基金这是将一些比较富裕地区的税收直接转移给贫穷地区的一种做法。其主要规定有：①如果一个市镇的税收收入超过全国平均数的1.5倍以上，则超过的部分用于转移给贫穷地区；②如果某公司到某地设厂，则该厂超过一定限额的税金由一个省级联合基金会征收，然后分配给该厂周围的地区。此类转移支付涉及全国800多个机构，主要是发电、汽车制造、钢铁等行业。

七、施政方针与财政改革

（一）财政整顿与经济增长同步进行

根据《2017年法国稳定计划》的规定，国内的财政政策要使法国能够确保其公共财政的可持续性，并遵守其对欧盟的承诺，同时也可以有助于实现经济复苏，并保证为中重点项目提供足够的资金。

到目前，法国公共财政的结构和总体质量在支出方面和收入方面都有所改善。通过对政府不同部门的决策和支出行为进行监督和检查，敦促各部门进行了合理调整，提高了效率和效益。改革后的国内税收更加公平，更有利于经济增长和稳定就业。通过削减低收入和中产阶级家庭的税收，实现税收制度的转变，降低了劳动力成本，通过实行企业所得税的见面，降低了资本成本。

（二）降低成本，提高企业竞争力

2017年，法国政府鼓励企业提高竞争力的措施仍在继续，包括竞争力和就业税收抵免（CICE）的增加以及临时计划的推出，这些旨在鼓励中小企业招聘员工的措施将会一直生效到2017年年中。到2017年，企业的劳动力成本和税收减免将使其成本竞争力提高约占GDP的2个百分点左右。这些政策将使法国企业的利润率从2013年的29.9%增长到2016年的31.7%。

此外，还有一些措施对这些政策进行补充，以使工资的增长与生产率增长相符。

《工作保障法》和《劳动力法》为企业提供了更有效的条件来适应外部的经济环境。同时，自2012年以来对最低工资公式的调整并严格遵守，也显著增加了法国国内的最低工资水平。这些措施对于稳定法国的出口市场份额并推动和创造就业机会起到了极大的积极作用。自2015年年中以来，为法国企业创造了近30万个就业机会。同时，这些措施也拉动了投资的动态增长。非金融企业的投资在2016年增长4.0%，而之前在2012年至2015年之间年平均增长率仅为1.1%。

（三）通过拉动投资和创新以及改善营商环境来提高生产力

法国各界为了提高企业的成本竞争力采取了各种措施，例如通过支持投资，激励研发和创新等。这些措施具体包括永久性的抵免研究税收（CIR），由公共投资银行持续提供融资工具，启动未来投资计划的第三阶段等。这些政策总共为法国带来了100亿欧元的投资，并将从2017年开始，持续几个年度。同时，法国于2016年10月7日颁布了《数字共和国法》，旨在通过完善信息和知识的传播，为用户信息和个人数据的保护提供可靠的框架，并确保尽可能多的人从数字化改革中受益。

针对商品和服务市场的改革也在同步进行中，经过一系列“放管服”改革后，法国的营商环境得到大幅改善，同时促进了法国企业的成长，提高了它们对技术进步的响应能力。

2015年8月6日出台的《增长、经济活动和平等经济机会法案》里面为运输、零售、贸易、和监管部门的现代化改革采取了相关措施。一年后的2016年12月9日，法国出台了《透明、反腐败和经济现代化法案》使法国在增加透明度和打击腐败方面进一步与国际标准接轨。此外，该法案还致力于为中小企业铺平发展道路，通过修改和简化商业法律鼓励企业创业和创新。

（四）改善劳动力市场的流动性以对抗失业并促进高质量的就业

劳动力市场改革的目标是通过加强劳动力管理对话，来增强劳动市场适应经济环境的变化的能力，通过培训和激励机制来减少劳动力市场的固化，保持劳动力市场的稳定，为劳动力进入市场消除障碍。

在2013年的《工作保障法》和2015年的《增长、经济活动和平等经济机会法案》基础之上，2016年8月8日，法国出台了新的《劳动法》，该法案通过将劳动保护协议的适用范围扩展到岗位保护和职业发展来提高企业的适应能力和灵活性。也就是说，新的《劳动法》给予了集体谈判更大的灵活性，允许公司根据自己领域的特性和实际情况对劳资协议进行调整。

如果说《工作保障法》为大规模裁员设定了更科学更有效的裁员程序，《增长、经济活动和平等经济机会法案》通过改革劳动法庭和为有争议的解雇制定标准奖励计划来提高劳动力市场的透明度和可预测性，那么《劳动法》的细则有助于减少终止合同时的法律的不确定性，并且鼓励雇主雇佣长期雇员。

在雇员方面，法国政府为劳动力参与市场消除了很多障碍，例如增加工作福利，2016 年为 800 万家庭削减总额高达 50 亿欧元的个人所得税。此外，在住房和流动儿童教育等领域为劳动者提供了便利。受这一系列措施的积极影响，法国的就业市场在过去两年来出现了积极的发展态势，在未来几个季度，这种强势增长仍将继续。

（五）增加文化预算，扩大法国文化影响力

法国 2018 年度文化整体预算达 100 亿欧元，同比增长 0.4%，创历史新高。法国文化部部长尼森称本届政府遇到了比预期更加严峻的财政困难，在此背景下，政府不得不在各项公共事业预算中选出优先领域，本届政府选择了文化领域。

2018 年法国的文化政策主要围绕六项原则展开：让所有人都能接触到文化；加强中央政府在地方的作为；从欧洲开始逐步扩大法国文化在国际上的影响力；加强政策的灵活性和可操作性；加强数字化建设，支持多媒体和公共视听领域发展；改变文化部自身的组织结构以及行动方式。

在文化政策六项原则的指引下，100 亿欧元预算大体分配如下：文化部的项目及运转预算为 36 亿欧元，比 2017 年增长了 2 400 万欧元；公共视听领域的预算为 39 亿欧元，同比减少了 0.9%；用于支持电影和视听创作的免税支出为 16 亿欧元；划拨给国家电影中心的预算为 7.24 亿欧元；此外，国家图书中心、国家文化艺术中心以及私人剧院协会共获得 9 300 万欧元预算。

从 2018 年法国文化预算中可以发现与往年的不同之处，也是今后文化工作的重点，主要体现为三个方面。一是加强学校的文化和艺术教育。尼森称，文化教育不能再被当作可有可无的灵魂附加值，而应成为学校的中心任务，成为引领儿童成长的主线。为此，法国文化部 2018 年投入 1.14 亿欧元用于开展艺术和文化教育，同比增长 3 500 万欧元。同时，2018 年将试行“文化通行证”政策，用于鼓励年轻人主动接触文化。二是发展地方文化事业。法国文化部将划拨 8.6 亿欧元（同比增长 6%）用于地方文化事业的发展，如文化遗产修复、老城区保护等，以解决区域间发展不平衡、偏远地区人民无法接触文化等问题。三是扩大法国文化在欧盟以及国

际的影响力。2018 年法国将投入 900 万欧元，用于国际文化行动，同比增长 17%；300 万欧元用于接待外国艺术家，同比增长 12%；220 万欧元用于法国音乐出口，同比增长 57%。法国文化部计划于今年 4 月举办首届国际电视剧节。尼森希望法国能够通过文化重振欧盟，并进一步扩大国际影响力。

（六）促进社会公平正义，优化再分配机制

通过与贫困和社会不平等做斗争，一定程度上弱化了金融危机对法国最底层人民的冲击。法国政府先后出台了各种短期和中长期的扶贫政策。除了上文提到的削减个人所得税和工作福利补贴，法国政府还放宽了劳动者享受最低社会福利保障的门槛，提高了最低福利保障水平。

这些举措一方面直接与贫困做斗争，一方面鼓励贫困人群返回工作岗位。例如旨在为最脆弱人群提供更好护理服务的医疗保健措施一方面直接解决了额所有患者的医疗费用，另一方面在“当地医疗保健协议”框架下解决一些地区的“医疗沙漠”问题，即一些地区根本没有任何医疗保险制度。

在教育方面，自 2013 年开始，政府开始实施全面改革。教育，既是不平等的主要载体，也是生产力增长的主要来源。法国政府法出台了《公立学校改革指导方针和方案》。这个法案的改革重点包括教育优先区改革、中学改革和与针对辍学的相关改革。

此外，政府针对不平等改革的另一主要推动力是促进性别平等。2016 年 10 月提出的多年行动计划提出了不同的举措，以打击就业和解雇方面的不平等现象，促进工作与生活的平衡并与性别歧视做斗争。

主要参考文献

[1] European Commission, Assessment of the 2017 stability programme for France, Brussel, 23 May 2017.

[2] European Commission, 2018 European Semester: Assessment of progress on structural reforms, prevention and correction of macroeconomic imbalances, and results of in – depth reviews under Regulation (EU) No 1176/2011, Brussel, 7 March 2018.

[3] French Government, Stability Programme 2017, July 2017.

[4] OECD, OECD Economic Surveys, France, September 2017.

[5] Eurostat, Eurostat Regional Yearbook 2017, Belgium, August 2017.

第五章 俄罗斯

俄罗斯联邦简称俄联邦或俄罗斯，位于欧亚大陆北部，地跨欧亚两大洲，现由83个联邦主体组成，其中包括21个共和国、9个边疆区、46个州、2个联邦直辖市、1个自治州、4个民族自治区，总人口约1.469亿（2017年），民族193个，其中俄罗斯族占77.7%。作为联合国安全理事会五大常任理事国之一，俄罗斯是传统的军事强国，也是世界上最重要的经济体之一。

一、经济概况

俄罗斯经济在经历2014年增速陡降、2015年深陷危机之后，2016年俄罗斯政府着力解决阻碍经济发展的结构性问题，加强联邦部门协调，更加专注于政府确定的优先事项，确保支持经济发展的各项措施发挥实效的同时，创造有利条件充分调动企业和民间组织的代表以及地方政府推动经济发展的积极性，这些举措效果明显，为俄罗斯经济企稳并实现触底反弹发挥了重要作用。

2017年于俄罗斯是风平浪静的一年，国内外局势的相对稳定为俄罗斯政府延续上一年度经济政策、持续改善经济环境、更好解决国内问题特别是经济问题提供了很好的基础。俄罗斯总统普京将俄罗斯经济走出衰退作为2017年的大事之一，并表示“2017年是成功之年”。这一论断的提出，主要是基于2017年俄罗斯主要宏观经济指标稳定增长，经济发展呈现出低通货膨胀率和增速稳步提升的良好态势。

表 5-1　　俄罗斯经济的主要宏观指标（2013～2017）

项目＼年份	2013	2014	2015	2016	2017
国内经济（变化率,%）					
实际 GDP	1.3	0.7	-2.8	-0.2	1.5
CPI（期末值）	6.5	11.4	12.9	5.4	2.52
失业率	5.5	5.2	5.6	5.5	5.1
国民总储蓄（GDP%）	24.6	25.0	26.9	26.0	26.6
国内总投资（GDP%）	23.1	22.2	21.9	22.8	23.9
国际收支（期末值，亿美元）					
经常账户余额	330.33	155.08	674.68	237.53	352.44
贸易余额	1 806	1 889	1 484	903	1 150
净 FDI	1 317.36	3 101.05	3 317.28	2 110.92	2 718.75
外汇储备	5 095.95	3 854.6	3 683.99	3 777.41	4 327.42

资料来源：俄罗斯中央银行网站 俄罗斯联邦统计局网站 http://www.cbr.ru/　http://www.gks.ru/wps/wcm/connect/rosstat_main/rosstat/ru/statistics/accounts/#。

通货膨胀率显著下降。高通胀是俄罗斯经济发展中的顽疾，也是阻碍投资发展的关键因素，如梦魇一般不时地干扰俄罗斯的经济社会发展。尤其是2014年俄罗斯因克里米亚危机遭受西方严厉制裁，加之国际市场原油价格大幅下跌，致使俄罗斯国内通货膨胀率跃升，卢布大幅贬值，民众和企业深受其害。因此，低通胀目标是俄罗斯政府近年来经济政策的重要靶向，这对保全俄罗斯民众财富、改善民众和企业对经济社会发展的预期，进而提升投资热情和力度具有重要的作用和意义。2016年俄罗斯中央银行管控通胀效果明显，通胀率仅为5.4，与2015年的12.9相比降幅明显，反映出俄罗斯政府采取的各项措施发挥了积极作用。基于前期取得成果，2017年俄罗斯政府力求进一步管控通胀，将4%作为年度通胀率的目标值，以期更好满足宏观经济稳定的内在要求，同时也为社会稳定提供前提保障。

通胀率在2017年上半年均高于4%，自7月份开始低于4%，俄罗斯政府年初计划的通胀率目标开始得以实现，其后受蔬菜和水果价格急剧滑落影响，通胀率基本保持下行态势，至11月达到了历史最低的2.5%，12月通胀率基本保持在同一个水平，按月环比计算，12月的物价增长加速至0.4%（蔬菜和水果价格上涨4.7%），最终全年通胀率定格在2.52，超预期地完成年初预定目标。

随着通胀率指标趋好，俄罗斯官方不断调整其全年的预测值：经济发展部年初的

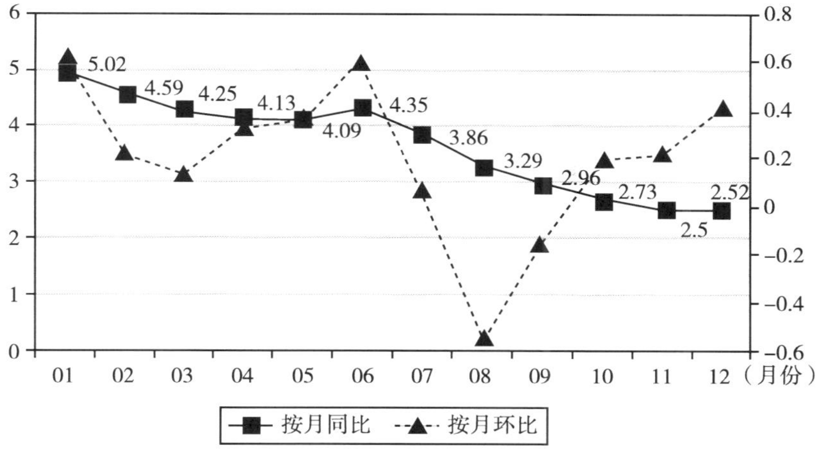

图 5－1 2017 年俄罗斯 CPI 指数（1～12 月份）

预测值为 3.8%，年中下调到 3.2%，11 月份进一步下调到 2.7%；俄央行年初、年中和接近年底的预测值分别为 4%、3.5%～3.8%和 3.2%。在 2017 年 12 月 14 日举行的年度记者会上，普京总统给出的通胀率估值为 2.5%。与俄罗斯官方对通胀率乐观预测形成鲜明对比的是，俄罗斯民众通胀预期在 2017 年的大部分时间里保持在两位数的高位，直到 9 月份才降到 9.5%，这与官方公布的通胀率统计数据相差很大，引发舆论对于俄罗斯通胀率真实水平的质疑。同时，俄罗斯经济学家提出，俄罗斯民众实际可支配收入自 2014 年以来开始下降，2017 年虽然实际工资收入出现小幅增长，但仍未能逆转居民实际可支配收入下降的态势，下降幅度达到 1.7%。基于民众收入下降而致使商家被迫降价以吸引顾客，这个因素也应该和俄罗斯农业丰收以及卢布汇率走强一道成为俄罗斯全年保持低通胀率的解释因子。对此，俄罗斯经济发展部部长认为，俄罗斯民众刚刚经历过经济下行的两年，这场危机严重打击了居民收入，由于人们总是基于过去展望未来，因此期望大多以消极表现为基础，很少有人相信经济将在 2017 年开始复苏，而事实上尽管复苏的速度不太快，收入增长也还有很长的路要走，但是积极的趋势已经形成并将延续下去，俄罗斯政府也在尽一切努力保持这种积极的趋势。

经济实现增长。2017 年俄罗斯实现国民生产总值 920 819 亿卢布，按不变价格计算，与 2016 年（859 178 亿卢布）相比增长了 1.5%，相对国内外机构的“零增长”预测，这一增速完全可以称得上是个“惊喜”，也达到了 2013 年以来的增速新高。为突出稳定经济、优化调整结构以及培育经济增长新引擎的政策指向，俄罗斯政府未对 2017 年国民生产总值增长提出具体目标。俄罗斯国内外机构都预计 2017 年度国民生产总值基本上接近“零增长”。俄罗斯央行预测增长率为 0.6%，世界银行、国际货币基金组织、经合组织等国际机构预测的增长率均不超过 1%。对于这一“惊喜”的内在根源，俄罗斯学者普遍认为应该归功于国际市场油价的明显走高，俄罗斯央行则认为增速的最大贡献来源于潜力的增长，落后产能淘汰与调整对增速的贡献比国际油价上涨的贡献还要大一些。俄罗斯经济发展部部长奥列什金更是乐观地认为“经济复兴是全方位的”。基于要素使用对GDP增长动因进行分析表明，2017年俄罗斯经济增长主要来源于内需和投资的扩大。最终消费支出在连续下降两年后，在2017年增长了2.3%，主要是来自家庭的消费需求（年增长3.4%），其成为年度GDP增长的主要贡献力量。但各界一致认为，俄罗斯经济尽管突破了“零增长”，但仍然没有摆脱对于能源经济的过度依赖，经济结构调整尚未见实效。俄罗斯央行行长娜比乌丽娜（Э. Набиуллина）认为，如果没有结构性改革，2017年的国民生产总值增长达到的水平就是极限。俄罗斯总理梅德韦杰夫也强调，尽管俄罗斯经济已经步入增长阶段，但现在还不能将其称之为“绝对稳定的增长”。

卢布汇率趋稳。汇率稳定是一国经济平稳发展的必要保障。由于俄罗斯经济对贸易和投资依赖度高，而其外贸又以出口石油天然气等自然资源为主，因此卢布汇率与国际市场石油价格具有很强的相关性。2014年1月以来，受俄罗斯与乌克兰冲突、西方国家制裁以及石油价格下跌等因素综合影响，卢布兑美元贬值超50%。俄罗斯自2014年11月开始实行完全自由浮动的汇率制度，卢布汇率由市场决定，以求充分发挥浮动汇率的经济“自动稳定器”功能，减轻外部因素影响，促进经济适应外部条件变化。例如，卢布随石油价格增长升值，可以降低经济过热风险，卢布因油价下跌走弱，可以通过扩大出口和刺激进口替代来支持国内生产者。同时，浮动汇率使得俄罗斯央行可以实施独立的货币政策，确保以降低通货膨胀率为主的一系列国内目标能够得以更好实现。在2016年卢布逐步趋稳升值的基础上，加之国际市场石油价格均价维持在53美元每桶，2017年卢布汇率继续保持稳定态势，维持在56～59卢布兑换1美元的区间之内，全年均值为58.3。

产业发展持续向好。农业方面，2017年俄罗斯农业产值为56 540亿卢布，与2016年相比增长2.4%。粮食产量为13 540万吨，比2016年增产1 470万吨，增幅达12.2%；各类农场出栏牛和家禽1 460万吨，比上年增长4.7%，牛奶3 110万吨，比上年增长1.2%，鸡蛋448亿颗，比上年增长2.8%。工业方面，与2016年同期比较，2017年俄罗斯工业生产指数增长1.0%，采矿生产指数增长2.0%，其中煤炭增长3.5%，原油和天然气生产增长0.8%，金属矿石开采工业生产指数2.5%，其他矿产增长5.6%；制造业生产指标增长0.2%年。建筑行业规模达75 459亿卢布，较上年下降1.4%（2016年降幅为4.3%）。零售业营业额为298 040亿卢布，较上年增长1.2%（2016年下降3.6%）。

投资增长明显。2017 年，俄罗斯各类所有制经营机构在经济社会发展领域固定资本投资达 159 668 亿卢布，较上年增长 4.4%。投资份额中，自有资金占 52.1%，吸引投资占 47.9%。金融投资总额（不含小企业、银行、保险组织和国家（市政机构）达 1 657 000 亿卢布，其中，长期金融投资 186 000 亿卢布（占比 11.2%），短期金融投资 1 471 000 亿卢布（占比 88.8%）。

民生不断改善。一是失业率接近历史最低值。俄罗斯 2017 年失业率为 5.2%，达到历史最好水平。就业率下降一方面与就业岗位的增加有关，15～72 岁适龄劳动力人数变化也是主要因素之一。俄罗斯 2016 年劳动适龄人口为 7 663.6 万人，就业人数为 7 239.3 万人，失业人数 424.3 万人；2017 年劳动适龄人口为 7 610.9 万，较 2016 年减少 52.7 万人，就业人数为 7 214.2 万人，较上年减少 25.1 万人，失业人数 396.7 万人，较上年减少 27.6 万人。此外，失业率指标的改善在俄罗斯各联邦主体和地区间存在不均衡的表现。据统计资料显示，2017 年 10 月中旬以前，俄联邦中有 45 个地区显示为失业率下降，同时有 35 个地区显示的失业率则是上升的。二是民众现金收入增加。2017 年俄罗斯民众人均现金收入为 31 488 卢布，与 2016 年同比上升 2.4%，人均现金支出为 31 031 卢布，与 2016 年同比提高 1.6%。与 2016 年同期比，2017 年居民现金收入结构中，社会保障及工资收入占比增长，同时财产收入和商业活动所得的占比出现下降。

国际收支方面，对外贸易规模持续扩大。2017 的对外贸易额达 5 910 亿美元，其中出口额 3 530 亿美元，燃料和能源出口贸易额占比为 59.2%；进口额 2 380 亿美元，机器、设备和车辆等进口商品贸易额占比达 48.6%。与 2016 相比，外贸额增长了 24.8%，出口增长了 25.2%，进口增长了 24.2%。中国是俄罗斯最大的出口国，对中出口贸易额占其出口总额的 10.9%，荷兰、德国分别以 10% 和 7.2% 的出口贸易额占比排在第二、三位。中国以占俄罗斯进口额 21.1% 的比重稳居俄罗斯最大进口国之位，德国、美国分别以 10.7% 和 5.5% 的占比位居俄罗斯第二、第三进口国。2017 年俄罗斯外贸顺差额达到 1 150 亿美元，为经常账户余额增长起到了决定作用。俄罗斯中央银行数据显示，2017 年底俄罗斯国际收支经常账户余额达到 352.44 亿美元，比上年增长 32.6%。2017 年 1 月 1 日，俄罗斯联邦净国际投资头寸为 2 718.75 亿美元，比上年增加了 607.83 亿美元。这在很大程度上应归功于该国直接投资的吸引力增加而导致的业务规模变大。俄罗斯 2017 年底外汇储备已回升至 4 327.42 亿美元，比 2016 年期末值增加 550 亿美元。

从微观经济的企业层面观察，俄罗斯制造业采购经理指数（PMI）在 2017 年 2 月达到 54.7（该指标值以百分比来表示，以 50% 作为经济强弱的分界点），这是自

2011 年 3 月后近 6 年来的最高点。2017 年全年 PMI 指数都处于 50 之上，为俄罗斯经济走出衰退提供了有力证明。

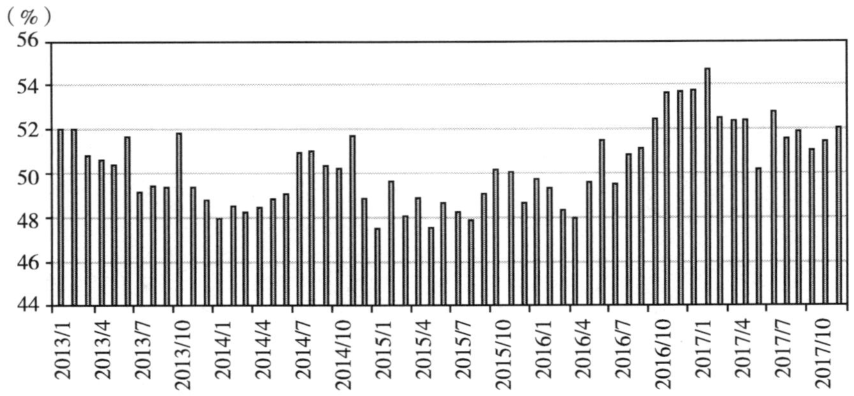

图 5－2　俄罗斯制造业采购经理指数（2013～2017）

资料来源：俄罗斯联邦经济发展部 http：//economy. gov. ru/minec/activity/sections。

消费者层面，俄罗斯联邦统计局编制的消费者信心指数，主要反映该国消费者基于国家过去与未来的经济发展形势以及个人收入与财务状况的综合判断后对消费领域得出的一种看法和预期，该指数与经济形势具有较强的相关性。表 5－2 数据显示，2017 年消费者信心指数较 2016 年上升明显，这与年度经济增速回升且较为平稳的经济形势是一致的，这也表明俄罗斯消费者对经济保持稳定发展具有信心在增强，同时也表明俄罗斯民众的消费动力还有待进一步提升。

表 5－2　消费者信心指数

年　度	季　度			
	I	*II*	*III*	*IV*
2013	－7	－6	－7	－11
2014	－11	－6	－7	－18
2015	－32	－23	－24	－26
2016	－30	－26	－19	－18
2017	－15	－14	－11	－11

资料来源：俄罗斯联邦统计局 http：//www. gks. ru/wps/wcm/connect/rosstat_main/rosstat/ru/statistics/leading_indicators/。

在年初较低预期下，俄罗斯 2017 年全年财政状况可以概括为收入超预期、支出有节制。石油、天然气等能源出口在俄罗斯收入中占有很大比重，全球原油价格走势对于俄罗斯编制联邦财政预算至关重要，是俄罗斯预测经济状况和制定财政收支计划的重要基础。2016 年 12 月 9 日，俄罗斯国家杜马审议通过了《2017 年及 2018～2019 年俄联邦预算法》，2016 年 12 月 14 日联邦委员会予以批准。该法案以石油价格每桶 40 美元作为测算依据确定俄罗斯 2017 年度主要经济指标，其中，年通胀率不超过 4%，2017 年平均汇率为 1 美元兑 67.5 卢布，2018 年初国家外债上限为 536 亿美元，预算赤字占国民生产总值比例为 3.2%。

由于 2017 年俄罗斯对外经济条件比之前想象的更有利，特别是乌拉尔石油全年均价保持在每桶 53 美元的水平，俄罗斯于 2017 年 7 月 1 日、11 月 14 日分别基于每桶 45.6 美元、49.9 美元的石油价格对预算法案进行了修订，对关键指标进行调整。这与 2016 年以乌拉尔原油每桶 50 美元年均价格为依据制定预算法案，随后因石油价格不断走低而导致俄罗斯一个月内两度对预算法案进行修改的情形形成了鲜明对比。然而不论哪种情况，我们都可以从中看出俄罗斯经济对石油的过高依赖程度。

表 5－3　　俄罗斯政府 2013～2017 年财政状况　　单位：亿卢布

年份		2013	2014	2015	2016	2017
GDP		731 339	791 997	833 872	859 178	920 819
联邦预算	收入	130 199	144 969	136 592	134 600	150 889
	GDP 占比	17.8	18.3	16.4	15.6	16.4
	石油收入	65 340	74 338	58 627	48 440	59 719
	GDP 占比	8.9	9.4	7	5.6	6.5
	支出	133 429	148 316	156 203	164 164	164 203
	GDP 占比	18.2	18.7	18.7	19.1	17.8
	支出完成比	99.1	98.5	98.5	98.7	96.5
	赤字	3 230	3 347	19 610	29 564	13 314
	GDP 占比	0.4	0.4	2.4	3.4	1.4
汇总预算①	收入	244 427	267 661	269 220	281 815	306 400
	GDP 占比	33.4	33.8	32.3	32.8	33.3
	支出	252 909	276 117	297 415	313 237	319 891
	GDP 占比	34.6	34.9	35.7	36.5	34.7
	赤字	8 482	8 456	28 195	31 421	13 491
	占比	1.2	1.1	3.4	3.7	1.5

资料来源：俄罗斯财政部网站。https：//www. minfin. ru/ru/perfomance/。

① 俄罗斯汇总预算包括联邦预算、国家预算外基金、地方政府预算、地区预算外基金四个部分。

二、政府支出

俄罗斯国家预算支出统称为俄联邦汇总预算支出，主要由联邦政府预算支出、国家预算外基金支出、联邦主体汇总预算支出和地区预算外基金支出四个部分构成。国家预算外基金支出主要包括俄罗斯联邦养恤基金支出、俄罗斯联邦社会保险基金支出和联邦强制性健康保险基金支出，地区政府预算外基金支出主要包括地区范围内的强制性健康保险基金支出。

表 5－4　　俄罗斯联邦预算支出状况（2013～2017）　　单位：亿卢布

项目＼年份	2013	2014	2015	2016	2017
联邦预算支出	133 429	148 316	156 203	164 164	164 203
支出完成比	99.1	98.5	98.5	98.7	96.5
汇总预算支出	252 909	276 117	297 415	313 237	319 891
增长率	9.1%	9.2%	7.7%	5.3%	2.1%
占 GDP 比重	35.6%	34.9%	35.7%	36.4%	34.7%

资料来源：俄罗斯财政部、联邦统计局网站。https：//www.minfin.ru/ru/perfomance/。

俄罗斯政府近年来将维持经济稳定作为经济社会发展的首要目标，并以此实行了包括预算平衡政策在内的一系列调整与改革措施，即实行适度的紧缩政策，表现在支出方面就是控制、减少支出。2017 年国家预算支出不到 32 万亿卢布，支出增速为 2.1%，大大低于同期 8.7% 的收入增速。预算支出的国民生产总值占比为 34.7%，低于 2016 年的 35.7%。这明显反映出俄罗斯政府实施紧缩政策的力度没有减弱，进一步加强了对宏观经济的调控能力。

以功能划分，俄罗斯国家预算支出主要包含全国性问题、国防、国家安全和法律维护、国民经济、住房和公益事业、教育、环境保护、文化和电影、医疗、社会政策、体育文化和体育运动、大众传媒工具、国债还本付息及政府间转移支付等方面的内容。各类别所含支出内容见表 5－5。

构成俄罗斯国家预算支出的四个组成部分中，联邦政府和联邦主体政府是预算支出的主体，其中，联邦政府预算支出为 16.4 万亿卢布，占政府支出的 51.3%，联邦主体汇总预算支出为 10.8 万亿卢布，占政府支出的 33.8%。

表 5-5　　　　俄罗斯预算支出详细情况

支出类别	所含支出项目内容
政府管理（全国性问题）	俄罗斯联邦总统、联邦主体和地方政府高级官员的运转保障，立法（代表）机构及地方政府代表机构运转，俄罗斯联邦政府、联邦主体高级行政机构及地方行政机关运转，司法系统运转，财政、税务和海关部门运转，选举和公决保障，国际关系和国际合作，国家物资储备，基础研究，储备基金管理，社会问题领域的应用研究，其他全国性问题
国防	俄联邦武装力量，动员准备，核武器综合体，军事技术合作领域的国际义务，国防领域应用研究，国防领域的其他问题
国家安全和法律维护	起诉和调查机构运转，内部事务机构运转，内部部队，司法，监狱系统，安全，边境服务，麻醉药品和精神药物用量监测，自然和人为灾害的紧急情况下人民和领土的保护及民防，消防安全，移民政策，国家安全和执法领域应用研究，国家安全和执法领域的其他问题
国民经济	一般经济问题，能源，外层空间探索和利用，矿物资源基地修复，农业和渔业，水资源管理，林业，运输，道路维修（道路基金），通信与信息，国民经济领域应用研究，国民经济中的其他问题
住房和公用事业	住房服务，公用事业，住房和公共服务领域应用研究，住房和公共服务领域的其他问题
环境保护	环境监控，废物和废水的收集与处理，动植物及其栖息地保护，环保领域应用研究，环保领域的其他问题
教育	学前教育，普通教育，中等职业教育，培训、再教育和高级培训，本科和研究生专业教育，青年政策和儿童的健康，教育领域应用研究，教育领域的其他问题
文化和电影	文化，电影，文化和电影领域应用研究，文化和电影领域的其他问题
医疗	在院医疗护理，门诊，各类日间医疗护理，急性护理，康健护理，捐献血液及其成分的获取、加工、储存和安全性保障，卫生和流行病防治，公共卫生领域应用研究，医疗领域其他问题
社会政策	养老金，社会服务，人口的社会保障，家庭和儿童保护，社会政策领域应用研究，社会政策领域的其他问题
体育文化和体育运动	体育，大众体育，精英体育，体育文化和体育领域的应用研究，其他问题

续表

支出类别	所含支出项目内容
大众传媒工具	电视和广播，期刊印刷出版，媒体领域应用研究，其他问题
国债还本付息	内债和地方债的还本付息，外债还本付息
政府间一般性转移支付	用于预算保障水平均等化的一般补助，其他补助，其他一般政府间转移支付

表 5－6　　俄罗斯政府预算支出构成（2017）　　单位：亿卢布

	汇总支出	联邦政府预算支出	国家预算外基金支出	联邦主体汇总预算支出	地区预算外基金支出
支出类别	319 891	164 203	102 386	108 101	17 364
政府管理（全国性问题）	19 526	11 625	1 356	6 573	128
国防	28 542	28 523		44	
国家安全和法律维护	20 341	19 180		1 171	
国民经济	43 320	24 601		22 883	
住房和公用事业	12 099	1 195		11 278	
环境保护	1 163	924		278	
教育	32 642	6 150	0.1	26 900	
文化和电影	4 929	897		4 102	
医疗	28 210	43 98	16 543	8 473	17 230
社会政策	116 159	49 920	84 486	22 076	18/0.1
体育文化和体育运动	3 270	961		2 537	
大众传媒工具	1 273	832		441	
国债还本付息	8 418	7 092		1 339	

资料来源：俄罗斯联邦国库网站。http：//www. roskazna. ru/dokumenty/obespechenie－deyatelnosti－federalnogo－kaznacheystva/。

2017 年联邦预算法批准联邦预算开支额为 162 408 亿卢布。在联邦预算执行期内，以国际原油价格变动为基础，通过两次修正预算法案对联邦预算支出进行了调整。两次调整共增加预算支出 7 761 亿卢布，调整后的联邦预算支出规模达到 170 169 亿卢布。2017 年联邦预算开支决算数为 164 203 亿卢布，完成预算数的 96.5%。截至 2018 年 1 月 1 日，支出进度不足 96.5% 的分项支出情况具体是：“文化和电影”完成 91.1%、“国防”完成 93.2%、“全国性问题”完成 93.5%、“体育文化和体育运动”完成 93.8%、“国民经济”完成 95.3%、“地方一般性预算转移支付”完成95.3%、“住房和公共事业”完成95.6%。2017年联邦预算间转移支付占比33.2%，主要包括国家预算外基金（22.9%），俄罗斯联邦各组成实体预算（10.3%）；其次是满足地方政府需求的货物、工程及服务采购，占比20.6%；为确保政府职能有效发挥的人员工资占联邦预算支出的16.3%。未完成的预算支出总额为5 911亿卢布，其中约75%为未使用的预算拨款，该部分结余款项根据俄罗斯联邦预算法相关规定在2018年继续用于原定目的。

从各支出类别占比来看，社会政策支出在俄罗斯政府总支出中占比最高，为36%，上年占比为35%；国民经济发展的支出位于第二，占比14%，上年占比为12%；教育支出占比为10%，在各类支出中排在第3位，国防、医疗以9%的占比排在其后。国防支出2016年占比为12%，无论是支出额度还是所占比例都下降明显，这与俄罗斯面临的国际环境趋于平稳、军费支出得以控制有着非常密切的关系，也是俄罗斯在确保本国安全的同时避免卷入军备竞赛的战略决策的一个具体反映。其他类别在政府支出中的比例详见图5－3。

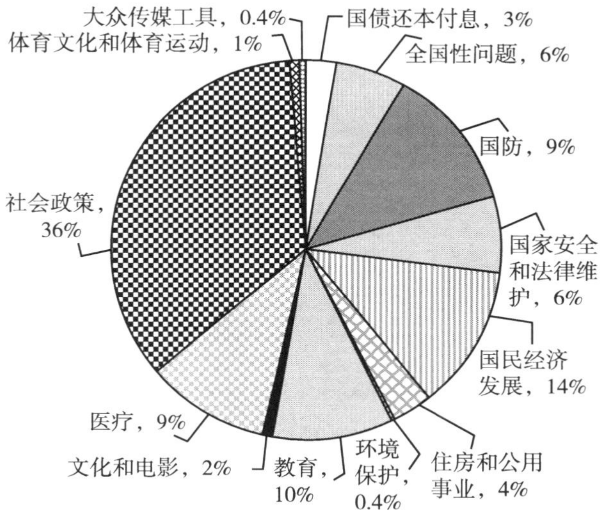

图5－3　2017年俄罗斯公共部门服务支出结构比例

三、政府收入

俄罗斯国家预算收入主要包括联邦政府预算收入、国家预算外基金收入、联邦主体汇总预算收入和地区政府预算外基金收入四个部分，统称俄联邦汇总预算收入。国家预算外基金收入主要包括俄罗斯联邦养恤基金预算、俄罗斯联邦社会保险基金预算和联邦强制性健康保险基金预算，地区政府预算外基金收入主要包括地区范围内的强制性健康保险基金预算。2017 年俄罗斯国家预算收入 306 400 亿卢布，较 2016 年增长 8.7%，占 GDP 比重为 33.3%，与上年基本持平。

表 5－7　俄罗斯联邦汇总预算收入状况（2013～2017）　单位：亿卢布

项目＼年份	2013	2014	2015	2016	2017
预算收入总计	244 427	267 661	269 220	281 815	306 400
预算收入增长率	4.3%	9.5%	0.6%	4.7%	8.7%
GDP	710 167	791 997	832 326	860 436	920 819
预算收入占 GDP 比重	34%	34%	32%	33%	33.3%

资料来源：俄罗斯财政部网站。https：//www. minfin. ru/ru/perfomance/。

预算收入结构上，税收收入是俄罗斯国家预算收入的主要来源，2017 年俄罗斯税收收入为 149 769 亿卢布，约占到全部政府预算收入的 49% 左右，主要包括增值税、企业利润税、个人所得税和自然资源使用税等税种收入。石油天然气等能源收入达到 59 719 亿卢布，在预算收入中占比接近 20%，这直接得益于 2017 年度国际石油价格的稳步走高。预算收入中的社会保险缴费逐年增加，2017 年已经占总收入的 22.14%。非税收入达到 29 072 亿卢布，主要包括使用国家和地方政府财产所得收入，自然资源使用费收入，联邦、联邦主体及地方所属预算经费用款单位提供有偿服务所得收入，因实施民法、行政及刑事责任措施而获得的收入（罚款、没收、赔偿收入，以及给各级政府造成损失的赔款收入和其他强制性罚没收入等）。

表 5－8　俄罗斯政府预算收入结构（2013～2017）　单位：亿卢布

项目＼年份	2013	2014	2015	2016	2017
预算收入	244 427	267 661	269 220	281 815	306 400
预算收入增长率	4.3	9.5	0.6	4.7	8.7
税收收入及占比	98 096	107 344	112 743	122 801	149 769
	40.1%	40.1%	41.9%	43.6%	48.88%
石油天然气收入及占比	65 340	74 338	58 627	48 440	59 719
	26.7%	27.8%	21.78%	17.2%	19.49%

续表

项目＼年份	2013	2014	2015	2016	2017
强制性社会保险缴费	46 942	50 357	56 363	63 260	67 840
	19.2%	18.8%	20.9%	22.4%	22.14%
其他收入	34 049	35 622	41 488	47 315	29 072
	13.9%	13.3%	15.4%	16.8%	9.49%

资料来源：俄罗斯联邦国库网站 http：//www. roskazna. ru/ispolnenie – byudzhetov/konsolidirovannyj – byudzhet/。

俄罗斯税收收入中，增值税是第一大税种，2017 年增值税税收达到 51 376 亿卢布，占全部税收收入的 34.3%，个人所得税和企业所得税分别为 32 523 亿卢布和 32 901 亿卢布，预算收入占比分别为 21.7% 和 22%，这是自 2013 年以来企业所得税收入第一次超过个人所得税，反映出在俄罗斯政府着力改善营商环境的努力下，企业经营好转、利润开始回升的实际情况。此外，进口税收入下降也反映出俄罗斯采取的进口替代政策效果持续显现，而消费税收入近年不断增长，在税收收入中占比也相应提高，反映出俄罗斯国内消费需求逐渐升温，近两年来卢布汇率贬值所引发的消费支出转换效应已经显现。卢布贬值在抑制进口的同时，使得居民和企业对国内产品的需求快速增长，从而推动了国内农产品生产、食品加工、纺织与服装（特别是皮革与制鞋）、木材加工、造纸、化工、塑料制品、机械与设备制造中的农业机械、制冷与冷链设备等部门产出快速增长。

表 5－9　　俄罗斯政府税收收入结构（2013～2017）　　单位：亿卢布

项目＼年份	2013	2014	2015	2016	2017
税收收入	98 096	107 344	112 743	122 801	149 769
增值税	35 390	39 317	42 340	45 713	51 376
消费税	10 158	10 722	10 684	13 560	15 995
企业所得税	20 719	23 753	25 990	27 703	32 901
个人所得税	24 991	27 026	28 078	30 185	32 523
其他税种	6 838	6 525	5 652	5 639	16 974

续表

项目＼年份	2013	2014	2015	2016	2017
占税收收入的比重					
增值税	36.4%	36.1%	36.6%	37.6%	34.3%
消费税	8.6%	10.4%	10.0%	9.5%	10.7%
企业所得税	24.2%	21.1%	22.1%	23.1%	22.0%
个人所得税	23.2%	25.5%	25.2%	24.9%	21.7%
其他税种	7.5%	7.0%	6.1%	5.0%	11.3%

资料来源：俄罗斯联邦国库网站 http：//www. roskazna. ru/ispolnenie – byudzhetov/konsolidirovannyj – byudzhet/。

2017年联邦预算法案以石油价格每桶40美元、美元兑卢布汇率67.5卢布为测算依据，批准联邦政府年度预算收入为134 876亿卢布，其中石油和天然气收入55 000亿卢布，非石油天然气收入为84 376亿卢布。预算执行期间，考虑到油价上涨、卢布汇率走高及其他经济指标的变化，联邦预算收入进行了相应调整。2017年全年联邦政府预算收入150 889亿卢布，其中，石油和天然气收入5.97万亿卢布，非石油天然气收入为9.1万亿。

为改进预算收入管理和提高应收收入工作效率，俄罗斯政府制定了预算执行监测行动计划（路线图），其结果表明，部分措施在设置的监测期间内没有得到执行。截至2018年1月1日，计划在2016～2017年“路线图”中实施的69项措施中，已执行的措施有46项，占66.7%，未执行措施21项，占30.4%。共有104种收入类型未达到预算法案规定的预测水平，涉及额度为896亿卢布。

四、政府盈余/赤字

2017年联邦预算法案批准年度赤字规模为2万亿卢布，2017年全年实际赤字为13 491亿卢布，国内生产总值占比为1.5%。其中，联邦政府赤字为13 314亿卢布，国内生产总值占比为1.4%。联邦预算赤字的筹措来源主要是使用储备基金及与发行政府债券。2017年俄罗斯发行政府债券（其名义价值以俄罗斯联邦货币表示）共计17 564亿卢布。

表 5－10 俄罗斯政府预算盈余/赤字情况（2013～2017） 单位：亿卢布

项目 \ 年份	2013	2014	2015	2016	2017
预算收入	244 427	267 661	269 220	281 815	306 400
预算支出	252 909	276 117	297 415	313 237	319 891
盈余＋/赤字－	－8 482	－8 456	－28 195	－31 421	－13 491
GDP	710 167	791 997	832 326	860 436	920 819
盈余/赤字占 GDP 比重	1.2%	1.1%	3.4%	3.7%	1.5%

资料来源：俄罗斯财政部网站。https：//www. minfin. ru/ru/perfomance/。

五、政府债务

俄罗斯政府债务是指俄联邦对自然人和法人、外国政府、国际组织和其他国际法主体负有的还债义务，以及俄联邦提供国家担保而产生的债务。俄罗斯政府债务以构成联邦国库的联邦所有财产作为完全、无条件担保，联邦政府应利用一切权力实现联邦预算收入，以偿还政府债务并支付债务利息。《俄罗斯联邦预算法典》明确，俄联邦政府或联邦政府授权的联邦政府机关，拥有国家对外借债以及为吸引外国贷款（借债）而签订国家担保合同的权力，和以联邦的名义进行国内借债以及为其他借款人获得贷款（借款）提供国家担保的权力；联邦主体政府授权的机关可以以联邦主体的名义进行国内借债以及为其他借款人获得贷款（借款）提供政府担保；根据地方章程授权的地方自治机关可以以地方政府名义进行国内借债和为其他借款人获得贷款（借款）提供地方政府担保。

俄联邦政府内债和外债限额以及下年度联邦对外举债限额，由下一财政年度联邦预算法按债务担保形式分类批准。联邦主体和地方的债务最高限额在下一财政年度联邦主体预算法和地方预算法规中予以明确，同时注明了联邦主体和地方政府提供担保的限额。联邦主体和地方政府的债务限额不能超过其不含其他级次财政援助的预算收入额。

2017 年预算法案批准内债债务额度为 92 764 亿卢布、外债债务额度为 536 亿美元。从表 5－12 中可以看到，俄罗斯内债规模自 2013 年以来逐年加大，内债的 GDP 占比也逐年提高。2017 年俄罗斯内债规模为 9.9 万亿卢布，GDP 占比为 10.8%，略高于年初预算确定的 9.27 万亿卢布内债额度，较 2016 年减少了 7 000 多亿卢布。其

表 5－11　俄罗斯政府债务水平（2013～2017）（期末名义价值）单位：亿卢布

项目＼年份	2013	2014	2015	2016	2017
政府内债（亿卢布）	77 486	96 439	99 683	107 210	99 869
其中：联邦政府	57 222	72 412	73 076	80 035	73 035
联邦主体	17 375	20 895	23 186	23 532	23 154
地方政府	2 889	3 132	3 421	3 643	3 680
内债占 GDP 比重	10.9%	12.2%	12.0%	12.5%	10.8%
政府外债（亿美元）	557.9	543.6	500	512.1	518.9

数据来源：俄联邦财政部网站。http：//minfin.ru/ru/perfomance/public_debt/internal/structure/。

中，联邦政府债务较年初相比减少了 7 000 亿卢布，降幅达 8.7%，债务余额为 7.3 万亿卢布；联邦主体政府债务与年初相比减少了 378 亿卢布，降幅达 1.6%，债务额度约为 2.32 万亿卢布；地方政府债务规模变化不大，略增 37 亿卢布。俄罗斯外债规模一直保持在 500 亿美元左右，2017 年外债额为 518.9 亿美元，约占当年 GDP 的 3.3%。内外债总额占 GDP 的比重为 14%，较上年下降了 2 个百分点。与世界大多数国家相比俄罗斯的政府债务水平并不高，短期内偿债压力不大，这是俄联邦财政部和中央银行从之前金融危机中吸取教训而采取的审慎财政货币政策的结果。2017 年，用于俄罗斯政府债务费用的综合预算支出共计 1 339 亿卢布，比 2016 年下降了 12.9%。应当指出的是，2016 年与 2015 相比这些支出增长 3.2%，2015 年较 2014 年增长 22.4%。这是俄罗斯政府在 2017 年 6 月预算法案修正案中决定使用储备基金弥补赤字、偿还债务这一决策效果的直接体现。

六、政府间转移支付

俄罗斯联邦中央政府与地方政府支出责任的划分决定了各级政府应承担的财政责任和应享有的财政权益。俄罗斯政府间事权和财政支出划分为联邦预算支出，联邦与联邦主体、市政机构预算共同拨款支出，联邦主体预算支出以及地方预算支出等四个层次。《俄罗斯联邦预算法典》和《俄罗斯联邦税法典》是联邦政府与地方预算关系的基础性法律，对各级政府的收入范围和税收权限进行了明确划分，将全部税种划分为联邦税、地区税和地方税，以保障各级政府支出责任的实现。

俄罗斯联邦预算收入包括联邦税收、非税收入以及无偿转移支付收入三部分。

纳入联邦预算的税收收入包括企业利润税、增值税、消费税、矿物开采税、资源利用税、水税等，其中的企业利润税、消费税、矿物开采税等税种属于联邦与地方的共享税，是预算的主要收入来源。联邦预算非税收入包括国家财产经营所得以及由预算拨款的俄联邦国家政府机关提供的有偿服务所得、除关税外其他对外经济活动所得、俄联邦国有企业税后上缴的部分利润、俄罗斯银行上缴的利润和其他海关收费、颁发酒精烟草销售及流通许可证收费所得、对环境产生消极影响的收费所得、水资源利用收费所得等。此外，联邦收入还包括由联邦道路基金、生态基金、海关制度发展基金等形成的联邦预算专项基金收入。

俄罗斯联邦主体预算收入同样由税收收入和非税收入组成。纳入俄联邦主体预算收入的地区税收有：企业财产税、博彩税和交通税；纳入俄联邦主体预算收入的联邦税收（即联邦和地区共享税）有：企业利润税、消费税、矿物开采税、水税和资源利用税。个人所得税由联邦主体和地方政府共享。属于联邦主体的非税收入有：（1）俄联邦主体所有的财产经营所得，由俄联邦主体政府管理的预算单位提供的有偿服务所得；（2）对环境产生消极影响收费所得；（3）森林资源利用收费；（4）联邦主体政府颁发酒精、烟草销售、流通许可证收费所得。

地方自治机关预算收入是俄罗斯地方政府的财政基础，主要由自有收入和来自联邦和地区的税收收入分成构成。自有收入包括：（1）税费收入，主要有土地税、个人财产税、地方许可证收费；（2）地方所有财产经营所得、地方预算机构提供有偿服务所得；（3）义务医疗保险、预算外和专项基金收入。地方预算收入中还有地方政府履行部分国家职能得到的财政拨款、由地方政府执行联邦法律和联邦主体法律的财政拨款、因国家决定增加了地方预算支出或减少了地方预算收入产生的额外支出补贴，以及按联邦法律、联邦主体法律和地方自治法规纳入地方预算的其他税收收入和非税收入①。

俄罗斯主要通过政府间转移支付实现国家对地区的经济调节，用以解决地区间发展存在差异的问题。《俄罗斯联邦预算法典》规定了政府间转移支付的方式与支付方法，将转移支付上升到国家法律加以规范。《预算法典》第 132 条规定，俄罗斯各联邦主体预算在与联邦预算相互关系中享有平等地位，各联邦主体提供公共服务的财政耗费标准以及最低预算保障标准是联邦预算为联邦主体提供财政援助的基础。联邦预算提供给联邦主体的转移支付要在考虑各联邦主体社会经济、地理、气候等特点的基础上运用统一的方法确定。《预算法典》第 133 条规定了联邦预算对

---

① 参考童伟《俄罗斯政府预算制度》，经济科学出版社，2013－11，P80－88。

联邦主体预算财政援助的四种形式："提供补贴用以拉平联邦主体的最低预算保障水平；提供津贴和补助金用于某些专项支出的拨款；提供预算贷款；提供预算借款来弥补联邦主体预算执行中出现的临时性现金缺口。"表5－12列出了俄罗斯转移支付的主要类型。

表5－12　　俄罗斯转移支付主要类型

类　型	定　义	调节方式
一般补助	无偿地、不需返还提供给其他级次预算，没有指定方向和限制条件，弥补经常性预算支出不足，拉平联邦主体间预算保障水平	联邦对联邦主体财政支持基金
特殊补贴	在联邦主体国家机关工作完成联邦或共同支出责任时，联邦预算对联邦主体预算的配套拨款	联邦社会支出共同拨款基金
专项补助	无偿地、不需返还提供给其他级次预算或法人，用于保障按法律规定转移给联邦主体和地方预算的联邦支出责任的完成	联邦补偿基金

每年制定的联邦预算法在俄罗斯联邦政府与地方的预算关系上起着重要的调节作用，俄罗斯每年的联邦预算均以联邦法律的形式确立。预算法制化可从根本上避免行政权力（政府）随意扩大税收或者随意加大支出。在俄罗斯每年一次的联邦预算法里不仅规定了对地方预算的转移支付规模，还规定了联邦政府与地方的税收分配比例。从表5－13中可以看到，俄罗斯联邦政府对地方政府的转移支付规模不大，2012～2016年期间，转移支付占联邦政府支出的比例维持在4%～5%之间，占地方政府收入的比重则在7%～9%之间。在转移支付之外，俄罗斯联邦政府还通过为地方政府提供贷款或借款的方式弥补地方政府财力缺口，这是俄罗斯联邦制政体的具体体现。俄罗斯联邦政府向地方政府转移支付比例较低，也导致了联邦财政对地方政府的宏观调控力度十分有限，加剧地方政府财政负担的同时，也使地方政府缺乏发展地方经济的积极性。

表5－13　　俄罗斯政府间转移支付（2013～2017）　　单位：亿卢布

项目＼年份	2013	2014	2015	2016	2017
联邦政府对地方政府转移支付	14 879	16 070	16 037	15 678	16 901
一般补助	6 091	7 747	6 510	6 562	7 590
特殊补贴	5 156	4 099	4 002	3 565	4 198

续表

项目 \ 年份	2013	2014	2015	2016	2017
专项补助	2 737	3 082	3 366	3 343	3 261
其他转移支付	895	1 142	2 160	2 208	1 852
联邦政府支出	133 429	148 316	156 203	164 164	164 203
转移支付占比（%）	11.15	10.83	10.27	9.55	10.29
地方政府收入	81 651	89 057	93 082	99 238	107 600
转移支付占比（%）	18.22	18.04	17.23	15.80	15.7

数据来源：俄联邦财政部网站。https：//www.minfin.ru/ru/perfomance/regions/mb/。

截至2018年1月1日，联邦预算对地方政府预算的预算间转移支付额为1.69万亿卢布。其中，一般补助7 590亿卢布，特殊补贴4 198亿卢布，专项补助金3 261亿卢布，其他转移支付1 851亿卢布。2017年俄罗斯预算间转移支付支出进度的不均衡性比较明显：特殊补贴总额的42%在2017年四季度完成，其中12月份的转移支付额达到总额的23.9%；接受俄罗斯联邦政府特殊补贴转移支付的26个联邦主体中，有17个联邦主体执行率低于95%，其中8个联邦主体的执行率低于70%。

联邦主体政府使用转移支付支出的主要领域为，教育领域占整体支出的24.9%，社会政策占整体支出的20.4%，国民经济占整体支出的21.2%，住房和公共服务占整体支出的10.4%，医疗保健占整体支出的7.8%。俄罗斯联邦主体汇总预算支出完成计划支出的94.5%，其中，国民经济完成计划的92.4%，住房和社区服务完成计划的90.4%，教育完成计划的97.4%，医疗保健完成计划的95%，社会政策完成计划的97.5%。

七、储备基金和国民财富基金

俄联邦于2004年1月1日建立稳定基金并作为联邦预算资金的组成部分，将国际石油价格走高时的“石油美元”储备起来，以备政府在国际油价下跌时使用，确保政府预算保持稳定[①]。稳定基金由超额税收收入和财政年年初联邦预算资金的剩余以及稳定基金运营收益构成。为了更加有效地发挥稳定基金作用，稳定基金在

① 参考郭晓琼《俄罗斯联邦稳定基金的发展》，《俄罗斯中亚东欧市场》2008年第1期。

2008 年 2 月被分拆为储备基金和国民财富基金。储备基金用于补贴财政开支不足和偿还国家外债，国民财富基金则主要用于补贴养老金。

表 5－14　　俄罗斯预算稳定基金情况　　单位：亿卢布

时　间	稳定基金	储备基金	国民财富基金
2004 年 1 月 1 日	5 223		
2005 年 1 月 1 日	13 878		
2006 年 1 月 1 日	16 856		
2007 年 1 月 1 日	17 441		
2008 年 2 月 1 日	38 411	30 578	7 833
2009 年 1 月 1 日	66 121	40 276	25 845
2010 年 1 月 1 日	45 995	18 305	27 690
2011 年 1 月 1 日	34 707	7 752	26 955
2012 年 1 月 1 日	36 059	8 115	27 994
2013 年 1 月 1 日	45 763	18 857	26 906
2014 年 1 月 1 日	57 603	28 597	29 006
2015 年 1 月 1 日	93 335	49 455	43 880
2016 年 1 月 1 日	88 677. 8	36 406	52 271. 8
2017 年 1 月 1 日	53 312. 6	9 721	43 591. 6
2018 年 1 月 1 日	47 533	10 004	37 529

数据来源：俄罗斯联邦财政部网站。https：//www. minfin. ru/ru/perfomance/nationalwealth-fund/statistics/。

截至 2018 年 1 月 1 日，储备基金账户余额 10 004 亿卢布全部转列为联邦预算单一账户，用于弥补预算赤字，账户余额清零。根据 2017 年 6 月 29 日通过的联邦预算法案修正案中关于联邦预算使用石油天然气收入的相关条款，自 2018 年 2 月 1 日起，储备基金账户予以注销。2017 年储备基金运营收入 7 亿卢布计入联邦预算。

至 2018 年 1 月 1 日，国民财富基金余额为 3. 8 万亿卢布（约为 652 亿美元），比年初减少 13. 9%。2017 年财富基金资金为确保俄罗斯养恤基金预算平衡支出 6 167 亿卢布，作为共同出资方出资 55 亿卢布用于建立养老金储蓄。按照俄罗斯联邦政府 2008 年 1 月 19 日发布的《国民财富基金管理程序》法令，2017 年俄罗斯财政部继续将基金资金以存款方式放在对外经济发展银行（Внешэкономбанк），以便为经济部门组织实施的项目提供资金。2017 年国民财富基金运营收入达 508 亿卢布，计入联邦预算收入。

八、施政方针与财政改革

若将 2016 年下半年作为俄罗斯经济触底反弹的转折点，那么 2017 年就是俄罗斯经济重拾升势、走向复苏的关键一年。“好于预期”贯穿于俄罗斯经济全年走势，国际油价上涨、卢布汇率走强等外部环境大大好于预期，失业率、通货膨胀率下降明显，这些为经济稳定奠定基础的内因同样大大好于预期，进而预算收入、国民生产总值增速好于预期也就水到渠成了。“好于预期”一方面表现出俄罗斯政府在前三年因过高预期石油价格而导致预算执行陷入被动之后、以低油价为前提测算财政收支的审慎财政政策导向，同时也反映出俄罗斯经济发展所面临的不确定性空间仍然很大。2016 年以来，政府通过重构国家管理体系及优化经济结构，其经济发展韧性得到了很大增强，应对外部冲击的能力得到了提高，实现了低油价下的稳定增长。2017 年在内外环境都好于预期条件下得以实施的俄罗斯财政预算政策，更加致力于增加宏观经济的稳定性和可预测性，为确保整体经济可持续增长提供必要条件。

（一）优化完善预算规则，提升宏观经济条件的可预测性

为降低能源市场对宏观经济参数（汇率、通货膨胀率及利率）和国家财政的影响，对主要预算指标进行定量限制并确保联邦预算平衡，进一步减少联邦预算对石油价格（中短期波动、长周期循环）的依赖性，有助于形成可预测的宏观经济条件和提高俄罗斯央行通货膨胀政策的针对性，2017 年 7 月 29 日通过的预算法案修正案对预算规则进行了修改，界定了下一财政年度和计划期间联邦预算的支出限额，不能超过以石油基本价格、天然气出口价格及预测汇率、预计非石油收入以及政府债务费用等为基础进行计算的石油和天然气收入额。根据该法案，2017 年石油基本价格定为每桶 40 美元，从 2018 年起每年指数化 2%，具体操作为，当石油价格超过基准价时，俄罗斯央行在货币市场购买与石油和天然气超收收入相当数量的外币。自 2017 年 2 月以来，购买外币交易总额为 8 291 亿卢布。俄罗斯联邦政府的平衡预算政策连同央行的连续一贯和可预测的货币政策加强了市场经济主体对俄罗斯经济发展的信心。新预算规则的成效主要体现在：

——通过创造可预测和可持续的宏观经济环境增加潜在 GDP 增长率；

——降低联邦预算对油价的依赖性。2017 年非油气赤字占 GDP 比中为 7.9%，是 2008 年以来的最低；

——汇率波动对油价动态的敏感性显著下降：2017年石油价格波动上升（每桶从43美元到64美元，涨幅为50%），而卢布对美元的汇率波动则保持在相对较窄范围（从56卢布到61卢布，涨幅为9%）；

——降低通货膨胀与利率对汇率波动的易感性（2017年消费者通货膨胀系数已降至历史最低的2.5%）；

——对俄罗斯资产投资的风险评估明显降低（降低风险溢价）；

——减少对债务融资和使用储备基金的依赖。

（二）修正联邦税法，强化监控管理措施，提高预算收入效率

俄罗斯联邦政府在2017年制定并通过了俄罗斯联邦税法的必要修正，主要是以下方面：

——实行投资税收扣除。截至2027年12月31日的期间内，纳税人有权将用于固定资产购置（创建）或升级改造的投资从所得税应纳税额中予以扣除；

——为农业组织和个体企业家提供作为单一农业纳税者（ESHN）的选择，同时将其作为增值税纳税人，而不是纳入到一般课税制度体系；

——将关于降低乘客及行李国内空运服务增值税10%的优惠期限延长到2020年12月31日；

——明确动物生皮、黑色金属和有色金属及其产品的废料，包括二级废铝及其合金交易中由买方支付增值税，以防止从预算中非法退还增值税；

——提高汽车汽油和柴油的消费税率。每公升汽油和柴油的消费税自2018年1月1日起增加0.5卢布，自2018年7月1日起再增加0.5卢布。2019年、2020年上述燃料每公升消费税率在既定税率基础上分别再增加1卢布，同时对发动机功率超过200马力的汽车，根据发动机功率制定差异化的消费税税率；

——授权俄罗斯联邦主体2018年以1.1%的税率对动产征税（联邦基本税率为2.2%）；

——实施利息税的新措施。对2017年1月1日起发行的、以卢布计价的俄罗斯企业流通债券的利息（息票收入）收入征税；

——建立免税机制。对非欧亚经济联盟国家的外国公民，对其购买商品时所缴纳的增值税进行返还（包括通过单独机构进行购买）；

——规定从俄罗斯联邦境内出口的货物在海关办理转口手续时的增值税率为零。

作为俄罗斯联邦2017年联邦预算和预算制度执行工作的一部分，俄罗斯联邦政

府对税收、关税支付和保险费方面的现有优惠政策进行了清查和评价。

同时，为改进预算收入管理和提高应收收入工作效率，2017 年俄罗斯联邦政府制定批准了预算执行监测行动计划（路线图），旨在对自愿上缴付款采取激励措施、提高债款回收的效率、简化呆坏账认定及注销、改善和调整税收条件。路线图的实施明显降低了收入应收款的增长。应当指出，路线图于 2017 年获得批准，其中很大一部分措施是在 2018 年 1 月 1 日生效的，因此其对预算收入应收款的影响将在后期得以更加明显的体现。

（三）支持优先项目发展，保障改善民生

优先项目作为俄罗斯联邦政府发展规划的重要组成部分，经联邦项目办公室（俄罗斯联邦总统战略发展和优先项目主席团）批准后，由联邦政府安排预算予以支持，并在预算中使用单独的预算代码分类。2017 年俄罗斯联邦政府继续推动发展优先项目，在“2017 年度联邦预算和 2018、2019 年期间计划”中安排 1 732 亿卢布为实施 20 个优先项目提供联邦预算资金支持，修正后的预算法案确定预算拨款共计 1 873 亿卢布，实际完成投资计划的 93.4%，共计 1 750 亿卢布。优先项目主要涉及住房、教育、职业培训、创新创业、交通、城市建设、环境保护、经贸、农产品出口、医疗医药卫生、小微企业支持、监督体制改革等领域。

（四）将平衡区域预算和保持可持续发展作为联邦预算政策的关键指向

截至 2018 年 1 月 1 日，俄罗斯联邦主体政府债务规模为 23 154 亿卢布，同期下降了 1.6%。为确保联邦主体政府债务水平维持在可接受的水平，俄罗斯联邦政府创造条件，促进联邦主体实施负责任的债务政策。

2017 年，联邦政府从联邦预算中拨款对联邦主体进行补助，为平衡联邦主体间的预算保障水平发挥了积极作用。俄罗斯联邦中预算保障水平最高的 10 个联邦主体和预算保障水平最低的 10 个联邦主体之间的预算保障水平差距进一步缩小，从 2016 年的相差 5.7 倍缩减到 2017 年的相差 2.6 倍。

俄罗斯联邦政府将 2015 ~ 2017 年度提供给联邦主体的、还款期为 2018 ~ 2019 年的预算贷款还款期延长至 7 年，确定新的还款期为 2021 ~ 2022 年。这项措施将确保俄罗斯联邦主体能够统一偿还预算信贷、减少预算贷款还款规模，同时能够腾出资金为优先支出责任提供财力保障。

（五）完善政府采购程序，改善营商环境

2017年俄罗斯联邦政府对一系列采购相关法案进行修订，以优化政府采购程序、完善政府采购机制，改善营商环境。在对2013年4月5日批准施行的《基于政府需求的货物、工程和服务采购合同制度》进行的修订中，将供应商（或承包商）确定的全过程以电子形式进行公示；在对2011年7月18日施行的《特定类型法人货物、工程和服务采购法》修订中，明确建立一个详尽无遗的采购方式清单，以提高政府采购的透明度、采购效率和中小型企业获得采购的机会；2017年11月20日，通过"统一采购信息系统"公示政府对商品、工程和服务的需求目录，以此形成统一的商品、工程和服务名录，参考价格得以形成，采购监督得到改进，进一步提高了政府采购的透明度，降低了腐败风险。

（六）强化公民预算意识，提升预算编制质量

2017年8月21日至9月20日，俄罗斯财政部网站开展调查了解民众对经济发展的优先关注点，俄罗斯联邦政府随后在2018年及2019和2020年计划期间联邦预算法草案出台前，以简版方式发布"公民预算"，同时以扩展格式提供社会领域支出信息，积极回应了民众关切，提高俄罗斯公民对预算政策的认识与了解。

2017年的结果显示，俄罗斯联邦采取的公民参与主动式预算编制实践获得了积极的成果。在报告所述年度内，实施公民参与预算决策的政策的区域数目从2016年的16个增加到了2017年的47个。俄罗斯联邦政府在2017年制定了公民参与主动式预算编制发展规划，以促进形成有利于俄罗斯联邦主体和市镇政府实施公民参与预算决策政策的条件，让更多的地方政府采取这种方式提高预算编制质量、提升预算执行效率。

主要参考文献

[1] 童伟，《俄罗斯政府预算制度》，经济科学出版社，2013年11月。

[2] 崔鹏，张硕，《中俄转移支付制度差异比较》，《时代金融》，2012年第6期。

[3] 欧阳向英，《俄罗斯经济社会形势分析》，《俄罗斯学刊》，2017年第2期。

[4] 郭晓琼，《俄罗斯联邦稳定基金的发展》，《俄罗斯中亚东欧市场》，2008年第1期。

[5] 李福川，《俄罗斯联邦中央与地方的经济关系》，《欧亚经济》，2016年第6期。

[6] 程伟，《俄罗斯2017年宏观经济形势分析》，《俄罗斯学刊》，2018年第1期。

[7] Основные направления бюджетной политики на 2017 год и на плановый период 2018 и

2019 годов.

[8] ФЕДЕРАЛЬНЫЙ ЗАКОН О федеральном бюджете на 2017 год и на плановый период 2018 и 2019 годов.

[9] Мониторинг инвестиционной активности в регионах России, 2018.

[10] Федеральная служба государственной статистики, Россия в цифрах 2018.

[11] Банк России, 《Платежный баланс, международная инвестиционная позиция и внешний долг Российской Федерации в 2017 году》, 2018.

[12] Минэкономразвития России, ОБ ИТОГАХ СОЦИАЛЬНО - ЭКОНОМИЧЕСКОГО РАЗВИТИЯ РОССИЙСКОЙ ФЕДЕРАЦИИ В 2017 ГОДУ, 2018.

[13] Федеральная служба государственной статистики, Статистическое обозрение, 2018.

[14] Министерство финансов Российской Федерации, исполнение федерального бюджета и бюджетов бюджетной системы Российской Федерации за 2017 год, 2018.

第三篇 北美洲

加拿大

美国

第六章 美国

美国位于北美洲中部，领土还包括北美洲西北部的阿拉斯加和太平洋中部的夏威夷群岛。北与加拿大接壤，南靠墨西哥湾，西临太平洋，东濒大西洋。全国共分50个州和1个特区（哥伦比亚特区），有3 144个县。美国有高度发达的现代市场经济，其国内生产总值居世界首位。2016年相继发生英国脱欧、美国大选等黑天鹅事件，全球不确定性事件越来越多。2016年11月，唐纳德·特朗普在美国总统大选中意外胜出，其主张的减税、基础设施投资等新政对世界金融市场产生了巨大影响，引发了大规模的全球资产“大轮动”（Great Rotation）[①]，出现“特朗普行情”，美国股价一度迅速上涨。2017年底，美国税改已经落地并与2018年开始实施。随着美国经济步入复苏轨道，逐步进入加息周期，对世界其他经济体，尤其是新兴经济体产生了冲击。目前，全球又笼罩在特朗普政府挑起的贸易战风云中，今后也将是各种不确定性高度积累。本章主要分析美国近两年经济、财政运行状况，以及最新施政方针和改革措施。

一、经济概况

美国经济逐渐呈现出坚实的复苏迹象并保持增长势头，金融政策逐步紧缩。

① “大轮动”（Great Rotation）：指的是一种资产投资动向，即被认为是安全资产的债券遭到抛售，投资资金转而流向风险较高的股票市场。

由于持续性的财政刺激，2018 年、2019 年，美国经济维持增长基调的可能性较大。美国 2017 年实际 GDP 增速为 2.3%，预计 2018 年和 2019 年分别为 2.9% 和 2.8%（见表 6－1），经济增长正在加快至约 3% 的水平。就业增长依然强劲，加上资产价格上涨和消费者信心强劲，收入和消费维持增长。由于税改和积极的财政政策，预计商业投资将会增强。尽管贸易态势紧张，但世界经济的复苏会支撑其出口增长。

美国的财政政策将大幅放松。在确定支出拨款时，可能会优先考虑提高经济生产能力，例如支持基础设施投资。财政政策与结构性政策相结合，用以帮助那些处于就业边缘的劳动力。随着宏观经济政策的再平衡，需要逐步撤出货币宽松政策，以确保通胀回归目标。非金融企业部门的风险已经出现。财政刺激将有助于投资和劳动力市场的紧缩。这会支持收入增长和消费，抵消一些将人口增长缓慢带来的压力。财政刺激将导致大规模的预算赤字和不断上升的债务水平。在外部需求普遍改善的背景下，预计出口增长将会增强，但这会被投资品进口增加所抵消。但积极的财政政策引发的国民储蓄下降将导致经常账户赤字上升。

表 6－1　　美国主要经济指标

	2014 年	2015 年	2016 年	2017 年	2018 年	2019 年
	当期价格（十亿美元）	百分比变化，数量（2009 年价格）				
按市场价格计算的国内生产总值	17 427.6	2.9	1.5	2.3	2.9	2.8
个人消费	11 863.7	3.6	2.7	2.8	2.5	2.2
政府消费	2 562.7	1.3	1	0.1	2.2	4.3
固定资本形成总额	3 432.8	3.5	0.6	3.4	4.9	4.7
最终国内需求	17 859.1	3.3	2.1	2.5	2.9	3
国内需求总量	17 937.1	3.5	1.7	2.4	3	3
出口商品和服务	2 373.6	0.4	－0.3	3.4	4.8	4.4
进口货物和服务	2 883.2	5	1.3	4	5.3	5.3
净出口	－509.5	－0.8	－0.2	－0.2	－0.2	－0.3
备忘录项目						
GDP 平减指数	—	1.1	1.3	1.8	2	2.2
个人消费支出平减指数	—	0.3	1.2	1.7	2.2	2.2

续表

	2014 年	2015 年	2016 年	2017 年	2018 年	2019 年
	当期价格（十亿美元）	百分比变化，数量（2009 年价格）				
核心个人消费支出平减指数	—	1.3	1.8	1.5	2	2.2
失业率（劳动力百分比）	—	5.3	4.9	4.3	3.9	3.6
家庭储蓄率，净值（可支配收入百分比）	—	6.1	4.9	3.4	3.7	4.7
一般政府财政平衡（占 GDP 百分比）	—	-4.3	-5	-3.6	-5.5	-6.1
一般政府债务（占 GDP 百分比）	—	105.1	107	105.4	107.1	109.3
经常账户余额（占 GDP 百分比）	—	-2.4	-2.4	-2.4	-2.8	-3.1

资料来源：白宫网站，美国 2019 财年联邦预算。Developments In Individual OECD And Selected Non - Member Economies。

美国的货币正常化政策产生了外溢效应，给新兴市场带来资本外流与货币贬值风险。随着 2016 年下半年以来美国经济顺利复苏，美联储开始转换政策方向，转向加息周期，逐渐减少提供给市场的资金量。目前，在特朗普减税、增支、贸易保护等政策的刺激下，不排除美国经济产生过热风险，通胀上升预期增强，一旦通胀水平上升速度快于预期，将会促使美联储加快节奏实施力度更大的紧缩性的货币政策。紧缩性的货币政策引起美国利率上升，将对其他经济体尤其是拉美等新兴市场产生负面冲击。美国利率上升会对拉美国家带来资本外流风险，国际资本流向美国，美元短期内升值，全球美元流动性收紧，又给拉美国家带来货币贬值压力。

二、政府支出

美国 2017 财年联邦预算涵盖从 2016 年 10 月 1 日到 2017 年 9 月 30 日之间美国政府收入与支出。该预算生效于奥巴马总统任期内，特朗普任职后对其进行了修订。国会颁布了拨款法案以指导政府支出，行政管理预算局负责通报政府支出。据统计，美国联邦政府 2017 财年财政收入为 3.316 万亿美元，财政支出为 3.982 万亿美元，预算赤字为 6 660 亿美元。

从支出规模看，特朗普总统上台后，财政支出有所增加。2016、2017 财年财政支出分别为 3.85 万亿美元、3.98 万亿美元，占 GDP 的比重分别为 20.9%、20.8%，预计 2018 财年支出将突破 4 万亿美元，2019 财年将进一步达到 4.41 万亿美元，届时占 GDP 的比重将达到 21.0%。（见表 6－2）

表 6－2　　近年美国联邦政府支出规模及占 GDP 的比重 单位：百万美元，%

财年（Year）	2013	2014	2015	2016	2017	2018	2019
支出	3 454 648	3 506 091	3 688 383	3 852 612	3 981 554	4 172 992	4 406 696
占 GDP 比重	20.9	20.3	20.5	20.9	20.8	20.8	21.0

注：2018 年、2019 年为估计数。

资料来源：白宫网站，美国 2019 财年联邦预算。

美国联邦政府的财政支出分为三个部分：任意支出、强制支出以及债务利息。

（一）任意支出（Discretionary）

2017 财年，国会拨款给各部门的任意支出为 1.1 万亿美元，该数额是美国政府自动消减支出计划所要求的上限。2011 年 8 月美国国会通过联邦政府自动削减支出机制，自 2013 年起到 2022 年的 10 年内政府自动削减 1.2 万亿美元的国防和内政支出，内政和国防开支各占一半。2013 年 3 月 1 日生效，全年删减支出总额为 850 亿美元，受减支影响的政府部门包括国防、劳工、住宅、教育、卫生、医药等。2018 年 2 月 9 日，美国国会参众两院先后通过了为期两年的预算协议和临时支出法案。特朗普已签字，突破支出上限，允许为军队和多个国内项目在两年期内增加 3 000 亿美元的支出。特朗普行政机构支出为 1.08 万亿美元，支出从侧重教育、能源和住房到国防、卫生、公共事业等。

国会拨款 1 332 亿美元作为应急基金，该基金不受自动削减开支计划制约。这笔款项大多拨付给海外应急行动基金，用于中东地区的军事活动。此外，在“哈维飓风”和“厄玛飓风”事件中，该基金分别拨付了 150 亿美元和 195 亿美元。

对比 2017 年 5 月 1 日国会通过的预算以及实际支出可以发现，特朗普修正后的 2017 财年预算与前任总统奥巴马的预算大为不同。

奥巴马总统在 2016 年 2 月 9 日向国会递交 2017 财年预算申请，意味着预算程序开始。国会以总统的预算申请为依据来划拨款项，这也就是每年的“任意支出法案”（discretionary spending bill）。依照该程序，国会还需将此法案在 2016 年 9 月 30

表 6 – 3　奥巴马预算与特朗普修正后的 2017 财年预算比较　单位：亿美元

部门	奥巴马预算	特朗普预算	国会通过数额	实际支出
国防部	523.9	546.6	516.1	523.2
教育部	69.4	63.6	68.0	66.9
能源部	—	—	—	—
国家核能安全管理局	12.9	12.5	12.9	12.8
卫生部	77.9	72.4	73.5	87.1
国土安全部	40.6	44.1	42.4	42.4
住房和城市发展部	38.0	33.6	38.8	34.0
美国宇航局 A	18.3	19.2	19.7	19.7
国务院	37.8	35.4	36.6	38.7
退伍军人事务部	75.1	74.5	75.1	74.4
其他部门	135.9	131.9	128.9	169.3
小记	1 065.2	1 080.5	1 070.0	1 085.9
应急基金	84.2	101.8	101.8	133.2
任意支出总计	1 149.4	1 182.3	1 171.8	1 219.1

资料来源：FY 2017 Federal Budget Compared to Trump's Spending – Compare Trump's 2017 Spending to Budgets，https：//www. thebalance. com/how – trump – amended – obama – budget – 4128986。

日之前递交总统签字。但 2016 年是选举年，因此国会通过了“继续决议案”，按照当时既定水平对联邦政府继续拨付款项，否则，政府将面临 2013 年被迫关门的窘境。

以特朗普为代表的共和党领导的国会比民主党的奥巴马时期支出更多。2017 年 3 月 16 日，特朗普总统递交预算修正请求，要求国会对依照“继续决议案”执行的拨款数额进行更正。2017 年 4 月 30 日，国会领导人同意了该预算。2017 年 5 月 1 日，参议院与众议院通过支出法案，提供 1.1 万亿美元的任意支出。国会增加了 1 018 亿美元的应急基金。

（二）强制性支出（Mandatory）

政府在强制性福利方面支出 2.519 万亿美元。该部分预算是估算，不是直接拨款。作为预算正常程序的一部分，国会无权对此更改。国会通过了一系列的法律来制定相应的项目并要求国会完成这些福利项目的支付。强制性福利的最新估算值来自于美国联邦 2019 财年预算。

社会保障——9 390 亿美元。工资税用来支付该项所有的（100%）的支出。

医疗保险——5 910 亿美元。工资税以及保险费支付该项 57% 的支出。

所有其他项目——6 140 亿美元。这包括食品救济券和补充社会保障收入。所有项目除了失业补偿金由工资税给予部分支付之外，其他的均由普通基金支付。

平价医疗法案以及不良资产处置计划均为自筹资金。

（三）债务利息

国债所产生的利息原则上并不属于强制性预算的一部分，但它同样必须支付。2017 财年，债务利息支出金额为 2 630 亿美元。鉴于利率正在逐步提高，未来几年这一支出将继续增长。

三、政府收入

从收入规模看，近五年来，美国联邦政府收入持续增加。2017 财年，美国联邦政府财政收入 3.32 万亿美元，创近五年新高。而从收入占 GDP 的比重来看，2017 财年联邦收入占 GDP 的比重为 17.3%，较上一财年（17.7%）略有下降。据估计，2018、2019 财年联邦政府收入虽然将进一步增加，但收入占 GDP 的比重则会出现连续下滑。

表 6－4　近年美国联邦财政收入规模及占 GDP 的比重 单位：百万美元，%

财年（Year）	2013	2014	2015	2016	2017	2018	2019
收入	2 775 106	3 021 491	3 249 887	3 267 961	3 316 182	3 340 360	3 422 301
占 GDP 比重	16.8	17.5	18.1	17.7	17.3	16.7	16.3

注：2018 年、2019 年为估计数。

资料来源：白宫网站，美国 2019 财年联邦预算。

从收入来源看，在 2017 财年 3.316 万亿美元的联邦政府收入中，个人所得税 1.587 万亿美元，工资税社会保险和退休收入（Social Insurance and Retirement）1.163 万亿美元，企业所得税 2 970 亿美元，其余的 2 690 亿美元来自于消费税、遗产税、美联储的利息收入以及其他杂项所得收入。从收入结构看，个人所得税所占比重最高，为 47.9%，社会保险和退休收入（Social Insurance and Retirement）其次，为 35%，消费税等其余收入仅占 17.1%。

表 6－5 美国联邦政府收入来源与结构

财年（Fiscal Year）	个人所得税	企业所得税（1）	社会保险和退休收入（Social Insurance and Retirement）Receipts（2）			货物（excise tax）税①（2）	其他（3）	收入合计		
			合计	（预算内）	（预算外）			合计	（预算内）	（预算外）
2013	1 316 405	273 506	947 820	274 546	673 274	84 007	153 368	2 775 106	2 101 832	673 274
占总收入%	47.4	9.9	34.2	9.9	24.3	3.0	5.5	100.0	75.7	24.3
2014	1 394 568	320 731	1 023 458	287 893	735 565	93 368	189 366	3 021 491	2 285 926	735 565
占总收入%	46.2	10.6	33.9	9.5	24.3	3.1	6.3	100.0	75.7	24.3
2015	1 540 802	343 797	1 065 257	294 885	770 372	98 279	201 752	3 249 887	2 479 515	770 372
占总收入%	1 540 802	343 797	1 065 257	294 885	770 372	98 279	201 752	3 249 887	2 479 515	770 372
2016	1 546 075	299 571	1 115 065	304 885	810 180	95 026	212 224	3 267 961	2 457 781	810 180
占总收入%	47.3	9.2	34.1	9.3	24.8	2.9	6.5	100.0	75.2	24.8
2017	1 587 120	297 048	1 161 897	311 279	850 618	83 823	186 294	3 316 182	2 465 564	850 618
占总收入%	47.9	9.0	35.0	9.4	25.7	2.5	5.6	100.0	74.3	25.7
2018	1 660 063	217 648	1 169 701	317 422	852 279	108 182	184 766	3 340 360	2 488 081	852 279
占总收入%	49.7	6.5	35.0	9.5	25.5	3.2	5.5	100.0	74.5	25.5
2019	1 687 746	225 344	1 237 628	332 446	905 182	108 395	163 188	3 422 301	2 517 119	905 182
占总收入%	49.3	6.6	36.2	9.7	26.4	3.2	4.8	100.0	73.6	26.4

注：2018 年、2019 年为估计数。

资料来源：白宫网站，美国 2019 财年联邦预算。

① 美国 excise tax 是针对特定货品及业务征收的。

四、政府盈余/赤字

除了债务将不断膨胀外，美国预算赤字也将增长3倍以上，预计其占GDP比例将从2017年的2.9%上升到2047年的9.8%。此外，利率上升也是债务负担加重的主要原因之一。自2008年国际金融危机以来，美联储一直将利率水平保持在低位。但随着通胀上升及经济增速加快，利率将逐步走高，进而导致政府借贷成本上升，从而推高了赤字。

近年来美国财政赤字翻了一番。截至2016财年年底，美国财政赤字为5 870亿美元，其中医疗保险和社会保险支出增加是导致债务持续攀升的主要因素。2018年4月9日，美国国会预算办公室（CBO，下同）发布了《十年预算和经济前景：2019—2029》，对美国联邦赤字和债务进行了预测。报告显示，美国2017财年联邦赤字为6 660亿美元，比预算高出1 000亿美元，在历年联邦赤字中排名第五。按总统来说，特朗普成为紧跟奥巴马和布什的第三位高赤字总统。财政收入比预期减少1 000亿美元，虽然3.9万亿美元的支出比预算略低，但不足以减少赤字。CBO预测，美国联邦赤字规模将在未来几年大幅增加，2018财年（2017年10月~2018年9月）将增长20.9%，达到8 040亿美元，2019财年增至9 810亿美元，2020财年将超过1万亿美元，比预期提前两年进入万亿美元赤字时代。2018年7月18日，据白宫的年中预算报告推测，美国联邦政府财政赤字2017年为2.9%，2019年将超过1万亿美元，相当于美国GDP的5.1%，而到2047年将达到9.8%。

表6-6　　美国2017财年联邦赤字　　单位：亿美元

2017财年	预算		实际	
	小计	总计	小计	总计
收入		3 460		3 316
强制支出	2 573		2 519	
债务利息	276		263	
任意支出	1 172		1 219	
总支出		4 021		3 982
赤字		561		666

资料来源：2017年5月1日“国会颁布的预算”，除了司法部与退伍军人管理部依照的为2016财年国会颁布的预算。2017年5月1日，华盛顿邮报的文章《谈谈支出法案》。

2018 年 6 月 26 日，美国国会预算办公室（CBO）公布最新的长期预算展望报告，报告预计，未来三十年的支出增速将超过营收增速，从而导致巨大的预算赤字。在 CBO 的展望中，到了 2048 年，净利润支出、主要医保项目支出与社保支出占 GDP 的比例与 2018 年相比均呈现增长，但营收占比远远跟不上支出的脚步，预算赤字由此产生。

五、政府债务

CBO 最新的长期预算展望报告指出，政府债务正在按照历史高位运行，目前占 GDP 的 78%，处于二战后不久以来的最高水平。到 2028 年，债务规模与 GDP 之比将达到 100%。将在 2048 年达到 152%，创下历史新高（见图 6-1）。早在 2018 年 4 月份，国际基金货币组织（IMF）曾预计，到 2023 年，美国的债务占 GDP 比重将达到 116.9%，超过意大利。

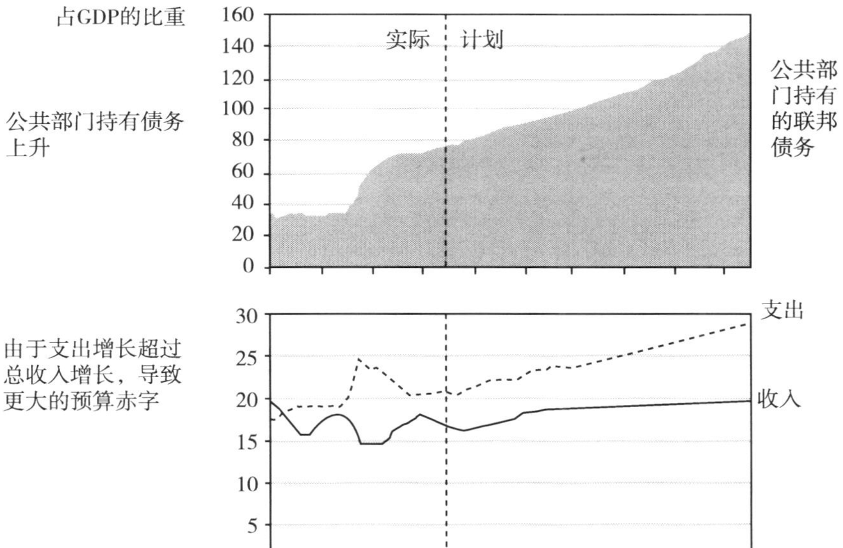

图 6-1 联邦债务、支出和收入

资料来源：CBO，美国长期预算展望，2018 年 6 月 26 日，https://www.cbo.gov/system/files? file=2018-06/53919-2018ltbo.pdf。

根据 CBO 的数据，到 2018 年年底，联邦债务占美国国内生产总值的比重将达到 78%，这是 1950 年以来的最高比例。到 2028 财年，美国债务规模占 GDP 的比重将接近 100%。2048 财年，这一比重将升至 152%。

报告显示，如果用以测算债务与GDP之比的四个关键因素（劳动力参与率、所有要素生产力增速、公众持有的联邦债务利率和医保与医疗补助支出的超额成本增速）均有所改变，到了2048年，美国债务占GDP的比例将达到灾难性的247%，创下历史新高。

同时，如果现行税法有所修改（特朗普曾暗示将在2026年阻止个人所得税大幅增加），美国公共债务将会面临更大幅度的增长（见图6－2）。

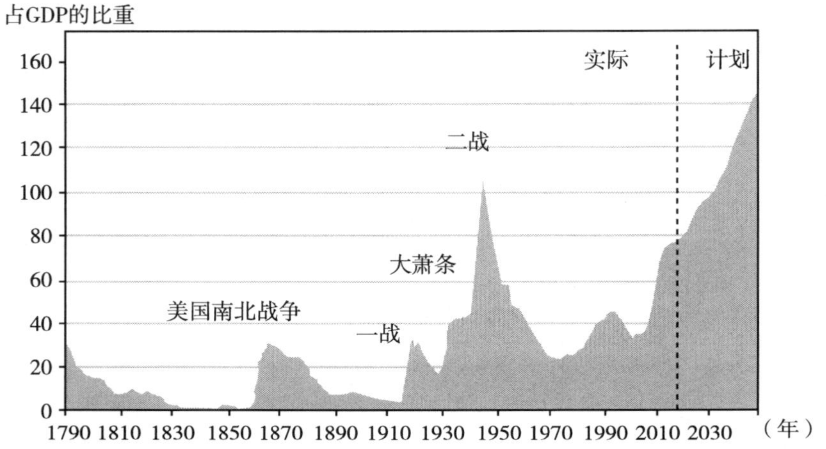

图6－2 美国联邦债务增长趋势

资料来源：CBO，美国长期预算展望，2018年6月26日，https：//www.cbo.gov/system/files?file＝2018－06/53919－2018ltbo.pdf。

美国联邦债务累积至今有多方面原因。早在2008年世界金融危机以前，美国经济就面临着贸易赤字和财政赤字的双重困扰。金融危机发生后，美国联邦政府又积聚了大量新增债务，债务规模像滚雪球一样越滚越大，至今尚未找到解决问题的有效办法。历史上联邦债务的增长除了源于应付战争支出和经济危机两大因素，更重要的原因在于，美国政党与政府治理体系存在深层次的制度缺陷。根据凯恩斯主义理论，在经济衰退时，政府应实行赤字预算；通货膨胀时，政府预算应有结余。但实际上，在美国，即使在经济繁荣年份，无论是民主党执政还是共和党执政，为了政绩都倾向于一边减税一边增支。这种制度缺陷是美国联邦债务问题的根源所在。

从表面上看，目前执政的共和党在经济政策上偏保守，但在里根和小布什政府时期，债务都达到了空前规模，更多时候是打着“小政府”的旗号作为反对民主党的武器。特朗普政府亦是如此，其执政一年多以来，美国联邦债务水平急速蹿升。

2017 年第三季度时，联邦债务尚为 19.5 万亿美元，而短短几个月之后，美国联邦债务总额已高达 21 万亿美元，创美国债务历史记录新高。原因是 2017 年底通过的《减税与就业法案》预计将使联邦政府收入减少 1.5 万亿美元，而另一方面，2018 和 2019 两个财年的联邦预算将增加高达 3 000 亿美元[①]的支出，特朗普成为继奥巴马和小布什之后美国排名第三的高赤字总统。另外，两党在债务上限问题上的分歧更是增加了国债市场的不确定性，暴露了美国政党与政府制度在经济治理方面存在的内在缺陷。

债务飙升会对美国造成负面影响。如果按目前状况发展下去，在未来的几十年内，美国政府债务和预算赤字不断上升，将有损美国经济，并对未来的预算政策产生限制。长期来看，预期债务数额将降低国民储蓄与收入水平；增加政府的利息成本，对其他领域的预算造成更多压力；同时，限制立法者应对突发事件的能力，并增加财政危机发生的可能性[②]。为使债务和赤字更接近历史平均水平，国会预算办公室建议政府削减开支，增加收入。有专家指出，报告凸显特朗普政府欲在不增加赤字情况下大幅提高支出将面临的巨大挑战[③]。

六、政府间转移支付

多年来，美国联邦政府间治理体系的特点是集中度和强制性日益增高，联邦政府使用联邦政府拨款、联邦法令和联邦政府优先权来扩大其在以前被视为是州和地方政府的责任的政策领域的影响力。2018 财年美国联邦政府预计将向州和地方政府提供约 7 280 亿美元的联邦拨款，为医疗、交通、收入保障、教育、就业培训、社会服务，社区发展以及环保等广泛的公共政策提供资金。联邦政府拨款约占州政府投入（government funding）总额的三分之一，超过州政府对医疗（health care）和公共援助（public assistance）投入的一半以上。

近年来，联邦对州和地方政府的支出呈上升趋势。尤其是 2008 ~ 2010 年的“大萧条”时期增长较快。根据“2009 美国复苏与再投资法案”（American Recovery & Reinvestment Act，ARRA），2009 年联邦对州和地方政府补助 2 747 亿美元，包括拨款、政府采购合同以及贷款。但由于 2009 年 ARRA 到期，2011、2012、2013 年联

---

① 2019 财年联邦预算案，https：//www. whitehouse. gov/omb/budget/。

② CBO，长期预算展望报告，2018 年 6 月 26 日。

③ 美国国会预算前景报告显示：30 年后美政府债务将达 GDP1. 5 倍，《经济日报》，2017 年 04 月 11 日。

邦对州和地方政府的拨款有所下降。2014 年开始又转为上升趋势，主要原因是医疗支出增加。

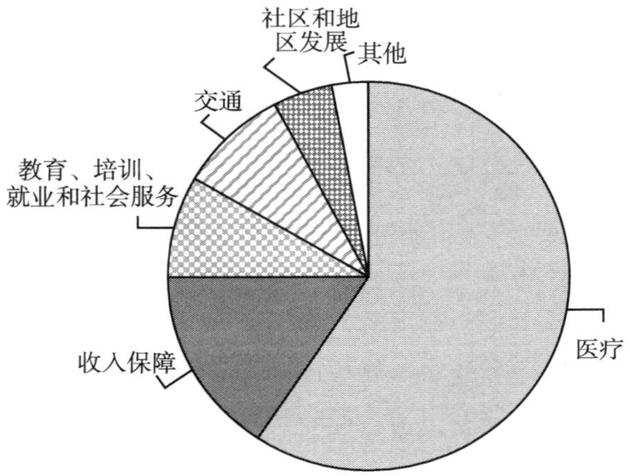

图 6－3　2018 年联邦对州和地方政府拨款支出估计（按功能）

资料来源：OMB，美国政府 2019 财年政府预算，U. S. Office of Management and Budget，*Budget of the United States Government*，*Fiscal Year 2019*：*Historical Tables*，Table 12. 3，Total Outlays for Grants to State and Local Governments。

表 6－7　　美国联邦对州和地方总支出（按功能分类）　　单位：百万美元

Function and Fund Group	2013 年	2014 年	2015 年	2016 年	2017 年	2018 年	2019 年
国防	....	....	....	....	....	....	....
外交	....	....	....	....	....	....	....
能源	936	759	577	764	774	760	722
自然资源和环境	7 298	6 700	7 044	6 702	6 155	6 394	5 265
联邦基金	6 541	5 983	6 334	5 951	5 412	5 626	4 497
信托基金 Trust funds	757	717	710	751	743	768	768
农业	670	701	707	806	763	1 006	963
商业和住房信贷	2 381	2 339	1 875	2 172	2 255	2 410	2 273
交通	60 518	62 260	60 831	63 861	64 783	64 356	64 023
社区和地区发展	16 781	13 232	14 357	15 298	14 797	31 916	64 466
教育、培训、就业和社会服务	62 690	60 485	60 527	60 867	61 553	63 776	58 351

续表

Function and Fund Group	2013 年	2014 年	2015 年	2016 年	2017 年	2018 年	2019 年
医疗	283 036	320 022	368 026	396 666	406 946	433 436	435 705
收入保障	102 190	100 869	101 082	104 769	107 400	111 321	104 967
社会保障	22	16	15	10	10	19	14
退伍军人福利和服务	1 087	1 223	1 821	1 829	1 992	1 962	2 068
司法	4 550	4 262	3 664	3 536	3 973	7 142	5 570
一般政府	4 012	4 099	3 828	3 538	3 299	3 488	3 592
津贴（Allowances）	....	....	....	....	....	....	1 015
对州和地方政府拨款总支出	546 171	576 967	624 354	660 818	674 700	727 986	748 994
备忘录：							
联邦基金	486 774	517 417	567 051	599 772	613 113	665 792	685 181
信托基金	59 397	59 550	57 303	61 046	61 587	62 194	63 813

注：2018 年、2019 年为估计值。

资料来源：https：//www. whitehouse. gov/omb/historical – tables/ “Table 12. 2 – TOTAL OUTLAYS FOR GRANTS TO STATE AND LOCAL GOVERNMENTS BY FUNCTION AND FUND GROUP：1940 – 2023”。

最近几个财年，美国联邦对州和地方政府拨款的名义和实际（通货膨胀调整后）支出情况见表 6 – 8。包括联邦对州和地方政府的拨款总额、占联邦支出总额的百分比、这些支出占支付给个人的百分比、用于资本改善（capital improvements）的百分比，以及用于政府运营的百分比。

表 6 – 8　　　　美国联邦对州和地方政府拨款支出规模

项目 / 财年	名义（百万美元）	对个人支出的比重	实际（百分美元，2009 财年）	占联邦支出的比重	占 GDP 的比重
2018 财年	727 986	73. 9%	625 200	17. 4%	3. 6%
2017 财年	674 700	75. 3%	593 500	16. 9%	3. 5%
2016 财年	660 818	75. 0%	593 100	17. 2%	3. 6%

续表

项目 财年	名义（百万美元）	对个人支出的比重	实际（百分美元，2009 财年）	占联邦支出的比重	占 GDP 的比重
2015 财年	624 354	74.2%	565 200	16.9%	3.5%
2014 财年	576 171	71.5%	524 400	16.5%	3.3%
2013 财年	546 171	69.4%	505 600	15.8%	3.3%

注：2018 财年为估计值。

资料来源：U. S. Office of Management and Budget, *Budget of the United States Government*, *Fiscal Year 2019*: *Historical Tables*, Table 12. 1, Summary Comparison of Total Outlays for Grants to State and Local Governments: 1940 – 2023 (in Current Dollars, as Percentages of Total Outlays, as Percentages of GDP, and in Constant (FY 2009) Dollars) at http: //www. whitehouse. gov/omb/budget/Historicals.

在大多数年份，美国联邦政府向州和地方政府的拨款支出增速超过了通货膨胀率。有联邦制学者（Federalism scholars）指出，自 20 世纪 80 年代以来，联邦对州和地方政府的拨款重点已从为地方建设公共高速公路、公共教育、刑事司法系统、经济发展和政府管理提供援助，转向对人们提供医疗福利、社会福利收入、住房援助和社会服务。这种转变大部分归功于“医疗补助”保险（Medicaid）。“医疗补助”保险支出在过去几十年中经历了相对较大幅度的增长。在 20 世纪 60 年代和 70 年代，联邦对州和地方政府拨款总支出中，仅三分之一用于个人，而到 2017 财年这一比重已经超过 75%。

奥巴马时期，联邦助学金制度得到进一步扩大和集中。目前，在特朗普的领导下，这一趋势仍在持续。如表 6 – 8 所示，近年来联邦政府对州和地方政府的拨款支出继续增加，从 2016 财年的 6 608 亿美元增加到 2017 财年的 6 747 亿美元，2018 财年预计为 7 280 亿美元，主要原因是医疗补助从 2016 财年的 3 683 亿美元增加至 2017 财年的 3 747 亿美元，2018 财年预计将达到 4 004 亿美元。除此以外，联邦对州政府和地方政府其他政策领域的拨款支出也在增加。

从数量看，联邦对州和地方政府的拨款数量也从 1998 年的 664 项增加到 2009 年的 953 项，2012 年的 996 项和 2017 年的 1 319 项。此外，分类拨款（categorical grants）一直占绝对优势，受重视程度高。2017 年，联邦向州和地方政府提供的 1 319 项拨款中，有 1 299 项是分类拨款，20 项是整笔拨款（block grants）（见表6 –9）。

可以看出，美国联邦政府对州和地方政府的拨款支出上升的趋势即将结束，因为人们普遍认为，联邦可自由支配支出的预期增长，包括联邦给州和地方政府的拨

表 6－9 联邦拨款类型

财年	拨款数量	分类拨款	整笔拨款
2017	1 319	1 299	20
2016	1 216	1 196	20
2015	1 188	1 168	20
2014	1 099	1 078	21
2013	1 052	1 030	22
2009	953	929	24

资料来源：CRS computation，U. S. General Services Administration，The Catalog of Federal Domestic Assistance at https：//www. cfda. gov/。

款支出，可能作为解决联邦赤字和债务财源的一部分。然而，国会将州和地方政府的联邦拨款用作创造就业机会和促进国民经济增长的手段的历史趋势表明，联邦拨款支出和过去几十年经历的联邦拨款数量的上升趋势可能会持续，但速度可能较慢。特朗普总统的 2017 财年预算要求估计，联邦对州和地方政府的拨款总支出将从 2017 财年的 6 774 亿美元增加至 2018 财年的预期 7 280 亿美元和 2019 财年的 749 亿美元。

七、施政方针与财政改革

（一）税改

美国当地时间 2017 年 12 月 22 日，总统特朗普签署了《减税与就业法案》，该法案于 2018 年 1 月 1 日生效，号称美国 31 年来最大规模的减税，也是继 1986 年以来美国联邦税收制度最为重大的一次变化。自特朗普出任美国总统以来，美国的税制改革动向一直备受关注，与税改有关历次消息的公布都是全球重磅，如一石激起千层浪。而 2017 年圣诞节前通过的税改法案，是特朗普上任以来在国会取得的最大一次立法胜利，竞选期间的承诺终于兑现。

美国税改内容涉及近 20 个大项，主要内容包括：自 2018 年 1 月 1 日起，取消联邦企业所得税税率的累进阶梯，按照 21% 的单一标准税率缴纳；个人所得税仍保持原来的七档，但部分税率有所降低，最新税率为：10%、12%、22%、24%、32%、35% 与 37%；扣除制度有所简化，对个人及家庭的标准扣除额分别增至 12 000 美元和 24 000 美元，约是现行标准的两倍；对美国跨国企业海外利润和现金汇回实施一次性低税率优惠，现金等价物的税率为15.5%，重新投资的境外收入税率为8%；废除联邦企业所得税的替代性最低税（AMT），将个人和家庭替代性最低税的费用扣除标准门槛提高至7.03万美元和10.94万美元；可享受税收减免的贷款额度上限为75万美元，75万美元以上的住房贷款利息将不再享受税收扣除；提高折旧费用化的额度，很多新购置的设备能立即费用化；取消医疗保险改革法（奥巴马医改）规定的强制个人购买医保义务，对不购买医保的个人不再罚款。

专栏1

美国《减税和就业法案》的主要内容

2017年12月22日，特朗普政府正式签署了税改法案——《减税和就业法案》（The Tax Cuts and Jobs Act，H. R. 1，以下简称“TCJA”），这意味着该法案正式写进法律，法案大部分条款于2018年开始生效，部分条款将于2019年生效。

1. 与企业税收有关改革

减税和就业法案包含许多影响个人和企业的规定。和企业有关的主要税收条款的变化概述如下。除另有说明外，下文提到的所有变化均于2018年1月1日开始生效。

（1）企业所得税。

TCJA的核心是普通C公司（regular C corporations）将享受更低的企业所得税税率。C公司是独立的纳税实体，有其自身的税率。根据TCJA，所有C公司均享受21%的单一税率，以取代现行法律制度下15%到35%不等的税率。

（2）替代性最低税（AMT）。

新法案撤销对企业所得征收替代性最低税。

（3）净经营亏损（NOL）。

新法案规定，每年净经营亏损结转限额由前转2年后转20年改为年度应纳税所得额90%，可向后无限期结转，不再允许往前转。截止到2017年以前的净经营亏损，仍按照老办法执行。

（4）固定资产一次性计入亏损。

之前在美国《国内收入法》179条的规定下，当年度购买固定资产金额合计不超过200万美元，最高可一次性计入亏损50万美元。新法案则规定，当年度购买金额合计只要不超过250万美元，最高可一次性计入亏损100万美元。

（5）固定资产的一次性折旧。

税改前，美国《国内收入法》168（k）条规定，对满足特定条件的固定资产的采购，可允许一次性折旧 50%。新法案将该比例上调至 100%，即 2017～2022 年 5 年内发生资产投资成本由折旧摊销改为 100% 费用化（不包括房地产）等。但 2022 年以后每年的折旧率将逐步缩小。

（6）支付利息的计入亏损限制。

税改前，根据美国《国内收入法》163 条，限制对向海外相关企业支付的利息计入亏损。新法案规定，对超过调整后应税收入 30% 以上的净支付利息可计入亏损。

（7）废除国内制造业扣除。

税改前，最多允许美国境内的制造业企业进行 9% 的扣除，新法案废除了这条内容。

（8）国内分红所得扣除的调整。

税改前，允许根据持股部分，其 70%～80% 的分红所得可进行扣除，新法案规定，这一比例降低为 50%～65%。

（9）对从国外获得的分红收入实行免税。

税改前，美国公司来自其境外子公司的分红收入需要在美国纳税，新法案规定，这部分收入可享受 100% 的所得税豁免（10% 持股比例要求）。

（10）对境外累积利润进行强制征税。

新法案规定，境外子公司历史累积境外利润将视同汇回一次性进行征税，现金及现金等价物适用 15.5% 税率，非流动资产适用 8% 税率。

（11）防止税基侵蚀。

新法案规定，实行 Base Erosion and Anti Abuse Tax（BEAT）。当向境外相关方支付款项时，用特定的方法计算出 BEAT，并征税。但 50% 以上的企业集团过去 3 年平均销售收入超过 5 亿美元，成为征税对象。这里国外相关企业的销售收入仅包含与美国业务收入有关的销售额。

2. 与个人税收有关改革

（1）个人所得税率。

个人所得税方面，税改前，实行 10%、15%、25%、28%、33%、35%、39.6% 的累进税率。税改后，维持目前联邦个人所得税七档税率不变，但总体税率有所下降，最高税率从 39.6% 降至 37.0%，最新税率为 10%、12%、22%、

24%、32%、35%、37%。

（2）提高标准扣除额。

按原有制度，2018年度的标准扣除额分别为13 000美元（夫妻共同申报）或6 500美元（个人），新法案将个人所得税标准扣除额提升一倍，分别为24 000美元（夫妻共同申报）或12 000美元（个人）；对地方和州税等税收抵扣设定上限。

（3）废除人力扣除。

税改前规定，2018年度的人力扣除为平均每人4 150美元，新法案中废除了人力扣除。

（4）变更育儿税收优惠。

税改前，满足条件的抚养子女最高可免税1 000美元。为缓解育儿压力，新法案中育儿税收优惠从1 000美元提高至2 000美元。此外，手续有所简化，申报不需提供抚养子女的纳税人编号（ITIN），只需要提供社会保障号（SSN）。

（5）提高替代性最低税（AMT）起征点。

在新法案中虽然保留代替性最低税，但提高了个人替代性最低限额税（AMT）的起征点，提高至7.03万美元（个人）和10.94万美元（夫妻共同申报）。

（6）废除奥巴马时期制定的个人投保惩罚性制度。

新法案废除奥巴马医改中强制参保条款中的罚款，使富人不再为穷人的医疗买单。

（资料来源：The Tax Cuts and Jobs Act，H. R. 1，http：//www. taxpolicy-center. org/feature/analysis – tax – cuts – and – jobs – act。）

2018年1月30日，特朗普在国会发表其就任美国总统一年以来的首次国情咨文演讲，并宣布“新美国时刻”（New American Moment）到来。在长达80分钟的演讲中，特朗普以“建设一个安全、强大、骄傲的美国”为主题，回顾了执政一年来的政绩，并展望了未来的施政方针。在总结成绩时，特朗普列举一系列经济指标，突出强调了其上台后在促进就业和推动税改方面取得的进展。在确定未来的基调与行动规划方面，他着重提到了基建投资、移民改革、贸易以及国家安全等内容。这些政策的根本思想仍是“美国优先”，或称为“经济民族主义”。

在演讲中，特朗普用了大量时间回顾过去一年经济和就业方面取得的成绩。他在演讲开篇，就着重强调了执政这一年来经济增长的良好态势和低失业率，以及税改带来的益处。特朗普指出“通过大规模减税，美国新增 240 万个工作岗位，其中仅制造业就增加 20 万个，停滞多年的薪资水平终于有所上涨，失业率实现 45 年来新低”，“股价几次更新历史记录，创造了 8 万亿美元的财富”；称税改法案是“美国历史上最大规模的减税改革法案”，减税极大地减轻了中产阶级和小企业的负担，“已有 300 万工人获得减税红利，其中很多人每周获得数千美元的红利”。特朗普试图将美国经济复苏的强劲表现全部归功于自己，但不少机构认为有夸大其词的成分。甚至有观点认为，这些成绩一大半应归功于其前任奥巴马。因为美国经济的复苏始于 2010 年，且奥巴马时代以来一直保持了良好的态势。也有观点认为，美国经济的复苏和世界经济的复苏相关，得益于 2016 年夏以后世界经济减速逐渐刹车并进入内生性复苏阶段的影响。

从短期来看，税改有望吸引海外资金回流，扩大私人部门投资，提升经济动能，并刺激个人消费扩大，但从长期来看，评估其效果还需要时间。纽约联储主席杜德利 2018 年 1 月 11 日在美国证券业与金融市场协会（SIFMA）发表了《2018 年及未来美国经济前景》的演讲。他认为，美国税改虽为经济带来短期支持，但会造成更为严重的长期风险。原因是，一方面，在劳动力市场趋紧和金融状况表现为宽松时，更快的经济增长具有过热风险。另一方面，税改虽然可以提振短期经济，但持续扩张的财政政策将加剧美国政府的长期财政负担，忽略平衡预算赤字存在推升长期利率的风险。的确，从 20 世纪 80 年代里根总统实施的两次税改也可以得出启示，如果政府将着力点过度放在短期效果，最终会被迫收拾短视带来的残局。如政策效果发挥完毕后继续实施税收优惠，反而会成为阻碍经济效率的因素，仅通过税改实现盘活经济和财政健全化的可能性较小。因此，本轮税改对美国劳动生产力以及国际竞争力提高的长期效应仍需时间验证。

（二）基建投资计划

基建投资也是特朗普政府的核心政策之一，目前尚未落地。特朗普自选举伊始，多次提到基建投资计划，在 2018 年 1 月 30 日国情咨文演讲中重提加强道路、桥梁、高速公路、铁路以及水道等建设，确保美国拥有“安全、快捷、可靠和现代化的基础设施”，并呼吁两党合力推动国会起草并通过法案。他计划动用联邦资金撬动州、地方政府及私人部门的配套资金，融资至少 1.5 万亿美元。英国《经济学人》以及多家美国媒体认为这是一项夸张的政策承诺。虽然基建投资计划在特朗普整个演讲中颇为引人注目，但实质上并没有什么新的内容，仅是在规模上从其上任时提出的

1 万亿美元增加至 1.5 万亿美元，对于联邦具体出资额以及分配细节仍没有做出说明。但实际上，“1.5 万亿美元”的融资规模远远不够。根据美国土木工程学会（ASCE）① 一份报告的测算，如果对美国基础设施的现状进行评价，目前仅能排到 D + 级，要将全美基础设施改善至 B 级水平，到 2025 年为止，需要增加 4.59 万亿美元的投资②。特朗普提出的 1.5 万亿美元的融资规模距离需求投资额尚存约 3 万亿美元的资金缺口。另外，同税改法案一样，基建投资法案想要在国会通过存在诸多障碍。虽然在基建投资上两党存在共识基础，但考虑到刚刚落地的税改政策将在未来 10 年内给美国增加 1.5 万亿美元赤字，如果叠加 1.5 亿美元规模的基建投资，可能进一步增加美国政府的长期财政压力，推升美国联邦政府杠杆，导致债务风险累积，破坏美国财政的可持续性，客观上为基建投资计划的落地增加难度。

为了破除基建融资瓶颈，特朗普在国情咨文中特别提到运用市场化融资方案，即以联邦资本带动州、地方政府以及私人部门资本投资，因此，预计 PPP 模式有望在美国下一步的基建投资中一展拳脚。但 PPP 模式在美国一直存在争议，未必能取得预期效果，原因有三个方面：一是美国 PPP 项目运作经验不甚成熟。美国不乏有基础设施 PPP 项目的成功先例，但不少项目运营不尽如人意，如芝加哥停车场、加州洛杉矶都会区的 State Route 91 高速公路项目，最终均以居民支付了更昂贵的服务成本或政府提前回购收场。二是具有吸引力的 PPP 项目不多。在美国，能通过收费收回建设运营成本的 PPP 项目只是少数，大部分项目无法取得使用者付费，如一般公路的维护等。三是市政债券融资比 PPP 融资成本更低。从美国联邦政府投资中联邦、州和地方的事权和支出责任划分情况来看，地方性公共基础设施的规划、融资、建设和运营通常由地方政府承担。从融资来源上看，市政债券（Municipal Bond）③ 是美国基础设施融资的主要方式，其融资成本比 PPP 模式下融资成本更低，且收益享受免联邦税优惠政策。因此，市政债券融资比 PPP 融资更受欢迎。

总之，美国实施基建投资不缺融资，缺的是财政经费，特朗普提出的以私人部

---

① 美国土木工程师协会 ASCE（The American Society of Civil Engineers）成立于 1852 年是美国历史最悠久的国家专业工程师协会，已成为全球土木工程界的领导者。ASCE 涵盖了交通、运输、能源、建筑、给排水、水文学、水力学、水资源、环境学和航空航天等土木工程类的所有学科领域。四年一度发布一次基础设施报告，对美国基础设施状况进行评级。

② http：//www. infrastructurereportcard. org.

③ 美国市政债券（Municipal Bond）是政府以地方政府资信为担保发行的债券。按照建设项目有无固定收益可分为两类：一是一般责任债券或税收支持债券（General Obligation Bond），该类债券用于没有固定收益的基础设施项目建设，由州、市、县或镇政府发行，并以发行者的税收（主要是财产税）作为偿债保证；二是收益债券（Revenue Bond），主要用于建设机场、收费公路、区域电网、港口等有固定收益的基础设施项目，偿债资金主要来源于设施有偿使用所带来的收益。

门融资方式促进基建投资的政策不会一帆风顺。

（三）贸易保护主义政策

特朗普曾多次公开抨击现行的全球自由贸易体系，上台伊始就提出过“边境贸易税”，但最终没有实现。他曾在国情咨文演讲中，称“美国遭受了不平等的贸易协定，牺牲了美国的财富，并导致企业、就业和国家财富外流”，表示“经济投降”的时代已经结束，从现在开始，美国寻求与其他国家“公平且互惠”的贸易关系，将解除“坏的”贸易协议，谈判新的“好的、公平的”协议，美国将通过严格执行贸易规则保护美国工人和美国知识产权。

特朗普自上任以来，即相继宣布美国退出跨太平洋伙伴关系协定（TPP），重新谈判北美自由贸易协定（NAFTA）以及韩美自由贸易协定（FTA），中止跨大西洋贸易与投资伙伴协议（TTIP）谈判。其背后的目的带有很强的实用主义、投机主义和选择性色彩。他已经带领美国扛起贸易保护主义大旗，与世界主要贸易大国的贸易摩擦日益升温，尤其是近期，中美贸易问题牵动了国际社会，搅动了全球市场。“贸易战”风险正笼罩全世界，对全球贸易体系将产生深远影响，给多边贸易合作带来巨大不确定性。

美国国内对美国对各国的贸易保护主义举措持反对意见居多。尤其是美国的制造业厂商对贸易政策最为担忧，他们担心美国与中国等贸易国之间贸易问题日趋紧张，可能会引发全球性的关税上调。美联储 5 月 30 日公布全国经济形势调查报告褐皮书指出，波士顿等地区的检验机器生产厂商为了避免受到中国对美国提高进口关税的报复性措施的影响，可能将部分生产线转移至欧洲。明尼阿波利斯地区也不断有意见认为，特朗普政府最近公布的对包含中国在内的多个国家的钢铝产品征收关税的措施将对供应链造成影响，担心中国因此可能对美国的铝制品以及其他商品征收报复性关税①。

主要参考文献

[1] United States – Economic forecast summary (May 2018), http://www.oecd.org/eco/outlook/economic-forecast-summary-united-states-oecd-economic-outlook.pdf, May 2018.

[2] FY 2017 Federal Budget Compared to Trump's Spending Compare Trump's 2017 Spending to

① FRB, The BeigeBook – Summary of Commentary on Current Economic Conditions By Federal Reserve District, May 30, 2018, https://www.federalreserve.gov/monetarypolicy/files/BeigeBook_20180530.pdf.

Budgets, BY KIMBERLY AMADEO, Updated February 16, 2018.

[3] https://fas.org/sgp/crs/misc/R40638.pdf.

[4] The 2018 Long - Term Budget Outlook, Jun 26, 2018, https://www.cbo.gov/system/files?file=2018-06/53919-2018ltbo.pdf.

[5] Federal Grants to State and Local Governments: A Historical Perspective on Contemporary Issues, Robert Jay Dilger, Senior Specialist in American National Government, May 7, 2018.

[6] The Tax Cuts and Jobs Act, H. R. 1, http://www.taxpolicycenter.org/feature/analysis-tax-cuts-and-jobs-act.

第七章
加拿大

加拿大国土面积998万平方公里，居世界第二位，人口3 689万（2017年10月）。主要为英、法等欧洲后裔，土著居民约占3%，英语和法语同为官方语言。1867年建立联邦以来，基本上由自由党和进步保守党轮流执政。2015年10月，自由党赢得加第42届大选，该党领袖贾斯廷·特鲁多（Justin Trudeau）出任总理。加拿大至今没有一部完整的宪法，主要由在各个不同历史时期通过的宪法法案构成，其中包括1867年英国议会通过的《不列颠北美法案》。全国分10省3地区。加拿大是西方七大工业国家之一。制造业、高科技产业、服务业发达，资源工业、初级制造业和农业是国民经济的主要支柱。2017年主要经济指标如下：国内生产总值（GDP）18 554亿加元，人均GDP5.03万加元，GDP增长率3%。加拿大森林和矿产资源丰富，原油储量仅次于委内瑞拉和沙特居世界第三，森林面积4亿多公顷居世界第三，仅次于俄罗斯和巴西。加拿大服务业2017年产值为12 336.8亿加元，约占当年国内生产总值的66.5%，从业人员1 424.7万，占当年全国总劳动力的78.8%。

一、经济概况

2015年11月特鲁多就任总理后，提出加大政府支出，通过赤字财政刺激经济增长。截至2017年1月，加拿大外汇储备为823.24亿美元，加政府自2016年3月起不再储备黄金。加拿大经济对外贸依赖严重，2017 年对外商品贸易额为 11 225.1 亿加元，贸易逆差约 239.9 亿加元。2017 年 8 月，加拿大、美国、墨西哥三方启动《北美自由贸易协定》（NAFTA）重新谈判，目前重谈已举行 7 轮。2017 年对美国出口额占加拿大出口总额的 74.8%，对中国出口额占加拿大出口总额的 4.5%；自美国进口额占加拿大进口总额的 64.6%，自中国进口额占加拿大进口总额的 7.4%。截至 2016 年年底，加拿大直接海外投资总额约 10 496 亿加元。加拿大政府 2015/2016 财年对外援助总额约 54.3 亿加元。截至 2016 年底，外国在加拿大直接投资存量约 8 257 亿加元①。

加拿大人支持侧重于投资而不是紧缩的计划，因而经济增长非常强劲，自 2016 年年中起，增长速度远远超过其他 G7 国家。2015 年 11 月以来，加拿大创造了近 60 万个新就业机会，失业率从 7.1% 降至 5.9%，接近 40 多年来的最低水平，劳动力市场参与率高，工资增长加强。加拿大近期的强劲经济增长受到消费支出增长、强劲的区域住房市场，以及支持性货币政策与财政政策的推动，还包括加拿大的儿童福利，以及对基础设施的大量投资。同时，全球经济状况的改善促进了商业投资的复苏和出口的增加。增长更广泛地在全国各行业和地区之间分享。展望未来，加拿大的经济增长的步伐将更可持续，经济活动水平预计保持强劲，经济增长将放缓。

（一）国内经济展望

1. 失业率接近四十年来最低水平。加拿大 2017 年增加了 42.73 万个就业岗位，每月平均创造 3.56 万个就业岗位，其中大部分是全职职位，是 2002 年以来最快的，2017 年 12 月失业率降至 5.8% 的 40 年来最低值。加拿大银行商业前景调查显示，劳动力短缺企业的占比接近十多年来的最高水平，劳动力市场紧缩预示着工资增长，平均每周收入的同比增长急剧加速，从 2016 年的零增长到 2018 年初的 2.8%。不列颠哥伦比亚省、安大略省和魁北克的经济活动尤其强劲，因而失业率处于历史低位。相比之下，产油省失业率虽普遍下降，但仍显著高于 2014 年油价震荡前的水平。同时，尽管全国失业率接近 40 年来的最低水平，所有年龄组别的长期失业率②仍高于经济衰退前的水平（尽管 25～54 岁之间人的比率有所改善）。

2. 消费、企业投资、出口预计将继续增长。2016 年年中以来，家庭消费一直是

① 以上文字参考了外交部网站，加拿大国家概况，2018 年 3 月更新。

② 失业 27 周或以上。

经济增长的主要动力，按年均速度每季度增长3.9%。增长基础相当广泛，覆盖了不同的消费类别和地区。大多数产油省稳定增长，尤其是艾伯塔省的就业正在复苏。展望未来，就业收入持续增长和消费者信心改善将继续支撑稳定的消费增长，但增长速度预计将放缓至其潜力或趋势速度。

企业投资再次增长有赖于资源及非资源行业的强劲经济活动，以及大大改善的企业信心。加拿大银行企业前景调查显示，2017年的企业投资意向有很大改善，增加投资的计划广泛地覆盖所有地区和部门。产能利用率也大幅上升，目前已接近衰退前的峰值。在满足预料之外的需求增长方面，遇到一些或重大困难的公司比例上升了，加之企业投资意向的改善，意味着未来企业投资将进一步复苏。

2014年年中以来，实际出口总额略有增长，而服务和能源商品出口的稳步增长，被非能源产品出口疲软所抵消。尤其是，鉴于加元自2014年年中以来大幅贬值，出口增长一直低于预期。话虽如此，重要的是要认识到，许多其他重要的美国贸易伙伴的货币，即加拿大在美国和其他国际市场上的竞争对手，自2014年以来也在贬值。展望未来，出口预计将依据外国需求而增长，全球经济增长的积极背景预计将提振对加拿大出口的需求。

3. 原油价格上涨，但加拿大原油的折扣也有所上升。2017年全球原油价格继续上涨，西得克萨斯中间（WTI）原油价格平均每桶稍低于51美元，而2016年平均每桶43美元。价格受到全球需求强劲的支撑，还有赖于OPEC国家和10个非OPEC生产国之间限制集体产出的供应协议。因此，2018年1月，WTI原油价格自2014年12月以来首次升至每桶66美元的高位，2月份略有下降。

在页岩油行业增长的推动下，美国石油产量不断增长，限制了价格上涨。2017年美国原油产量稳步增长，达到30多年来的最高水平。美国能源情报署估计，2018年美国原油产量将进一步增加，达到每天1 000万桶的历史高点。观察家们注意到，如果美国超过该生产水平，它可能会超过沙特阿拉伯和俄罗斯成为世界上最大的原油生产国。

最近全球基准价格的上涨并没有与加拿大西部生产商的价格上涨相匹配。虽然加拿大的产量继续增长，反映了过去的投资，管道产能限制了生产商将产品转送到美国市场的选择。因此，加拿大有效价格与WTI相比的折扣到2018年初已升至超过20美元，是2017年平均数（9.61美元）的两倍多。展望未来，原油期货价格继续表明基准WTI油价将从目前水平回落到预测期内的50美元。加拿大财政部对私营部门经济学家的调查目前预测WTI油价将随时间推移温和提高，到2022年达到每桶62美元。

4. 住房市场压力缓和。随着近年来价格和销售的迅速增长，多伦多和温哥华及其周边地区的住房市场状况变得更加平衡。过去几年，这些地区市场上所有住宅类型的价格上涨都很强劲，最近独立住宅的价格增长开始放缓，其他住宅类型的价格增长，尤其是公寓仍旧很强劲，市场供应紧张仍是影响价格的重要因素。同时，石油生产省的住房活动一直疲软，但最近几个月有所回升，而加拿大其他地区的住房活动仍然积极。展望未来，全国各地的住房需求会继续得到稳定的就业和收入增长的支撑，但由于利率上升，以及最近对联邦监管的贷款人抵押贷款承销准则 B－20 的修改（包括无保险按揭的按揭利率压力测试）而受到抑制。

（二）全球经济展望

1. 全球经济活动日益活跃。在连续两年减速之后，国际经济增长势头继续加强。全球经济增长终于在 2017 年加速，而且是地区间高度同步的，几乎世界各地都在增长。在此势头推动下，预计 2018 年全球经济扩张的速度会进一步加快。此外，衰退国家的比例预计将降至创纪录的低点。然而，全球经济活动的加速预计会受到一定程度不同的限制，虽然预计 2018 年和 2019 年新兴经济体的整体经济活动将有所加强，但大多数发达经济体的增长速度已经超过了估计的潜在增长率或趋势增长率，并因此作为一个群体，预计不会进一步加速。

2. 尽管股市出现回落，全球金融状况仍保持支持性。货币政策仍十分宽松，由于大多数主要中央银行的政策利率仍然很低，而一些中央银行继续采取非常货币政策措施来支持经济增长，缩小产出缺口，帮助恢复通货膨胀。股市在过去两年大部分时间里都在上涨，最近的下跌伴随着波动性的上升。突如其来的，这些下跌使大多数指数回到 2017 年秋天晚些时候的状态。此外，在 2017 年的大部分时间里，支撑市场的因素基本上仍然存在，包括全球经济环境的改善，对公司利润的期望上升，仍然实施高度宽松的货币政策，以及投资者继续寻找收益。

经济势头的改善正引导着一些中央银行，最引人注目的是美国联邦储备委员会，逐步提高政策利率，减少特别措施。在这种背景下，一些较长期的利率略有上升，尽管仍接近历史低点。随着中央银行货币政策继续正常化，利率预计将继续逐步上升。

3. 美国经济正在发挥潜力。美国从大衰退的影响下的长期复苏似乎已经完成，在经历了近十年低于长期趋势之后，美国经济运行近年一直接近或略高于其潜在增长率。在产出强劲增长的同时，美国劳动力市场继续走强，创造稳定的就业机会，

25~54 年龄组的就业率稳步增长。2017 年 10 月以来失业率为 4.1%，处于 2001 年以来的最低水平。不过，2017 年的平均小时工资增长了 2.5%，与 2016 年大致相同。虽然自经济衰退结束以来，工资增长率逐渐上升，但月增长和年增长的进展都不均衡。展望未来，美国经济 2018 年可能会有更好的增长。但是，预计 2019 年美国联邦政府赤字将超过 1 万亿美元，大约为 GDP 的 5%。加拿大财政部会对美国联邦税收改革进行详细分析，评估对加拿大的任何潜在影响。

4. 2017 年欧洲经济体的经济增长让人惊讶。整个欧元区的经济增长也在加速，从 2016 年的 1.8% 上升到 2017 年的估计 2.5%，比整个欧元区估计的约 1% 的潜在增长率快了两倍多。此外，高频指标显示 2018 年初经济将继续强劲增长，IMF 预计欧元区的增长速度将保持较高水平，2018 年为 2.2%，这会使整个欧元区国家继续吸收剩余的经济备用能力。英国经济增长从 2016 年的 1.9% 下滑至 2017 年的 1.8%，并预计在短期内将继续逐渐变慢。消费者信心和企业投资疲软，以及英国与欧盟未来贸易关系的不确定性，会对英国经济增长造成压力。

加拿大处于有利地位，可以从欧洲稳定的经济活动中获益。2017 年 9 月 21 日生效的综合经济贸易协定（CETA），几乎取消了加拿大和欧盟之间的所有货物关税。该协议使加拿大出口商获得了进入世界上最大的单一市场之一的新机会，欧盟的 GDP 为 21.8 万亿美元，占全球 GDP 的 22%，有 5 亿消费者。

5. 中国和新兴经济体强劲增长。2017 年主要新兴经济体整体增长坚挺，主要是由于巴西和俄罗斯衰退结束，而不是其他新兴国家的经济增长明显加速。尽管如此，预计 2018 年新兴经济体的经济将继续增长，主要反映拉丁美洲和中东的经济增长回升，部分归功于坚挺的大宗商品价格。此外，印度的经济扩张速度也不断上升，将进一步支持新兴经济体的总体增长率。

然而，一些新兴经济体仍然容易受到资本流动突然变化的影响，这可能由于美元突然大幅升值或者全球风险重新定价而引发，对于拥有大量美元计价债务的国家来说尤其如此。预计中国 2018 年及以后的经济增长将继续缓慢，然而，中国经济的增长速度将继续高于其他大多数国家，并比一年前预计的要快。预计经济活动将受到外部需求的强劲支撑，经济改革和去杠杆化正在逐步进行，以降低突然增长放缓的风险。

加拿大已获得了进入快速增长的亚太地区的重要新市场的机会，2018 年 1 月 23 日，加拿大是 11 个成功完成跨太平洋伙伴关系全面渐进协定（CPTPP）谈判的国家之一。这项协议将提供进入总计 11.5 万亿美元市场的机会，该市场占全球经济的 12%，有超过 4.5 亿消费者。这包括日本、马来西亚和越南等主要市场，代表了

9.7万亿美元的GDP，加拿大与其没有任何现存的优惠贸易关系。CPTPP生效后，加拿大出口商面临的近87%的关税将被取消，大部分剩余关税将在15年内取消。

（三）2018年预算经济预测

预算的经济和财政预测基于2017年12月对私营部门经济学家的调查。经济学家预计2017年GDP实际增长3.0%。

表7-1　　2018年预算的经济预测　　单位:%，另有说明除外

项目＼年份	2017	2018	2019	2020	2021	2022	2017~2022
实际GDP增长	3.0	2.2	1.6	1.7	1.6	1.8	2.0
GDP通胀	2.2	1.8	1.9	2.0	2.0	1.9	2.0
名义GDP增长	5.2	4.0	3.5	3.8	3.6	3.8	4.0
名义GDP金额（10亿加元）	2 142	2 228	2 306	2 394	2 481	2 575	
3个月国库券利率	0.7	1.4	2.0	2.3	2.5	2.5	1.9
10年期政府债券利率	1.8	2.3	2.8	3.1	3.2	3.3	2.7
汇率（美分/1加元）	77.2	79.0	79.6	80.3	80.6	81.2	79.7
失业率	6.4	6.0	6.0	6.1	6.0	6.0	6.1
消费物价指数（CPI）通胀	1.6	1.9	2.0	1.9	1.9	2.0	1.9
美国实际GDP增长	2.3	2.4	1.9	1.9	1.8	1.9	2.0
西德克萨斯中间（WTI）原油价格（美元/每桶）	51	56	57	57	59	62	57

资料来源：2017年预算，加拿大财政部2016年12月私营部门经济学家调查；2017年秋季经济报告，加拿大财政部2017年9月私营部门经济学家调查；2018年预算，加拿大财政部2017年12月私营部门经济学家调查；加拿大统计局。

（四）2018年预算财政预测

2018年预算基于政府以前的行动，提出明智的、有针对性的投资，将有助于培育经济增长所需的条件，并为中产阶级提供更多机会。2017年秋季经济报告的发展所涉财政问题，包括2018年预算提议的费用，列示于下表。

表 7－2　　加拿大 2018 年预算财政预测概要①　　单位：10 亿加元

项目＼年份	预测						
	2016/2017	2017/2018	2018/2019	2019/2020	2020/2021	2021/2022	2022/2023
预算收入	293.5	309.6	323.4	335.5	348	362.1	373.9
项目支出	287.2	304.6	312.2	321.5	331.5	340.7	350.1
公共债务费用	24.1	24.4	26.3	28.6	30.3	32.2	33.1
支出合计	311.3	329.0	338.5	350.0	361.9	372.9	383.2
风险调整			－3.0	－3.0	－3.0	－3.0	－3.0
最终预算余额	－17.8	－19.4	－18.1	－17.5	－16.9	－13.8	－12.3
财务状况							
负债合计	1 097.20	1 129.60	1 162.00	1 194.10	1 226.50	1 257.00	1 288.30
金融资产②	382.8	392.9	404.2	415.6	428.3	441.4	456.8
净债务	714.5	736.7	757.8	778.5	798.1	815.6	831.5
非金融资产	82.6	85.3	88.2	91.4	94.2	97.8	101.4
联邦债务	631.9	651.5	669.6	687.1	704	717.8	730.1
占 GDP 百分比							
预算收入	14.4	14.5	14.5	14.5	14.5	14.6	14.5
项目支出	14.1	14.2	14	13.9	13.8	13.7	13.6
公共债务费用	1.2	1.1	1.2	1.2	1.3	1.3	1.3
预算余额	－0.9	－0.9	－0.8	－0.8	－0.7	－0.6	－0.5
联邦债务	31	30.4	30.1	29.8	29.4	28.9	28.4

二、政府支出

表 7－3 以权责发生制，按主要组成部分提供了政府项目支出预测概述，项目支出由对个人的主要转移支付、对其他政府层级的主要转移支付、直接项目支出三部分组成。

① 以下所有表格除另有说明外，均来自加拿大 2018 年预算，表格中数字由于四舍五入，加总可能不等于总计。

② 2017/2018 财年预测的金融资产水平包括其他综合收入估计数。

（一）对个人的主要转移支付

由老龄、就业保险和儿童福利组成，预测从2017/2018财年的944亿加元上升至2022/2023财年的1 161亿加元。

1. 老龄福利包括三部分，①老年保障金（给65岁以上的人定期发放）；②保证收入补贴（对低收入者老年保障金的补充）；③向符合条件的老年人支付津贴。老龄福利预测从2017/2018财年的509亿加元增长至2022/2023财年的670亿加元，每年增长约5.6%。老龄福利预计增加是由于预测的消费物价通货膨胀，老龄福利与其完全挂钩，以及预测老龄人口增加。

2. 就业保险福利预测2017/2018财年为201亿加元，预测期的剩余部分，就业保险福利预计会有适度增长，年均3.6%，反映平均每周福利的增长。

3. 儿童福利预测从2017/2018财年的234亿加元上升至2022/2023财年的251亿加元，年均增长约1.4%，主要反映了2018/2019财年开始的福利指数化。

（二）对其他层级政府的主要转移支付

包括加拿大医疗转移支付（CHT）、加拿大社会转移支付（CST）、均等化转移支付、地区公式化供资、燃油税基金，预测期内将从2017/2018财年的705亿加元增加至2022/2023财年的847亿加元。

1. 加拿大医疗转移支付预测从2017/2018财年的371亿加元增长至2022/2023财年的449亿加元。CHT的增长与名义GDP的三年移动平均增长率一致，资金保证每年至少增加3.0%。

2. CST立法规定每年增长3.0%。燃油税基金的支付按每年2.0%的指数计算，增加1亿加元。2017年预算中宣布的家庭护理和心理健康转移支付，用以支持省级和地区家庭护理和心理健康举措的，将从2017/2018财年的3亿加元增至2022/2023财年的12亿加元。

（三）直接项目支出

直接项目支出预测2017/2018财年升至1 397亿加元，2022/2023财年进一步升至1 493亿加元。直接项目支出包括各部委管理的转移支付和运行支出。直接项目支出预测的增长很大程度上是由预测期内各部委管理的转移支付的增加推动的，包括给省、市、土著政府和高等院校的转移支付，用于投资基础设施。总体而言，各部委管理的转移支付预测从 2017/2018 年的 441 亿加元升至 2022/2023 财年的 520 亿加元。

运行支出反映了超过 100 个政府部门、机构和国有企业的业务成本，预测 2017/2018 财年达到 956 亿加元；还反映了退伍军人终身养老金的推出，这成为 2017/2018 财年的重大一次性支出。从 2018/2019 财年起，运行支出预测年增长约 1.1%，2022/2023 财年达到 973 亿加元。运行支出的增长包括部门开支的增长，被与养老金和员工未来福利有关支出的下降部分抵消，反映长期利率的预测上升。

表 7－3　　　　支出前景　　　　单位：10 亿加元

项目＼财年	2016/2017	预测 2017/2018	预测 2018/2019	预测 2019/2020	预测 2020/2021	预测 2021/2022	预测 2022/2023
对个人的主要转移支付							
老年人福利	48.2	50.9	53.6	56.7	60.1	63.5	67.0
就业保险福利①	20.7	20.1	20.7	21.7	22.5	23.3	24.0
儿童福利	22.1	23.4	23.7	23.9	24.3	24.7	25.1
合计	90.9	94.4	98.1	102.3	106.8	111.5	116.1
对其他政府层级的主要转移支付							
加拿大医疗转移支付	36.1	37.1	38.6	40.2	41.7	43.3	44.9
加拿大社会转移支付	13.3	13.7	14.2	14.6	15.0	15.5	15.9
均等化转移支付	17.9	18.3	19.0	19.8	20.5	21.3	22.1
地区公式供资	3.6	3.7	3.8	3.9	4.0	4.1	4.2
燃油税基金②	2.1	2.1	2.2	2.2	2.2	2.3	2.3
家庭护理和心理健康	0.0	0.3	0.9	1.1	1.3	1.5	1.2
其他财政安排③	－4.3	－4.7	－4.9	－5.3	－5.4	－5.6	－5.9
合计	68.7	70.5	73.6	76.5	79.3	82.3	84.7

① 就业保险福利包括普通就业保险福利、疾病、生育、父母、人文关怀、渔业和轮岗制福利，以及就业福利和支助措施。这些占了就业保险项目支出的大约 90%。剩余就业保险费用主要与行政管理有关，是业务费用的一部分。

② 燃油税基金是社区改善基金的组成部分。

③ 其他财政安排包括青年津贴恢复；常设项目的替代付款，代表魁北克省的税点转移支付的恢复；法定补贴；2005 年境外安排下的付款；以及偿还最低限额贷款的既定条件。

续表

项目 \ 财年	预测						
	2016/2017	2017/2018	2018/2019	2019/2020	2020/2021	2021/2022	2022/2023
直接项目支出							
转付款项	41.6	44.1	47.5	50.4	52.4	52.0	52.0
运行支出①	86.0	95.6	93.1	92.3	92.9	94.9	97.3
合计	127.6	139.7	140.5	142.7	145.3	147.0	149.3
项目支出总额	287.2	304.6	312.2	321.5	331.5	340.7	350.1
占 GDP 百分比							
对个人的主要转移支付	4.5	4.4	4.4	4.4	4.5	4.5	4.5
对其他政府层级的主要转移支付	3.4	3.3	3.3	3.3	3.3	3.3	3.3
直接项目支出	6.3	6.5	6.3	6.2	6.1	5.9	5.8
项目支出总额	14.1	14.2	14	13.9	13.8	13.7	13.6

三、政府收入

表 7－4 列出了政府对预算收入的预测。总体而言，2017/2018 财年预算收入预计会增加 5.5%，反映了强劲的经济增长。预测期的剩余时段，收入预测年均增长率为 3.8%，与名义 GDP 的增长一致。

（一）所得税收入

个人所得税收入是预算收入的最大组成部分，2017/2018 财年预测增加 86 亿加元，增长 6.0%，达到 1 523 亿加元。2017/2018 财年的强劲增长反映了经济前景的改善，以及 2016/2017 财年因税收筹划的影响而抑制的收入。高收入人士在 2015 课税年度确认额外收入，而在 2016 税收年度，当 33% 的税率生效时，收入减少。预测期的剩余时段，个人所得税收入预计增长快于名义 GDP，年均增长 4.5%，结合实际收入增长预测，反映了所得税制的累进性。

① 包括资本摊销费用。

2017/2018 财年企业所得税收入预测增加 60 亿加元，增长 14.2%，达到 482 亿加元，这是公司利润上升和最近几年财务业绩相关表现的结果，2018/2019 财年收入预计下降 1.8%，部分原因是《2017 年秋季经济报告》中宣布的小企业税率降低，以及公司利润预测减弱。预测期的剩余时段，企业所得税收入预计年均增长 2.5%，低于名义 GDP 的增长，反映了预计的损失结转的使用情况，以及小企业税率降至 9%。

非居民所得税收入是指非居民对加拿大来源的收入缴纳的所得税，特别是股息和利息支付。2017/2018 财年的非居民所得税收入预测增加 11 亿加元，增长 15.2%，基于近期的强劲业绩和预期来自于更强公司利润的股息、投资、利息收入的增加。预测期的剩余时段，预测年均增长率为 1.9%。

（二）间接税收入

2017/2018 财年的商品和服务税（GST）收入预测增长 6.2%，基于最近财务结果，以及该财年剩余时段，预计应课税消费强劲增长。根据应税消费的前景，预测期的剩余时段，GST 收入预计年均增长 3.6%。

2017/2018 财年的进口关税预测增长 1.2%。预测期的剩余时段，进口关税的年增长预测放慢至平均 0.5%，主要是由于跨太平洋伙伴关系全面和渐进协议的预期生效。

2017/2018 的其他消费税和关税（OETD）预测增加 1 亿加元，增长 0.8%，达到 116 亿加元。之后 2018/2019 财年的 OETD 收入预计增长 4.6%，部分原因是预期大麻合法化带来的额外消费收入。基于历史消费趋势，预测期的剩余时段，OETD 收入预计年均增长率为 1.3%。

（三）就业保险保费收入

2017/2018 财年的就业保险保费收入预测下降 7.1%，原因在于 2017 年引入了七年收支平衡机制，就业保险保费率降至 1.63%。之后 2018/2019 财年的就业保险保费收入预期增长，由于 2018 年的就业保险保费率提升至 1.66%（加拿大就业保险委员会宣布）。预测期的剩余时段，就业保险保费收入预计继续其上升趋势，根据可保收入的预期增长，并考虑到 2018 年预算宣布的新就业保险措施之后，2019 年就业保险保费率预测为 1.66%。

（四）其他收入

其他收入由三大部分组成：①企业皇冠公司的净收入；②其他项目收入，特别是综合皇冠公司收入、投资回报、商品和服务销售收益、其他杂项收入；③外汇基金账户的收入。

2017/2018 财年的企业皇冠公司收入预测增长 2.7%，预测期剩余时段年均增长率为 9.2%，主要反映了企业皇冠公司各自提出的公司计划的前景。

其他项目收入受综合皇冠公司收入、利率和汇率变动（影响以外币计价资产的加元价值）的影响，以及跨期科目造成补偿费用，因此不影响预算余额。2017/2018 财年的其他项目收入预测增长 1.2%，预测期的剩余时段预测年均增长率为 3.9%，反映较高利率的影响，以及综合皇冠公司的公司计划中提出的前景。

净外汇收入主要是外汇基金账户的投资回报，对外汇汇率和外国利率的波动很敏感。2017/2018 财年该收入预计下降，主要是由于外汇基金账户持有的资产预期收益减少。预测期的剩余时段，净外汇收入预测年均增长率为 16.6%，反映出利率的预期增长，以及私营部门预测者对加元的预期升值。

表 7-4　　收入前景　　单位：10 亿加元

财年 / 项目	2016/2017	预测					
		2017/2018	2018/2019	2019/2020	2020/2021	2021/2022	2022/2023
所得税							
个人所得税	143.7	152.3	161.4	168.6	175.2	182.8	190.0
企业所得税	42.2	48.2	47.3	47.9	49.4	51.4	52.2
非居民所得税	7.1	8.2	8.3	8.5	8.7	8.8	9.0
所得税合计	193.0	208.6	217.0	225.0	233.2	243.0	251.2
消费税/关税							
商品和服务税	34.4	36.5	37.7	39.2	40.6	42.0	43.5
进口关税	5.5	5.5	5.5	5.3	5.4	5.5	5.7
其他消费税/关税	11.5	11.6	12.1	12.3	12.5	12.7	12.8
消费税/关税合计	51.3	53.7	55.4	56.7	58.4	60.2	62.0
税收总额	244.3	262.3	272.3	281.7	291.6	303.2	313.2
就业保险费收入	22.1	20.6	21.7	22.6	23.3	24.1	25.0

续表

项目＼财年	预测						
	2016/2017	2017/2018	2018/2019	2019/2020	2020/2021	2021/2022	2022/2023
其他收入							
企业皇冠公司	5.7	5.8	6.6	7.5	8.1	8.9	9.0
其他项目	19.3	19.5	20.6	21.4	22.3	23.0	23.6
净外汇	2.1	1.5	2.1	2.4	2.7	3.0	3.2
其他收入合计	27.1	26.8	29.4	31.3	33.1	34.8	35.8
预算收入总额	293.5	309.6	323.4	335.5	348.0	362.1	373.9
占 GDP 百分比							
个人所得税	7.1	7.1	7.2	7.3	7.3	7.4	7.4
企业所得税	2.1	2.3	2.1	2.1	2.1	2.1	2.0
商品和服务税	1.7	1.7	1.7	1.7	1.7	1.7	1.7
税收总额	12.0	12.2	12.2	12.2	12.2	12.2	12.2
就业保险费收入	1.1	1.0	1.0	1.0	1.0	1.0	1.0
其他收入	1.3	1.3	1.3	1.4	1.4	1.4	1.4
预算收入总额	14.4	14.5	14.5	14.5	14.5	14.6	14.5

四、政府盈余/赤字

2018 年预算与加拿大财政部先前估计的基本一致，即在可预见的未来，联邦政府将出现赤字。2018 年预算修正了政府赤字预测，与 2017 年秋季预测相比，年均下调了 1.67 亿加元。加拿大最接近平衡的预算是 2022 财年，赤字为 123 亿加元。加拿大财政部长比尔·摩尔诺在过去的预算中一再强调，政府认为联邦债务与 GDP 的比率，和财政收支整体平衡一样重要。该衡量指标预计将继续下降，从 2017/2018 财年的 30.4% 降至 2022/2023 财年的 28.4%。

（一）赤字率和债务率均有所下降

对人民、社区和经济的促增长投资通过健全的财政管理得到平衡。预测期内联邦债务与 GDP 比率预计会逐渐下降，2022/2023 财年降至 28.4%。根据国际货币基金组织，加拿大的净债务占 GDP 比率是七国集团（G7）国家中目前为止最低的，不到 G7 平均水平的一半。2018 年预算财政轨迹继续显示政府年度预算赤字稳步改善，平均每年比 2017 年预算的预测低 70 亿加元。政府将保持这种向下的赤字率和债务率轨迹。低债务水平支持经济增长和代际公平，通过保持低利息开支和保持灵活性，面对未来的经济冲击和挑战。

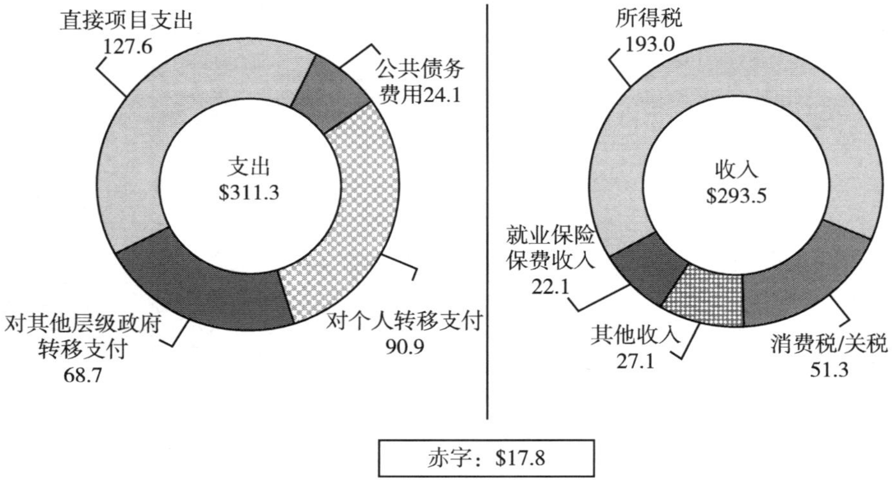

图 7－1　加拿大 2018 年预算收支结构及赤字（单位：10 亿加元）

资料来源：加拿大环球邮报（Globe and Mail）根据加拿大 2018 年预算整理。

（二）赤字的预测和列报方法

2018 年预算中提出的财政预测是基于 2017 年 12 月的私营部门经济前景调查的平均值。但接受调查的经济学家对未来经济增长提出了广泛的看法，因此对名义 GDP（最广泛的税基衡量标准）的路径也有广泛的看法。经济增长假设的变化也会对延伸预测期的预算余额和债务与 GDP 比率的轮廓产生重大影响。例如，如果政府基于名义 GDP 增长的前四大预测的平均值进行财政预测，相当于名义 GDP 增长每年比完整调查平均高 0.3 个百分点，预算余额将平均每年改善 30 亿加元。相反，如果基于名义 GDP 增长预测后四位的平均值进行财政预测，相当于名义 GDP 增长每年平均比完整调查低 0.3 个百分点，预算余额将平均每年恶化 35 亿加元，而联邦债务与 GDP 比率仍将下降，但比用完整调查预测的 2022/2023 财年比率高 1.2 个百分点。

预算余额按完全权责发生制会计列报，在其已获得或发生时，记录政府的收入和支出，无论现金何时收到或支付。相反，融资来源/需求衡量现金流入政府和现金流出之间的差异，这种衡量不仅受到预算余额的影响，还受政府非预算交易的影响。非预算交易包括联邦员工养老金负债的变化；非金融资产的变化；贷款投资活动、投资和预付款；以及其他金融资产和负债的变化，包括外汇活动。

表 7 – 5　　预算余额、非预算交易和融资来源/要求　　单位：10 亿加元

项目＼财年	预测						
	2016/2017	2017/2018	2018/2019	2019/2020	2020/2021	2021/2022	2022/2023
预算余额	−17.8	−19.4	−18.1	−17.5	−16.9	−13.8	−12.3
非预算交易							
养老金和其他账户	7.3	10.6	1.5	1.0	−0.9	0.0	−1.0
非金融资产	−4.8	−2.7	−3.0	−3.2	−2.8	−3.7	−3.6
贷款、投资和预付款							
企业皇冠公司	−6.5	−4.5	−5.8	−6.8	−6.6	−6.1	−6.2
其他	0.3	−0.6	−0.6	−0.7	−0.8	−0.8	−0.8
合计	−6.2	−5.1	−6.4	−7.5	−7.4	−6.9	−7.0
其他交易							
应付账款、应收账款、应计项目和备抵	−0.8	−8.1	−8.1	−5.9	−4.4	−5.3	−4.7
外汇活动	−5.3	1.3	−0.7	−0.3	−1.5	−1.5	−4.4
合计	−6.0	−6.8	−8.8	−6.2	−6.0	−6.8	−9.1
总计	−9.7	−4.1	−16.7	−15.8	−17.0	−17.4	−20.6
融资来源/要求	−27.5	−23.5	−34.8	−33.3	−33.9	−31.2	−32.9

（三）融资需求等的预测

如表 7 – 5 所示，整个预测期都进行了融资需求的预测，预测的 2017/2018 至 2022/2023 财年融资需求主要反映了与预算余额有关的所需资源，企业皇冠公司留用收益的增加，以及其他资产的增长，包括外汇基金账户的融资。2017/2018 至 2019/2020 财年的养老金和其他账户的融资来源被预测。养老金和其他账户包括加拿大政府员工养老金计划的活动，和联邦任命的法官和议员，以及其他各种员工未来福利计划，如医疗保健和牙科计划、退伍军人及其他人的残疾和其他福利。养老金和其他账户的融资来源主要反映了该时段未供资的养老金和福利费用调整数。

非金融资产的融资要求主要反映了购置新有形资本资产的现金支出和包括在预算余额中的资本资产摊销之间的差额。它们还包括有形资本资产的处置，以及库存和预付费用的变化。2018/2019 财年估计现金需求净额为 30 亿加元。

贷款、投资和预付款包括政府对企业皇冠公司的投资，如加拿大按揭及房屋公司（CMHC）、加拿大出口发展局、加拿大商业发展银行（BDC）和加拿大农业信贷组织（FCC）。还包括向中央和省级政府和国际组织以及政府项目提供的贷款、投资和预付款。

2017/2018 至 2022/2023 财年企业皇冠公司的融资要求预算是依据，反映企业皇冠公司的留存收益，以及 2007 年预算中的政府决定，通过其自身发行国内债券满足 CMHC、BDC 和 FCC 的所有借款需求。一般来说，贷款、投资和预付款预计会为政府带来额外的收入，以利息或企业皇冠公司额外净利润的形式，部分抵消了与这些借款要求有关的债务费用。这些收入反映在预算余额的预测中。

其他交易包括退税支付和其他应付账款的支付，税款和其他应收账款的收取，其他应计调整数的换算包括在预算余额中的现金，还有外汇活动。与其他交易有关的预测现金需求主要反映了根据审慎流动性计划，外汇基金账户持有的政府官方国际储备的增加，以及根据历史趋势预测的应收账款增长。

五、政府债务

根据主要的评级机构的评估及财务状况，加拿大政府继续获得 3A 信用评级，具有稳定的前景。评级机构指出加拿大的 3A 信用评级，受到强有力的政治制度、经济弹性和经济多样性、监管良好的金融市场、货币和财政灵活性，以及加拿大有效、稳定和可预测的决策的支持。加拿大的全国政府总债务和净债务状况也仍然有利。根据国际货币基金组织（IMF），加拿大的净债务与 GDP 比率是七国集团（G7）国家中最低的，反映出大量持有的金融资产。

（一）债务总体状况

联邦债务（累积赤字）是指政府总负债与总资产之间的差额，2016/2017 财年末，加拿大联邦债务达 6 319 亿加元。2016/2017 财年的联邦债务比上一财年增加了 159 亿加元，包括 2016/2017 财年预算赤字 178 亿加元，以及 19 亿加元的其他综合收入。19 亿加元的其他综合收入包括可供出售金融工具的未实现净收益 1 亿加元，以及企业皇冠公司和其他政府企业记录的养老金和其他员工未来福利的精算净收益18亿加元。图7-2显示了自1992/1993财年以来联邦债务占GDP的百分比，2016/2017财年该比率为31.2%，比2015/2016财年的31.0%略微上升。

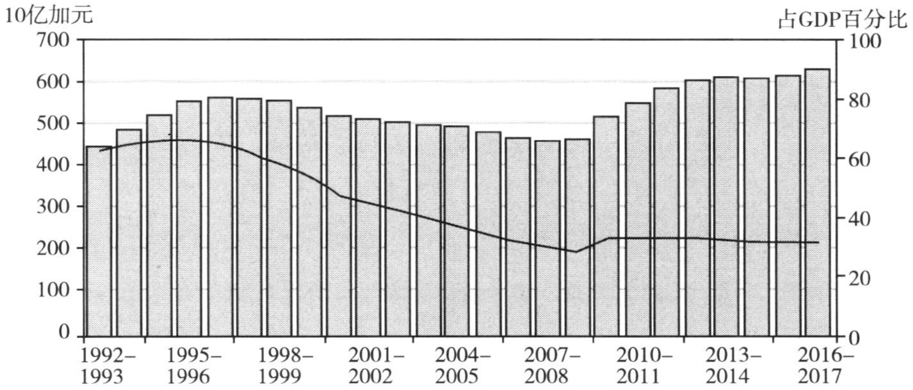

图7-2 加拿大联邦债务（累积赤字）走势图

注：柱状图表示左刻度，曲线表示右刻度。

资料来源：加拿大公共账户和加拿大统计局。

净债务是指政府总负债与其金融资产之间的差额，在这种债务计量方法下，负债只通过金融资产减少，因为非金融资产在不扰乱政府运作的情况下，通常不能转换为现金偿还债务。2016/2017财年末，联邦政府的净债务为7 145亿加元，比2015/2016财年增加了207亿加元。净债务率即净债务占GDP的百分比，衡量债务相对于本国纳税人的融资能力。2016/2017财年的净债务率为35.2%，比上一财年的34.9略有上升，比20世纪90年代中期的峰值72.2%下降了一半还多。

加拿大政府债务与国际的比较，由于政府项目的管辖责任（中央、省和市政府之间）因国家而异，因此政府财政状况的国际比较是以全国政府、国家账户为准的。加拿大全国政府净债务包括联邦、省/地区和市政府，以及加拿大养老金计划和魁北克养老金计划持有的净资产。2016年加拿大全国政府净债务占GDP比率为27.6%，这是G7国家中最低的，不到G7国家平均水平的一半，2016年IMF估算G7国家平均全国政府净债务率达83.0%。

（二）2018/2019财年计划借款款活动

1. 借款授权和来源

加拿大财政部长必须征得议会批准，才能代表政府借债。管理公共债务流动的权力来自《借款授权法案》和《财政管理法》第四部分，两法案共同允许财政部长可以在议会批准的最高限额内借款。议会通过《借款授权法案》授予批准，该法案2017年11月23日生效。通过该法案，议会授权了政府和国有企业的未偿市场债务的最高存量为11 680亿加元。2018/2019财年政府预计不会超过这一限额，因此不需要寻求议会的重新批准。2018/2019财年的未偿政府和国有企业市场债务预测达10 660亿加元，其中7 550亿加元是预计政府年终市场债，预计国有企业市场债务存量约为3 110亿加元。预计借款的来源和用途见表7－6。下一个财政年度的实际借款和资金使用情况与预测的比较将在《债务管理报告2018/2019》中汇报，而有关结果的详细资料，将载于《加拿大公共账目2019》。2018/2019财年政府借款的本金总额预测为2 580亿加元，所有借款将从国内和国外的资金批发市场获得。

表7－6　　2018/2019财年借款的预计来源和用途　　单位：10亿加元

借款来源	
以加拿大货币支付	
短期国债①	138
公债②	113
以加拿大货币支付的总额	251
以外币支付	7
通过借款活动筹集的现金总额	258
借款用途	
再融资需求	
以加拿大货币支付	
短期国债	125
公债	94
其中	
转换债券回购	1
现金管理债券回购	35
零售债务	1
以加拿大货币计的应付总额	220

① 短期债券（Treasury bills）发行的到期期限少于12个月，一年中会多次被展期或再融资。这导致每年发行的新债数量多于财年结束时的未偿债存量，如表中所示。任何超长债券的发行都会减少短期债券的存量。

② 表中列出的公债借款总额是以现金收付制计的。包括转换回购发行的非现金调整和由于通货膨胀对实际回报债券的调整，而产生的额外债务，公债发行总额预计为1 150亿加元。

续表

借款来源	
以外币支付	7
再融资需求总计	227
融资来源/需求	
预算余额	18
非预算交易	
养老金和其他账户	-2
非金融资产	3
贷款、投资和预付款	
企业皇冠公司	6
其他	1
贷款、投资和预付款总计	6
其他交易①	9
非预算交易总计	17
融资来源/需求总计	35
现金净增加或减少（-）	0
风险调整②	-3
其他未到期债务交易③	0
借款用途共计	258

注：负号表示资金来源。

2. 借款用途

政府的借贷需求是由政府预测的财政需求、到期债务的再融资、政府现金余额的预计变化所驱动的。财务需求是指政府预算交易和非预算交易④的现金流量净额。如果政府有净现金流入，它可以用现金来减少总债务存量。但目前的情况是，如果预测有现金净流出（融资需求），政府必须通过增加债务存量总额或提取现金余额

① 其他交易主要包括应计交易因为税款和其他应收账款，转为现金流入和流出，省和地区税收征收协定，应付纳税人及其他负债的款项，以及外汇账户。

② 为审慎的财政规划目的而列入预算赤字的调整被移除，以提高借款需求的准确性。年内可更改债务发行量，以应对财务需求的意外变化而做调整。

③ 包括货币互换重估、未摊销的债务贴现和与资本租赁有关的债务，以及其他未到期债务。

④ 预算交易包括政府收入和开支。非预算交易包括联邦员工养老金账户变化，非金融资产变动，通过贷款、投资和垫款进行的投资活动，以及其他金融资产（包括外汇活动）的变动。

来满足这一要求。

2018/2019 财年，融资需求预测约为 350 亿加元，到期债务再融资预测为 2 270 亿加元，而政府的现金余额预计不会改变，因为新的借款有望满足所有借款需求。由于经济和财政预测、现金交易的时间安排，以及其他因素，如外汇储备需求的变化和皇冠公司借款的不确定性，每年实际借款可能不同。为适应融资需求的意外变化，年内的债券发行量可能更改，通常是通过双周国库券发行的变化，以及通过轻微的现金余额变化，进行较小的调整。值得注意的是，为审慎财政规划目的，预算赤字中包括 30 亿美元的预算风险调整，从借款的计算中扣除，提高了预测的准确性。

（三）2018/2019 财年债务管理战略

《财政管理法》在每个财政年度开始之前，要求政府向议会提交关于预计在未来一年进行的借款，包括借款目的报告，《债务管理战略》满足了这一要求。债务管理战略确定了加拿大政府的目标、战略和国内债务方案的借款计划，以及官方国际储备的管理。借款活动支持即将到期政府债务正在进行的再融资，预算计划的执行，以及政府的财务运作。2018/2019 财年的债务管理战略反映了 2018 年预算的财政预测。

1. 债务管理目标、结构规划和市场咨询

债务管理的基本目标是筹集稳定和低成本的资金，以满足加拿大政府的财务需要，并维持加拿大政府证券良好的市场动作，要实现稳定、低成本的融资，就需要在债务结构的成本和风险之间取得平衡，因为资金需求会发生变化，市场状况也会有所不同。有机会进入功能良好的政府证券市场，可确保随着时间推移而有效地筹集资金，以满足政府的需要。此外，为了支持加拿大政府证券市场的流动性和良好运作，政府努力促进透明度和一致性。

《2018/2019 财年债务管理战略》是通过对广泛的经济和利率情境下的债务结构分析结合中期预测而发布的。政府试图努力在保持低融资成本和降低风险之间取得平衡，以债务展期和年还本付息费用的变化等指标来衡量。

与前几年一样，编制《债务管理战略》咨询了市场参与者。市场参与者指出，加拿大政府债券和短期国库券的市场在 2017 年中大部分时间运行良好。有关《2018/2019 财年债务管理战略》咨询期间所表达意见的更多详情可见于加拿大银行网站。

2. 市场债务构成

2018/2019 财年年末市场总债务存量预计将达到 7 550 亿加元（表 7－7）。

表 7－7　　市场债务的变化　　（10 亿加元，财年结束时）

财年 项目	2014/2015	2015/2016	2016/2017	2017/2018	2018/2019
	实际	实际	实际	估计	预测
国内公债①	488	504	536	578	598
短期国库券	136	138	137	125	138
外债	20	22	18	16	17
零售债务	6	5	5	4	2
市场债务总额	649	670	695	723	755

接下来十年里，10 年或以上原始期限的未到期国内市场债务的份额预计将保持目前水平（即大约 40%）。此外，国内市场债务的平均到期日预计在中期仍保持相对稳定在约 5.5 至 6.5 年。

与全球同行相比，加拿大政府继续奉行审慎的债务管理做法。加拿大联邦市场债务占 GDP 的比例是七国集团国家中最低的。尽管如此，加拿大仍在审慎地发行不同到期期限的债务，并保持了与大多数 G7 国家类似的加权平均到期日。

3. 2018/2019 财年短期国库券计划

2017/2018 财年的借款要求比 2017 年预算预测的要低，是由于各种因素的汇合，包括从整个 2017/2018 财年高于预期的经济活动中获得了增加的税收。因此，由于融资需求减少，双周国库券拍卖规模有所下降。因为短期国库券通常被用作主要的减震器，以根据政府借款需求的演变和时机调整现金流。因而 2017/2018 财年末，短期国库券的存量预计降至 1 250 亿加元，比 2017 年预算预测的少 60 亿加元。

根据市场参与者的反馈，2018/2019 财年做出了调整，以增加年底预计的短期国库券存量。这与以下中期目标一致，即维持足够大的短期国库券存量，以支持加拿大联邦政府短期国库券市场的流动性和良好运行，同时管理债务展期风险。

2018/2019 财年将继续 3 个月、6 个月和 12 个月到期债券的双周发行，双周拍卖规模预计主要在 80 亿～140 亿加元范围内。现金管理国库券（即短期国库券）以有效方式帮助管理政府的现金需求，2018/2019 财年还将继续使用这些工具。

① 包括转换回购发行和本财政年度因通货膨胀对实际回报债券的调整而产生的额外债务。

4. 2018/2019 财年债券计划

2018/2019 财年，总公债发行量预计为 1 150 亿加元左右（表 7－8），平衡了短期国库券和核心基准公债，促进市场良好运行所需的流动性要求，同时也满足了政府实现稳定、低成本融资的目标。

表 7－8　　2018/2019 财年公债发行计划　　（10 亿加元，财年末）

项目＼财年	2014/2015	2015/2016	2016/2017	2017/2018	2018/2019
	实际①			估计	预测②
债券发行总额③	99	93	135	138	115
转换回购债券	－1	－1	－1	－1	－1
净发行量	98	93	134	138	114
到期债券及调整④	－84	－78	－103	－95	－94
债券存量变动	15	16	32	43	20

5. 到期日周期和基准债券目标范围

相对于 2017/2018 财年，2018/2019 财年的基准债券目标范围计划略微缩小，如下表所示。

表 7－9　　到期日模式和基准大小范围　　单位：10 亿加元

	2 月	3 月	5 月	6 月	8 月	9 月	11 月	12 月
2 年期	10～16		10～16		10～16		10～16	
3 年期⑤		4～9				4～9		
5 年期		11～17				11～17		
10 年期				10～16				
30 年期⑥								10～16

① 表中前三个财年的历史债券发行按市值入账。

② 2018/2019 财年债券发行总额包括 8 亿加元的转换回购，以及 12 亿加元的本财政年度发生的因实际回报债券通胀调整而导致的额外债务。

③ 包括转换回购发行和由于对实际回报债券的通货膨胀调整，本财政年度产生的额外债务。

④ 包括现金管理债券回购。

⑤ 3 年期债券的发行将与之前的 5 年基准债券互换。这里列出的 3 年期债券的基准规模范围不包括之前的可替代未偿 5 年基准债券。

⑥ 30 年期名义债券和实际收益债券不是每年都到期，也不会在彼此同一年内到期。

续表

	2月	3月	5月	6月	8月	9月	11月	12月
实际收益债券①								10~16
合计	10~16	15~26	10~16	10~16	10~16	15~26	10~16	10~16

注：表中金额不包括息票付款。

6. 债券拍卖时间表

2018/2019 财年，每季度都会有 2 年、3 年、5 年和 10 年期债券的拍卖，还有 30 年实际收益债券。其中一些债券可能每季度发行多次，2018/2019 财年每个债券种类计划拍卖的次数列示于表 7－10。拍卖的实际次数可能因借款需求的意外变化，与计划的拍卖次数不同。

表 7－10　　2018/2019 财年计划进行的债券拍卖次数②

种　类	
2 年期	16
3 年期	6
5 年期	8
10 年期	5
30 年期	3
30 年期转换回购	2
实际收益债券	4

7. 超长债券发行

政府将继续发行符合有利市场条件的超长期债券，并考虑到政府的债务战略目标，即实现稳定、低成本的融资。可能的超长期债券发行日期可见于加拿大银行网站公布的《季度债券时间表》，会列示可能性，但不是承诺举行超长期债券拍卖。只有在招标书公布，确认拍卖日期和规模的情况下，才会举行拍卖，并将提前一周张贴在加拿大银行网站上。或者如果政府决定不在列示的日期发行超长期债券，也将在前一周发布市场公告，以代替招标。

① 包括通货膨胀调整的估计数。

② 每次拍卖的日期将继续通过加拿大银行网站的《季度债券时间表》，在每季度拍卖开始前公布。

8. 债券回购计划

政府计划继续进行在转换基础上的定期债券回购，并进行现金管理债券回购。2018/2019 财年计划在转换基础上进行两次债券回购业务。这些业务将针对最初发行的期限为 30 年的债券。每次业务的日期还是会通过加拿大网站的《季度债券时间表》，在每季度开始前公布。现金管理债券回购方案通过减少大量到期的债券，帮助管理政府的现金需求。2018/2019 财年将继续每周现金管理债券回购业务。2017 年 1 月推出了增加最大回购金额灵活性的试点项目，并将在另行通知之前保持原状。

9. 加拿大官方国际储备的管理

外汇基金账户（EFA）是以财政部长的名义持有的，代表加拿大官方国际储备的最大组成部分。它是加拿大流动外汇储备的投资组合和特别提款权（SDRs）①，用于帮助控制和保护加元的外部价值，并为政府提供流动性的来源。除了外汇基金账户，加拿大官方国际储备包括 IMF 持有的加拿大储备头寸。

政府借款投资流动性储备，其维持在名义 GDP 的 3% 或以上水平。2018/2019 财年的资金需求估计为 100 亿美元左右，但可能由于外国利率和汇率的变动而有所不同。2018/2019 财年用于为流动性储备供资的混合资金来源将取决于许多考虑因素，包括相对成本、市场条件和维持审慎的外币计价债务到期结构的目标。潜在的资金来源包括短期美元票据方案、中期票据，涉及加元兑换外币的跨货币互换，以获取流动性储备，并发行全球债券。关于外币资金和外汇储备资产的进一步资料可见于加拿大财政部网站的《加拿大官方国际储备管理报告》（the Report on the Management of Canada's Official International Reserves）和《财政监控》（The Fiscal Monitor）。

10. 现金管理和审慎流动性

现金管理的核心目标是确保政府任何时候都有足够的现金满足其业务需要。现金包括存入加拿大银行、特许银行和其他金融机构的款项。加拿大银行的现金包括业务余额和为审慎流动性而持有的余额。预计在 2017/2018 财年结束时，现金余额将保持稳定在 370 亿加元。关于流动性状况的定期更新见《财政监控》。

政府在以国内现金存款和外汇储备形式持有的流动金融资产，在正常进入资

① SDRs 是国际货币基金组织创造的国际储备资产，其价值基于一揽子国际货币。

金市场可能受到干扰或延误的情况下，保障其履行支付义务的能力。政府的整体流动资金水平至少涵盖一个月的预计现金流量净额，包括息票支付和债务再融资需求。

六、政府间转移支付

（一）联邦政府转移支付总体结构

加拿大联邦政府的转移支付分为对个人的转移支付和对其他层级政府的转移支付两种，以2016/2017财年实际发生的转移支付数据为例，总额为1 595.6亿加元，其中对个人的转移支付金额为909.8亿加元，占比约57%；对其他层级政府的转移支付金额为685.8亿加元，占比约43%。具体结构上排名前三位的分别是：老龄福利占比30.2%、加拿大医疗转移支付占比22.6%、儿童福利占比13.8%。在地区分布上，对三个原住民地区育空、西北、努纳武特的人均转移支付力度最大，对发达省份人均力度较小。表7－11为《加拿大2018/2019财年估算案》中列示的近期转移支付概要，从中可以看出新增了“家庭护理和心理健康”转移支付，儿童福利从之前的“其他儿童福利”和“普及儿童护理福利”合并为了一项。

表7－11　　加拿大转移支付总览表　　单位：10亿加元

项目＼财年	2016/2017	2017/2018	2018/2019
	实际	预测	
对其他层级政府的主要转移支付			
加拿大医疗转移支付	36.06	37.15	38.58
财政均等化转移支付	17.88	18.25	18.96
加拿大社会转移支付	13.35	13.75	14.16
领地财务支付	3.60	3.68	3.79
燃油税基金	2.10	2.10	2.20
家庭护理和心理健康	—	0.30	0.85
对诺瓦斯科舍州的额外财政均等化抵消支付	0.03	0.02	0.02
对诺瓦斯科舍州的额外财政均等化转移支付	0.01	0.02	(0.11)

续表

项目 \ 财年	2016/2017	2017/2018	2018/2019
	实际	预测	
青年津贴回收	(0.80)	(0.87)	(0.91)
固定项目的替代支付	(3.65)	(3.95)	(4.09)
对其他层级政府转移支付总额	68.58	70.45	73.45
对个人的转移支付			
老龄福利	48.20	51.06	53.67
儿童福利	22.07	22.88	23.70
就业保险	20.71	22.00	20.70
对个人转移支付总额	90.98	95.94	98.07
主要转移支付总额	159.56	166.38	171.51

注：由于计算时间不同，表7－11和表7－12中同时间段的数据可能有所差异。

（二）联邦政府对省和地区的转移支付

加拿大联邦政府不断向各省和地区提供大量的财政支助，以协助它们提供项目和服务，主要有四种转移支付方案：加拿大医疗转移支付（CHT），加拿大社会转移支付（CST），均等化转移支付和地区公式融资（TFF）。

加拿大医疗转移支付和加拿大社会转移支付是支持具体政策领域的联邦转移支付，如保健、中学后教育、社会援助和社会服务、幼儿开发和儿童保育。均等化转移支付和地区公式融资方案对省和地区提供无条件的转移支付，均等化转移支付使较不发达的省级政府能够在合理可比税收水平上向其居民提供与其他省份合理可比的公共服务，地区公式融资向地区政府提供资金用于支持公共服务，是由于认识到加拿大北部提供项目和服务的成本较高。2018/2019财年，省和地区将通过主要转移支付接受754亿加元。

七、施政方针与财政改革

（一）风险评估

加拿大近期经济发展与全球大致同步，但上行和下行风险仍然存在，可能会影

表 7－12　　联邦对省和地区的转移支付　　单位：百万加元

财年 项目	2009/2010	2010/2011	2011/2012	2012/2013	2013/2014	2014/2015	2015/2016	2016/2017	2017/2018	2018/2019
主要转移支付										
加拿大医疗转移支付	24 476	25 672	26 952	28 569	30 283	32 113	34 026	36 068	37 150	38 584
加拿大社会转移支付	10 857	11 179	11 514	11 859	12 215	12 582	12 959	13 348	13 748	14 161
均等化转移支付	14 185	14 372	14 659	15 423	16 105	16 669	17 341	17 880	18 254	18 958
离岸抵消	645	869	787	443	350	196	125	44	36	－95
地区公式融资	2 498	2 664	2 876	3 111	3 288	3 469	3 561	3 603	3 682	3 785
总转移支付保护		525	952	680	56					
追加支付	74									
联邦支持总额	52 736	55 281	57 739	60 085	62 297	65 029	68 013	70 943	72 870	75 393
人均拨款（加元）	1 570	1 628	1 683	1 731	1 774	1 832	1 900	1 959	1 988	2 031

资料来源：加拿大财政部网站，https：//www. fin. gc. ca/fedprov/mtp－eng. asp，2017 年 10 月更新。

响经济前景，尤其是以下几点：

1. 全球经济更强劲、更持久的增长预计将使加拿大经济活动受益。

2. 加拿大的家庭支出和企业投资在企业和消费者信心上升、企业能力和劳动力市场条件收紧、工资增长上升的情况下，可能会继续令人惊喜。

3. 随着全球石油市场继续接近平衡，中期油价可能高于预期。未来高于预期的石油需求，加之更显著的供应约束，反映了最近全球石油和天然气投资的削减，可能将推向更高的油价，有益于加拿大的收入和投资。然而，西德克萨斯中间（WTI）和西部加拿大选定原油价格之间长期存在或扩大的差距可能会部分侵蚀这一益处。同时，前景也存在一些下行风险。

4. 北美自由贸易协定谈判结果的不确定性，以及全球范围内明显转向更多的保护主义也可能对加拿大产生影响。

5. 当一些发达经济体的中央银行，如美国联邦储备委员会继续使货币政策正常化时，融资条件可能比预期的更快收紧，特别是在过去一年里，融资条件一直保持着令人惊讶的有利。紧于预期的融资条件可能会在世界金融市场造成动荡，尤其是在市场估值上升的情况下，尽管最近全球市场的回调缓解了一些压力。这将通过高利率、负财富效应和/或信心下降的综合作用影响加拿大企业和家庭。

6. 在收入、房价或利率受到巨大冲击的情况下，高家庭债务仍然是加拿大消费和住房市场的主要国内脆弱性。

总体而言，2017 年 12 月经济前景的风险在短期内大致平衡，而且参与调查人士证实该前景是财政规划的适当基础。考虑到经济和财政预测中的风险和不确定性，2018 年预算包括了 2018/2019 财年及未来年份 30 亿加元的风险调整。

（二）2017 年主要税收调整

加拿大 2017 财年预算侧重于税收公平，税收措施聚焦于堵塞漏洞、打击逃税、改善“中产阶级”的税收减免。

1. 政府堵塞税收制度漏洞的措施

（1）通过在跨部门交易中使用抵偿衍生头寸，防止所得税避税或延迟征收；

（2）澄清所得税法中“事实控制”的含义，以确定谁对公司拥有控制权，以便防止不适当地获得支持，如小企业税率，以及对小企业的加强可退税的科研和试验性开发税收抵免；

（3）防止对加拿大风险保险的收入避税，将外国附属公司的基本侵蚀规则扩展到加拿大寿险公司的外国分支机构；

（4）将注册教育储蓄计划和注册残疾储蓄计划的反避税规则，扩展至类似于目前适用于免税储蓄账户和注册退休储蓄计划的反避税规则。

政府还将进一步复审涉及私营机构的税务筹划策略的使用情况，该策略不适当地降低高收入者的个人所得税。政府同时还将考虑现行所得税制是否对涉及家庭成员的正当商业交易有不适当、不利的影响。

此外，未来五年将投资额外的5.239亿加元（3.93亿美元），用于防止逃税和提高税收遵从。该笔资金将使加拿大税务总局能够增加核查活动；雇用更多的审计员和专家聚焦于地下经济；针对高风险国际避税和滥用避税案件，开发健全的商业智能基础设施和风险评估系统；提高刑事逃税侦查工作质量。

政府预计通过2017年预算中的反逃税措施筹集25亿加元。联邦政府将与各省和地区合作制定一项国家战略，加强法人和法律安排的透明度，并改进受益所有权[①]信息的可获得性。目前还在详查如何提高信托公司的纳税申报要求，以改进受益所有权信息的收集。

2. 取消影响有限、收缴率低或与其他联邦支助形式重复的税收措施

（1）取消公共交通税收抵免，2017年6月30日后生效；

（2）废除支付给非本地游客和非本地旅游运营商的，关于旅游套餐的住宿部分的商品及服务税（GST）/协调销售税（HST）退税；

（3）取消对国内烟草制造商的附加税；

（4）废除25%的托儿空间投资税收抵免；

（5）废除适用于向合格注册慈善机构捐赠药物的法人团体的额外扣减；

（6）允许第一次捐赠者的超级减免按计划在2017年到期。

为提高整体税制的一致性，取消员工居所搬迁贷款的扣除，取消支付给省和地区立法会议成员和某些市政官员的费用实报实销津贴的免税。

3. 更新税制以反映经济性质的变化

（1）修订“消费税法”下出租车业务的定义，目的是在公平竞争的环境下，确保共乘业务与出租车遵守相同的GST/HST规则；

（2）取消用于有限专家群体的，所得税目的的开票制会计，避免对这些专业人士的延迟征收；

---

① 受益所有权（Beneficial ownership）是与名义或法律所有人相对的概念，是英美法上的历史产物。

（3）取消1954年推出的，鼓励在农村地区提供保险的，对农业和渔业财产保险公司的所得税豁免。

4. 个人税务方面，对税收抵免制度做出以下修订

（1）符合学费免税额的课程范围将会扩大，包括在加拿大中学后机构里进行的职业技能课程；

（2）需要医疗干预才能怀孕的个人，将有资格在医疗费用税收抵免下申请与一般对医学不孕个人生效的同样费用；

（3）加拿大政府将推出新的，不可退税的加拿大照顾者抵免，代替现有的照顾者抵免、不健全的受养人抵免、家庭照顾者税收抵免；

（4）护士从业人员将被列入能够证明残疾税收抵免申请人的损伤影响的医生名单。

（三）2018年预算中的施政方针和财政改革

在2016年自由党执政的第一份联邦预算中，“性别”（gender）一词出现了两次，而在2018年预算中，该词使用了358次。正如预期的那样，性别平等成为2018年预算的重要主题之一，根据政府的说法，“关于支出和税收措施的每一项决定都是通过基于性别的分析而做出的。”为此，预算包括旨在鼓励妇女更多地参与劳动队伍的新措施，同时还有一个“要么用要么输”的计划，鼓励更多的男性休带薪育儿假。预算还有许多其他提议，包括对被动投资收入征税的最终细节、药房顾问委员会和加大研究资金投入。从两性平等、育儿假到研究经费和小企业税制改革，以下是联邦预算中的关键项目：

1. 男女平等

2018年预算为联邦政府和联邦管理下部门的员工提出了薪资平等立法，但未在该计划上投入。该立法将借鉴安大略省和魁北克省的模式，确保男女同工同酬。政府表示，未来几个月将继续与雇主、工会和其他利益相关者进行磋商，以制定薪酬平等立法，将纳入预算法案中。根据预算初步估计表明，这项立法将使联邦政府性别工资差距缩小2.7%，联邦私营部门性别工资差距缩小2.6%。

2. 育婴假

政府提议在五年内投入12亿加元，创立“要么用要么输”的新激励措施，鼓励新生儿父亲休为期5周的育儿假。如果第二家长同意休至少5周的假，就业保险父母分享福利将把育儿假增加至最多40周。该福利占第二家长收入的55%，最长可达12个月。如果家庭选择延长的18个月育儿假，第二家长将可多休额外育儿假8周，按其收入的33%支付。这项福利也将提供给领养和同性伴侣，从2019年6月开始提供。该措施的目的是鼓励父母分担抚养子女的责任，并为母亲提供更大的灵活性，使她们能够更快地返回工作岗位。预算还提议在三年内投入9 000万加元，确保申请人继续得到及时准确的福利支付，同期还另外投入1.277亿加元改进就业保险呼叫中心的可访问性。

3. 土著问题

政府计划五年内投资4.47亿加元，创建新的土著技能和就业培训方案。该方案将取代土著技能和就业培训战略，通过重点培训高质量、高薪工作，帮助缩小土著和非土著人之间的就业和薪资差距。预算还提议六年内投入超过14亿加元，用于原住民儿童和家庭服务。14岁以下的土著儿童占加拿大所有儿童的7.7%，但占寄养儿童总数的一半以上。这笔钱有助于减轻儿童和家庭服务机构的压力，并增加原住民社区的预防资源使家庭能够团聚。

4. 加拿大工人福利

政府希望通过调整税收抵免来提高低收入工人的实际工资。根据加拿大政府的说法，2019年生效的加拿大工人福利，实质上是更慷慨、更容易获得的工作所得税福利。该提案要求最大限度地增加福利，并提高逐步取消福利的收入水平。一个单亲父母或一对年收入2.5万加元的夫妇，2019年从该项目中获得的收入可比2018年多717加元。

5. 药房

埃里克·霍斯金斯（Eric Hoskins）已辞去安大略卫生部长职务，将主持一个咨询委员会，对国家药房计划的可行性进行磋商，并负责进行经济评估。国家药房对患者和政府双方都意味着很大的节省，2016年议会预算办公室分析估计，2015年在处方药上的花费达285亿加元，其中246亿加元符合国家药房计划的覆盖范围，而真正的国家处方药计划将仅花费202亿加元。换句话说，国家药房每年可节省约42亿加元，主要是因为政府在价格谈判中有更强的地位。

6. 小企业税制改革

预算公布了对私营企业内部被动投资收入征税的新细节。当公司每年从规定的被动投资中赚取5万至15万加元时，其主动营业收入的减少金额将适用小企业税率（可按小企业税率征税的企业收入上限为50万加元），2019年为9%。该削减在直线基础上进行，超过5万起征点的被动收入每产生1加元，符合条件的收入减少5加元，公司的被动收入超过15万加元后，将不再适用小企业税率。5万加元以下的被动收入不会受到此次修订的影响。

7. 研究与创新

未来五年，预算承诺38亿加元多用于支持科学。其中很大一部分将用于为大学和其他机构的物理、生命科学、社会科学和医疗保健方面的基础研究增加资金。到2023年，科学家们拥有的基础研究资金将比2018年多出大约5亿加元。这与2017年对加拿大基础科学生态系统进行的独立评估所建议的13亿加元的增长相差甚远，但对政府来说这足以宣布在基础科学领域的投入取得了有史以来最大的增长，大约25%。

新科学基金中的6亿多加元将直接用于加强政府自己的实验室，并集中分散于各个部委的联邦科学活动。值得注意的是，它还赋予国家研究委员会重新设想的角色，部分恢复到高风险、深远的研究押注，该机构之前被认为需要新方向。至于创新，自由党削减了商业创新资助项目的数量，但增加了总体资金，包括未来五年为工业研究援助计划提供7亿加元新资金。还增加了对女企业家的资助，承诺8 530万加元用于知识产权战略，并留出5.725亿加元让研究人员“开放和公平地利用”先进的计算和大数据资源，加拿大在该领域处于世界领先地位。

8. 网络安全

2018年预算拨款5.08亿加元，一直分配至2022/2023财年。该资金将主要用于由通信安全机构为加拿大皇家骑警设立新协调机构，而在预算前几周，新闻报道暗示政府可能在网络安全资源和基础设施上投资10亿加元。渥太华大学教授、网络安全专家韦斯利·沃克（Wesley Wark）说他预计预算中的支出会比建议的要多得多，这只是第一次尝试，需要更长时间和更昂贵的努力，因为加拿大将其国家安全重点从恐怖主义转换到网络入侵。随着国家之间的间谍和战争移至网上进行，网络攻击变得越来越普遍，而加拿大政府已经多次成为网络攻击的目标。自2011年以来，加拿大国库委员会、加拿大财政部，以及加拿大国防研究与发展局都受到了来自中国互联网地址的攻击。观察人士说，加拿大网络安全战略上一次更新是在2010年，是时候刷新一下了。

9. 菲尼克斯薪酬支付体系

加拿大联邦政府在预算中宣布，将最终摆脱问题缠身的菲尼克斯（Phoenix）薪酬体系，该体系多付、少付或者完全没有支付数万名公务员的薪酬，并在两年内投入1 600万加元开发新薪酬支付系统。同时，政府计划在未来几年继续投资菲尼克斯薪酬体系，预算提议政府六年内投资4.314亿加元处理现有体系的问题。该笔钱将帮助位于新不伦瑞克州米拉米奇的菲尼克斯支付中心、加拿大各地的卫星办公室雇用更多的员工，以及各政府部门额外的薪资支持人员。

10. G7峰会资金

根据预算，加拿大计划支出5.94亿加元，用于2018年6月在魁北克州夏洛瓦举办的七国集团轮值主席国及相应的领导人首脑会议。这笔资金还将用于整个2018年在加拿大各地举行的其他引人注目的七国集团部长级会议的安全和后勤工作。

11. 新闻工作

正如预期，政府将探索如何让新闻媒体从非盈利地位中获益。预算提议在五年内向一个或多个非政府组织提供5 000万加元，支持地方新闻加强覆盖服务不足的地区。该笔资金远远少于一些团体想要的资金，加拿大新闻媒体（News Media Canada）是一个代表全国800多家分支机构的协会，曾呼吁每年提供3.5亿加元资金的新闻业基金。

12. 杂项事项

（1）预算提议五年内投入8 140万加元，为那些名字与禁飞名单上的人不匹配的加拿大人建立补救制度。被“禁飞名单”不公平对待的儿童父母，两年多来一直倡导补救制度，他们希望该系统给被错误标记的加拿大人一个纠正号码，以便不再面临机场延误和歧视。

（2）预算提议资金替换用于温莎—魁北克市走廊的轻轨车厢和机车，尽管由于“即将到来的采购”而未公布金额。

（3）随着2018年夏末大麻合法化，政府又投入6 250万加元用于宣传吸毒危害的公共教育活动，以及1 000万加元用于研究，包括评估合法化对心理健康的影响。除了先前宣布的4 600加元的投资之外，用于公共教育的新经费将以面临危险的社区和土著组织为目标。

（4）预算中包含了关于改善联邦选举领导人辩论的模糊细节。政府称：领导人辩论的谈判方式使领导人辩论的结构和潜在效用受到威胁。因此，提议在两年内提供600万加元，每个选举周期再次投入，以支持一个新进程，确保联邦领导人的辩论是为公众利益而组织的，预算还提出了就这一问题立法的可能性。

（5）政府五年内将支出1.91亿加元帮助支付北美自由贸易协定和WTO有关正在进行的软木木材纠纷的法律挑战。

主要参考文献

［1］加拿大 2018 年预算，“Equality Growth，A Strong Middle Class”，Tabled in the House of Commons by the Honourable William Francis Morneau，P. C.，M. P. Minister of Finance，February 27，2018。

［2］加拿大 2018/2019 财年估算案，2018/2019 Estimates，Parts I and II，The Government Expenditure Plan and Main Estimates。

［3］Annual Financial Report of the Government of Canada 2016/2017。

［4］Canadian Budget Focuses On ‘Tax Fairness’，http：//www. tax - news. com/，2017 - 03 - 23。

［5］Michelle Zilio，Tom Cardoso，Matt Lundy（三人均为议会记者），Federal budget highlights：Twelve things you need to know，https：//www. theglobeandmail. com/，2018 年 2 月 27 日首发，2018 年 6 月 15 日更新。

［6］《世界主要国家财政运行报告（2017）》，中国财政科学研究院、广西（东盟）财经研究中心，经济科学出版社，2017 年 10 月。

［7］北大—林肯中心丛书·联邦制全球对话第 4 卷：践行财政“联邦制”，［美］安瓦·沙（Anwar Shah）著，贾康等译，科学出版社，2015 年 2 月。

巴西

第四篇

南美洲

第八章 巴西

巴西联邦共和国（以下简称“巴西”）位于南美洲东部，下辖26个州和巴西利亚联邦区，州下设市，全国共有5 564个市，总面积851.49万平方公里，总人口2.028亿人。自2016年5月以来，巴西政府采用了稳健的货币政策和汇率政策的传导作用，尤其是出台了一项旨在实现财政平衡和可持续增长的改革议程。为保障改革有效实施，巴西政府于2016年相继颁布了《宪法修正案》（第93号修正案）和《宪法修正案》（第95号修正案），其中93号修正案规定消减30%的工会收入至2023年；95号修正案则创立了新财政制度，为联邦主要预算项目建立了支出上限，抑制了相关支出的持续上涨。同时，为恢复巴西经济的短期和中期信心，增加中长期增长潜力，提高国家公共政策的效率，巴西新政府还推出了一系列改革措施，具体包括养老金体系改革；强制遏制联邦政府财政支出；用市场收敛的利率（TLP）代替长期利率（TJLP）；劳动法改革；税制改革和商业友好措施等。通过上述全面的改革和具体经济措施，2017年和2018年，巴西新一轮经济增长的环境不断改善。2017年第二季度巴西国内生产总值迎来了自2014年以来的第一个增长季度，增幅为0.5%。根据国际货币基金组织最新预测数据，2018年和2019年巴西国内生产总值将分别达到2.3%和2.5%。

一、经济概况

根据巴西地理统计局（IBGE）数据显示，经过两年严重的经济衰退后，巴西

2017年国内生产总值为生产6.6万亿雷亚尔（约2.03亿美元），人均国内生产总值为31 587雷亚尔（约合9 749美元）总值重现增长，增速为1.1%。[①] 巴西经济复苏源于农牧业的拉动，2017年巴西农牧业增长了13%，创1996年以来最大增幅，推动巴西经济回到增长轨道上；工业结束了三年下滑趋势；受消费增长和房地产活动扩张的刺激，服务业增长了0.3%；进出口分别增长了5%和5.2%，外贸顺差670亿美元，创29年以来最好成绩。但是，2017年巴西投资率低于上年的16.1%，投资额占GDP的15.6%，创历史最低水平。[②] 2017年11月，巴西政府为发展经济和改善民生，到2018年底将投资7 439个项目，累计投资1 309.7亿雷亚尔，涵盖能源、基础设施、国防、住房、城市交通、医疗卫生等领域。[③] 根据各方展望，2018年巴西经济仍面临大选的不确定性，以及政府财政状况不佳和失业率趋高等宏观因素的影响，但经济增长势头向好，预期GDP增长率维持在2.3%左右。[④]

表8-1　　巴西经济的主要宏观指标（2014~2019）

项目 \ 年份	2014	2015	2016	2017	2018	2019（预测值）
国内经济（变化率,%）						
实际GDP	0.5	-3.8	-3.5	1.0	2.3	2.8
国内需求	0.3	-6.1	-5.0	1.0	2.3	2.7
私人部门需求	1.3	-3.2	-4.4	0.9	2.6	3.1
政府部门需求	1.2	-1.4	-1.3	0.6	0.8	0.7
CPI，期末值	5.2	9.0	8.7	3.7	3.9	4.0
失业率	6.8	8.5	11.5	12.6	11.9	10.8
国民总储蓄（GDP%）	16.79	15.87	16.15	16.57	16.57	17.04
国内总投资（GDP%）	21.03	19.13	17.45	17.85	18.28	18.97

① Leveraged by agriculture, GDP rises 1.0% in 2017 and reaches R$ 6.6 trillion: https://agenciadenoticias.ibge.gov.br/en/agencia-news/2184-news-agency/news/20182-leveraged-by-agriculture-gdp-rises-1-0-in-2017-and-reaches-r-6-6-trillion.html.

② GDP advances 1.0% in 2017, closes year at R6.6 trillion: https://agenciadenoticias.ibge.gov.br/en/agencia-press-room/2185-news-agency/releases-en/20178-gdp-advances-1-0-in-2017-closes-year-at-r-6-6-trillion.html.

③ 巴西政府宣布投资400亿美元发展经济和改善民生：http://finance.sina.com.cn/world/gjcj/2017-11-11/doc-ifynshev5328679.shtml。

④ 巴西地理统计局：https://www.ibge.gov.br/。

续表

项目 \ 年份	2014	2015	2016	2017	2018	2019（预测值）
国际收支（GDP%）						
经常账户余额	-4.2	-3.3	-1.3	-1.3	-1.7	-1.9
贸易余额	-0.2	1.1	2.7	1.8	2.7	2.1
贸易条件（变化率,%）	108	112	117	96	106	121
资本账户（变化率,%）	-0.3	1.0	-0.4	-0.4		
净 FDI	4.0	4.2	4.4	3.6	3.5	3.8
储备（期末值，10 亿美元）	363.6	356.5	365.0	374.0	382.2	384.3

资料来源：巴西中央银行和巴西统计局数据整理所得。

2017 年巴西开始了缓慢的经济复苏进程，但是 2015～2016 年的经济衰退造成 GDP 到 2022 年才能恢复到 2014 年的水平，而工业则需要 8 年时间才能恢复到 2013 年的水平。截至 2018 年第一季度，国内生产总值季度平均增长率为 1.3%，其中畜牧业增长率为 6.1%，比上一年度有所下降；工业、服务业、进口和出口均保持增长趋势，各指标增幅明显高于往年（参见表 8-2）。[①]

表 8-2　　巴西国内生产总值产业构成及其变动分析　　单位:%

项目 \ 年份	2016 年	2017 年	2018 年 Q1
畜牧业	-6.6	12.1	6.1
工业	-3.8	0.1	0.6
采矿业	-2.9	0.5	1.6
制造业	-5.2	0.6	2.8
建筑业	-5.2	-2.7	0.1
公共设施	4.7	2.0	-3.9
服务业	-2.7	0.2	1.0
商业	-6.3	0.7	3.4
交通运输与储藏业	-7.1	-1.4	2.1
通讯业	-3.0	-1.4	-1.8

① 巴西国民经济季度指标变动情况：https：//www. ibge. gov. br/estatisticas - novoportal/economicas/contas - nacionais/9300 - contas - nacionais - trimestrais. html? = &t = downloads。

续表

项目 \ 年份	2016 年	2017 年	2018 年 Q1
金融服务业	-2.8	0.5	-0.3
其他服务业	-3.1	-0.1	1.0
房地产业	0.2	0.3	2.0
公共管理、健康及教育业	-0.1	0.1	-0.3
附加值	-3.1	0.4	1.1
产品税	-6.4	0.6	2.2
GDP（市场价）	-3.6	1.0	1.3
私人部门消费	-4.2	1.0	2.1
政府部门消费	-0.6	-0.6	-0.6
固定资产投资	-10.2	-1.8	-0.1
出口	1.9	5.3	6.2
进口	-10.3	5.1	4.6

资料来源：巴西统计局，ftp://ftp.ibge.gov.br/Contas_Nacionais/Contas_Nacionais_Trimestrais/Fasciculo_Indicadores_IBGE/pib-vol-val_201801caderno.pdf。

二、政府支出

（一）近年来巴西政府总支出情况

1. 巴西政府组织体系及财政情况

根据国际货币基金组织成员国年度报告，巴西共有 7 231 个公共部门（见图 8-1），其中中央预算单位 459 个，包括立法机构、司法机构、中央垂直管理单位、非商业企业和基金管理单位等。中央预算外单位，包括 5 个法定基金、9 个政府主导的非营利组织、23 个职业协会，3 个政府服务供给企业等。地方政府，包括 27 个州（包括联邦区）和 5 570 个市政府。非金融性国有企业，包括 59 个联邦级公司、394 个州级公司、664 个市级公司；此外，还有 12 个金融性国企，包括巴西银行、巴西国家开发银行、巴西联邦储蓄银行和 3 个其他联邦公共银行，6 个州级区域开发银行和巴西中央银行。2015 年 10 月，巴西政府内阁改组，部委数从 39 个裁剪为 31 个，成立了国家改革常设委员会，减少了 3 000 个政府岗位，取消了 30 个与部委

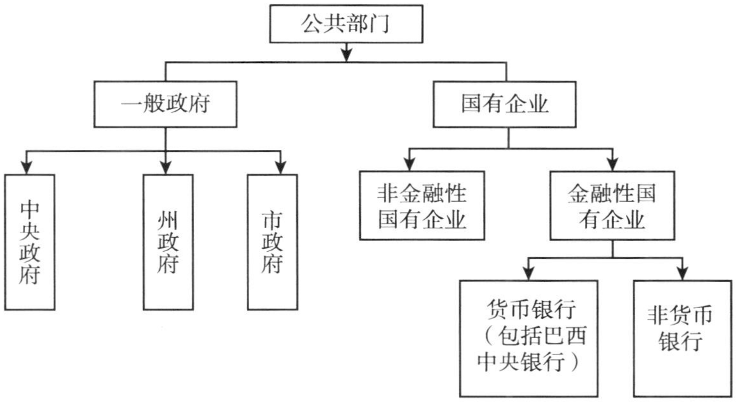

图 8－1 巴西公共部门组织架构图

资料来源：巴西财政部国库秘书处。

有关的秘书处，将不涨工资消减了 10%。[①]

从公共预算角度看，巴西是一个去中心化的联邦制国家，2014 年政府总预算支出约占公共部门总支出的 70.3%，其中中央政府支出不足政府总支出的一半，州政府支出约占政府总支出的 1/3，市政府支出约占政府总支出的 20%。根据预算资金来源不同，中央政府支出又划分为预算内和预算外，分别占 GDP 的 18.3% 和 2.3%（见表 8－3）。

表 8－3 巴西公共部门组织体系及预算情况（2014 年）

单位：占 GDP 比重,%

	机构个数	预算收入	预算支出	预算平衡	政府间转移支付	净支出	净支出占比
公共部门	7 231						
一般政府	6 099	40.1	45.5	－5.4	4.6	40.9	70.3
中央政府	502	27.8	32.5	－4.6	11.9	20.6	35.3
预算内单位	459	25.2	30.4	－5.2	12.1	18.3	31.4
预算外单位和基金	43	2.8	2.3	0.5	0	2.3	3.9
州政府	27	12	12.9	－0.9	0.9	12	20.6
地方政府	5 570	8.7	8.5	0.1	0.2	8.3	14.3

① 巴西政府内阁精简部委缩减 8 个：https://www.lusakatimes.com/2015/10/06/brazilian－president－cuts－salary－by－10－and－cuts－8－ministries/。

续表

	机构个数	预算收入	预算支出	预算平衡	政府间转移支付	净支出	净支出占比
中央银行	1	3.5	3.4	0.1	1.3	2	3.5
非金融类公共企业	1 119	11.2	12.5	-1.3	2.2	10.3	17.7
其他金融类公共企业	12	7	6.2	0.8	1.3	4.9	8.5

资料来源：国际货币基金组织。

2. 巴西中央政府支出总规模

2017 年度巴西中央政府总支出①规模达 15 095.6 亿雷亚尔，占 GDP 的比重为 23.0%。从中央政府支出规模来看，巴西中央政府总支出受经济发展影响明显，2015~2016 年经济严重衰退期间，总支出规模陡然下降，2017 年总支出比上年同期有所增长，占 GDP 比重基本维持在 23% 左右，支出占比超出 20% 的适度规模。从支出增速来看，巴西中央政府支出年度增速有所放缓，年度增长率从 2014 年的 21% 下降为 2017 年的 1.7%。据预测，2018 年巴西中央政府总支出规模为 15 304.5 亿雷亚尔，约占 GDP 的 22.8%。在中央政府总支出中，联邦财政支出增长相对平稳，2018 年联邦政府支出为 13 086.2 亿雷亚尔，比上年增加 2.3%。

表 8-4　　巴西中央政府总支出规模及构成

（2014/2015~2017/2018）

单位：10 亿雷亚尔

项目	财年	2014/2015	2015/2016	2016/2017	2017/2018	2018/2019
一般政府总支出	绝对值	2 186.9	2 302.9	2 472.8	2 487.8	2 659.3
	增长率	9.5	5.3	7.4	0.6	6.9
中央政府总支出	绝对值	1 764.3	1 570.4	1 485.0	1 509.6	1 530.5
	增长率	21.0	-11.0	-5.4	1.7	1.4
联邦政府支出	绝对值	1 046.5	1 164.5	1 249.5	1 279.0	1 308.6
	增长率	13.1	11.3	7.3	2.4	2.3
中央政府转移支付	绝对值	198.5	204.7	226.8	228.3	251.9
	增长率	9.1	3.1	10.8	0.7	10.3

① 注释：根据巴西公共财政指南，巴西中央政府支出包括联邦政府支出、转移支付支出。

续表

项目 \ 财年		2014/2015	2015/2016	2016/2017	2017/2018	2018/2019
GDP	绝对值	6 976.3	6 728.9	6 495.9	6 559.9	6 710.8
	增长率	0.5	-3.5	-3.5	1.0	2.3
占 GDP 比重,%	中央政府总支出	25.3	23.3	22.9	23.0	22.8
	联邦政府支出	15.0	17.3	19.2	19.5	19.5
	附：联邦转移支付	2.8	3.0	3.5	3.5	3.8

资料来源：巴西财政部：http：//www. tesouro. fazenda. gov. br/pt/resultado - do - tesouro - nacional；巴西中央银行：http：//www. bcb. gov. br。

3. 巴西中央政府专项支出结构

根据巴西中央政府专项支出结构，中央政府基本预算支出部门主要包括向州、市级政府的转移支付、家庭户、私营部门、金融机构和其他五类，其中对家庭户、向州、市级政府的转移支付和政府部门的专项支出较高，三项支出合计约占专项总支出91%左右。2017 年年末，巴西中央政府专项支出额为 15 149.0 亿雷亚尔，其中向家庭户的收入转移为 7 879.5 亿雷亚尔、向州、市级政府的转移支付为 3 363.8 亿雷亚尔、政府部门消费支出为 2 787.9 亿雷亚尔，分别占专项总支出的 52.0%、22.2%和 18.4%。

表 8-5　　　巴西中央政府基本预算——按专项支出分类

(2014/2015 ~ 2017/2018)　　　单位：10 亿雷亚尔

项目 \ 财年	2014/2015	2015/2016	2016/2017	2017/2018
向州、市级政府的转移支付	302.6	302.1	332.0	336.4
税收返还	202.5	197.5	221.0	221.9
向家庭户的收入转移	585.0	631.3	747.9	787.9
社会保障金	402.1	440.1	510.1	561.4
社会援助	38.4	42.7	49.0	54.2
失业保险	51.8	48.2	55.7	54.2
残障服务	92.0	99.4	104.9	117.4
向私营部门转移支付	17.2	38.4	31.9	21.1
经济补偿	12.2	34.1	29.1	18.4

续表

项目＼财年	2014/2015	2015/2016	2016/2017	2017/2018
利润返还	5.0	4.3	2.8	2.6
政府部门消费	245.3	265.3	241.9	278.8
公务活动	113.8	125.9	132.7	145.5
其他行政费用	122.4	129.0	98.8	122.6
金融投资	75.1	48.2	53.0	53.5
其他	28.8	54.4	43.5	37.2
合计	1 254.1	1 339.7	1 450.3	1 514.9

资料来源：巴西计划、预算管理部：http：//www.planejamento.gov.br/assuntos/orcamento－1/informacoes－orcamentarias/copy_of_estatisticas－fiscais。

（二）联邦政府支出规模

1. 联邦政府支出的总体情况

2013～2018年间巴西联邦政府支出规模平稳上升，占GDP比重也呈现逐步上升趋势，但是受整体经济危机和政治危机影响，尤其是一再恶化的政治危机，使得巴西经济大幅度滑坡，联邦政府随之不断压减政府财政支出，支出规模增速陡然下降。2017年年末联邦政府支出为12 790.1亿雷亚尔，年度增幅达2.36%，比上年同期

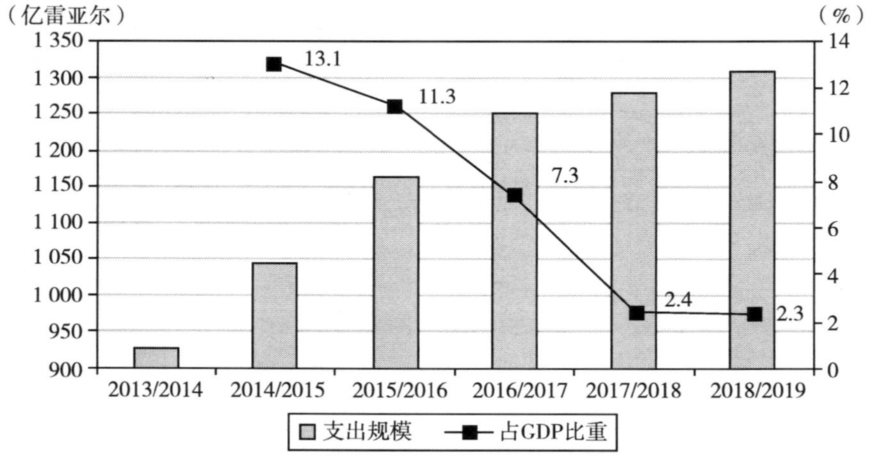

图8－2 巴西联邦政府支出趋势图

资料来源：巴西中央银行，http：//www.bcb.gov.br/？INDICATORS。

增速下降了4.94%。预计今后几年联邦政府支出规模仍将继续缩减，联邦支出占GDP的比重也会随之大幅下降，预计从2016年的7.30%下降到2018年的2.31%。

2. 联邦政府支出在中央政府总支出中的比重

2014年以来，巴西联邦政府支出在中央政府总支出中的比重相对稳定，基本维持在84%左右。据巴西中央银行预测，2018年联邦政府支出占中央政府总支出比重为83.9%其中社保支出为5 561.8亿元，国库和中央银行支出为7 524.2亿元。

图8－3　巴西中央政府总支出结构图

资料来源：巴西中央银行，http：//www.bcb.gov.br/？INDICATORS。

（三）联邦政府支出结构

1. 按支出功能分类

2011～2016年间，巴西联邦政府预算支出由特别费、社会保障、医疗卫生、教育、社会救助、劳动就业、农村发展、住房、城市建设、食品安全等28个公共领域构成，其中特别费、社会保障、医疗、教育及劳动五项支出占联邦总支出的比重平均达90%以上。2017年联邦预算支出科目合并为12项，包括公务员工资福利、医疗、社会救助、社会保障、交通运输、城市和住房、教育和文化、劳工、规划和管理、农业和其他，其中社会保障、其他、医疗、教育和文化支出排前四位，合计占联邦总预算的81.3%。2017年，社会保障支出6 934.2亿雷亚尔，占联邦预算总支出的43.4%，年均增幅为11%。巴西每年用于教育和文化、医疗方面的支出约占GDP的3.1%，尽管宪法规定教育和医疗主要由州、市两级政府承担，但联邦政府用于教育和文化的开支也从2014年的938.6亿雷亚尔提升到2017年的1 104.8亿雷亚尔。支出科目改革后，其他支出约占联邦政府总支出的23.7%左右（参见表8－6）。

表 8-6　巴西联邦政府支出预算执行情况——按支出功能分类

（2014/2015～2017/2018）　　单位：10 亿雷亚尔

项目 \ 财年		2014/2015	2015/2016	2016/2017	2017/2018
1	公务员工资福利	11.6	12.6	14.7	16.2
2	医疗	93.2	101.2	107.2	116.6
3	社会救助	71.2	74.0	80.7	85.7
4	社会保障	505.8	552.5	628.8	693.4
5	交通运输	21.0	16.7	14.1	15.2
6	城市和住房	4.1	4.4	3.8	6.3
7	教育和文化	93.9	103.6	105.9	110.5
8	劳工	71.6	67.3	72.4	71.5
9	规划和管理	20.5	21.1	23.4	26.4
10	农业	22.8	24.3	28.5	25.5
11	国防和公共安全	45.2	46.0	47.0	51.8
12	其他	368.4	396.1	404.6	378.5
合计		1 329.2	1 419.8	1 531.1	1 597.5

资料来源：巴西计划、预算管理部，http://www.planejamento.gov.br/assuntos/orcamento-1/informacoes-orcamentarias/copy_of_estatisticas-fiscais。

2. 按经济性质分类

按照支出的经济性质分类，巴西联邦支出分为社会保障福利支出、工资、其他法定支出、补贴和馈赠、行政部门可支配支出、司法和立法部门可支配支出等项目。2014～2017 年，巴西联邦预算支出中，社保、工资和行政部门可支配等预算支出占联邦总支出的比重平均为 82.5%，分别占比为 39.8%、21.1% 和 21.5%。自 2015 年起巴西经济增长计划支出开始缩减，2017 年支出额为 296 亿雷亚尔，比 2014 年缩减了 281 亿雷亚尔，年均缩减率为 48.7%，未来还将进一步下降。

3. 按支出可支配性分类

从财政支出可控性来看，巴西政府财政支出严格受宪法及其执行条例约束，法定支出缺乏弹性调整机制，联邦政府预算支出中可支配支出平均约为 22.7%，联邦政府政策调控空间十分有限。2017 年，巴西联邦政府总支出规模为 12 790.1 亿雷亚尔，其中法定支出规模为 10 264.7 亿雷亚尔，占财政支出比重达 80.3%。根据预算数据，2018 年巴西财政可支配支出仍保持下行态势，可支配支出规模为 283.7 亿雷

表 8－7　　巴西联邦政府财政支出—按经济性质分类

（2014/2015～2017/2018）　　单位：10 亿雷亚尔

项目	财年	2014/2015	2015/2016	2016/2017	2017/2018
法定支出	社会保障福利	394.2	436.1	507.9	557.2
	城市社保福利	305.5	338.0	396.6	437.2
	农村社保福利	88.7	98.0	111.3	120.0
	工资	222.4	238.5	257.9	284.0
	其他法定支出	160.4	236.6	199.9	185.2
	津贴	16.7	9.2	18.3	16.6
	失业保险	37.2	38.3	37.7	37.9
	社会补助（LOAS/RMV）	38.6	42.5	49.0	53.7
	补贴和馈赠	4.3	53.5	23.3	18.7
	小计	776.9	911.2	965.7	1 026.5
可支配支出	行政部门可支配支出	259.1	241.5	270.7	240.5
	加速增长计划－PAC 计划	57.7	47.3	42.0	29.6
	美丽生活计划－MCMV 计划	17.4	20.7	8.0	3.6
	教育和社会发展	200.9	194.1	228.4	210.8
	卫生部	84.6	85.7	99.8	96.5
	社会发展部	31.2	30.4	32.1	34.5
	教育部	36.4	32.6	34.5	33.0
	司法和立法部门可支配支出	10.4	11.8	13.0	12.1
	小计	269.6	253.3	283.7	252.5
合计		1 046.5	1 164.5	1 249.4	1 279.0

资料来源：巴西计划、预算管理部，http：//www.planejamento.gov.br/assuntos/orcamento－1/informacoes－orcamentarias/copy_of_estatisticas－fiscais。

亚尔，占联邦财政总支出的比例持续下降为 16.92%。

4. 公共部门服务支出结构；功能分类

2015 年 10 月巴西政府内阁重组后，一般政府预算支出仍主要集中于基础设施、社会政策、国家治理和生产制造四个方面，其中社会政策支出第一大预算支出，主要由卫生部、社会发展部、教育部、劳工和社会保障部、体育部和文化部等部门承担，具体详见表 8－8。截止到 2017 年年底，巴西一般政府预算总支出为 149 181 亿

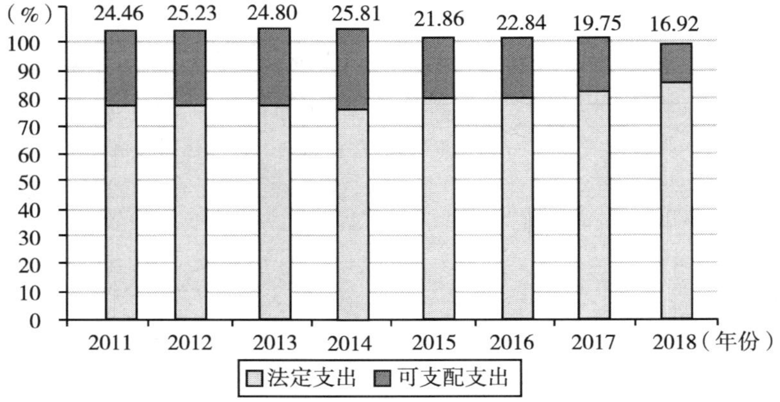

图 8-4　巴西联邦政府财政法定支出和可支配性支出占比

资料来源：Brazil's National Treasury Secretariat：http：//www. tesouro. fazenda. gov. br/。

雷亚尔，其中基础设施建设支出 26 174.7 亿雷亚尔、社会政策支出 83 926.6 亿雷亚尔、国家治理支出 36 847.8 亿雷亚尔、生产制造支出 2 231.6 亿雷亚尔，比上年同期分别降低了 5.9%、1.5%、5.1%、87.3%。

表 8-8　　巴西一般政府预算支出——按支出领域/部门分类

单位：10 亿雷亚尔

	2014/2015	2015/2016	2016/2017	2017/2018
基础设施	4 208.1	3 628.0	2 772.4	2 617.5
交通部	1 310.3	932.4	832.4	1 383.4
科技部	500.8	436.3	330.6	366.5
城镇发展部	1 749.1	1 716.7	770.8	436.9
国家融合部	425.3	324.9	310.3	301.5
矿产和能源部	68.9	69.0	357.5	56.7
环保部	85.3	82.1	76.8	72.5
交通部	68.4	66.6	94.1	0.0
社会政策	7 585.7	8 287.0	8 521.7	8 392.6
卫生部	1 972.4	2 440.7	2 724.6	2 865.3
社会发展和贫困消除部	2 738.5	2 774.8	2 829.4	3 057.4
教育部	2 452.1	2 655.9	2 483.1	2 301.8
社会保障部	215.8	219.0	0.0	0.0
劳工部	55.2	59.7	0.0	0.0

续表

	2014/2015	2015/2016	2016/2017	2017/2018
劳工和社会保障部			337.0	65.3
体育部	78.2	70.4	63.0	40.9
文化部	73.5	66.6	65.0	61.9
妇女、种族平等和人权部			19.6	0.0
国家治理	3 428.8	3 267.0	3 873.3	3 684.8
国防部	1 924.0	1 766.5	1 779.9	2 027.4
财政部	396.5	377.8	415.1	416.2
司法部	302.7	264.6	329.7	290.9
共和国总统	487.9	456.6	447.8	291.2
规划、预算和管理部	118.8	73.5	92.7	147.7
外交部	124.4	163.1	181.7	180.6
透明、监察委员会				10.6
联邦财政支出/信贷操作/向州、市转移支付	74.6	164.8	626.5	320.2
生产制造	560.6	442.1	417.9	223.2
农业、畜牧业部	184.9	178.1	169.8	154.6
产业发展和外贸部	59.4	54.7	44.7	46.8
农业发展部	281.0	178.6	182.8	0.0
旅游部	21.6	20.3	20.7	21.7
渔业和水产养殖部	13.6	10.4	0.0	0.0
合计	15 783.2	15 624.1	15 585.4	14 918.1

资料来源：巴西财政部官网，http：//www.orcamentofederal.gov.br/clientes/portalsof/portalsof/informacoes－orcamentarias。

5. 联邦政府行政费用支出结构

根据巴西预算规划管理部第156号行政规则，2016年5月起联邦预算秘书处（SOF）要按月发布“行政费用支出公报”，旨在提高联邦公共管理费用构成的透明度和传播效应。该公报涵盖联邦政府公共服务开展所耗费的基础费用，具体包括办公设备运行维护费、车辆租赁费、数据处理服务费等。截至2018年5月，联邦政府行政费用合计支出357.2亿雷亚尔，其中部门营运管理费95.88亿雷亚尔、消耗品支出44.5亿雷亚尔、保洁费25.0亿雷亚尔排前三位，分别占行政总费用额的

26.8%、12.5%和7%。

表8-9　　巴西联邦政府行政管理费用构成　　单位：百万雷亚尔

项目＼年份	2014	2015	2016	2017	2018年6月	
					绝对值	占比（%）
餐饮费	1 019.7	805.2	807.5	723.0	787.7	2.2
招录费	248.6	209.6	219.5	446.1	630.7	1.8
远程处理费	446.4	453.3	562.4	541.0	551.5	1.5
办公用房租赁费	1 121.7	1 218.0	1 164.5	1 140.0	1 131.5	3.2
机械设备租赁费	192.9	177.8	163.4	187.5	190.9	0.5
办公用房运维费	1 769.8	1 581.6	1 665.8	1 725.7	1 745.0	4.9
设备运维费	1 000.7	1 153.5	1 296.8	1 253.8	1 265.2	3.5
外包服务费	561.7	642.4	613.5	755.6	709.6	2.0
银行服务费	469.8	1 112.3	1 739.0	1 536.5	1 532.2	4.3
水和污水处理费	423.8	394.7	470.2	475.4	478.9	1.3
一般通讯服务费	345.8	418.9	452.6	385.0	388.9	1.1
打印费	138.4	139.6	140.7	159.5	150.1	0.4
电费	1 265.0	1 916.7	2 168.0	2 096.2	2 154.2	6.0
保洁费	1 980.9	2 220.2	2 338.4	2 487.9	2 502.2	7.0
数据处理费	2 386.7	2 459.6	2 550.2	2 550.1	2 209.0	6.2
通讯费	617.8	436.6	397.1	362.4	344.6	1.0
检测费	2 206.9	2 440.5	2 489.6	2 484.1	2 479.1	6.9
咨询服务费	367.8	333.1	305.7	324.2	334.2	0.9
部门营运管理费	8 982.4	8 970.4	9 075.8	9 542.4	9 588.1	26.8
消耗品支出	4 126.9	4 034.5	4 028.6	4 347.7	4 452.1	12.5
车辆租赁	580.9	532.7	527.3	540.3	555.6	1.6
日常支出	1 240.2	892.9	1 136.5	917.2	961.9	2.7
车辆通行费	828.2	652.5	560.1	589.1	577.0	1.6
合计	32 323.0	33 196.9	34 873.3	35 570.6	35 720.3	100

资料来源：巴西计划、预算和管理局，http://www.planejamento.gov.br。

（四）税收支出结构

根据2018年跨年度预算法案，巴西地区间公共服务支出差异明显，其中东南部地区公共服务支出占比最高，约占税收总支出的50%左右；北部地区公共服务支出占比最低，占比为11.1%。就公共服务支出而言，各地区间产业发展倾向性不同。其中，农业投入集中在中心部地区，服务贸易投入集中在东南部、北部和南部地区，工业产业集中在东南部、东北部、北部地区，劳工服务集中在东南部、南部和东北部地区等。

表8-10 巴西按区域划分税收支出结构——LDO2018 单位：10亿雷亚尔

	北部	东北部	中西部	东南部	南部	总计
行政管理	0.2	0.7	8.5	19.8	1.7	30.8
农业	264.1	625.4	1 509.8	430.6	464.1	3 294.1
社会救助	36.3	186.6	127.0	928.6	247.6	1 526.1
科学技术	17.4	31.6	11.6	930.6	192.1	1 183.3
服务贸易	1 888.7	980.6	582.9	3 667.8	1 482.0	8 602.1
通讯	0.3	0.0	0.2	0.2	0.1	0.8
文化	9.6	7.0	8.8	163.2	21.4	210.0
国防	0.2	0.6	0.4	5.2	1.2	7.8
体育休闲	1.0	1.9	0.8	36.5	7.2	47.3
公民权利	3.2	10.5	8.1	101.9	24.0	147.7
教育	65.4	206.3	128.2	898.9	263.3	1 562.1
能源	26.3	126.1	65.8	116.2	39.4	373.8
住房	3.2	12.3	15.8	106.3	34.6	172.2
工业	837.9	1 045.2	211.6	1 062.0	431.1	3 587.8
农业组织	0.2	2.2	0.1	0.7	1.2	4.5
卫生设施	0.2	0.0	0.1	0.0	0.0	0.4
健康医疗	107.5	407.5	348.7	2 915.4	476.8	4 256.0
劳工	89.6	509.0	358.6	3 106.1	713.9	4 777.2
交通工具	19.0	48.6	14.7	424.7	54.5	561.4
合计	3 370.2	4 202.2	3 401.8	14 914.9	4 456.1	30 345.2
累计额	3 656.8	10 519.0	26 467.7	93 033.3	19 253.8	152 930.6

资料来源：LDO2018，http：//www.planejamento.gov.br/assuntos/orcamento-1。

三、政府收入

（一）近年来巴西中央政府收入

1. 一般政府收入的总体情况

2017 年巴西经济逐步走出萧条。在低利率、投资者信心恢复，以及私人金融机构深化改革等多措并举的作用下，巴西一般政府财政收入状况向好。但是，巴西政治经济结构的内在缺陷导致巴西一般政府收入波动较大，2014～2018 年间预算总收入年均增长率分别为 10%、20.7%、2.7%、15.6%和 2.8%。从收入来源角度看，巴西一般政府预算收入中经常性收入占比最高，但呈现逐年下降趋势；联邦债再融资和资本性收入的占比分别排第 2、3 名，但年度增幅随经济波动呈不规律的特点。据预测，2018 年巴西政府预算总收入为 350 642.1 亿雷亚尔，其中经常性收入为 153 240.4 亿雷亚尔、资本性收入为 81 680.1 亿雷亚尔、联邦债券再融资收入 115 721.5 亿雷亚尔，分别占预算总收入的 49.1%、20.9%和 30%。

表 8－11　巴西政府预算总收入（LOA2018）—按经济来源划分

单位：10 亿雷亚尔

财年 项目	2014/2015	2015/2016	2016/2017	2017/2018	2018/2019	占总收入平均比重，%
经常性收入	13 911.4	15 181.1	15 014.9	14 877.3	15 324.0	49.1
税收收入	4 439.0	4 533.5	4 909.3	4 814.9	4 819.7	15.5
社保缴费收入	7 207.3	7 865.6	7 776.5	8 028.9	8 525.3	26.0
利息收入	966.0	1 048.3	954.0	832.6	892.8	3.1
农业收入	0.0	0.3	0.3	0.3	0.2	0.001
工业收入	2.2	10.8	11.5	19.2	11.1	0.036
服务业收入	483.5	534.7	507.1	372.3	406.6	1.5
存货转让收入	7.4	9.6	13.5	13.7	10.9	0.04
其他经常性收入	805.9	1 178.3	842.8	795.5	657.4	2.8
资本性收入	3 372.9	4 540.2	5 670.5	9 813.0	8 168.0	20.9
信贷业务	1 963.6	2 742.4	3 310.4	6 227.1	4 989.0	12.7
资产处置收益	54.0	63.2	312.4	80.7	30.8	0.4

续表

财年 项目	2014/2015	2015/2016	2016/2017	2017/2018	2018/2019	占总收入平均比重,%
贷款摊销	355.9	423.3	499.4	207.3	1 567.1	2.0
资本转让收入	0.3	1.8	2.4	2.2	1.8	0.01
其他资本性收入	999.1	1 309.6	1 546.0	3 295.6	1 579.3	5.8
联邦债再融资	6 547.5	9 045.4	8 850.0	9 464.1	11 572.2	30.0
总收入	23 831.8	28 766.8	29 535.5	34 154.3	35 064.2	100.0
	占总收入比重,%					—
经常性收入	58.4	52.8	50.8	43.6	43.7	—
资本性收入	14.2	15.8	19.2	28.7	23.3	—
联邦债再融资	27.5	31.4	30.0	27.7	33.0	—

资料来源：LOA – Lei orçamentária Annual, http://www2.camara.leg.br/orcamento – da – uniao/leis – orcamentarias/loa.

2. 中央政府收入结构—按政府层级划分

按政府层级划分，巴西中央政府收入分为联邦政府收入①、州政府收入和市政府收入三级，其中联邦政府收入和州政府收入占一般总收入的94.1%左右，仅联邦一级收入平均占总收入的69%左右。2017年，政府总收入为21 948.3亿雷亚尔，其

图8－5　巴西中央政府预算收入构成（2010/2017财年）

资料来源：Federal Revenue Secretariat of Brazil (RFB), http://idg.receita.fazenda.gov.br/。

① 根据巴西公共财政指南，巴西中央政府收入来源于联邦收入办、非联邦收入办、财政激励和净社会保障收入，其中联邦政府收入是中央政府收入的主要组成部分。

中联邦政府收入为 14 956 亿雷亚尔、州政府收入为 5 569.8 亿雷亚尔、市政府收入为 1 422.5 亿雷亚尔，分别比上年增加了 8.03%、8.08%、8.19% 和 10.77%。

3. 巴西中央政府基础预算收入总况

巴西中央政府基础预算总收入增幅波动较大，年均增幅从 2014 年的 3.5% 上涨到 2018 年的 5.7%。从绝对额来看，2014/2018 财年巴西中央政府收入总规模逐年增加，从 2014 年的 12 215 亿雷亚尔增加到 2018 年的 14 620.5 亿雷亚尔，占 GDP 比重也从 17.5% 增加到 21.8%，年均增幅 1.1%。扣除联邦政府转移支付后，巴西中央政府净收入绝对额仍逐年增加，但年均增长率缺乏明显规律性。

表 8－12　　巴西中央政府基础预算收入状况

（2014/2015～2018/2019）　　单位：10 亿雷亚尔

	合计	社会保障收入	国库和中央银行收入	税收返还	净收入	净收入年均增长率,%	总收入占 GDP 比重,%
2014/2015	1 221.5	337.5	884.0	200.0	1 021.5	2.6	17.5
2015/2016	1 247.8	350.3	897.5	204.7	1 043.1	2.1	18.5
2016/2017	1 315.0	358.1	956.8	226.8	1 088.1	4.3	20.2
2017/2018	1 383.1	373.8	1 008.3	228.3	1 154.7	6.1	21.1
2018/2019	1 462.1	386.1	1 076.0	244.2	1 217.9	5.5	21.8

资料来源：巴西中央银行，http：//www.bcb.gov.br/? INDICATORS。

4. 巴西中央政府收入结构—按经济性质划分

根据巴西财政部统计报告，巴西中央政府经常性收入包括税收收入、社保收入和其他收入三大类，其中税收收入是中央政府的主要收入来源，年平均占经常收入的 61.1% 左右。从 GDP 增长贡献率来看，巴西税收收入贡献率年平均为 13.3%，社保收入为 6.0%，其他收入为 2.5%。2017 年，巴西中央政府经常收入 14 620.5 亿雷亚尔，其中税收收入总规模为 8 902.6 亿雷亚尔，社保收入为 4 053.3 亿雷亚尔，其他收入为 1 664.6 亿雷亚尔，占经常性收入比重分别为 60.9%、27.7% 和 11.4%。

表 8-13 巴西中央政府经常收入结构——按经济性质划分 (2014/2015~2018/2019)

财年＼项目	收入（10 亿雷亚尔）				占总收入比重（%）		
	总收入	税收收入	社保缴费收入	其他收入	税收收入	社保缴费收入	其他收入
2014/2015	1 221.5	739.2	337.5	144.8	60.5	27.6	11.9
2015/2016	1 247.8	765.1	350.3	133.2	61.3	28.1	10.7
2016/2017	1 315.0	819.6	358.1	137.2	62.3	27.2	10.4
2017/2018	1 383.1	834.2	374.8	174.1	60.3	27.1	12.6
2018/2019	1 462.1	890.3	405.3	166.5	60.9	27.7	11.4

资料来源：巴西财政部，http://www.orcamentofederal.gov.br/clientes/portalsof/portalsof/informacoes-orcamentarias。

（二）巴西中央政府税收收入

巴西是南美税收较重的国家之一，实行联邦、州和地方三级课税制度，税收立法权和征收权主要在联邦，共有各种捐税 58 种。巴西中央政府广义税收收入包括税收收入和社会保障收入。其中联邦税主要包括所得税（IR）、工业产品税（IPI）、进出口税（II 和 IE）、金融交易税（IOF）、临时性金融交易税（CPMF）和农村土地税（ITR）；州政府税主要包括商品流通服务税（ICMS）、车辆税（IPVA）、遗产和赠与税（ITD）；市政府税主要包括社会服务税（ISSS）、城市房地产税（IPTU）、不动产转让税（ITBI）、社会性开支（CS）、法人盈利捐税（CSL）、社会保险税（INSS）、工龄保障基金（FSTS）、社会一体化计划费（PIS）、社会安全费（COFINS）。

1. 巴西中央政府税收收入的总体情况

税收收入都是巴西中央政府的最大资金来源之一。2014/2018 财年，巴西中央政府广义税收收入[①]绝对值逐年增加，其占 GDP 比重也呈递增趋势。2017 年，巴西政府税收总额为 13 424.1 亿雷亚尔，比上年同期增长了 4.07%。据预测，2018 年中央政府税收总额将增加到 14 941.0 亿雷亚尔，占 GDP 比重为 22.26%，年度增幅为 1.8%。

2. 巴西中央政府税收收入构成

巴西中央政府大口径税收收入构成，包括所得税、工业产品税（类似增值税）、

① 注释：巴西中央广义税收负担包括税收收入和社会缴款收入。

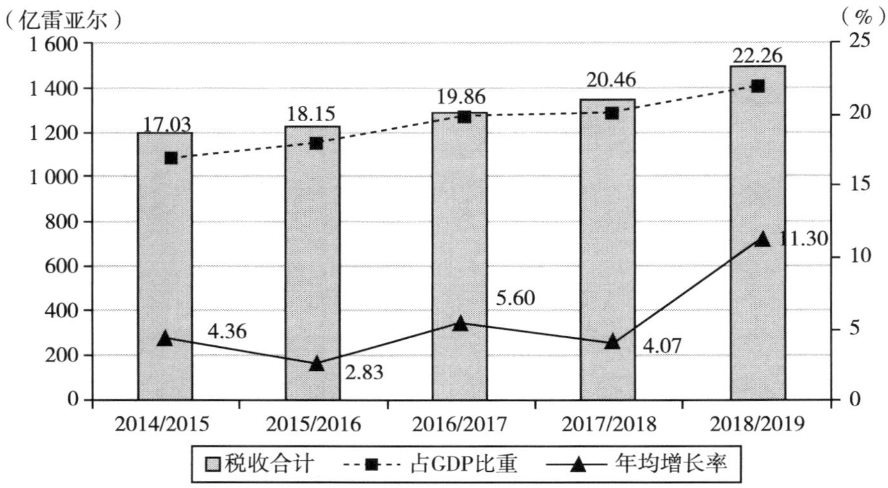

图 8－6　巴西中央政府税收收入情况（2014/2015～2018/2019）

资料来源：Federal Revenue Secretariat of Brazil，http：//idg. receita. fazenda. gov. br/dados。

金融交易税、联邦社会援助缴款①、法人盈利捐税、进口税和社会保障收入等。其中，社会保障收入、所得税、联邦社会援助缴款对中央政府国库收入贡献较高，分别占 GDP 的 5.5%、5.2% 和 3.2%。2017 财年，社会保障收入、所得税、联邦社会援助缴款、其他税收、法人盈利捐税分别为 3 822.4 亿雷亚尔、3 597 亿雷亚尔、2 188.6 亿雷亚尔、1 126.2 亿雷亚尔、692.5 亿雷亚尔，分别占税收收入的 28.5%、26.8%、16.3%、8.4% 和 5.2%。据预测，2018 财年，巴西中央政府税收收入总额为 14 941 亿雷亚尔，其中社会保障收入、所得税、联邦社会援助缴款和其他税收收入分别为 4 021.8 亿雷亚尔、3 791.2 亿雷亚尔、2 571.6 亿雷亚尔和 1 667.9 亿雷亚尔。

表 8－14　　巴西中央政府主要税收收入—分税种

（2014/2015～2018/2019）　　单位：10 亿雷亚尔

财年 项目	2014/2015	2015/2016	2016/2017	2017/2018	2018/2019
所得税（IR）	304.4	322.1	364.4	359.7	379.1
工业产品税（IPI）	50.7	49.3	45.0	48.5	56.6

① 联邦社会援助缴款（COFINS）和社会一体化计划缴款（PIS）是巴西政府向企业征收的一种“社会税”，分别对企业按照收入的 7.6% 和 1.65% 的税率征收，允许抵免。另外，货物和劳务的进口也需要对进口的企业或个人征收 COSINS 和 PIS，税款可在公司所得税前抵扣。

续表

项目＼财年	2014/2015	2015/2016	2016/2017	2017/2018	2018/2019
金融交易税（IOF）	29.8	34.7	33.7	34.5	35.1
联邦社会援助缴款（COFINS）	194.5	201.7	204.4	218.9	257.2
法人盈利捐税（CSLL）	65.5	61.4	67.9	69.2	72.1
社会一体化计划缴款（PIS/Pasep）	52.0	53.8	54.3	58.5	67.2
进口关税（Impoort tax）	36.8	39.0	31.5	32.5	41.6
其他税收	96.3	91.9	100.8	112.6	166.8
社会保障收入	331.9	357.9	364.4	382.2	402.2
合计	1 188.0	1 221.5	1 289.9	1 342.4	1 494.1
	占税收总额的比重,%				
所得税（IR）	25.6	26.4	28.3	26.8	25.4
工业产品税（IPI）	4.3	4.0	3.5	3.6	3.8
金融交易税（IOF）	2.5	2.8	2.6	2.6	2.3
联邦社会援助缴款（COFINS）	16.4	16.5	15.8	16.3	17.2
法人盈利捐税（CSLL）	5.5	5.0	5.3	5.2	4.8
社会一体化计划缴款（PIS/Pasep）	4.4	4.4	4.2	4.4	4.5
进口关税（Impoort tax）	3.1	3.2	2.4	2.4	2.8
其他税收	8.1	7.5	7.8	8.4	11.2
社会保障收入	27.9	29.3	28.2	28.5	26.9

资料来源：Federal Revenue Secretariat of Brazil，http：//idg. receita. fazenda. gov. br/dados。

3. 巴西联邦所得税收入构成

按照所得税缴纳部门划分，巴西联邦所得税由个人所得税、公司所得税和代扣所得税构成，其中代扣代缴所得税占比最高，约占所得税总额的 53.8%。2014/2016 财年，联邦所得税收入规模增大，年均增长率为 5.3%。2017 财年，在前期经济衰退和减税政策的共同推动下，个人所得税、公司所得税波动较大，联邦所得税收入规模缩减到 3 597 亿雷亚尔，比上年同期降低了 1.3%，其中公司所得税收入陡然降低了 14.4 个百分点，整体拉低了所得税收入总额。根据巴西中央银行预测，2018 财年巴西联邦所得税规模将扩大到 3 791.2 亿雷亚尔，其中个人所得税为 318.5 亿雷亚尔、公司所得税 1 299.6 亿雷亚尔、代扣所得税 2 168.1 亿雷亚尔，分别占所得税总收入的 8.4%、34.3% 和 57.2%。

表 8－15　联邦政府所得税收入构成——按权责发生制（2014/2015～2018/2019）　单位：10亿雷亚尔

	个人所得	公司所得			代扣代缴所得					合计
		金融公司	其他公司	小计	劳动收益	资本利得	海外汇款	其他所得	小计	
2013/2014	26.5	21.9	104.3	126.1	79.0	34.3	17.0	9.9	140.2	292.8
2014/2015	27.8	19.2	102.0	121.2	87.0	39.8	18.7	10.0	155.5	304.4
2015/2016	28.4	17.7	95.7	113.4	93.2	52.5	24.2	10.4	180.3	322.1
2016/2017	30.5	24.0	116.5	140.5	99.7	59.1	24.4	10.1	193.5	364.4
2017/2018	32.2	19.7	100.5	120.2	111.2	58.6	26.5	11.0	207.3	359.7
2018/2019	31.9	17.5	114.0	130.0	120.1	54.9	28.5	11.9	216.8	379.1

资料来源：巴西中央银行，http：//www.bcb.gov.br/? INDICATORS。

4. 巴西州商品流通服务税收入构成

商品流通服务税（ICMS）是州政府对商品流通、洲际运输、通信服务等征收的一种增值税。该税收入的一部分建立市特别基金，由各市政府分享。税率在联邦议会限定的范围内由各州确定，在7%～25%之间，一般为8%，洲际运输为12%，但香烟、化妆品等非生活必需品或者奢侈品则适用25%的高税率。2014～2018年，圣保罗州、里约热内卢州、美景州、阿雷格里港州、库里蒂巴州、萨尔瓦多州、圣卡塔琳娜州、累西腓州、戈亚尼亚州、圣埃斯皮里图州的商品流通服务税收入排前10位，累计占巴西政府商品流通服务税收入总额的80%左右，但占比份额有逐年下降的趋势。2018年，商品流通服务税预计收入额为4 763.3亿雷亚尔，其中圣保罗州、里约热内卢州等10各州累计收入额为3 741.4亿雷亚尔，占商品流通服务税收入总额的78.5%，比2014年下降了2.1个百分点。

（三）巴西政府社会缴费收入

1. 巴西政府社会缴费收入的整体情况

巴西政府社会缴费项目[①]众多，主要包括社保缴费收入、社会福利机构自有收入和社会福利机构其他收入三大类，其中社保缴费收入是第一大收入来源，占社会

① “社会缴费”（Social Contribution）国内有学者译为“社会特别税”。巴西中央银行把一些“社会缴费”（Social Contribution）收入纳入税收收入口径，而巴西财政部把“社会缴费”收入进行单列，与税收收入相区别。本文统一将其译成为“社会缴费”。

表 8－16　巴西商品流通服务税（ICMS）收入构成——按征税层级

（2014/2015～2018/2019）　　单位：10 亿雷亚尔

		2013/2014	2014/2015	2015/2016	2016/2017	2017/2018	2018/2019
州政府增值税收入额	圣保罗（SP）	121.9	122.8	126.0	125.9	132.3	143.0
	里约热内卢（RJ）	31.6	31.9	33.0	32.0	32.6	35.1
	美景（MG）	36.0	38.3	37.9	41.9	46.7	50.8
	阿雷格里港（RS）	24.1	25.9	27.1	30.2	31.9	33.3
	库里蒂巴（PR）	20.8	22.8	24.9	26.2	29.6	26.8
	萨尔瓦多（BA）	16.8	18.1	18.6	19.5	21.2	23.0
	圣卡塔琳娜（SC）	14.0	15.8	16.1	17.5	19.4	20.9
	累西腓（PE）	11.7	12.7	12.8	13.8	14.5	15.2
	戈亚尼亚（GO）	12.1	13.3	13.7	14.3	15.0	15.8
	圣埃斯皮里图（ES）	8.8	9.0	9.5	8.8	9.3	10.5
	小计	297.8	310.5	319.8	330.0	352.4	374.1
增值税总收入总额		369.3	388.7	401.4	417.0	445.6	476.3
州增值税贡献率，%		80.6	79.9	79.7	79.1	79.1	78.5

资料来源：巴西中央银行，http：//www.bcb.gov.br/？INDICATORS。

缴费收入总额的 98.7%。具体来看，社保缴费收入又划分为养老金收入、养老金收入、法人盈利捐税、社会一体化计划缴费等，这类收入主要用于社会保障、医疗、教育、社会救助、教育和经济增长计划等。2017 跨年，社会缴费总收入额为6 578.7 亿雷亚尔，占政府预算收入的 47.6%，其中养老金缴费收入和社会安全税的收入贡献率依次为 57.0% 和 24.3%。

表 8－17　　巴西政府社会缴费收入来源构成

（2014/2015～2018/2019）　　单位：10 亿雷亚尔

项目 \ 财年	2014/2015	2015/2016	2016/2017	2017/2018
社会缴费收入	607.9	627.2	613.2	657.9
社保缴费收入	600.4	618.0	604.1	648.8
养老金收入（RGPS）	337.5	350.3	358.1	374.8
法人盈利捐税（CSLL）	50.6	47.8	47.2	51.1
社会安全税（COFINS）	156.7	160.8	142.0	159.8

续表

项目 \ 财年	2014/2015	2015/2016	2016/2017	2017/2018
社会一体化计划缴款（PIS/PASEP）	25.0	25.6	22.5	25.5
临时性金融交易税（CPMF）	0.0	0.0	0.0	0.0
公务员社会保障缴费（CPSS）	26.9	29.5	30.7	33.8
军人退休金	1.9	2.1	2.1	2.3
其他社保缴费	1.8	2.0	1.5	1.6
社会福利机构自有收入	0.6	1.8	3.5	4.0
医疗收入	0.1	0.1	0.1	0.1
预备费	0.4	0.5	0.0	0.0
其他援助	0.1	1.1	0.0	2.0
其他安全保障	0.0	0.0	3.3	1.9
社会保障机构其他收入	6.8	7.4	5.6	5.0
社会保障缴费占社会缴费收入比重,%	98.8	98.8	98.5	98.5

资料来源：巴西中央银行。

说明：燃油费等（CIDE）主要政府对经济领域干预性税收。

2. 巴西政府社会保障预算收入

社会保障预算收入是巴西政府主要的收入来源之一。按照经济性质分类，巴西社会保障预算收入包括经常性收入、经常性收入—预算内业务、资本性收入和资本性收入—预算内业务，其中社会保障缴费收入占比最高，约占总社保收入的94.2%。2018年巴西社会保障预算总收入为100 508亿雷亚尔，其中经常性收入为68 686亿雷亚尔、经常性收入—预算内业务收入为3 664亿雷亚尔、社保缴费收入为64 710亿雷亚尔和资本性收入为6亿雷亚尔，占比分别为68.3%、3.6%、94.2%和0.01%。

表8－18　巴西政府社会保障预算收支——按经济性质分类（LDO2018）

单位：10亿雷亚尔

预算收入		预算支出	
收入科目	收入额	支出科目	支出额
经常性收入	6 868.6	经常性支出	9 976.5
税收收入	4.2	人员和公共经费	1 290.4

续表

预算收入		预算支出	
收入科目	收入额	支出科目	支出额
社保缴费收入	6 471.0	债务及利息费	0.01
利息收入	78.4	其他经常性支出	8 686.0
工业收入	0.005		
服务业收入	135.5		
存货转让收入	1.0		
其他经常性收入	178.4		
经常性收入—预算内业务	366.4	资本性支出	72.3
资本性收入	0.6	投资	72.2
信贷业务	0.2	金融投资	0.2
资产处置收益	0.2	债务摊销	
资本转让收入	0.2	储备	2.0
其他资本性收入	0.002		
资本收入—预算内业务	2 815.2		
合计	10 050.8	合计	10 050.8

资料来源：LDO - 2018，Anexo I，http：//www2.camara.leg.br/orcamento - da - uniao/leis - orcamentarias/ldo。

四、政府盈余/赤字

（一）中央政府盈余/赤字规模

伴随着经济活动、就业和收入等的广泛复苏，2017 年巴西政府财政政策和联邦储备也随之做了相应的调整。根据 2017 年预算指导法案（LDO）预测，巴西公共部门基本预算赤字由 143.1 亿雷亚尔（占 GDP 的 2.1%）调整为 163.1 亿雷亚尔，相当于 GDP 的 2.45%。据预测，2018 年基本预算赤字为 161.3 亿雷亚尔，相当于 GDP 的 1.79%；2019 年基本预算赤字进一步降为 137.8 亿雷亚尔，约占 GDP 的 1.79%。另一方面，在通货膨胀水平下降、浮动汇率制下外部平衡的共同作用下，巴西政府国际储备大幅增加等，对外部环境的适应性提高了。根据国际货币基金组织4月份发布的《全球经济展望》，受中国经济增速下滑和欧元区经济金融问题等不确定风险的影响，巴西政府2020年基础预算赤字将为51.8亿雷亚尔，约占GDP的0.61%。截止2017年末，巴西联邦政府基本预算赤字高达1 620亿雷亚尔，中央政府预算赤字为1 590亿雷亚尔，与上年保持一致，占GDP比重由2.4%下降了一个百分点。2016～2020年间，巴西联邦政府净债务水平逐年增加，预计到2020年上升到38 339亿雷亚尔，相当于GDP的46.17%。

表8－19　巴西政府财政运行状况（2016/2019财年）

单位：10亿雷亚尔，%

序号	预算科目	2016/2017		2017/2018		2018/2019		2019/2020	
		绝对额	占GDP比重	绝对额	占GDP比重	绝对额	占GDP比重	绝对额	占GDP比重
1	基本预算收入	1 380.2	20.8	1 437.5	20.1	1 551.4	20.1	1 672.2	20.14
2	基本预算支出	1 539.2	23.2	1 596.5	22.4	1 690.4	21.9	1 737.2	20.92
3	中央政府基本预算盈余（1～2）	－159.0	－2.4	－159.0	－2.2	－139.0	－1.8	－65.0	－0.78
4	联邦国企基本预算盈余	－3.0	0.1	－3.5	－0.1	－3.5	－0.1	－3.4	－0.04
5	联邦政府基本预算盈余（3＋4）	－162.0	－2.4	－162.0	－2.3	－142.5	－1.9	－68.4	－0.82
6	联邦政府名义预算盈余	－502.9	－7.6	－453.6	－6.4	－448.2	－5.8	－389.2	－4.69
7	联邦政府净债务	2 579.2	38.9	3 024.1	42.4	3 454.1	44.8	3 833.9	46.17

资料来源：Lei de Diretrizes Orçamentárias para 2018，http：//www2. camara. leg. br/orcamento－da－uniao/leis－orcamentarias/ldo。

注释：“＋”表示财政盈余，“－”表示财政赤字。

（二）预算赤字占GDP比重变动情况

近年来，巴西各级政府整体处于赤字运营状态。2017年，政府基本预算盈余水平为1 105.8亿雷亚尔，占GDP比重为1.69%，比上年同期财政赤字率下降了0.8个百分点。其中，联邦政府预算赤字率为0.99%，比上年同期下降了1.13%。

表 8-20 巴西政府公共部门预算赤字占 GDP 比重（2014/2015～2018/2019）

单位：%

项目 \ 财年	2014/2015	2015/2016	2016/2017	2017/2018	2018 年 4 月
总融资需求	0.563	1.855	2.489	1.686	1.781
中央政府需求	0.354	1.946	2.548	1.806	1.781
联邦政府需求	-0.629	0.503	0.140	-0.987	-1.114
中央银行需求	0.002	0.012	0.016	0.012	0.012
主权基金需求	0.981	1.431	2.392	2.781	2.883
地方政府需求	0.135	-0.162	-0.075	-0.114	-0.004
州政府需求	0.229	-0.151	-0.108	-0.105	-0.008
市政府需求	-0.094	-0.010	0.034	-0.009	0.004
国企需求	0.074	0.071	0.016	-0.006	0.004
联邦级国企	0.035	0.029	0.013	0.015	0.018
州级国企	0.044	0.046	0.007	-0.020	-0.011
市级国企	-0.005	-0.003	-0.005	0.000	-0.003

资料来源：巴西中央银行，http://www.bcb.gov.br/? INDICATORS。Central Government Primary Balance，http://www.tesouro.fazenda.gov.br/en/central-government-primary-balance。

五、政府债务

（一）政府债务的总规模

根据 2017 年巴西政府债务年度报告，自 2014 年以来，在基本预算赤字、经济衰退和利率攀升等宏观因素共同作用下，巴西政府总债务规模逐年递增。基于此，2017 年年末巴西公共部门净债务水平达到 33 829.4 亿雷亚尔，一般政府总债务为 54 491.5 亿雷亚尔，占 GDP 的比重从 2014 年的 61.6% 增加到 83.1%，年均增幅达 21.1%。据预测，2018 年一般政府债务总规模将扩大到 55 935.3 亿雷亚尔，占 GDP 比重增加到 84.5%。①

① 巴西年度债务报告（2017），http://www.tesouro.fazenda.gov.br/。

表 8-21　巴西政府债务水平（2013/2014～2017/2018）

（期末，名义价值）　单位：10 亿雷亚尔，%

项目＼财年	2014/2015	2015/2016	2016/2017	2017/2018	2018 年 3 月
公共部门净债务	1 883.1	2 136.9	2 892.9	3 382.9	3 463.4
一般政府净债务	1 915.8	2 272.2	2 995.0	3 505.4	3 579.8
一般政府总债务	3 560.8	4 300.8	4 853.9	5 449.2	5 593.5
	占 GDP 比重，%				
公共部门净债务	32.6	35.6	46.2	51.6	52.3
一般政府净债务	33.2	37.9	47.8	53.4	54.1
一般政府总债务	61.6	71.7	77.5	83.1	84.5

资料来源：巴西国库，http：//www.tesouro.fazenda.gov.br/。

（二）政府债务的构成

巴西一般政府债务由内债和外债两部分组成，其中内债约占债务总额的 75.7% 左右。2018 年 3 月份，巴西政府债务总量达到 GDP 的 84.5%，创 2006 年 12 月以来最高水平，公共部门净债务达 34 633.9 亿雷亚尔，占 GDP 比重升至 52.3%。[①] 具体来看，2017 年末巴西一般政府总债务为 54 491.5 亿雷亚尔，内债额为 54 491.5 亿雷亚尔、外债额为 2 281.6 亿雷亚尔，占 GDP 比重分别为 79.6% 和 3.5%。据巴西中央银行预测，2018 年巴西经济广泛复苏，经济建设需要更多财政投入，为保障相关项目正常开展，政府债务发行规模将进一步扩大，截至 2018 年 3 月一般政府债务总额为 55 935.3 亿雷亚尔，其中内债为 53 607.5 亿雷亚尔、外债为 2 327.8 亿雷亚尔，占 GDP 比重分别为 84.5%、81% 和 3.5%，除外债水平保持不变，其他债务水平均有不同程度的增长。[②]

（三）政府债务负担率变动

根据国际货币基金组织预测数据，巴西未来预算财政赤字占 GDP 比重还将有所下降，2015 年财政赤字率达到最高值 10.26%，2017～2020 年赤字率有所回落，其

① 巴西国库：http：//www.tesouro.fazenda.gov.br/divida-publica-federal。

② Política Fiscal，https：//www.bcb.gov.br/htms/notecon3-p.asp。

表 8－22 巴西一般政府总债务和净债务及占 GDP 比重 单位：10 亿雷亚尔

项目 \ 财年	2014/2015	2015/2016	2016/2017	2017/2018	2018 年 3 月	占 GDP,%
公共部门净债务	1 883.1	2 136.9	2 892.9	3 382.9	3 463.4	52.3
一般政府净债务（A＝B＋C＋D）	1 915.8	2 272.2	2 995.0	3 505.4	3 579.8	54.1
一般政府总债务（B）	3 560.8	4 300.8	4 853.9	5 449.2	5 593.5	84.5
内债	3 371.5	4 038.3	4 625.7	5 221.0	5 360.8	81.0
债券市场	2 141.1	2 609.1	2 943.6	3 388.6	3 463.2	52.3
国债	2 173.7	2 640.0	2 975.8	3 426.6	3 499.3	52.9
联邦抵押债	－5.7	－5.7	－5.7	－5.8	－4.2	－0.1
债务证券化	9.9	10.2	10.6	8.9	8.1	0.1
公共部门债券投资	－36.6	－35.4	－37.1	－41.1	－40.1	－0.6
央行回购操作	1 117.4	1 286.5	1 522.8	1 659.5	1 723.1	26.0
联邦政府银行债	12.4	17.2	16.6	13.3	10.1	0.2
州政府银行债	85.8	106.8	119.0	134.5	138.6	2.1
市政府银行债	14.8	18.8	23.7	25.1	25.8	0.4
外债	189.3	262.4	228.1	228.2	232.8	3.5
联邦政府债	107.0	136.5	119.8	115.4	119.8	1.8
州政府债	74.2	113.7	97.6	101.6	101.8	1.5
市政府债	8.2	12.1	10.7	11.2	11.2	0.2
一般政府资产（C）	－1 579.9	－1 917.6	－2 014.8	－2 052.5	－2 054.3	－31.0
内资	－1 579.5	－1 917.5	－2 014.7	－2 052.4	－2 054.2	－31.0
一般政府可用资产	－674.3	－944.8	－1 096.3	－1 138.1	－1 160.3	－17.5
储蓄需求	－10.9	－9.9	－9.5	－7.8	－9.1	－0.1
联邦政府在央行的可用资产	－605.9	－881.9	－1 039.8	－1 079.7	－1 079.0	－16.3
州级银行部门投资	－54.9	－47.4	－43.2	－47.5	－54.4	－0.8
官办金融机构信用	－545.6	－567.4	－476.6	－450.9	－426.8	－6.4
次级资产和债务工具	－57.7	－52.9	－46.9	－43.9	－43.8	－0.7
债券	－487.9	－514.5	－429.7	－407.0	－383.1	－5.8
基金投资	－136.3	－154.2	－178.4	－185.4	－190.4	－2.9
国企债券	－7.5	－7.8	－7.2	－6.0	－5.8	－0.1

续表

项目 \ 财年	2014/2015	2015/2016	2016/2017	2017/2018	2018 年 3 月	占 GDP,%
其他联邦债	-13.7	-16.6	-16.7	-16.6	-14.7	-0.2
劳动补贴基金（FAT）	-202.2	-226.7	-239.5	-255.4	-256.1	-3.9
外汇平衡操作（D）	-65.2	-110.9	155.9	108.8	40.5	0.6
巴西央行净债务	-72.0	-187.6	-157.3	-181.8	-177.9	-2.7
国企净债务	39.4	52.3	55.3	59.4	61.6	0.9
GDP	5 779.0	5 995.8	6 259.2	6 559.9	6 619.4	

资料来源：巴西国库，http：//www. tesouro. fazenda. gov. br/pt/tesouro - direto。

注释：基本财政收支融资需求不包括央行和 INSS。

中 2017 年赤字率为 9.1%，比上年增加了 0.03 个百分点。随着巴西经济预期复苏加快，但是鉴于巴西政府大选在即，经济增长复苏步伐仍有许多不确定因素存在，财政赤字变动幅度还有待进一步商榷。

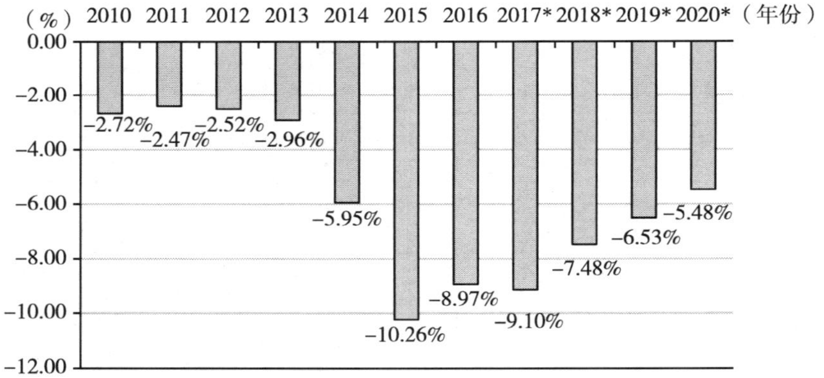

图 8-7　2010～2020 年巴西政府预算赤字占 GDP 比重变动图

资料来源：国际货币基金组织，http：//www. statista. com/statistics/270877/brazils - budget - balance - in - relation - to - gdp/。

注释：* 表示当年数据为预测值。

六、政府间转移支付

（一）转移支付的基本情况

1988 年，巴西宪法明确规定了各级政府的事权和支出责任。按规定，联邦政府主要负责外交、经济计划、邮电、核能、公共交通、电力和水电等支出领域，但是对社会福利、环境保护、农业推广、住房和扶贫等支出领域，宪法没有明确联邦、州和地方政府之间的支出责任，导致有关教育、城市交通、文化和社会保障等方面的支出责任不清，导致各州市间城市公共服务两极化明显。为平衡各州之间的政治、经济发展不平衡，巴西政府通过收入分享转移支付体制和协商性的转移支付等手段，集中联邦财政收入的21%左右，用于缓解地方间税收分配不公平的矛盾。2014—2018年间，联邦政府的收入占全国收入的68.8%，支出占全国总支出的50.1%；州政府收入占全国收入的25.2%，占全国支出的29.8%；地方政府收入占全国收入的6%，支出占全国总支出的20.1%。其中，州一级政府财政支出中有30%来源于中央政府转移支付，而地方政府的财政支出中有70%来源于中央和州政府的转移支付。

表8－23　　巴西参与基金的分配比例　　单位：%

地区	联邦和州参与基金	州参与基金
北部	25.37	8.53
东北部	52.46	35.27
东南部	8.48	31.18
南部	6.52	17.55
中西部	7.17	7.47

资料来源：巴西财政部网站。

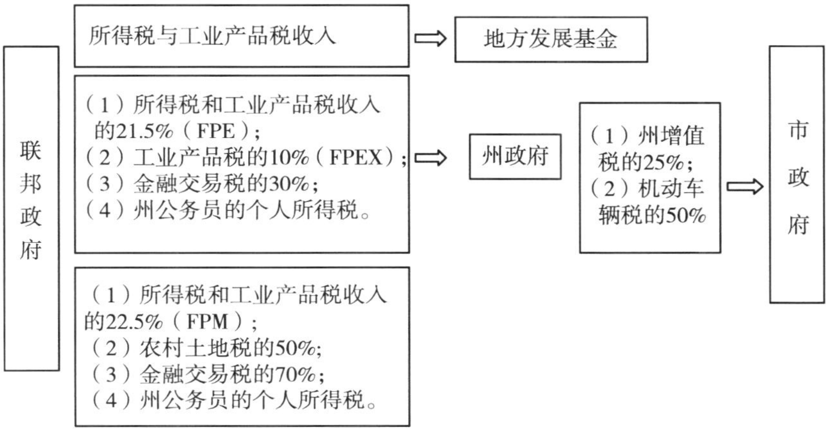

图8－8　巴西宪法规定的政府间转移支付形式和分配比例

资料来源：巴西财政部网站。

（二）转移支付的规模

1. 按支出部门划分的转移支付

按转移支付资金流向部门划分，巴西中央财政资金主要流向了州、市政府，家庭户、私营部门、政府消费、金融投资机构和其他部门，其中对家庭户的现金转移支付占比最高，约占转移支付总额的49.3%。2014～2017年间，巴西中央政府基本预算转移支付支出规模逐年增加，其中向向州、市政府转移支付支出和政府消费支出所占比重较高，年平均占比分别为23.0%和18.2%。2017年，巴西政府基本预算中，向地方政府转移支付支出3 626.4亿雷亚尔，向家庭户现金转移支付8 363.8亿雷亚尔，政府消费支出2 683.8亿雷亚尔，合计占中央政府转移支付总支出的91.3%。

表8－24　巴西中央政府转移支付资金流向　单位：10亿雷亚尔

财年 项目	2014/2015	2015/2016	2016/2017	2017/2018
向州、市政府转移	302.6	302.1	332.0	362.6
向家庭户现金转移	585	631.3	747.9	836.4
向私营部门转移	17.2	38.4	32.0	39.8
向公共部门转移	245.3	265.3	241.9	268.4
向金融投资机构转移	75.1	48.2	53.0	56.6
其他转移支付	28.8	54.4	43.5	55.7
合计	1 254.1	1 339.7	1 450.3	1 607.7

资料来源：巴西计划、预算管理部，http：//www.planejamento.gov.br/assuntos/orcamento－1/informacoes－orcamentarias/arquivos/estatisticas－fiscais/despesas－primarias－do－governo－central－pela－otica－do－uso。

2. 对州和地方政府的转移支付支出规模

2017年巴西联邦政府对州和地方政府的转移支付为3 626.4亿雷亚尔，比2014年增加了近60亿雷亚尔，占GDP比重也从2014年的4.3%增加到2016年的5.5%。总体上看，巴西联邦政府每年会拿出预算总支出的30%左右用于对州和地方政府的转移支付。

（三）转移支付的结构

巴西中央政府转移支付资金主要投向了部分经济落后区域。2014～2018年间，

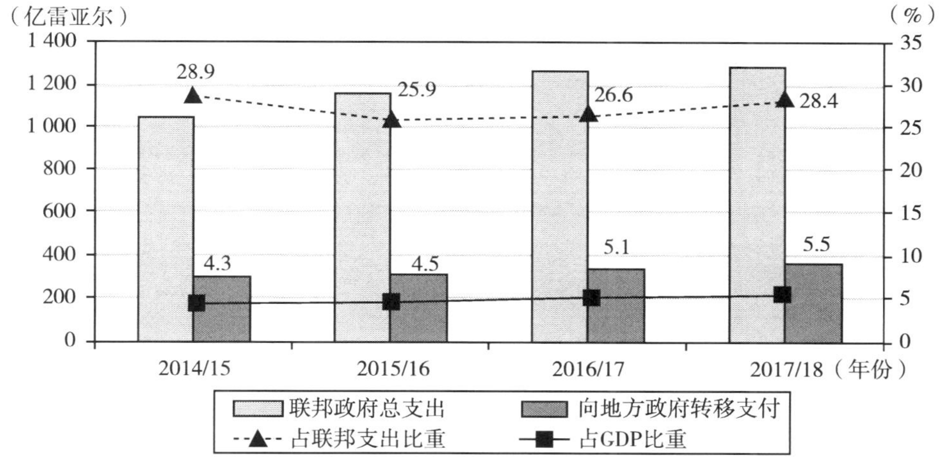

图 8 -9　巴西中央政府转移支付支出情况

资料来源：巴西财政部官网，http：//www. orcamentofederal. gov. br/informacoes - orcamentarias/pasta - estatisticas - fiscais/08. - despesas - primarias - do - governo - central - pela - otica - do - uso。

巴西国库资金向州政府的分享转移支付金额稳定增长，年均增长率为 9. 1% 。2017 年，联邦财政向帕拉伊巴州、帕拉州、马拉尼昂州等 10 个州的收入分享转移支付金额共计 2 166. 4 亿雷亚尔，占全国总转移支出的 61. 9% 。此外，国库向地方政府提供的特别使用费、教育基金费等财政资金也相对稳定，2017 年共提供了 652 亿雷亚尔，比上年同期上升了 15. 1% 。

表 8 -25　通过收入分享转移支付体制受益的主要州政府 单位：10 亿雷亚尔

财年 项目	2014/2015	2015/2016	2016/2017	2017/2018	2018/2019
帕拉伊巴州（PB）	6. 10	6. 40	6. 95	7. 56	8. 12
帕拉州（PA）	7. 59	8. 04	8. 81	9. 65	10. 47
库里蒂巴（PR）	8. 03	8. 40	9. 23	10. 14	10. 97
马拉尼昂州（MA）	8. 65	9. 07	9. 98	10. 98	11. 83
伯南布哥州（PE）	9. 02	9. 51	10. 48	11. 56	12. 44
阿雷格里港（RS）	7. 72	8. 15	8. 95	9. 83	10. 58
塞阿拉州（CE）	9. 38	9. 86	10. 84	11. 93	12. 82
圣保罗（SP）	12. 66	13. 27	14. 47	15. 79	17. 11
萨尔瓦多（BA）	14. 55	15. 37	16. 88	18. 55	19. 77
美景（MG）	14. 64	15. 30	16. 76	18. 37	19. 89

续表

项目 \ 财年	2014/2015	2015/2016	2016/2017	2017/2018	2018/2019
其他州	60.94	63.81	69.82	76.40	82.66
州合计	159.28	167.17	183.19	200.75	216.64
特权使用费和教育基金提成	39.18	37.52	46.09	56.63	65.20
分享转移支付总额	198.46	204.68	229.09	256.40	280.10
10个州转移支付占比，%	61.74	61.83	61.88	61.94	61.85
10个州占转移支付总额比重，%	49.55	50.49	49.49	48.50	47.84

资料来源：巴西中央银行，http：//www.bcb.gov.br/？INDICATORS。

注释：上述转移支付包括“联邦区和州参与基金”、“出口补偿基金”、金融交易税和农村土地税等。

七、实施方针与财政改革

（一）国家的优势和挑战

1. 拥有的优势。农牧业是巴西经济复苏的主要动力。2017年巴西经济爬出泥潭，GDP增长率止跌回升至1%，主要靠农牧业拉动，农牧业增长高达13%，创1996年最高水平。民众购买力觉醒。在通货膨胀率下降、实际工资增长以及工作年限担保基金提取等多种因素的共同推动下，家庭消费增长，同时带动了工业、服务业的复苏。“紧财政、宽货币”的宏观调控政策、大规模私有化计划以及积极推动养老金制度、税制、老公制度等改革，为巴西经济增长创造了良好的内部环境。新财政政策的实施取得了显著的效果，财政状况持续改善。根据2018年年度预算法案（PLOA2018），巴西中央政府预算赤字下降到了1 595亿雷亚尔，比预期减少了110亿雷亚尔。

2. 存在的挑战。内部不利因素。巴西失业率创新高。2017年巴西失业率为12.7%，创下2012年以来新高。根据巴西地理统计局数据，2017年巴西失业人口1 323万人，其中第四季度就业人口9 210万人，同比增长2%，而正规就业岗位数3 330万个，同比下降了2%。世界对巴西经济的信心不足。首先，2018年是巴西进入四年一度的总统大选年，国内政治和政党进入博弈阶段，改革议程仍面临着许多不确定性。其次，2015年和2016年连续衰退累计7.2%，积存的高额财政赤字和公共债务、实际收入下降、投资停滞以及制造业竞争力下降等结构性问题有待解决，仅有1%的增长率，不足以扭转连续经济危机后的国内形势。再次，巴西政府腐败丑闻频发，决策透明度不高和监管政策官僚化等影响经济持续增长的不利因素仍然存在。外部不利因素。美联储启动加息、缩表和减税等措施，通胀膨胀和工资水平扩张，将给巴西宽松货币政策造成较大的压力，金融风险增大。同时，中美贸易摩擦，中国经济增速放缓，欧元区经济和金融问题等外部因素，也给巴西经济发展带来风险。

3. 前景展望。(1) 经济前景展望。为推动经济恢复增长，巴西政府持续推出了财政调整和结构性改革、现代化监管措施改进等宏观经济政策，收效明显。根据巴西2019年预算法草案（以下简称“PLOD2019”）预测，2017年巴西国民经济增长率为0.5%增加到1%，2018年国民经济增长率分别为2.0%，2019年GDP增长率上调到3.0%，2020年GDP增长率上调到2.4%，到2021年GDP增长率减速到2.3%。对2017年失业率的预测提高到了12.6%，预测2018年失业率为11.9%。同时，巴西政府开启了宽松的货币政策周期，2016年基准利率为14.25%，2017年下降到7.0%，实现了基金利率制度实施以来的最低水平；2019~2021年基准利率基本维持在8%。浮动汇率确保了外部均衡，据预测雷亚尔兑美元汇率2018年为3.4，2019~2021年维持在3.5的水平。2018~2019年通胀目标将继续与货币政策保持一致，2018设定的通胀率为4.25%。投资持续短缺阻碍经济稳固增长。巴西要维持3%~4%的经济增长率，必须保持20%的投资率。实践中，2013年巴西企业和家庭综合投资率达19%，2016年降至13.7%，公共投资降为1.8%。2017年在中国投资的带动下，巴西外商直接投资略有回升，但远低于2011年的960亿美元。(2) 财政前景展望。沉重的债务负担制约经济增长并潜藏金融风险。根据2018年

表8-26 巴西计划、预算管理部宏观经济展望（2018~2021年）

项目 \ 年份	2017	2018	2019	2020	2021
GDP增长率	1.0	1.5	2.4	3.2	4.1
通货膨胀率	3.7	4.25	4.3	4.0	4.0
失业率	12.6	11.9	10.8		
基准利率	8.3	8.0	8.0	8.3	8.0
雷亚尔兑美元汇率	3.3	3.4	3.5	3.5	3.5

资料来源：Grade de Parâmetros de 12/03/2018. Secretaria de Política Econômica/Ministério da Fazenda.

年度预算（PLOA2018），巴西联邦公共债务总额为18 497亿雷亚尔，其中再融资额为11 062亿雷亚尔、债务利息7 435亿雷亚尔和债务摊销额3 563亿雷亚尔。根据三年滚动预算（PLOD2019）预测，2018年巴西%经常性赤字率将小幅增加，占GDP的1.09%，缘于贸易逆差增大；政府债务占GDP比重为74.8%。根据国际货币基金组织预测，2022年巴西政府债务占GDP比重上升96.9%。

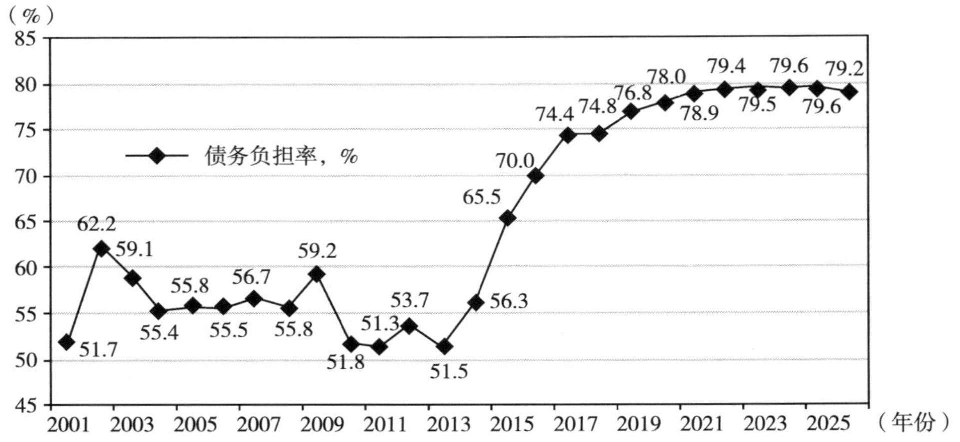

图8－10　巴西中央政府转移支付支出情况

资料来源：Projeto de Lei de Diretrizes Orçamentárias（PLDO 2019），http：//www. planejamento. gov. br/assuntos/orcamento－1/orcamentos－anuais/2019/orcamento－anual－de－2019。

（二）施政方针、目标

巴西财政政策除了为兑现于宏观经济稳定的承诺外，努力改善公共管理，确保基础设施投资，扩大生产，提高国家政策实施能力，消除产业发展高能耗的瓶颈。另外，巴西政府一直致力于简化税收程序，提高征税质量，打击偷税、逃税和避税行为，完善非税收入机制和监管机制，进而提高公共服务的能力。为了实现这一目的，巴西政府还陆续出台了一系列紧缩性的货币、信贷和汇率政策与积极财政政策相配套，以逐步减少净债务率，改善公共债务状况。

（三）重点推进的财政改革

1. 支出政策。农业现代化政策。2018年预算中，为促进农业综合企业的可持续发展能力和市场竞争力，政府推出了农业现代化战略。一是由政府承担控制和根除植物病虫害的责任，以此保障食品安全，计划投入2.65亿雷亚尔；二是促进农牧业技术创新，提高农产品附加值，预计投入2.98亿雷亚尔；三是通过农村保险费补贴制度，降低农民负担。2018年农村保险税制度受益人群约有3.1万，累计投资2.6雷亚尔；四是通过社会救助。向公民提供最低社会保障，确保满足基本需求，由联邦社会发展部（MDS）负责相关工作。

2. 社会保障。继续推进福利政策，确保65岁及以上的老人老有所。2018年BPC和RMV共投入551亿雷亚尔，惠及470万人，其中老人200万和残疾人员270万。家庭大礼包计划，计划向全国范围内的极端贫困家庭直接转移支付85雷亚尔/人，超支部分由家庭成员承担。2018年预计投入260亿雷亚尔。

3. 国家科技创新战略。巴西联邦政府项目金融家（Finep）、国家发展改革委员会（CNPq）及其各自的研究单位负责组织实施科技创新工作。其中Finep负责管理国家科技发展基金，拟为科技创新和项目研发预拨款3892亿雷亚尔。核计划，旨在利用核能健康、和平发展，为医疗、工业、工业、环境保护和电能等领域技术创新，投资3.373亿雷亚尔；在CNPq框架内，为获得学士、硕士、博士和博士后等人员提供科研启动资金累计达5 965亿雷亚尔；政府向社会组织提供2.122亿雷亚尔，为国防科技发展提供基础设施。

4. 通讯服务。政府组建了专门负责国家电信政策制定和实施的国家电信局（Anatel），拓宽民众公共政策获取渠道，促进通信技术对经济发展和社会包容性增长，拟投资1 070万雷亚尔。为促进信息技术民主化，政府拟投资1 210万雷亚尔。Anatel注册投资了国家宽带计划（PNBL），大规模实现宽带互联网接入，预算投资0.19亿雷亚尔。2017年5月地球防御和通信战略卫星进入轨道，为武装部队提供通信服务。2018年计划投资1.3亿雷亚尔，实现地方通信基础设施与卫星互联互通。

5. 重点加强教育、卫生、文化、体育、休闲和社会包容性区域规划，改善居民生活质量，计划投资6 440亿雷亚尔。主要用于图书馆、剧院、博物馆、展览馆和礼堂等公共设施建设。推动文化流通和传播，向文化企业投资2 960亿雷亚尔；推动城市文化遗产保护，为文化遗产的发现、监测和保护，提供资金1 620亿雷亚尔。高水平运动员奖励计划，拟投资7 000万雷亚尔；促进体育休闲项目发展，加快基础设施建设现代化，拟投资2 350亿雷亚尔。为推行青少年维权法、妇女儿童保护法、强制戒毒服务（FUNAD）和人权平等等政策，预算投资13亿雷亚尔。

主要参考文献

[1] 巴西中央银行，http://www.bcb.gov.br/?INDICATORS。

[2] 巴西财政部官网，http://www.orcamentofederal.gov.br/clientes/portalsof/portalsof/infor-

macoes – orcamentarias。

[3] 巴西地理统计局：https：//www. ibge. gov. br/。

[4] 巴西年度债务报告（2017），http：//www. tesouro. fazenda. gov. br/。

[5] 巴西计划、预算管理部：http：//www. planejamento. gov. br/assuntos/orcamento – 1/informacoes – orcamentarias/copy_of_estatisticas – fiscais。

[6] 巴西国库，http：//www. tesouro. fazenda. gov. br/。

[7] 国际货币基金组织。

[8] http：//www. statista. com/statistics/270877/brazils – budget – balance – in – relation – to – gdp/。

[9] Leveraged by agriculture, GDP rises 1.0% in 2017 and reaches R $6.6 trillion：https：//agenciadenoticias. ibge. gov. br/en/agencia – news/2184 – news – agency/news/20182 – leveraged – by – agriculture – gdp – rises – 1 – 0 – in – 2017 – and – reaches – r – 6 – 6 – trillion. html.

[10] Central Government Primary Balance, http：//www. tesouro. fazenda. gov. br/en/central – government – primary – balance。

[11] Federal Revenue Secretariat of Brazil (RFB), http：//idg. receita. fazenda. gov. br/。Mensagem Presidencial：Projeto de lel Orçamentãria Aniual 2018, p12。

[12] Secretaria do Tesouro Nacional doMinistério da Fazenda (STN/MF), OrçamentoCidadão：Projeto de Lei OrçamentáriaAnual – PLOA 2018。

澳大利亚

第五篇

大洋洲

第九章 澳大利亚

澳大利亚是高度发达的资本主义国家，自然资源丰富，是世界重要的农牧产品和矿产资源生产国和出口国。自20世纪80年代以来，澳大利亚通过一系列有效的经济结构调整和改革，经济持续较快增长，截至2015年澳大利亚已实现了长达24年的连续增长记录。当前，澳大利亚已形成了以服务业为主的产业结构，2015年服务业占GDP的比重达到75%，同时，矿业、制造业、农牧业也是澳大利亚重要的经济部门，第二产业占GDP的比重为22.7%，第一产业为2.3%。2016年以来，澳大利亚经济仍未摆脱国际大宗商品价格下跌导致的国内私人投资和大宗商品出口下降影响，加之澳大选后政治因素给经济带来一定的不确定性，GDP增速逐季递减，但整体在发达国家中仍保持了较快的增长水平。进入2018年，澳大利亚的经济可谓喜中有忧。在一连串亮眼的统计数据背后，也存在着一系列的结构性问题和挑战。

一、经济概况

在2016/2017财年度，澳大利亚实现了连续第26年的经济增长。但由于受天气相关因素的影响，2016/2017财年度的经济增长速度比较缓慢。2017/2018财年度，经济增长速度将会有所加快，预计增长率会达到2.75%。

随着矿业投资下降趋势的结束，家庭消费的增长以及出口持续强劲增长，预计经济将会持续增长。非采矿业的投资也有望加强。宽松的货币政策，较低的汇率和灵活的劳动力市场，都有助于促进矿业投资繁荣高峰之后一段时间内的经济调整。

预计全球经济增长将在预测范围内恢复。2016/2017 财年，全球经济创下自金融危机以来的最低增长率，但令人鼓舞的迹象表明，状况正在逐渐发生好转。中国、美国以及其他主要新兴经济体都出现好转迹象。一些主要发达经济体的增长速度超过预期，失业率也在逐渐降低。

（一）国际经济形势

2016 年，全球经济创下自全球金融危机以来的最低增幅，但有令人鼓舞的迹象表明，2017 财年的经济增长速度将会出现大幅度的增加。这将是自金融危机以来对全球经济增长预期的一个重要突破和转折。根据预测，澳大利亚主要贸易伙伴的增长预计将高于全球经济增长的平均水平，尤其是亚洲的贸易伙伴国家，增长将尤其强劲。

经过长时间疲软之后，在 2018 年初，全球贸易量开始出现回升，并且有迹象表明一些主要经济体的商业投资和工业生产前景都在改善。由于对全球经济前景的信心有所增加，所以全球的商业和市场情绪也明显改善。

尽管如此，全球经济增长仍存在一系列不确定性因素。许多国家出现了政策的不确定性，并且这种不确定性正在加剧。例如上文提到的欧洲主权债务危机的遗留问题等。此外，在未来几年，经济增长的动力将会趋缓，结构性问题将会凸显。例如，在许多发达国家和一些重要的新兴市场经济体，老龄化问题越来越严峻，全要素生产率也在逐渐降低。

总体来说，尽管最近几年美国、日本、欧元区等发达国家的经济增长率都相对较低，但增长势头普遍好于预期，劳动力市场的过剩产能也逐渐被消化。

同时，政策环境对于经济增长、生产力提高以及人民生活水平的改善至关重要。改革在一些国家阻力重重，同时，由于国内外环境以及政治经济等因素的影响，许多国家开始支持贸易保护主义，反对自由贸易。

受物价上涨的影响，一些主要发达经济体的总体通胀率开始出现回升，具体来说，基于金融市场的通胀预期指标已经从过去一年的低点有所上升，但核心通胀率仍然较为低迷。

发达经济体的货币政策环境依然宽松。2016 年末，日本银行对其定量和定性宽松计划进行补充，以实现日本政府长期债券收益率的目标。欧洲央行和英格兰银行也继续推行量化宽松计划，并将其政策性利率水平维持为零。相比之下，美国联邦储备银行已经开始提高利率。迄今为止，这项政策的执行还没有很紧张，不过，如果经济发展迫使美联储突然加速收紧货币政策，那么市场的不确定性会促使其做出超乎预期的调整和变动。

（二）国内经济形势与主要指标

1. 总体情况

在国内，澳大利亚经济活动领域逐渐增加，转型正在继续。2016/2017 财年，澳大利亚实现了其第 26 个年头的持续增长。2016/2017 财年，受极端天气的影响，实际 GDP 增长率仅为 1.75%，预计随着 2016/2017 财年一系列与天气有关的事件的影响逐渐消除，国内经济增长将会加快。2017/2018 财年和 2018/2019 财年，增长率有望超过 2016/2017 财年。预计 2017/2018 财年实际国内生产总值增长为 2.75%，2018/2019 财年将达到 3%。与其他发达经济体以及其他主要大宗商品出口商相比，澳大利亚的经济表现绝不逊色。

分地区来看，各州和地区的经济表现差异依然很大。西澳大利亚州和昆士兰州受矿业投资转向资源出口转型的影响最为强烈。新南威尔士州和维多利亚州的经济增长速度超过了十年来的平均水平，这主要得益于利率的下降，人口的稳定增长和汇率走低。

增长率的反弹主要是因为矿业投资对 GDP 的拉动因素减弱，而非矿业投资和居民消费成为拉动 GDP 增长的主要因素。同时，还有出口的拉动效应。房地产投资预计短期内会拉动增长，但长期来看，增长将很快达到峰值。

GDP 的增长还得益于澳大利亚国内较低的利率支持。澳大利亚储备银行（RBA）的隔夜拆借利率仅为 1.5%。宽松的货币政策导致企业和居民的借贷成本保持在较低水平，起到了拉动经济的效果。企业贷款利率几乎达到了澳大利亚 20 年来的最低水平，这帮助了非采矿业的温和复苏。可变利率抵押贷款利率已经达到了 20 世纪 60 年代中期以来的最低水平，这种低利率支撑着悉尼和墨尔本的房地产投资达到了创纪录的最高水平，也推动了澳大利亚的房价增长。

自 2015 年底以来，澳元兑澳元和贸易加权汇率均有所升值，但仍较 2011 年高点兑澳元下跌约 30%。这有助于从资源投资主导的增长转向更广泛的增长。

2. 拉动经济增长的要素分析

在过去三个财年，矿业投资占 GDP 的百分比一直下降，平均而言至少降低了 1 个百分点。与此同时，随着在采矿业由投资阶段向生产阶段的调整继续进行，资源出口对经济增长做出了强有力的贡献。预计矿业投资对经济增长的拖累会逐渐减少，资源出口将继续拉动经济增长。主要铁矿石和液化天然气的最后一批项目将在2017/2018财年达到预期产能。其他类别的出口也会对经济增长产生拉动作用。服务业的出口将继续稳健增长，这得益于汇率持续贬值以及国际上对旅游和教育的强劲需求，尤其是来自亚洲的需求。由于冬季作物将大丰收，所以2016/2017财年农产品的出口将强劲增长，但在2017/2018财年将逐渐下降，预计会恢复至平均水平。

随着采矿业负面溢出效应的逐渐减弱，将会对非采矿业务的投资产生积极影响。这也是国内对非采矿业需求增强、商业环境稳固和融资成本降低的作用结果。预计2017/2018财年和2018/2019财年度非采矿业务投资将增长4.5%。

与历史数据相比，近年来家庭消费增长相对温和。预计2017/2018财年度增长率将达到2.75%，2018/2019财年预计将达到3%。由于消费的增长将继续超过家庭收入的增长，因此这将导致家庭储蓄率进一步下降。

在短期内，预计住宅投资将为澳大利亚的经济增长提供短期的动力。在新南威尔士州和维多利亚州等地，目前仍有大量住宅建设工作尚待完成。随着工程的完工，预计2017/2018财年住宅投资增长将放缓至1.5%。而到了2018/2019财年，住宅投资将下降4%。

在最近几年来，由于工资和物价增长放缓以及商品价格大幅下降，整个澳大利亚的收入增长受到了很大的限制。这不仅影响到了居民和企业，而且对政府的财政收入也产生了很大的影响。

现在，越来越多的行业和地区都出现了工资增长缓慢的现象。但随着国内需求的增强，工资增长预计会有所改善，但短期内工资增长前景依然不容乐观，因此劳动力市场仍然存在着劳动力过剩的问题。

澳大利亚大宗商品的出口价格在2016/2017财年的下半年（2017自然年的上半年）大幅上涨，暂时起到了提振国民收入的作用。在未来短期内，较高的商品价格将导致贸易平衡状况的改善。

2015/2016财年下半年商品价格的上涨将导致2016/2017财年澳大利亚对外贸易条件的显著改善。但预计贸易条件将在2017/2018财年和2018/2019财年恶化。由于贸易条件的变化不大，预计2016/2017财年名义国内生产总值增长6%，2017/2018财年和2018/2019财年期间名义国内生产总值增长4%。

通常情况下，预测都是存在一定的不确定性的。许多国家的政策都开始具有很大的不确定性，其中包括越来越多的国家出现了限制自由贸易和支持贸易保护主义的政策，限制了全球贸易的增长。高企的债务率，潜在的金融失衡和一些行业的产能过剩问题仍然是中国经济面临的风险，欧洲的主权债务危机仍然还有遗留问题，美国利率的重新调整也增加了经济预测的不确定性。此外，一些区域性和全球性战略问题也越来越得到世人的关注。

在澳大利亚国内，大宗商品价格前景的未知性增加了对名义 GDP 判断的不确定性。实体经济在拉动居民消费方面有很大的风险，房地产投资和非采矿业务投资也存在不确定性。由于很多房地产工程都预计在经济预测期内完工，这也会导致房地产投资增速的下降，进而影响到实际经济产出的增长。

表 9－1　主要经济指标　　单位：%

项目＼财年	2015/2016	2016/2017	2017/2018	2018/2019
实际 GDP 增长率	2.6	1.75	2.75	3
房地产投资	2.9	2.5	2.75	3
总商业投资	10.6	4.5	1.5	－4
其中：采矿业投资	－27.5	－21	－12	－3
非采矿业投资	1.4	1.5	4.5	4.5
净出口	1.4	0.5	0.5	0.25
CPI	1.0	2	2	2.25
就业率	1.9	1	1.5	1.5
失业率	5.7	5.75	5.75	5.5

资料来源：澳大利亚联邦政府 2017/2018 财年预算报告。

专栏 9－1

热带气旋黛比带来的经济影响分析

2017 年 3 月 28 日，热带气旋黛比袭击澳大利亚，导致昆士兰州和新南威尔士州北部地区的人员伤亡和洪水泛滥。

就对经济活动的影响而言，飓风已经严重打击了澳大利亚的煤炭出口，并对农业和旅游业产生了不利影响。由于对煤炭运输网络和昆士兰的一些煤矿的损害，导致煤炭出口受到破坏。由于昆士兰州海运出口煤炭占世界煤炭工业的一半以上，导致了冶金煤炭价格在飓风后数周内翻了一番。

> 农业损失主要是在昆士兰州和新南威尔士州北部。盛产水果和蔬菜的麦凯地区是受飓风袭击最严重的地区之一。这个地区生产的辣椒、甘蔗和新鲜番茄占澳大利亚的很大份额。飓风使这些地区损失严重。农业损失导致的水果和蔬菜价格的上涨对澳大利亚整体通货膨胀的影响预计不会很大。2017 财年第二季度，价格上涨预计将增加不到 0.25 个百分点。
>
> 总体而言，预计热带气旋黛比将造成澳大利亚在 2017 财年第二季度的实际 GDP 增长下降 0.25 个百分点，这个影响是由煤炭出口降低造成的。预计恢复重建后，实际 GDP 将恢复原来的增长速度。

3. 不断下降的矿业投资对经济的拖累正在消退

随着大型资源项目的完成，采矿业投资进一步下滑，这推动了企业投资在短期内的下降。事实上，过去三年中，矿业投资已经开始逐步下降。在此期间，矿业投资的下降造成了每年实际 GDP 平均下降超过 1 个百分点。随着澳大利亚的结构性调整工作的逐步完成，预计 2017/2018 财年和 2018/2019 财年，采矿业投资下滑对整体经济的影响将会减弱。与此同时，由于需求的增强，商业条件稳定和融资成本较低，预计非采矿业务投资将会回升。总体而言，预计 2017/2018 财年私人商业投资总额将保持平稳，2018/2019 财年将温和增长 3%。

与许多其他经济体一样，澳大利亚非采矿业投资的复苏缓慢仍然是一个未解之谜，因为国内已经为非采矿业的复苏提供了很长一段时间的各种支持，例如商业借贷成本接近历史新低，商业信心也保持稳健，非采矿业的产能利用率高于长期平均水平。

同时，采矿业投资的减少将会为非采矿业企业提供更有利的环境，特别是在一些采矿业过去比较发达的州。例如在昆士兰州和西澳大利亚州，这些地方曾经非采矿业比较不发达，这次大型矿业建设项目的缩减将会对这些地区的非采矿业产生比较大的影响。相比之下，新南威尔士州和维多利亚州的非采矿业投资近年来一直强劲，因此受影响较小。

二、政府支出

（一）全国政府经常性财政支出情况

预计 2017/2018 财年澳大利亚政府广义政府部门（GGS）应计支出实际增长率

为 1.0%，2018/2019 财年由于国家残疾人保险计划的实施，将使财政支出的增至 2.7%，预计全国政府总财政支出占 GDP 的百分比将从 2017/2018 财年的 25.5% 下降到 2020/2021 财年的 25.2%。

表 9-2　　澳大利亚全国政府财政支出情况

项目＼财年	2016/2017	2017/2018	2018/2019	2019/2020	2020/2021
总支出（十亿澳元）	450.8	464.3	486.9	503.2	522.9
增长率（%）	3.4	1.0	2.7	1.1	1.4
占 GDP 百分比（%）	25.7	25.5	25.7	25.4	25.2

资料来源：澳大利亚联邦政府 2017/2018 财年预算报告。

根据长期预测，预计 2020/2021 财年的财政支出占 GDP 的百分比将下降到 25.2%（见表 9-2），而 2007/2008 至 2013/2014 财年间，该比重从最初的 23.7% 上升至 2013/2014 财年的 26.1%。

在未来几个财年，一系列政策措施将会对财政支出产生综合影响，包括一些措施中非法成分的剔除，以及预测的偏差等，因此，与 2016/2017 财年的中期财政规划中的预测相比，未来四年（2016/2017 财年至 2019/2020 财年）的财政支出增加了 84 亿澳元。同期，澳大利亚联邦政府还制定了一系列增加开支的政策，预计会增加 36 亿澳元的开支。在 2016/2017 财年至 2019/2020 财年的四年中，一些计算参数的变化也会影响财政支出的预测，例如，与 2016/2017 财年中期财政规划相比，公共债务利息的变化将使财政支出减少 60 亿澳元，经济参数变化使开支减少了 12 亿澳元。

（二）按功能分类的经常性财政支出情况

表 9-3 展示了澳大利亚全国政府在未来五年按照功能分类的财政支出情况。

表 9-3　　澳大利亚政府按照功能分类的财政支出情况　　单位：百万澳元

项目＼财年	2016/2017	2017/2018	2018/2019	2019/2020	2020/2021
一般公共服务	27 172	20 703	21 207	21 887	20 820
国防	28 464	30 051	29 877	31 708	33 865
公共安全	5 162	5 042	4 940	4 927	4 572

续表

项目 \ 财年	2016/2017	2017/2018	2018/2019	2019/2020	2020/2021
教育	33 237	33 800	34 997	36 161	37 856
医疗	73 820	75 277	77 511	80 007	82 590
社保和福利	155 698	164 059	178 122	184 975	191 206
住房	4 700	5 351	4 876	4 638	4 088
文化创新	3 609	3 632	3 449	3 344	3 469
能源	6 790	6 940	7 080	7 426	7 764
农林渔业	2 843	2 972	2 845	2 493	2 408
矿业、制造业	3 559	3 825	4 188	4 425	4 583
交通运输业	9 394	10 420	8 592	7 470	6 545
其他经济事务	9 840	9 411	8 894	8 569	8 426
其他目的支出	86 468	92 780	100 285	105 167	114 715
总支出	450 757	464 262	486 863	503 198	522 907

资料来源：《2017/2018 财年澳大利亚联邦政府预算》。

2016/2017 财年至 2017/2018 财年之间澳大利亚政府财政支出的变动主要集中在以下几个行业领域：

1. 一般公共服务领域。2016/2017 财年至 2017/2018 财年，澳大利亚一般公共服务领域财政支出的减少在很大程度上反映在对养老金采用的贴现率的变化上。从 2017/2018 财年开始，该领域的支出预计将会增加，但到 2020/2021 财年将又出现减少的趋势，这主要是因为澳大利亚针对国外多个国家和组织的对外援助支出有一个多年滚动的周期性的变化。

2. 国防领域。2017/2018 至 2020/2021 财年间，澳大利亚的国防支出增加明显，这主要是因为澳大利亚《2016 年国防白皮书》中制定的一系列计划需要相应的国防支出做支持。在此期间，澳大利亚的国防开支预计实际增长 5.3%，名义增长将达到 12.7%。

3. 教育领域。从 2017/2018 财年到 2020/2021 财年，澳大利亚的教育财政支出增加明显，这主要是因为 2017/2018 财年政府预算中制定了关于优质学校的相关规定，根据该规定，政府要根据学校的真实需求为学校提供资金支持，此外还制订了全民普及幼儿教育国家合作协议，以及增加学校入学率的计划。

4. 医疗卫生领域。2017/2018 财年，澳大利亚进行了一系列医疗卫生领域的改革，例如医疗服务和福利项目、州级公立医院援助项目以及医疗服务附属职能部门的拓展等，这使得医疗卫生领域的财政支出从 2017/2018 财年至 2020/2021 财年呈现增长趋势。此外，人口数量的增长以及老龄化程度的加深都增加了对医疗卫生支出的需求。

5. 社保领域。未来四年，澳大利亚社保领域的支出也将增加，主要原因是国内国家残疾保险计划的全覆盖改革，这项改革主要是针对有重大和长期残疾的人群。此外，国内抚养孩子的家庭数量增加，老龄化人口的增加，都导致了社保支出的增加。这部分支出的增长同时被其他支出的削减相抵消，例如退伍军人援助和家属补贴的支出等。

6. 住房和社区维护领域。未来四年，澳大利亚住房和社区维护领域的财政支出出现下降，这种趋势反映了国家合作协议框架下向各州和区域支付费用的逐步完成，以及各项城市和区域发展项目的建成完工。

7. 交通运输和通信领域。这个领域的开支在未来四年也会有所下降。这主要是因为前几年实施的道路交通建设项目的逐步完工，以及一些创新融资手段和融资工具的使用率逐渐增加。

8. 其他目的支出。除了上述领域，2017/2018 财年至 2020/2021 财年，由于澳大利亚联邦政府向各州的财政收入补贴（主要是货劳税）增加，公共债务利息成本增加，以及财政应急储备资金的增加等，导致了其他领域的财政支出也有所增加。

总体来看，在各项支出中，占比相对较多的是社保、医疗和教育支出，这些支

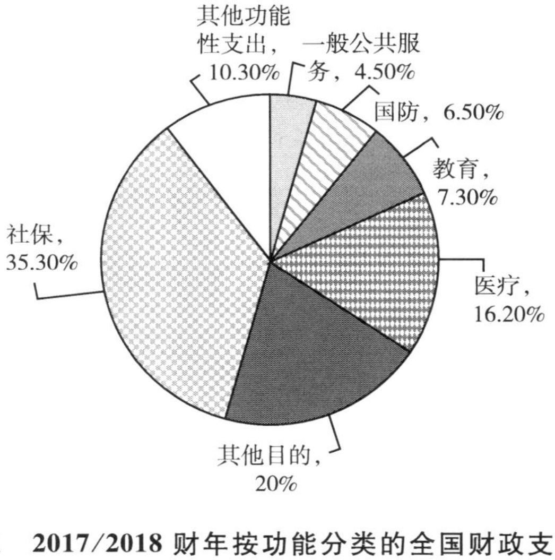

图 9－1　2017/2018 财年按功能分类的全国财政支出比例

资料来源：《2017/2018 财年澳大利亚联邦政府预算》。

出的变动将对整个政府的支出变动产生显著影响。2017/2018 财年，这三个领域的支出合起来占到澳大利亚政府支出总量的 58.5%。

（三）全国政府净资本投资

从广义上来讲，净资本投资是指非金融资产的购买减去折旧费用。净资本投资这种计算方法为资本资产的总体增长提供了一种衡量标准，包括建筑物、基础设施、专用军事装备和计算机软件等。在计算过程中，考虑了以前购入的资产由于年限的增加而导致的折旧和摊销费用。

政府资本投资包括购买实物资产、金融资产以及向其他组织和机构（主要是州和地方政府）提供赠款和补贴，帮助它们获取资产。2017/2018 财年度，澳大利亚政府部门净资本投资预计为 4.84 亿澳元；比 2016/2017 财年降低了 16 亿澳元。这一变化主要是由于澳大利亚通信和媒体管理局重新颁发和签署了一些频段的频谱许可证，并进行了相应的管制。

表 9－4　　全国政府净资本投资情况

项目 \ 财年	2016/2017	2017/2018	2018/2019	2019/2020	2020/2021
净资本投资（百万澳元）	2 047	484	4 770	4 892	6 037
占 GDP 的百分比（%）	0.1	0.0	0.3	0.2	0.3

资料来源：《2017/2018 财年澳大利亚联邦政府预算》。

三、政府收入

（一）全国政府财政收入

根据 2016/2017 财年的中期财政规划，考虑到政策变动后，澳大利亚政府的财政收入在 2017/2018 财年会增加 7 亿澳元，未来四年内，直至 2019/2020 财年，财政收入一共将增加 64 亿澳元。剔除货劳税后，2017/2018 财年，澳大利亚税收收入将增加 11 亿澳元，未来四年共增加 89 亿澳元。在澳大利亚，货劳税的收入归各个州所有，而除了货劳税以外的其他税收收入则归联邦政府所有。

考虑政策变动，2016/2017 财年，澳大利亚政府财政收入增长 4.2%，2017/2018 财年增长 7.2%。税收收入将与国内需求、职工工资、国内物价水平保持同步增长。税收收入占 GDP 的百分比将从 2017/2018 财年的 22.2% 提高到 2020/2021 财年的 23.7%，预计增长 1.5 个百分点。

表 9－5　　澳大利亚全国政府财政收入

项目 \ 财年	2015/2016	2016/2017	2017/2018	2018/2019	2019/2020	2020/2021
税收收入（十亿澳元）	362.0	377.2	404.3	430.7	463.2	492.5
与上一年相比（%）	2.4	4.2	7.2	6.5	7.5	6.3
占 GDP 百分比（%）	21.9	21.5	22.2	22.8	23.4	23.7
剔除货劳税后的税收收入（十亿澳元）	304.6	318.0	342.0	365.2	395.5	420.9
与上一年相比（%）	1.8	4.4	7.5	6.8	8.3	6.4
占 GDP 百分比（%）	18.4	18.1	18.8	19.3	20.0	20.3
非税收入（十亿澳元）	25.0	28.5	29.2	31.8	33.7	33.8
与上一年相比（%）	0.6	14.3	2.3	8.8	6.2	0.4
占 GDP 百分比（%）	1.5	1.6	1.6	1.7	1.7	1.6
总财政收入（十亿澳元）	386.9	405.7	433.5	462.5	496.9	526.3
与上一年相比（%）	2.3	4.9	6.8	6.7	7.4	5.9
占 GDP 百分比（%）	23.4	23.2	23.8	24.4	25.1	25.4

资料来源：《2017/2018 财年澳大利亚联邦政府预算》。

（二）税收收入

通过将 2017/2018 财年年度政府预算税收收入与 2016/2017 财年中期财政规划进行比较，可以发现，如果考虑政策变动，2017/2018 财税收收入预测值上调了 7 亿澳元，未来四年内预计会上调 64 亿澳元。

税收收入的上调主要是受政策变动的影响。例如，从 2019 年 7 月 1 日开始，将医疗保险税收率提高 0.5 个百分点，引入大额银行税，提高房地产交易中货劳税的完整性和覆盖度，并引入了澳大利亚技能培训基金税（SAF）。政策变动的影响预计会在 2019/2020 财年的四年内带来 119 亿澳元的税收增长，同时，其他一些因素会对税收的增长产生大约 55 亿澳元的阻碍作用。

此外，澳大利亚税收增长的主要动力将从工资收入增长拉动转变为企业利润增长拉动。预计由于最近商品价格一直上涨，企业的盈利能力也将有所改善，带来了企业所得税的增长。同时，总体工资水平的增长速度会放缓，导致个人所得税收入的下调。由于工资是所得税的重要税源，所以这将阻碍整体税收水平的增长。

澳大利亚政府通过调整税收政策来帮助企业恢复信心和投资。例如，在2016/2017财年的政府预算案中公布了为期十年的企业所得税改革计划。根据该计划，澳大利亚将在2026/2027财年前将企业所得税税率降到25%。提前公布减税计划，并且采取分阶段的减税措施，可以让企业有更长的时间做长远考虑，为未来的投资提早打算。税率降低的预期，导致投资回报率将增加，这会吸引更多的资金，促进了生产力的提高，从长期来看，带动了实际工资和就业率的增长。

考虑政策变动，澳大利亚的企业所得税将在未来四年（至2019/2020财年）上调69亿澳元，这也反映了企业盈利能力的增强。工资增长的下调带来的个人所得税的下调，将部分被医疗保险税税率的增长所抵消，相抵后，未来四年间个人所得税将减少19亿澳元。由于收入增长低于预期，名义消费量的下降，以及2018/2019财年房地产投资的下降，这些都导致在未来四年，货劳税的收入比较中期财政规划下调25亿澳元。这将在一定程度上抵消房地产交易环节货劳税全覆盖改革的成效。养老基金税在未来四年将下调9.5亿澳元，这反映了澳大利亚工资增长的疲软和收入增长的乏力。

四、政府盈余/赤字

（一）政府预算平衡情况

根据2017/2018财年的预算案，澳大利亚政府财政收支预计将在2020/2021财年回归平衡状态。2017/2018财年，澳大利亚基本现金余额为负，也就是说将有294亿澳元的赤字，占GDP的百分比为1.6%，预计到2020/2021财年，该数值将恢复正值，产生74亿澳元的盈余，占GDP的0.4%。

表9-6　　澳大利亚全国政府部门预算合计

项目＼财年	2015/2016	2016/2017	2017/2018	2018/2019	2019/2020	2020/2021
财政收入（十亿澳元）	395.1	412.1	444.4	476.1	510.8	540.4
占GDP百分比（%）	23.9	23.5	24.4	25.2	25.8	26.0
财政支出（十亿澳元）	428.7	450.8	464.3	486.9	503.2	522.9

续表

项目 \ 财年	2015/2016	2016/2017	2017/2018	2018/2019	2019/2020	2020/2021
占 GDP 百分比（%）	25.9	25.7	25.5	25.7	25.4	25.2
净营业平衡（十亿澳元）	-33.6	-38.7	-19.8	-10.8	7.6	17.5
占 GDP 百分比（%）	-2.0	-2.2	-1.1	-0.6	0.4	0.8
净资本投资（十亿澳元）	3.8	2.0	0.5	4.8	4.9	6.0
财政平衡（十亿澳元）	-37.5	-40.7	-20.3	-15.5	2.7	11.4
占 GDP 百分比（%）	-2.3	-2.3	-1.1	-0.8	0.1	0.6

资料来源：《2017/2018 财年澳大利亚联邦政府预算》。

为了保持当前的发展势头，并保证在2020/2021财年之后还能够继续保持财政盈余，还需要进一步加强财政纪律的约束力，例如要确保新政策对经济带来的拉动作用不会被储蓄政策所抵消，此外还要确保经济增长的同时财政收入也会同步增长。正是基于此，澳大利亚政府预算案中计划从2017/2018财年至2020/2021财年，实现基础现金余额账户63亿澳元的盈余。

总体来看，由于医疗保险税的实施、大额银行税的引进、货劳税的全面覆盖以及技能培训基金税的引进，使得澳大利亚政府至2019/2020财年的财政收入预期较2016/2017财年中期财政规划有大规模的上调。单从政策的积极影响面来看，将带来119亿澳元的收入增长，但由于工资增长的下调以及企业利润率的不乐观，此外还有人口老龄化导致财政支出的增加等，这些因素将会对财政收入的增长造成负面影响，两方面效果相抵消，最终带来财政收入预期上调64亿澳元。

根据2016/2017财年的中期财政规划，澳大利亚的基础现金余额预计将在中期保持温和的盈余状态，预计到2022/2023财年，税收收入占GDP的百分比将达到高点，为23.9%。在那之后，税收收入占GDP的百分比将保持稳定。这个数据的预测是利用技术工具计算得出，并不能反映政府的政策目标。这个数值是以引进货劳税之后至全球金融危机之前这个阶段税收收入占GDP的百分比的平均值为基础计算得出。这反映出了没有考虑政策变动的预测是不现实的，因为在此情况下，没有约束的收入预测意味着个人所得税税率可以无节制的增加。而考虑政策变动后，预计至2027/2028财年，澳大利亚基础现金余额将达到GDP的1.8%。

为了实现在该经济周期内达到预算盈余的预定目标，澳大利亚政府设定了预算修正方案，该方案旨在尽快将预算盈余提高到GDP的1%。此外，根据中期财政规划，虽然目前预算修正方案已经取得了很大的进展，但未来十年的财政状况仍然具有很大的不确定性，仍然要引起重视。

（二）结构性预算平衡情况

澳大利亚中期财政规划中提出，要在未来经济周期内实现财政盈余，同时降低债务率，恢复预算结构的合理性显得至关重要。结构性预算平衡的预测排除了对财政收入和支出有暂时性影响的因素，例如商品价格的波动和经济产出偏离其潜在水平的程度。通过与其他预测方法的结合，对结构预算平衡的预测可以为当前财政环境的可持续性提供参考。

根据2016/2017财年的中期财政规划，澳大利亚贸易条件的改善是周期性的。有鉴于此，澳大利亚财政部预测从2016/2017财年开始的未来五年内，结构性预算平衡状况将基本保持不变。具体来说，2017/2018财年，将出现2%的结构性赤字，2020/2021财年，将出现小幅度的结构性盈余，与基础现金余额保持一致。

由于受严格财政纪律的约束，政府财政收支在经济增长中的分量将在一段时间内出现缩减，以便为私人投资腾出更多的资源，以拉动就业和经济增长。政府的总体目标就是逐步缩减财政支出占GDP的比重，以及缩减政府债务规模。然而，财政支出的削减将带来财政支出占GDP的百分比的减少。到2020/2021财年，这个比例将达到24.8%，只比过去30年的平均值高出一点。

五、政府债务

2017/2018财年，澳大利亚的净债务额度预计为3 549亿澳元，占GDP比重为19.5%。预计到2018/2019财年，该比重将达到峰值，占GDP的百分比将达到19.8%。之后将出现下降，从中期来看，到2027/2028财年，澳大利亚政府净债务余额将回落到2 558亿澳元，占GDP的百分比将回落到8.5%。

根据联邦财政部的计划，2017/2018财年，联邦政府债券（CGS）的年终发行值预计为5 370亿澳元，计划到2020/2021财年，该数值将达到6 060亿澳元。在中期内，也就是到2027/2028财年，联邦政府债券的总发行值将增加到7 250亿澳元。

此外，联邦政府资产负债表对政府的主要资产和负债情况也做了说明。预计到2017/2018财年，澳大利亚政府的总资产将达到5 332亿澳元，总负债将达到8 513亿澳元。

（一）联邦政府债券发行

政府活动的顺利开展需要资金支持，资金的来源要么是通过狭义的财政收入，要么是通过借款。如果财政收入不足以支付其支出，那么政府就需要向投资者发行联邦政府债券。澳大利亚所有优质债券都是以澳元发行计价的。

澳大利亚政府债券的发行和政府融资活动的管理是由澳大利亚财务管理办公室（AOFM）来负责的。该机构作为联邦财政部的一个部门，发行的债券主要有三种类型：国债、国家指数债券和国家短期债券。

国债（Treasury Bonds）是一种中长期债券，具有固定年利率，每六个月支付一次利息。

国家指数债券（Treasury Indexed Bonds）也是一种中长期债券，这种债券的资本价值会根据消费者价格指数的变动而进行调整。国家指数债券的利息是按季度结算的固定利率，并且是按照调整后的资本价值进行结算。

国家短期债券（Treasury Notes）一般在发行六个月后到期。这种债券发行的规模和数量会随着年度资金流动的规模和具体情况而不断变动和调整。

（二）净债务

净债务 = 持有的所有存款 + 政府债券（市值） + 贷款 + 其他类型借款 - 现金和储蓄 - 提前支付款项 - 投资 - 贷款 - 配售

由于净债务将所选金融资产和负债的公允价值纳入其中，因此与总债务相比，澳大利亚净债务的计算设计的范围更广。

表 9 - 7　　2016/2017 财年至 2020/2021 财年澳大利亚净债务中的资产和负债情况

单位：百万澳元

财年 项目	2016/2017	2017/2018	2018/2019	2019/2020	2020/2021
计算净债务时的总负债					
总存款	217	217	217	217	217
政府债券	546 915	584 562	624 701	646 987	641 691
贷款	15 685	15 065	14 955	15 066	15 216
其他类型借款	1 609	1 569	1 527	1 482	1 435

续表

项目＼财年	2016/2017	2017/2018	2018/2019	2019/2020	2020/2021
总负债	564 426	601 414	641 399	663 752	658 559
计算净债务时的总资产					
现金和储蓄	3 408	3 411	3 452	3 991	4 179
提前支付款项	54 073	72 083	88 567	101 390	93 622
投资、贷款和配售	181 854	170 989	174 267	183 656	194 589
总资产	239 335	246 483	266 287	289 037	292 390
净债务	325 091	354 931	375 112	374 715	366 169

资料来源：《2017/2018 财年澳大利亚联邦政府预算》。

2017/2018 财年，澳大利亚政府的净债务余额预计为 3 549 亿澳元。从中长期来看，2018/2019 财年，净债务余额占 GDP 的百分比将达到 19. 8%，而到 2027/2028 财年将降到 8. 5%，净债务余额为 2 558 亿澳元。

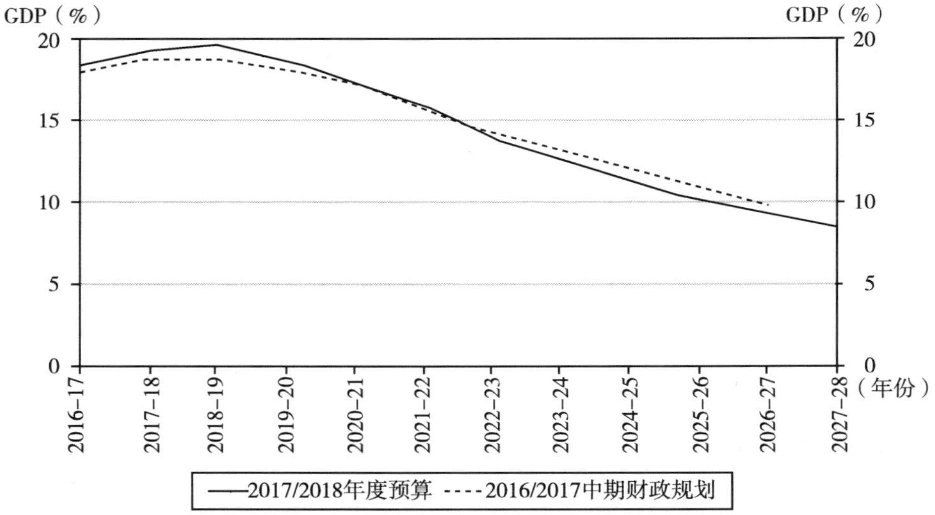

图 9 –2　未来十年澳大利亚净债务率发展趋势

资料来源：《2017/2018 财年澳大利亚联邦政府预算》。

六、政府间转移支付

（一）政府间财政关系概况

2017/2018 财年，澳大利亚联邦政府预计将会向各个州提供 1 190 亿澳元的转移支付资金，其中包括向教育和医疗等提供的总额为559亿澳元的专项转移支付和631亿澳元的一般转移支付。具体来说，包括以下几个方面：

1. 从2018年到2027年的十年间，为教育领域提供186亿澳元的财政拨款，用于为全国的学生提供更公平的教育。这笔拨款将会以需求为导向，简化拨款方案，提高资金利用的透明度，建立问责制，以激励各个州提高教育产出。

2. 与州政府协商签订《国家住房与无家可归协定》（NHHA），该协定通过将现有的国家负担住房专用转移支付（NAHSPP）与新的针对无家可归者的资金进行合并，以增加住房的政策性保障。根据长期预测，联邦政府将向NHHA注资46亿澳元。

3. 在《国家管理改革伙伴关系》框架下，提供3亿澳元的财政资金用以消除阻碍中小企业参与市场竞争的障碍和监管。

4. 引入新的澳大利亚技能培训基金，预计将提供15亿澳元用以为澳大利亚培训更多的高技能人才。

5. 从2016/2017财年至2019/2020财年，为公里医院补充提供33亿澳元的专项资助。

（二）联邦政府对州政府的转移支付

澳大利亚联邦政府在保健、教育、社区服务和基础设施等关键领域为各个州提供了大量财政补助，以支持有利于提高生产力的重点项目和改革。此外，联邦政府还向州政府提供一般性转移支付，这些财政资金的用途可以由各个州自己根据需求来安排。

总的来说，2017/2018财年，联邦政府向州政府提供的转移支付总额为1 190亿澳元，比2016/2017财年增加了32亿澳元。与中期财政规划相比，2016/2017财年至2019/2020财年的一般性转移支付总额增加了58亿澳元。

2017/2018财年的联邦转移支付金额占联邦总支出的25.6%，占州政府总收入的46%，占州政府实际支出的45%。

（三）专项转移支付

2017/2018财年，联邦政府向州政府提供的专项转移支付总额为559亿澳元，与2016/2017财年相比增加了6.6亿澳元，占联邦政府总支出的12%。其中：国家具体目的付款、国家医疗改革和优质学校基金的拨款预计为422亿澳元，比2016/

2017财年增加23亿澳元。国家伙伴关系拨款预计为137亿澳元。这里面包括了新增加的国家监管改革伙伴关系拨款和澳大利亚技能培训基金。

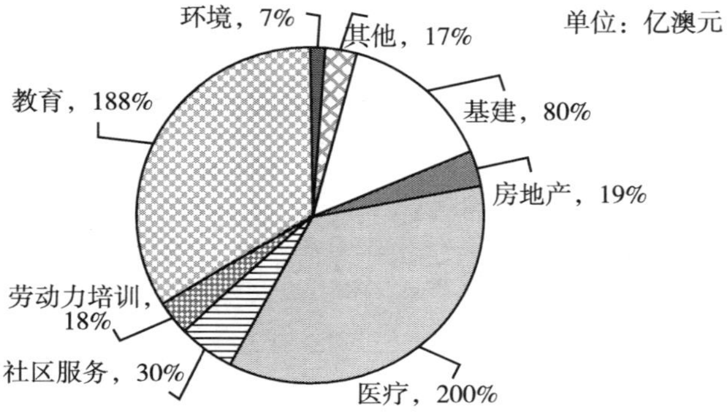

图9－3　2017/2018财年澳大利亚联邦政府按功能分类的专项转移支付

资料来源：《2017/2018财年澳大利亚联邦政府预算》。

（四）一般性转移支付

2017/2018财年，澳大利亚联邦政府提供的一般性转移支付总额为631亿澳元，占联邦政府总支出的13.6%，其中包括623亿澳元的货劳税和7.31亿澳元的一般转移支付。一般性转移支付的总额比2016/2017财年增加了31亿澳元。

表9－8　2015/2016财年澳大利亚转移支付情况　单位：百万澳元

	专项转移支付	一般转移支付	总州政府支出	转移支付占州支出的比例（%）
教育	18 027	12 337	58 229	52.1
医疗	17 844	15 268	67 600	49.0
社保	2 691	4 816	18 385	40.8
房地产	2 106	2 624	10 657	44.4
农林渔	263	717	2 600	37.7
交通和通讯	5 495	5 192	22 415	47.7
其他功能	1 753	17 061	57 351	32.8
总额			237 237	44.8

资料来源：《2017/2018财年澳大利亚联邦政府预算》。

七、施政方针与财政改革

澳大利亚政府采取了一系列措施拉动经济增长，增强社会活力，以应对来自国内外的机遇和挑战。其中既包括经济增长方面，也包括社会公共服务改善方面。例如，澳大利亚政府致力于采取行动，保障国民的基本公共服务的提供，例如住房、基本医疗、残疾人保障和教育等。

（一）基础设施投资

除了支持私人投资重新复苏外，政府的经济计划还计划通过有选择性的投资基础设施项目来提高就业和经济增长，从而提高长期生产力水平。

在基础设施领域，澳大利亚政府将继续通过赠款、贷款和股权投资组合的形式将创历史纪录的750亿澳元的投资项目完成下去。

2017/2018财年以来，澳大利亚联邦政府计划为维多利亚州的地区铁路项目提供4.39亿澳元的额外资金 总的来说，政府已经为升级维多利亚州的区域铁路提供了14.2亿澳元的融资方案，并提供了3 000万澳元用于为墨尔本机场铁路线路提供商业资助。这些地区铁路的重大投资将改善墨尔本与维多利亚州之间的交通连接，预计将创造1 000多个新的就业岗位。此外，联邦政府还向悉尼的麦格理公园交通枢纽项目投入了8 000万澳元，以减轻这个区域的交通拥堵。

2017/2018财年，联邦政府计划为西悉尼机场提供第一笔高达53亿澳元的股权投资，第一笔投资到账后，政府仍然打算继续为其提供补贴。西悉尼机场的建设将于2018年开始，计划将于2026年正式投入运营。西悉尼机场将连接西悉尼与世界各地，并提供28 000个工作岗位。

（二）能源供应

澳大利亚政府一直以来都致力于为所有澳大利亚人提供可靠和便宜的能源。国家能源保障计划（NEG）是该计划的重要组成部分。NEG项目的目标是提高能源的可靠性和投资的确定性，同时确保能源部门在履行澳大利亚的国际减排义务方面作用的发挥。

面对澳大利亚人电价上涨的压力，政府正在采取措施解决这个问题。政府已经与主要电力供应商达成一致，以确保澳大利亚电价的稳定。政府还通过立法，撤销能源网络公司对澳大利亚能源监管机构（AER）的决策提出上诉的权力，以取消该公司对电力系统进行操纵以及将增加的成本转嫁给消费者的行为。政府为 AER 的改革提供了额外的 6 740 万澳元的资金支持。

2017 年初，联邦政府下令由澳大利亚竞争和消费者委员会（ACCC）对电力和天然气市场的竞争状况进行调查。调查后，ACCC 发布了有关天然气和电力的调查报告。此后，ACCC 将继续开展市场调查，其调查结果将有助于为消费者和企业带来更好的服务。

此外，政府已采取行动，确保有足够的天然气来满足企业和家庭的需求。东海岸液化天然气出口商已同意多项承诺，以维持国内市场天然气供应的充足性和价格稳定性。最新的 ACCC 调查报告发现，国内的天然气供应量充足并不断增加，天然气价格随之大幅度下降。

（三）为居民提供可负担的住房

2017/2018 财年，联邦政府致力于改善国内的住房条件，提高居民的住房负担能力。联邦政府已经开始与各州和地区就新的“国家住房和无家可归者协定”进行谈判，以提高联邦政府住房支出的透明度和问责制。同时，联邦政府制订了新的立法以支持新协议和拨款安排。2017 年以来，澳大利亚政府向住房金融投资公司（NHFIC）、国家住房基础设施基金（NHIF）和经济适用房住房债券下发了咨询文件，并组织了有 120 多个利益相关方团体参加的有针对性的圆桌咨询会议，收到了 50 多份意见书。

（四）降低医疗成本，提供可负担的全民医疗

正如 2017 财年年度预算中宣称的那样，医疗担保基金于 2017 年 7 月 1 日成立，并获得 338 亿澳元贷款，以确保持续为医疗福利计划（MBS）和药品福利计划（PBS）提供资金，保证澳大利亚人能够承担得起医疗费用。

此外，联邦政府还将不断增加 PBS 中药品的覆盖范围，包括治疗慢性淋巴细胞白血病，小淋巴细胞淋巴瘤，非小细胞肺癌和肾细胞癌的药物。联邦政府将为药品名单的增加提供 21 亿澳元的财政支持。联邦政府还从医学研究未来基金中为医学研究提供资金。政府将提供 5 000 万澳元用于支持澳大利亚脑癌研究，以提高脑癌患者的生存率，7 000 万澳元用于支持澳大利亚的医学研究奖学金，3 000 万澳元用于支持澳大利亚的生物医学技术部门。

2017 年 10 月，政府宣布了一揽子改革措施，以使更多的澳大利亚人能够负担得起私人医疗保险。政府将允许保险公司将 18 至 29 岁公民的医院保险费折扣提高到 10%，以帮助年轻的澳大利亚人更加负担得起私人医疗保险。

（五）提供可持续的残疾人保障项目

政府致力于填补资金缺口，并为国家残疾保险计划（NDIS）提供可持续的资金，为长期和重大残疾的澳大利亚人提供照顾和支持。2017 年 8 月 17 日，政府出台立法，规定从 2019 年 7 月 1 日起，医疗保险税率从 2.0% 增加到 2.5%。同时，医疗福利基金征收的税收的五分之一将记入 NDIS 储蓄基金特别账户，以确保联邦的 NDIS 捐款在可持续的基础上获得全额资助。

此外，西澳大利亚州政府于 2017 年 12 月 12 日宣布，西澳大利亚州将加入 NDIS，提供真正的国家残疾保险计划，这意味着全澳大利亚的残疾人将能够通过全国统一联保的 NDIS 获得他们所需的财政保障。

（六）提高教育拨款的透明度，简化拨款流程

2017 年，联邦政府计划到 2027 年，为澳大利亚的教育提供 235 亿澳元的额外资金。这笔资金将做到真正以需求为基础，更加简单和透明。为了监督这笔资金的使用，联邦政府成立了由专家担任主席的教育专家小组，为学校提供的教育服务进行评估。该评论将就澳大利亚学校如何使用联邦资助来提高学生成绩和学校表现提供建议。

主要参考文献

[1] Treasury of the Commonwealth of Australia, Budget Strategy and Outlook Budget Paper No. 1 2017 - 18, 09 May 2017.

[2] Treasury of the Commonwealth of Australia, Budget Measures Budget Paper No. 2 2017 - 18, 09 May 2017.

[3] Treasury of the Commonwealth of Australia, Federal Financial Relations Budget Paper No. 3 2017 - 18, 09 May 2017.

[4] Treasury of the Commonwealth of Australia, Mid - Year Economic and Fiscal Outlook 2017 - 18, December 2017.

[5] OECD, OECD Economic Surveys —— AUSTRALIA, March 2017.

南非

第六篇

非洲

第十章
南 非

南非共和国面积 121.909 万平方公里，人口 5 652 万（南非统计局 2017 年年中统计数字）。分黑人、有色人、白人和亚裔四大种族，分别占总人口的 80.7%、8.8%、8.0% 和 2.5%。有 11 种官方语言，英语和阿非利卡语为通用语言。约 80% 的人口信仰基督教，其余信仰原始宗教、伊斯兰教、印度教等。比勒陀利亚为行政首都，开普敦为立法首都，布隆方丹为司法首都。南非属于中等收入的发展中国家，也是非洲经济最发达的国家之一，但贫富悬殊。2/3 的国民收入集中在占总人口 20% 的富人手中。2015 年，平均预期寿命为 62 岁。艾滋病问题是目前南非面临的严重社会问题之一，艾滋病感染率为 10.5%。受国际金融危机影响，南非 2008 年经济增速放缓，一度陷入衰退。2010 年以来，祖马政府相继推出“新增长路线”和《2030 年国家发展规划》，加快推进经济社会转型。目前，南非政府正在重点实施“工业政策行动计划”和“基础设施发展计划”，旨在促进南非高附加值和劳动密集型制造业发展，改变经济增长过度依赖原材料和初级产品出口的现状，加快铁路、公路、水电、物流等基础设施建设。[①]

一、经济概况

当前，受全球经济增长缓慢尤其是欧债危机拖累，南非经济总体低迷，增长乏

① 外交部网站——南非国家概况，2018 年 3 月更新。

力。2012 年 8 月爆发的马利卡纳铂金矿大罢工演变成严重流血冲突，并引发新一轮罢工潮，重创南非矿业和交通运输业等支柱产业，加上国际评级机构先后调降南非长期主权信用评级展望和政府债券评级，令南非经济再度面临严峻形势，兰特兑美元汇率大幅下跌。2017 年年末以来，受世界经济整体复苏、大宗商品价格回暖、南非国内政局确定性上升及投资者对南信心恢复等利好因素影响，兰特汇率持续走高。

2017 年，官方外汇储备 507 亿美元，外债总额 1 503 亿美元。南非储备银行是南非的中央银行。截至 2009 年年底，南非共有注册银行 31 家，另有 42 家外国银行在南非设有代表处，银行业资产达 29 670 亿兰特。南非实行自由贸易制度，是世界贸易组织（WTO）的创始会员国。欧盟与美国等是南非传统的贸易伙伴，但近年与亚洲、中东等地区的贸易也在不断增长。2016 年南非货物进出口额为 1 608 亿美元，其中，出口 812 亿美元，进口 828 亿美元。外国资本主要来自欧美，尤以欧洲为主。对南非累计投资额欧洲占近 70%，美洲占近 20%。英国是累计对南非直接投资最多的国家，占五分之二左右。外资以证券资本为主，直接投资（FDI）较少。在南非拥有资产的外国公司投资大多集中于采矿、制造、金融、石油加工和销售等部门。2013 年南非吸收外国直接投资 83 亿美元，2014 年为 58 亿美元，2015 年锐减为 16 亿美元。

南非近期形势表明商业周期正在好转，南非统计局 2017 年 12 月的经济统计显示了经济前景的出乎意料的改善，很大程度上是农业和矿业增长的结果。南非工商总会（SACCI）商业信心指数达到 2015 年 10 月以来的最高水平，而南非联合银行集团（Absa）采购经理人指数达到 2010 年 1 月以来的最高水平。

南非 2018 年预算预计 2017 年的 GDP 增长为 1%，高于 2017 年 10 月预测的 0.7%，预计 2020 年增长达 2.1%。经济得益于农业的强劲增长、大宗商品价格上涨，以及近几个月投资者信心的改善。全球经济复苏为南非扩大贸易和投资提供了有利环境，但国内约束因素降低了企业信心，阻碍了经济加速增长。2017 年，固定资本形成总额继续下降，而失业率达到 2003 年以来的最高水平。为促进资本支出和创造就业机会，信心的回升必须持续下去。政府将实施结构改革，通过减少政策不确定性来促进投资，并采取果断行动，加强国有企业的治理，健全财务制度。南非近期和未来的宏观经济表现和预测如下表所示。

南非根据 2017 年经济趋势、风险实现和新政策公告等复杂因素和事态发展做出财政选择，并对财政框架进行重大调整，这些因素和事态包括：一是鉴于 2017 年初的经济衰退，MTBPS 将 2017/2018 财年的收入估算下调了 508 亿兰特，其中 208 亿兰特是由于个人所得税征收额减少。二是一些国有企业的风险变成现实，导致政府总

表 10－1 **宏观经济表现和预测** 单位：百分比变化

项目 \ 年份	2014	2015	2016	2017	2018	2019	2020
	实际			估算	预测		
最终家庭消费	0.7	1.7	0.8	1.3	1.7	1.9	2.3
最终政府消费	1.1	0.5	2.0	0.0	－0.3	1.2	1.4
固定资本形成总额	1.7	2.3	－3.9	0.3	1.9	3.3	3.7
国内总支出	0.6	1.8	－0.8	1.3	1.7	2.2	2.4
出口	3.2	3.9	－0.1	1.5	3.8	3.4	3.5
进口	－0.5	5.4	－3.7	2.7	4.4	4.6	4.5
实际 GDP 增长	1.7	1.3	0.3	1.0	1.5	1.8	2.1
GDP 通货膨胀	5.8	5.0	7.0	4.9	5.7	5.3	5.5
按现价计算的 GDP（10 亿兰特）	3 807.7	4 049.8	4 345.8	4 604.4	4 940.8	5 298.3	5 704.6
CPI 通货膨胀	6.1	4.6	6.3	5.3	5.3	5.4	5.5
经常账户差额（占 GDP 百分比）	－5.3	－4.4	－3.3	－2.2	－2.3	－2.7	－3.2

来源：南非财政部和南非储备银行。

共转移支付了 137 亿兰特。三是经济前景恶化触发了 2017 年 4 月和 11 月的信用评级下调，三大评级机构中，有两家已将南非政府本币债务评级降至次级投资水平。四是 2017 年 11 月，为应对财政前景恶化，内阁的一个小组委员会确定中期开支削减额为 850 兰特。五是 2017 年 12 月，时任总统雅各布·祖马宣布为贫困和工薪阶层学生提供免费高等教育和培训。南非 2018 年预算中经济预测使用的假设如下表所示。

表 10－2 **经济预测中使用的假设**

项目 \ 年份	2015	2016	2017	2018	2019	2020
百分比变化	实际		估算	预测		
全球需求[1]	4.2	4.1	4.4	4.4	4.3	4.3
国际大宗商品价格[2]						
1. 布伦特原油（美元/每桶）	52.7	44.2	54.8	66.5	63.2	60.4
2. 黄金（美元/每盎司）	1 160.4	1 247.9	1 257.9	1 338.5	1 369.1	1 399.6
3. 铂（美元/每盎司）	1 055.4	988.3	950.1	976.4	997.9	1 019.9
4. 煤炭（美元/每吨）	57.1	64.4	86.2	93.1	88.1	84.2

续表

项目 \ 年份	2015	2016	2017	2018	2019	2020
百分比变化	实际		估算	预测		
5. 铁矿石（美元/每吨）	56.1	58.6	71.3	68.5	62.9	59.3
食品价格通胀	5.1	10.5	7.0	5.0	5.9	6.0
电力价格通胀	9.2	9.2	4.7	3.7	6.7	8.0
主权风险溢价（基点）	2.9	3.4	2.7	2.7	2.4	2.3
实际上市公司投资	6.0	0.7	-0.3	1.5	3.1	4.5
实际私人住宅投资	8.4	-1.8	-0.8	-2.0	0.9	4.4

1. 南非前15个贸易伙伴的综合增长指数（2017年10月，IMF世界经济展望；2018年1月，IMF世界经济展望更新）。

2. 2018年1月25日，彭博期货价格。

来源：南非财政部。

二、政府支出

南非2018年预算反映了主要的新支出承诺，以及与新政策举措相一致的相应削减。2018/2019财年的公共支出预计为1.67万亿兰特，2019/2020财年为1.8万亿兰特，2020/2021财年为1.94万亿兰特，总额为5.41万亿兰特。中期支出框架（MTEF）期间，570亿兰特加至南非高等教育和培训部的基线中，用于来自年收入少于35万兰特家庭学生的免费高等教育培训，并增加对高等教育和培训机构的补贴。三年支出期内，给中央其他各部委以及省市的拨款基线减少了857亿兰特，省级削减主要影响专项基础设施补助。社会补助金开支的增长速度将快于通胀，以保护穷人，部分补偿增值税的增加。工作人员和薪金方面的开支，占支出的35%，预计年增长率为7.3%。

（一）政府综合开支

综合支出，即中央和省政府的总支出以及给市级政府的转移支付，预计从2018/2019财年的1.67万亿兰特增至2020/2021财年的1.94万亿兰特，年均增长率为7.6%，按实值计算为2.1%。最大的支出类别是基础教育，占三年中期支出框架期间总拨款的16.5%，医疗卫生占13.9%。

就所需投入而言，最大的支出类别仍然是员工报酬，占支出的35.2%，预计年均增长7.3%。如果公共服务工资协议导致更高的工资增长，则需要采取更多措施。作为政府致力于减少贫困和收入不平等的一部分，17.6%的支出，中期金额达9 487亿兰特，分配给对家庭的转移支付。这些支出中的大部分，包括社会补助、土地改革补助以及免费教育和培训，都造福于最贫穷的家庭。

2016年预算中，政府降低了中央和省级部门的薪酬上限，2017/2018财年降低了100亿兰特，2018/2019财年降低了15亿兰特，2018年预算的薪酬基线保持了该现状。由于这些调整，以及总体上更紧缩的财政环境，中央和省级的总员工人数增长已经下降。但薪酬预算仍面临压力，一些中央部委有突破薪酬上限的风险，必须积极管理支出。下表为按功能分类的南非近期政府综合支出。

表10-3　　按功能分类的政府综合支出　　单位：百万兰特

项目 ╲ 财年	2017/2018	2018/2019	2019/2020	2020/2021	按功能占MTEF拨款总额的百分比	MTEF年均增长
	修订估算	中期估算				
学术文化	323 075	351 121	385 436	413 066	24.0%	8.5%
基础教育	231 638	246 760	263 279	281 987	16.5%	6.8%
成人教育培训	81 224	93 704	111 040	119 301	6.8%	13.7%
艺术文化体育娱乐	10 213	10 658	11 116	11 778	0.7%	4.9%
医疗卫生	191 685	205 448	222 046	240 297	13.9%	7.8%
社会发展	234 853	259 401	281 793	305 780	17.7%	9.2%
社会保护	178 330	193 365	207 825	223 890	13.0%	7.9%
社会保障基金	56 524	66 037	73 968	81 891	4.6%	13.2%
社区发展	183 537	196 264	210 465	227 095	13.2%	7.4%
经济发展	183 487	200 052	211 896	227 068	13.3%	7.4%
工业化和出口	32 432	32 896	37 279	38 965	2.3%	6.3%
农业与农村发展	27 219	30 195	30 269	31 805	1.9%	5.3%
创造就业和劳工事务	20 663	23 281	24 793	26 332	1.6%	8.4%
经济监管和基础设施	87 347	97 925	102 465	111 420	6.5%	8.5%
创新科技	15 826	15 756	17 089	18 546	1.1%	5.4%
和平与安全	195 731	200 752	213 568	227 684	13.4%	5.2%
国防和国家安全	49 723	48 382	50 612	53 679	3.2%	2.6%
警察服务	93 711	99 127	105 915	113 108	6.6%	6.5%

续表

项目 \ 财年	2017/2018	2018/2019	2019/2020	2020/2021	按功能占 MTEF 拨款总额的百分比	MTEF 年均增长
	修订估算	中期估算				
法院和监狱	43 705	45 372	48 483	51 779	3.0%	5.8%
民政事务	8 593	7 871	8 557	9 118	0.5%	2.0%
一般公共服务	62 067	63 991	65 859	70 518	4.2%	4.3%
行政和立法机构	15 010	15 998	16 525	17 458	1.0%	5.2%
公共管理和财政事务	39 551	40 414	41 937	45 198	2.7%	4.5%
外交	7 506	7 579	7 397	7 862	0.5%	1.6%
金融资产支付	20 368	6 036	6 230	6 580		
按功能拨款合计	1 394 803	1 483 066	1 597 292	1 718 089	100.0%	7.2%
债务服务费用	163 155	180 124	197 664	213 859		9.4%
应急储备金	—	8 000	8 000	10 000		
综合支出	1 557 959	1 671 190	1 802 955	1 941 948		7.6%

来源：南非财政部。

（二）支出计划的修订和基线削减

自 2017 年预算以来，部门基线的修订主要有三个来源。第一，中期支出委员会（MTEC）的程序发生了一些变化，该委员会负责分配任何新资金，并决定表决支出之间的预算变动。第二，考虑到《中期预算政策报告》（MTBPS）时收入前景不佳，以及需要稳定政府债务，基线被下调。第三，提高了南非高等教育和培训部的基线，以对来自贫困和工薪家庭的学生实施免费高等教育和培训。

2018/2019 财年，南非政府削减了各部门基线 264 亿兰特，2019/2020 财年削减了 288 亿兰特，2020/2021 财年削减了 305 亿兰特。削减开支的对象是大型项目和对政府实体的转移支付。此外，所有中央和省级部门都被要求减少行政管理开支。员工薪酬本已受到开支上限的限制，因而并未削减。

（三）中期开支和社会优先事项

超一半的中期开支将拨付用于基础教育、社区发展、医疗卫生和社会保障。增长最快的支出类别是成人教育和培训，年均增长 13.7%；社区发展，包括公共交通基础设施和供水基金、卫生和电力，拨款额为 6 338 亿兰特，占总支出的 13.2%。此外，筹备 2021 年人口普查也是重大的中期优先事项。2021 年人口普查将利用基于互联网的平台，将需要购买大约 16.5 万台与云服务品连接的专业平板电脑，在安全的移动基础设施上进行通信，花费大约 7.5 亿兰特，将雇用约 15 万名现场工作人员。这项技术有望提高数据质量和收集率，并允许实时监测和监督。更快的结果将支持及时、基于证据的政策制定。南非统计局估计，人口普查的新技术和新方法将耗资 34 亿兰特。

三、政府收入

2017/2018 财年的税收征收预计会略高于 2017 中期预算政策报告（MTBPS）中的预测，但还需要采取更多措施来稳定公共财政。税收政策提案设计为 2018/2019 财年筹集 360 亿兰特的额外税收。在审查税收工具，以确定其对中期财政目标的潜在贡献之后，政府建议将增值税税率增加 1 个百分点至 15%。为支持南非税制的累进性，个人所得税的前四个税级不因通货膨胀而调整，而购买奢侈品的从价税将增加。价值超过 3 000 万兰特遗产的遗产税将增加。政府将继续加强努力，打击税基侵蚀和利润转移。

（一）2017/2018 财年的收入

南非 2016/2017 财年的总税收收入中，个人所得税占 37.1%，增值税占 25.3%，企业所得税占 17.9%，燃油税占 5.5%，关税占 4.0%，特别消费税占 3.1%，红利预提税占 2.7%，技能发展税占 1.3%，电力征款占 0.7%，财产转让税占 0.7%。

2017 年预算估计 2017/2018 财年的总税收收入为 1.27 万亿兰特，而 2017 年中期预算政策报告估计政府收入相对于该目标将有 508 亿兰特的缺口，由于 2017 年 10 月至 2018 年 2 月之间的经济表现有所改善，整体收入缺口有所收窄至 482 亿兰特。严重的收入缺口反映了经济增长疲软、南非收入服务局的行政挑战，以及逃税避税现象的增加。

工资收入放缓、消费前景转弱和进口增长大幅放缓，分别导致个人所得税、增值税和关税大幅减少，这三项税收占了缺口的 80%。受到奖金减少、适度最低工资结算、持续失业和稳定整体公共服务就业的负面影响，特别是个人所得税继续表现不佳。为应对增税而增多的避税行为可能也起了一定的作用。2017 年预算中，个人所得税的变化被预期产生提议的大部分额外税收，实际结果却相反，个人所得税总收入预计比目标低大约 211 亿兰特。由于矿业、金融和制造业的好转，2017 年第四季度的企业所得税征收情况有所改善。南非近年预算收入结果和未来几年的预算收入预测如下表所示。

表 10－4　南非 2014/2015 财年至 2020/2021 财年的预算收入 单位：百万兰特

	2014/2015	2015/2016	2016/2017	2017/2018	2018/2019	2019/2020	2020/2021
	结果			修订	中期估算		
对收入和利润的税收[①]	561 790	606 821	664 526	712 853	772 991	836 074	909 253
其中							
个人所得税[②]	352 950	388 102	424 545	460 968	505 845	550 912	602 828
公司所得税	184 925	191 152	204 432	218 109	231 219	246 787	264 207
技能发展税	14 032	15 220	15 315	15 771	16 929	18 299	19 819
财产税	12 472	15 044	15 661	16 047	17 311	18 567	20 008
国内商品和服务税	356 554	385 956	402 464	423 616	484 826	524 169	570 461
其中							
增值税	261 295	281 111	289 167	299 058	348 110	378 924	415 655
国际贸易和交易税	41 463	46 942	46 102	50 193	54 050	58 884	64 731
税收总额	986 295	1 069 983	1 144 081	1 217 307	1 344 965	1 454 795	1 581 926
非税收入[③]	30 900	57 274	33 264	33 229	24 470	19 271	20 876
其中							
矿业和石油特许权使用费	5 422	3 708	5 802	7 522	7 986	8 524	9 125
减：SACU[④]缴款	－51 738	－51 022	－39 448	－55 951	－48 289	－46 281	－60 147
主体预算收入	965 457	1 076 234	1 137 896	1 194 585	1 321 146	1 427 785	1 542 655
各省、社会保障基金和选定的公共实体	129 865	139 035	147 793	159 044	169 570	181 884	194 247

续表

	2014/2015	2015/2016	2016/2017	2017/2018	2018/2019	2019/2020	2020/2021
	结果			修订	中期估算		
综合预算收入	1 095 322	1 215 270	1 285 690	1 353 629	1 490 716	1 609 669	1 736 902
占 GDP 百分比							
税收收入	25.5%	26.0%	26.0%	25.9%	26.8%	27.0%	27.2%
主体预算收入	25.0%	26.1%	25.8%	25.4%	26.3%	26.5%	26.6%
GDP（10 亿兰特）	3 867.9	4 122.6	4 404.5	4 699.4	5 025.4	5 390.1	5 808.3
税收浮动率（弹性）	1.37	1.29	1.01	0.96	1.51	1.13	1.13

注：①包括对公司/股息的附加税、利息预扣税、逾期未缴所得税利息、小企业的税收特赦税。

②未来三年，医疗税收抵免将调整到低于通货膨胀的水平，以便为国家医疗保险的额外支出提供资金。2018/2019 财年额外收入的金额将达 7 亿兰特，这将持续到两个外围年度，分别需要增加 6.4 亿和 5.8 亿兰特，这些被包括在外围年份的个人所得税估算中。

③包括矿产和石油特许权使用费、采矿租赁、部门收入和资本资产出售。

④南部非洲关税联盟，金额由付款和其他调整数构成。

来源：南非财政部和南非收入服务局。

（二）2018 年预算的税收提案

政府预计 2017/2018 财年的收入缺口为 482 亿兰特，政府已提议将削减开支和增加收入结合起来，以弥补短缺。在低增长的背景下，许多南非人努力维持收支平衡的情况下，增加税收是不可取的。但财政状况比 2008 年金融危机时要弱得多，当时南非的总债务与 GDP 比率刚刚超过 26%，这一比率现在已达 53.3%。如果不采取行动，未来需要更大幅度的削减开支和增税。

税收政策措施设计为 2018/2019 财年筹集 360 亿兰特的额外收入，这些措施和公共开支削减措施一起，将有助于减少预算赤字，并为贫困和工薪阶层家庭学生的免费高等教育和培训提供资金。2018/2019 财年的主要税收提议有六条，一是增值税税率提高 1 个百分点至 15%；二是个人所得税的最高四个税级不做调整，而对前三个税收级距做低于通货膨胀的调整；三是燃油税增加 52 分/每升，其中一般燃油费增加 22 分/每升，道路交通事故基金征费增加 30 分/每升；四是对奢侈品征收更高的从价消费税；五是提高财产税，对 3 000 万兰特以上的财产转让征收 25% 的税；六是提高塑料袋征费，机动车废气排放税，以及对白炽灯泡征费，以促进环境友好型选择。对个人所得税的调整如下表所示。

表 10 -5　　个人所得税税率和税级调整　　单位：兰特

2017/2018 财年		
应税所得	税率	
0 ~ 189 880	18% ×每 1 应税兰特	
189 881 ~ 296 540	34 178 +26% ×189 880 以上金额	
296 541 ~ 410 460	61 910 +31% ×296 540 以上金额	
410 461 ~ 555 600	97 225 +36% ×410 460 以上金额	
555 601 ~ 708 310	149 475 +39% ×555 600 以上金额	
708 311 ~ 1 500 000	209 032 +41% ×708 310 以上金额	
1 500 001 及以上	533 625 +45% ×1 500 000 以上金额	
	起征点	速算扣除数
65 岁以下	75 750	13 635
65 ~ 75 岁	117 300	7 479
75 岁及以上	131 150	2 493
2018/2019 财年		
应税所得	税率	
0 ~ 195 850	18% ×每 1 应税兰特	
195 851 ~ 305 850	35 253 +26% ×195 850 以上金额	
305 851 ~ 423 300	63 853 +31% ×305 850 以上金额	
423 301 ~ 555 600	100 263 +36% ×423 300 以上金额	
555 601 ~ 708 310	147 891 +39% ×555 600 以上金额	
708 311 ~ 1 500 000	207 448 +41% ×708 310 以上金额	
1 500 001 及以上	532 041 +45% ×1 500 000 以上金额	
	起征点	速算扣除数
65 岁以下	78 150	14 067
65 ~ 75 岁	121 000	7 713
75 岁及以上	135 300	2 574

这些措施是在审查了所有可供政府使用的税收工具，并认识到需要保持南非税收制度的累进性之后制定的。鉴于其他主要税收工具的近期增长，增值税提案认识到其他主要税收类别的中期增税潜力受到限制，需要适当的平衡。增值税是一个有

效的、特定的收入来源，只要它的设计保持简单。提高增值税税率1个百分点估计中期内对经济增长和就业的不利影响最小，基本食品的零税率减轻了对贫困家庭增加的影响。对个人所得税级距的有限调整继续推进其收入的渐进上行，这也涉及到提高资本利得和股东股息税率，并对最高税级制定新的45%税率。

（三）其他税收改革措施

1. 风险投资激励促进对创业公司的投资

风险投资公司的税收激励措施为购买风险投资公司股份提供了税收减免，使这些减免资金投资于符合条件的小企业，增加小企业的股本资金，使其能够扩张，并促进经济增长和创造就业机会。这项激励措施从2008年开始实施，随着最近的修订，力度大幅提升。从2008年只有一家，截至2018年2月已有注册风险投资公司超过90家，总投资25亿兰特。对符合条件小企业的投资金额达6.15亿兰特。所有经济部门的新的和现有的小企业都从资金中受益，使其能够雇用工作人员并扩大业务。南非税务部门将在这方面加强立法，缩小税收结构的范围。

2. 税收管理改革

南非政府目前正考虑在加强税收管理方面进行一些改革。一是南非税收服务局将发布一份关于电子财政设备潜在用途的讨论文件，有时称为电子收银机，通过监测商业交易来帮助收入管理；二是将考虑对《关税和消费税法》（1964）进行修正，以防止买断（forestalling），即将异常数量产品从仓库转移到市场以避免消费税税率增加的做法。三是《关税和消费税法》将做出立法更改以扩大“财政标识”的使用，是按世界卫生组织协议下的货物追踪和查询义务的要求，以消除烟草制品的非法贸易，扩展将对其他产品启用财政标识。四是南非税收服务局总收入的超过30%，征收自关税和消费税体系，在实施海关现代化方案方面处于先进阶段，并会加强与跨境贸易相关的数据和税收征管。

四、政府盈余/赤字

2018年预算针对2017年10月的MTBPS中提出的不可持续债务前景，提出重大支出调整和税收措施。这些措施与更快的经济增长一起，有助于减少预算赤字，并在中期稳定债务占GDP比重。财政框架反映了MTBPS之后的两大主要支出变化：

内阁小组委员会确定的中期削减措施金额达850亿兰特，以及570亿兰特的额外拨款，用于免费高等教育和培训。应急准备金有所增加，反映了增长前景的不确定性、支出压力和几家国有公司岌岌可危的财务状况。提议的税收措施2018/2019财年将筹集额外的360亿兰特，包括提高增值税税率和个人所得税前四个税级不做通胀调整。综合赤字率预计从2017/2018财年的4.3%收窄至2020/2021财年的3.5%。主体预算赤字将在中期内关闭，帮助将2022/2023财年总债务与GDP的比率稳定在56.2%。

（一）综合财政框架

2017年10月以来，南非的经济和财政前景有所改善，投资者对恢复政策协调和有效执行的承诺更加有信心。然而，2017年10月强调的挑战：不断增加的国家债务、严重的收入短缺和一些国有企业岌岌可危的财务状况，仍然是主要的政策问题。尽管经济前景有所改善，但2017/2018财年，政府仍面临482亿兰特的收入缺口，而且这一制品将贯穿于中期支出框架（MTEF）的外围年份。此外，2017年12月宣布的免费高等教育和培训在中期内需要额外拨款570亿兰特。

因此，2018年预算提出了减少预算赤字的措施，同时为新的支出承诺提供空间。2018/2019财年财政框架的主要调整有以下五项：一是通过提高增值税税率、有限的个人所得税档位调整以及其他措施，筹集额外的360兰特税收收入；二是将2017年中期预算政策报告中的基线支出削减260亿兰特；三是为免费高等教育和培训拨款124亿兰特；四是留出额外的50亿兰特，作为应急储备金；五是临时拨款60亿兰特，用于干旱管理和公共基础设施。

基线开支的削减和税收措施向中期框架的外围年份提供资金，同时对高等教育的拨款则大幅增加。随着经济增长前景的改善，这些提案将减少综合预算赤字，即总收入和总支出的差额，从2017/2018财年占GDP的4.3%，降至2020/2021财年的3.5%。赤字缩小、兰特走强，以及借款成本降低，将使2022/2023财年的政府总债务占GDP比率稳定在56.2%，2023/2024财年净债务占GDP比率稳定在53.2%。财政前景面临的风险仍然很大，包括经济复苏速度的不确定性、公共服务部门的工资压力以及国有企业不稳定的财务状况。南非近年和未来的综合财政框架结果及预测如下表所示，预算赤字以及财政基本收支赤字见表的后四行。

表 10－6 综合财政框架 单位：10 亿兰特

项目＼财年	2014/2015	2015/2016	2016/2017	2017/2018	2018/2019	2019/2020	2020/2021
	结果			修订估算	中期估算		
收入	1 095.3	1 215.3	1 285.7	1 353.6	1 490.7	1 609.7	1 736.9
占 GDP 百分比	28.3%	29.5%	29.2%	28.8%	29.7%	29.9%	29.9%
支出	1 235.0	1 366.3	1 441.8	1 558.0	1 671.2	1 803.0	1 941.9
占 GDP 百分比	31.9%	33.1%	32.7%	33.2%	33.3%	33.4%	33.4%
非利息支出	1 113.6	1 227.8	1 285.0	1 387.6	1 483.4	1 596.9	1 718.0
占 GDP 百分比	28.8%	29.8%	29.2%	29.5%	29.5%	29.6%	29.6%
利息支付	109.6	121.4	136.3	153.4	169.3	187.6	206.4
占 GDP 百分比	3.0%	3.1%	3.3%	3.5%	3.6%	3.7%	3.7%
预算余额	－139.7	－151.0	－156.1	－204.3	－180.5	－193.3	－205.0
占 GDP 百分比	－3.6%	－3.7%	－3.5%	－4.3%	－3.6%	－3.6%	－3.5%
财政基本收支余额	－25.8	－13.2	－5.9	5.5	20.3	45.7	60.6
占 GDP 百分比	－0.7%	－0.3%	－0.1%	0.1%	0.4%	0.9%	1.1%

来源：南非财政部。

（二）主体预算框架

主体预算框架汇总了由南非国家收入基金提供资金的支出，主体预算赤字代表国家的净借款需求。2017/2018 财年的主体预算赤字与 2017 年预算预测的 3.5% 相比，扩大至 4.6%。这主要反映了税收收入的缺口，以及对支出预测略高。因而，2017/2018 财年净借款增加了 505 亿兰特。2018/2019 财年和 2019/2020 财年的主体预算赤字率预测为 3.8%，2020/2021 财年略微缩小至 GDP 的 3.7%。由于采取了财政措施，财政基本收支赤字预计到 2020/2021 财年缩小至趋于平衡。

2017 年 10 月以来，由于一些主要税收表现强劲，以及名义 GDP 增长的向上修正，税收前景略有改善。与 2017 年 MTBPS 的预估相比，未来三年的国家收入基金收入预计大幅下降，原因是外币交易的重估利润较低。

按实值计算，2017/2018 财年主体预算非利息支出预期增长 2.7%，之后三年温和降至平均 1.8%。给市级政府的转移支付增长继续快于给中央部委和省级的转移支付，市级政府一般转移支付 MTEF 期间年均增长 11%。与 2017 年预算估计相比，2017/2018 财年的偿债成本由于借款增加，上升了 8 亿兰特。

表 10－7　　主体预算框架　　单位：10亿兰特

项目 \ 财年	2014/2015	2015/2016	2016/2017	2017/2018	2018/2019	2019/2020	2020/2021
	结果			调整估算	中期估算		
收入							
税收总额	986.3	1 070.0	1 144.1	1 217.3	1 345.0	1 454.8	1 581.9
非税收入	18.3	42.9	19.0	17.5	18.3	19.3	20.5
SACU[①]	-51.7	-51.0	-39.4	-56.0	-48.3	-46.3	-60.1
国家收入基金收入	12.6	14.4	14.2	15.7	6.2	—	0.4
主体预算收入	965.5	1 076.2	1 137.9	1 194.6	1 321.1	1 427.8	1 542.7
占 GDP 百分比	25.0%	26.1%	25.8%	25.4%	26.3%	26.5%	26.6%
支出							
中央各部委	490.0	546.1	555.7	599.9	628.6	685.9	736.6
省级政府	439.5	471.4	500.4	538.2	571.0	611.8	657.5
市级政府	87.6	98.3	102.9	110.7	118.5	126.9	137.5
应急储备金	—	—	—	—	8.0	8.0	10.0
未在表决支出中分配的临时拨款	—	—	—	—	6.0	2.3	2.1
非利息支出	1 017.1	1 115.8	1 159.0	1 248.8	1 332.1	1 434.9	1 543.6
偿债成本	114.8	128.8	146.5	163.2	180.1	197.7	213.9
主体预算支出	1 131.9	1 244.6	1 305.5	1 411.9	1 512.2	1 632.6	1 757.5
占 GDP 百分比	29.3%	30.2%	29.6%	30.0%	30.1%	30.3%	30.3%
主体预算余额	-166.4	-168.4	-167.6	-217.3	-191.1	-204.8	-214.8
占 GDP 百分比	-4.3%	-4.1%	-3.8%	-4.6%	-3.8%	-3.8%	-3.7%
财政基本收支余额	-51.6	-39.6	-21.1	-54.2	-10.9	-7.1	-0.9
占 GDP 百分比	-1.3%	-1.0%	-0.5%	-1.2%	-0.2%	-0.1%	0.0%

注：①南部非洲关税同盟，金额由付款和其他调整组成。
来源：南非财政部。

五、政府债务

政府在2017/2018财年调整了其债务管理战略，以为巨额收入短缺提供资金。与2017年预算的预测相比，2017/2018财年的总借款需求增加了251亿兰特，总额达到2 460亿兰特。尽管2017年南非主权信用评级被两次下调，对政府债券的需求依然强劲。2017/2018年净债务预计为2.28万亿兰特，占GDP的48.6%，2020/2021财年增至3.03万亿兰特，占GDP的52.2%。2023/2024财年净债务率预计稳定在53.2%。2017/2018财年的债务还本付息费估计增加至1 632亿兰特，占GDP的3.5%，预测2020/2021财年增至2 139亿兰特，占GDP的3.7%。有深度和流动的国内资本市场仍是政府的主要借款来源。债务组合仍然结构良好，重点放在较长期的贷款上。南非国家电力公司（Eskom）、独立电力生产商、道路交通意外基金，占政府或有负债的大部分。

（一）总体状况

2017年，由于融资需求增加和借贷成本升高，南非政府对债务管理一直保持审慎的做法。因近几个月做出的重大财政决定，中期借款需求大幅下降。2017年现任总统拉马福萨当选非国大主席以来，投资者信心也有所改善，导致更强的汇率和更低的政府资金成本。

政府的借款需求包括收支差额和到期债务支付，2017/2018财年的总借款需求为2 460亿兰特，其中2 173亿兰特是预算赤字，287亿兰特是债务支付。政府通过南非深层次和流动性强的国内资本市场为其大部分借款提供资金。此外，南非很好地融入了全球资本市场，使得外币借贷能够以合理的利率进行，国际社会对南非债务的兴趣仍然很大。

2017年，两家评级机构下调了南非的信用评级，加剧了国内市场的波动。这些评级机构和国际投资者对南非的低经济增长、政策不确定性，以及和国有企业资产负债表疲软和治理失败相结合一直感到担忧。政府已开始更加果断地处理这些问题，以确保持续的投资资金流，并以合理的速度提供资金。

表10-8　　南非2018年初的主权信用评级

评级机构	长期外币评级（LTFC）	长期本地货币评级（LTLC）	展望
惠誉评级公司	BB+（次投资级）	BB+（次投资级）	稳定
穆迪投资者服务	Baa3（投资级）	Baa3（投资级）	负面
评级和投资信息公司.	BBB（投资级）	BBB+（投资级）	负面
标普全球评级	BB（次投资级）	BB+（次投资级）	稳定

（二）融资战略

政府的融资战略是以可持续和可负担的方式为借款提供资金的框架，该战略概述了风险管理、债务发行、到期日和将要使用的融资工具。2018/2019 财年，总借款需求将为 2 242 亿兰特。所需经费将通过三个主要来源提供：一是短期借款，包括短期国债（到期日不超过 12 个月），以及公共存款公司提供的贷款；二是长期贷款，其中包括固定利率、通胀挂钩和零售储蓄债券；三是外币贷款。使用多种借款来源有助于使政府债务组合多样化。

表 10－9　　南非中央政府借款需求总额的融资　　单位：百万兰特

项目＼财年	2016/2017	2017/2018		2018/2019	2019/2020	2020/2021
	结果	预算	修订	中期估算		
主体预算余额	－167 589	－166 798	－217 345	－191 054	－204 785	－214 797
偿还	－73 040	－54 078	－28 698	－33 192	－96 762	－67 480
国内长期贷款	－57 350	－49 514	－24 577	－31 084	－51 347	－56 228
对外借款	－15 690	－4 564	－4 121	－2 108	－45 415	－11 252
合计	－240 629	－220 876	－246 043	－224 246	－301 547	－282 277
融资						
国内短期贷款	40 507	21 000	33 000	14 200	22 700	30 000
短期国债（净）	40 502	21 000	43 000	4 200	22 700	30 000
公共存款公司	5	—	－10 000	10 000	—	—
国内长期贷款	174 034	191 500	193 800	191 000	200 500	208 900
市场贷款	175 070	191 500	195 274	191 000	200 500	208 900
为转换发放的贷款	－1 036	—	－1 474	—	—	—
对外借款	52 070	29 600	33 895	38 040	39 210	40 650
市场贷款	50 959	29 600	33 895	38 040	39 210	40 650
为转换发放的贷款	1 111	—	—	—	—	—
现金和其他结余的变动①	－25 982	－21 224	－14 652	－18 994	39 137	2 727
现金余额	－26 216	－25 443	－22 071	－23 085	35 099	－1 286
其他结余②	234	4 219	7 419	4 091	4 038	4 013
总计	240 629	220 876	246 043	224 246	301 547	282 277
占 GDP 百分比	5.5%	4.7%	5.2%	4.5%	5.6%	4.9%

注：①正值表示现金用于为部分借款需求提供资金。

②所需资金与国家各部委实际现金流量之间的差异。

来源：南非财政部。

中期的核心要求之一是管理高水平的债务偿还所产生的再融资风险。未来三年，偿还金额为 1 974 亿兰特，而过去三年是 1 338 亿兰特。因此，政府将继续其债券转换计划，将较短期限的债券转换为期限较长的债券。短期国债和公共存款公司的贷款被用于为借款需求提供资金，并管理年度现金流。

为了使资金来源多样化，政府将在 2018/2019 财年探索以兰特计价的伊斯兰债券。此外，政府将通过考虑在每类债券中发行一种新债券来增加通货膨胀挂钩债券和固定利率债券的到期日变化。南非财政部一直与约翰内斯堡证券交易所、南非储备银行、南非中央证券保管所（STRATE）、一级交易商银行和世界银行合作开发政府债券电子交易平台。试点阶段将于 2018/2019 财年启动，该平台预计会提升流动性和透明度，并通过简化获得政府债券的途径来降低融资成本。

融资策略的主要风险有以下四点。一是财政状况。财政赤字增加，或要求为国有企业提供担保或救助，将增加预算赤字，增加政府债务和借贷成本；二是通货膨胀和汇率风险。预期之外的通货膨胀上升或汇率贬值将会增加未偿还的通胀挂钩债券或外币债券的成本。三是主权信用评级进一步下调。穆迪将评级下调为次投资级将会把南非排除在花旗世界政府债券指数之外，这将引发一些机构投资者强制抛售债券。四是更高的全球利率。发达国家货币政策收紧可能会降低利率差距，降低南非债券的吸引力，导致资本外流或波动。

表 10－10　　政府担保的风险敞口[①]　　单位：10 亿兰特

项目＼财年	2015/2016		2016/2017		2017/2018	
	担保	风险敞口	担保	风险敞口	担保	风险敞口
公共机构	469.9	255.8	475.7	290.4	466.0	300.4
其中：						
南非电力公司（Eskom）	350.0	174.6	350.0	202.8	350.0	220.8
南非国家道路管理局（SANRAL）	38.9	27.2	38.9	29.4	38.9	30.1
跨卡莱顿隧道管理局	25.8	21.2	25.6	20.9	25.7	18.7
南非航空公司	14.4	14.4	19.1	17.8	19.1	11.8
南非土地和农业银行	6.6	5.3	11.1	3.8	9.6	6.6
南部非洲开发银行	13.9	4.4	12.5	4.1	12.3	4.2
南非邮政总局	4.4	1.3	4.4	4.0	0.4	0.4
南非运输集团（Transnet）	3.5	3.8	3.5	3.8	3.5	3.8
南非丹尼尔公司（Denel）	1.9	1.9	1.9	1.9	2.4	2.3

续表

财年 项目	2015/2016		2016/2017		2017/2018	
	担保	风险敞口	担保	风险敞口	担保	风险敞口
南非航空快运	1.1	0.5	1.1	0.8	0.8	0.8
工业发展公司	2.0	0.2	0.4	0.2	0.5	0.1
南非储备银行	3.0	—	3.0	—	—	—
独立电力生产商	200.2	114.0	200.2	125.8	200.2	122.2
公私合作伙伴关系②	10.3	10.3	10.0	10.0	9.6	9.6

注：①风险敞口指担保期借款总额和应计利息。

②此金额仅包括中央和省级 PPP 协议。

来源：南非财政部。

为管理这些风险，南非政府维持了一套战略组合风险基准，以帮助确保债务结构的可持续性。这些基准建立于 2014/2015 财年，已使用了五年时间，将于 2018/2019 财年进行复审。政府预计到 2018/2019 财年，债务指标将仍保持在范围或限制之内。

六、政府间转移支付

未来三年，在提供债务还本付息费用和应急准备金之后，48% 的国家收入基金分配给中央政府，43% 分配给省级政府，9% 分配给市级政府。2018/2019 的计划支出受到 2017MTBPS 承诺的重新排列优先次序和削减措施的影响。给省级的转移支付减少了 52 亿兰特，给市级的转移支付减少了 32 亿兰特，削减和重点是基础设施专项补助。各省将加大努力，在压力不断上升的情况下控制成本，尤其是在公共卫生领域。市级继续努力克服财务管理方面的弱点，相当大的金额仍未采用预算供资。中央政府将推出新机制协助陷入困境的市镇在中期内实现好转，中央政府与市政府合作，争取投资重塑南非城市，加速经济增长，正考虑促进市级借款的改革。

（一）总体状况

在政府财政状况严重受损和大量新支出承诺的情况下，2018 年预算对先前宣布的对各省和市的转移支付进行了削减。调整的程度将推迟一些计划基础设施的交付，并要求负责前线服务的部门确保特别注意分配公共资金以维持核心服务。

未来的中期支出框架（MTEF）期间，中央政府收入的一半以上将转移给各省、市。省政府负责提供基础教育和医疗服务、道路和住房，以及社会发展和农业服务，市级政府提供诸如水、卫生、电网和垃圾收集，以及道路和社区服务等基本服务，对这些服务和基础设施的投资支撑着南非的长期增长潜力。

各省和市也投资于能够促进经济增长的基础设施。未来一段时间，大型城市市政当局预计将投入更多自有资源，抵消基础设施补贴减少的一些影响，同时与私营部门建立伙伴关系。政府还将重审住房和公共交通政策的效率和可持续性。政府间的转移支付具有很强的再分配性，将主要从富裕地区筹集的税款资源转移至造福于每个省市贫困人口的服务。然而，负责第一线服务的许多省级部门和市的支出效率远低于所要求的标准，正在实施一些举措以加强这些领域的能力建设。在接下来几年里，政府将实施新机制以支持最麻烦市政机构的转型。

未来中期支出框架期间，在提供偿债费用和应急储备金之后，48%的中央筹集资金拨付给中央政府，43%给省级政府，9%给市级政府。对省级的转移支付削减了52亿兰特，对市级的转移支付削减了32亿兰特，削减集中于基础设施专项补贴。

未来三年支出期，省级直接和间接拨款将吸收26%的削减，而市级直接和间接转移支付吸收18.8%的削减，削减不适用于人事成本。因此，削减开支主要影响资本项目。省级承担的削减份额低于其在收入分配中的份额，因为省预算大部分用于工资。相比之下，由于向市级政府提供了大量基础设施补贴，市级承担削减份额高于其在收入分配中的份额。这些削减将影响方案和项目的执行，特别是基础设施方面的。不过，在拨款总额中所占百分比相对较小，中期平均削减相当于省级拨款的1%，市级拨款的3.5%。

表 10－11　　中央筹集收入的分配　　单位：10亿兰特

财年	2014/2015	2015/2016	2016/2017	2017/2018	2018/2019	2019/2020	2020/2021	MTEF期间年均增长
	结果			修订估算	中期估算			
可用资金的分配								
中央各部委	490.0	546.1	555.7	599.9	628.6	685.9	736.6	7.1%
其中：								
对省级的间接转移支付	5.4	3.5	3.6	3.8	3.8	4.4	4.7	7.6%
对市级的间接转移支付	8.1	10.4	8.1	7.8	6.9	7.3	7.7	-0.6%
省级	439.5	471.4	500.4	538.2	571.0	611.8	657.5	6.9%

续表

财年	2014/2015	2015/2016	2016/2017	2017/2018	2018/2019	2019/2020	2020/2021	MTEF期间年均增长
	结果			修订估算	中期估算			
一般转移支付	359.9	386.5	410.7	441.3	470.3	505.0	542.4	7.1%
专项转移支付	79.6	84.9	89.7	96.8	100.7	106.7	115.0	5.9%
市级	87.6	98.3	102.9	110.7	118.5	126.9	137.5	7.5%
一般转移支付	41.6	49.4	50.7	55.3	62.7	69.0	75.7	11.0%
专项转移支付	35.8	38.3	40.9	43.6	43.3	44.8	47.8	3.1%
与大都市的一般燃油税共享	10.2	10.7	11.2	11.8	12.5	13.2	14.0	6.0%
表决支出未指定的临时拨款	—	—	—	—	6.0	2.3	2.1	
非利息拨款	1 017.1	1 115.8	1 159.0	1 248.8	1 324.1	1 426.9	1 533.6	7.1%
增长百分比	7.5%	9.7%	3.9%	7.7%	6.0%	7.8%	7.5%	
偿债成本	114.8	128.8	146.5	163.2	180.1	197.7	213.9	9.4%
应急储备金	—	—	—	—	8.0	8.0	10.0	
主体预算支出	1 131.9	1 244.6	1 305.5	1 411.9	1 512.2	1 632.6	1 757.5	7.6%
增长百分比	8.0%	10.0%	4.9%	8.2%	7.1%	8.0%	7.6%	
份额百分比								
中央各部委	48.2%	48.9%	48.0%	48.0%	47.7%	48.1%	48.1%	
省级	43.2%	42.2%	43.2%	43.1%	43.3%	42.9%	42.9%	
市级	8.6%	8.8%	8.9%	8.9%	9.0%	8.9%	9.0%	

来源：南非财政部。

（二）对省级的转移支付

南非各省预算的95%以上依靠中央政府的转移支付，面临着向日益增长的人口提供医疗保健、教育和其他服务的巨大支出压力。在这种情况下，对各省转移支付的削减主要落在基础设施补贴上。对各省的一般转移支付，占转移支付额的80%以上，为运营开支提供资金，包括教师和护士的工资，中期支出框架期间被削减了47亿兰特。各省预计通过减少非核心项目开支，如旅行和咨询以及非优先项目，来消化这些削减的影响。中期省级专项转移支付被削减了137亿兰特。一般转移支付使用基于数据的公式分配，目前正在重审，初步的重点是提高公式中所用数据的质量。从2018/2019财年开始，有关学生人数的数据将从南非基础教育部的学生单位记录信息和跟踪系统中获取，取代之前的学校调查数据。下一步预计重点是使医疗和教育的数据精确对准国家规范和标准，任何建议的修改将在广泛征求意见后纳入。

表10－12　　对各省的专项转移支付　　单位：百万兰特

项目＼财年	2017/2018	2018/2019	2019/2020	2020/2021	MTEF期间总额
	调整预算	中期估算			
直接专项补贴（不包括临时拨款）					
农业综合支助方案	1 646	1 751	1 876	2 002	5 629
Ilima/Letsema项目	522	552	583	615	1751
社区图书馆服务	1 420	1 424	1 501	1 584	4 509
教育基础设施	10 046	9 918	10 314	11 467	31 699
数学科技	365	370	391	413	1175
国家学校营养方案	6 426	6 802	7 186	7 696	21 684
HIV，AIDS和结核病综合	17 578	19 922	22 039	24 438	66 399
医疗设施振兴	5 684	5 816	6 047	6 380	18 242
医疗专业培训和开发	2 632	2 784	2 940	3 102	8 827
国家75岁以上老人服务业	11 676	12 401	13 186	14 069	39 655
人类住宅区发展	19 969	18 167	18 833	20 102	57 101
大众参与和体育发展	586	587	620	654	1 861
省级道路维护	10 754	11 036	11 482	12 113	34 630
公共交通运营	5 723	5 990	6 326	6 750	19 066
其他直接补贴	1 852	3 191	3 415	3 624	10 230
直接专项补贴合计	96 879	100 711	106 739	115 008	322 458
间接转移支付	3 813	3 776	4 366	4 744	12 886
学校基础设施备用金	2 180	1 472	1 327	969	3 768
国家医疗保险间接转移支付	1 633	2 304	3 039	3 775	9 118

来源：南非财政部。

（三）对市级的转移支付

对市级政府的一般转移支付拨款未来三年将继续增长，中期增加34亿兰特，以充分支付向越来越多的家庭提供免费基本服务所增加的市政费用，并考虑到水电费可能高于通货膨胀的情况。增加的资金还可以通过一般转移支付公式的再分配部分，更快地增加对较贫穷和农村城镇的拨款。同时大幅减少专项转移支付，给市级政府的直接拨款总额在中期支出框架期间年均增长7.5%。与2017年10月的预测相比，拟议削减的市级政府直接专项转移支付拨款共计139亿兰特，间接专项补贴削减额为22亿兰特。

表10－13　　对各市政府的转移支付　　单位：百万兰特

项目 \ 财年	2017/2018	2018/2019	2019/2020	2020/2021	MTEF期间总额
	调整预算	中期估算			
一般转移支付及相关（不包括临时拨款）	57 012	62 732	68 973	75 683	207 389
与大都市分享的一般燃油税	11 785	12 469	13 167	14 027	39 662
直接专项转移支付	43 781	43 258	44 773	47 752	135 783
市政基础设施	15 891	15 288	15 734	16 599	47 621
供水基础设施	3 329	3 481	3 669	3 871	11 021
城市住宅区开发	11 382	11 306	11 881	12 534	35 721
国家电气化综合方案	2 087	1 904	2 128	2 245	6 277
公共交通线路网	6 160	6 254	6 114	6 450	18 818
邻里发展伙伴关系	663	602	621	655	1 878
区域大型基础设施	1 865	1 957	2 066	2 180	6 203
地方政府财务管理	502	505	533	562	1 599
EPWP城市综合补贴	691	693	742	783	2 218
其他直接补贴	1 210	1 268	1 285	1 872	4 426
直接转移支付合计	112 578	118 458	126 914	137 462	382 833
间接转移支付	7 803	6 896	7 265	7 664	21 824
国家电气化综合方案	3 846	3 262	3 432	3 621	10 316
邻里发展伙伴关系	28	29	31	33	93

续表

项目 \ 财年	2017/2018	2018/2019	2019/2020	2020/2021	MTEF期间总额
	调整预算	中期估算			
区域大型基础设施	2 974	2 881	3 037	3 204	9 123
供水基础设施	852	608	642	678	1 928
市政系统改进	103	115	122	128	365

来源：南非财政部。

七、施政方针与财政改革

祖马执政以来，南非财政部长变动较频繁。2015 年 12 月，备受敬重的南非财政部长恩兰拉·内内遭到免职，被一不知名政客取代。祖马此举是为了惩罚内内不批准腐败公共企业的一系列收购活动，这些企业挪用公共资金以让祖马的政客朋友获利。内内拒绝批准为国家航空公司购买新飞机，并且拒绝为新核电厂提供资金。而南非在国际评级机构的信用评级也因内内的解雇降为“垃圾”一级，其货币贬值 10%。四天后，祖马被迫启用前财政部长普拉文·戈尔丹。在南非经济一蹶不振的背景下，祖马多次内阁改组，特别是对财政部长的任命都遭到了非国大的强烈反对。

2017 年 3 月 27 日 ~31 日，南非政坛发生巨震。27 日南非总统祖马突然召回在国外参加招商活动的财政部部长和副部长。31 日凌晨传出祖马内阁大改组消息：10 名内阁部长和 10 名副部长均被撤换，合计被撤换人数接近南非政府部门部长和副部长总人数的 1/3。此次内阁洗牌中，被视为南非金融市场“定盘星”的财长戈尔丹被原内政部长吉加巴替换，触发南非兰特大跌。戈尔丹曾两度出任财政部长，被不少南非人视为负责任的“经济管家”，他被撤换的消息对南非金融市场冲击很大。新任南非总统西里尔·拉马福萨上台后，重新启用了恩兰拉·内内。南非近期财政部长的变动如下表所示，可以看出，2009 ~2018 年不到十年时间里，南非六易财政部长。其中普拉文·戈尔丹和恩兰拉·内内均两次出任财政部长，任期最短的戴维·范·罗伊恩仅在任不到一周。财政部长的频繁更换无疑对南非经济和财政的稳定造成了不利影响。

表 10－14　　　南非 2009 年以来财政部长及任期

<table>
<tr><th>英文名</th><th>中译名</th><th>任期开始</th><th>任期结束</th><th>总统</th></tr>
<tr><td>PravinGordhan</td><td>普拉文·戈尔丹</td><td>2009－05－11</td><td>2014－05－25</td><td rowspan="5">Jacob Zuma
雅各布·祖马
（第一、第二任期）</td></tr>
<tr><td>Nhlanhla Nene</td><td>恩兰拉·内内</td><td>2014－05－25</td><td>2015－12－09</td></tr>
<tr><td>David van Rooyen</td><td>戴维·范·罗伊恩</td><td>2015－12－09</td><td>2015－12－13</td></tr>
<tr><td>Pravin Gordhan</td><td>普拉文·戈尔丹</td><td>2015－12－13</td><td>2017－03－31</td></tr>
<tr><td>Malusi Gigaba</td><td>马鲁西·吉加巴</td><td>2017－03－31</td><td>2018－02－27</td></tr>
<tr><td>Nhlanhla Nene</td><td>恩兰拉·内内</td><td>2018－02－27</td><td>现在</td><td>Cyril Ramaphosa
西里尔·拉马福萨</td></tr>
</table>

来源：维基百科。

2018 年 2 月，恩兰拉·内内重新执掌财政大权以来，南非政府采取了以下提振经济和财政改革的措施。

（一）政府短期提振信心的措施

2017 年 7 月南非内阁宣布了恢复财政政策可持续性的措施，通过实施部门改革促进转型，管理与国有实体相关的风险，创造政策确定性。迄今取得的进展如下：

1. 任命了南非电力公司（Eskom）的新董事会和代理首席执行官。能源部长已指示南非电力公司与独立电力生产商签订所有购电协议。

2. 基础设施预算机制收到 64 份大型基础设施项目的提交材料，对其中符合提交要求的 38 个项目进行了评估。

3. 政府正努力确保公共服务工资协议不会破坏薪酬上限。

4. 2018 年将向内阁提交《公共采购法案》。

5. 2017 年 8 月签署成为法律的《金融部门监管法》，使南非与全球最佳做法保持一致。该法创建了审慎和市场行为的权威根据，并赋予南非储备银行金融稳定的任务。

6. 政府已公报金融界守则，国家经济发展和劳工委员会计划于 2018 年 4 月举办金融部门峰会。

7. 2017 年 11 月签署成为法律的《保险法》，通过更高的审慎标准加强保险市场，使新业者更容易进入该行业，并使该行业与国际标准保持一致。

8. 已完成了使中小型企业受益的基金，特别侧重于初创企业。

9. 政府向南非航空公司提供 100 亿兰特，以清偿其短期债务。任命了新董事会、首席执行官和重组官员，正在实施扭亏为盈的战略。

10. 内阁已批准了国有企业的私营部门参与框架。

11. 科学和工业研究委员会完成了关于频谱可用性和开放获取的研究。

12. 2018 年 8 月底，竞争委员会将完成调查数据价格的市场咨询。

13. 政府正编制立法草案，允许邮政银行申请银行牌照。南非财政部以及南非电信和邮政服务部已与该银行注册官会面，讨论邮政银行的架构。

（二）促进包容性增长

政府的经济政策以包容性增长为重点，经济增长带来的好处应该通过转型和创造就业机会而更广泛、更公平地分享。政府、私营部门和工会组织都在创造体面、可持续的就业方面发挥作用，支持转型并提高生产力。在概述培育长期经济增长所需的一系列结构改革时，《国家发展计划》（NDP）确定了三个优先事项：1. 通过加快经济增长培育就业；2. 提高教育质量、技能发展和创新；3. 国家能力建设。这些领域的进展需要长期的协调努力，辅之以中期内正在采取的若干步骤。

促进包容性增长的伙伴关系。政府将加紧努力，与私营部门和工会建立持久的伙伴关系，以促进国家发展。这些伙伴关系已经有了重要的举措：首席执行官举措开发了支持高潜力中小型企业的商业基金，迄今已承诺 14 亿兰特。到 2018 年 6 月，预计将向第一轮企业发放约 5 亿兰特。此外，青年就业服务举措旨在为弱势青年提供高质量的工作经验，计划于 2018 年开始运作，试点阶段涉及南非最大的 20 多家公司。政府、企业和员工正在全国经济发展和劳工委员会框架内，努力寻找方法，以加强南非的投资评级和促进更快增长。2018 年将通过立法，颁布布国家最低工资。《劳动关系法》（1995）的修正将解决工资不平等现象，并有助于防止长期工业罢工行动。政府将在 2018 年完成对企业激励措施的审查，旨在改善激励措施对投资和创造就业的贡献。

（三）消除政策不确定性促进投资

南非政府在关键领域建立政策确定性，以重建信任并创造有利有投资环境。在电信方面，政府将结束许可证发放方面的延迟，这限制了获得稳定、负担得起的信息和通信技术的机会；在最后确定《矿产和石油资源开发法》和采矿章程方面的瓶颈问题将得到解决，以提高采矿部门的投资吸引力；临时铁路监管机构是建设监管能力的重要第一步，政府正在敲定单一运输经济监管法案，这将提高运输部门效率。

政府批准了六个经济特区，符合条件的公司将受益于较低的公司税率，以及对所有员工的就业税收激励，将鼓励投资并帮助克服生产中的低效空间遗留问题。最近对风险投资公司税收优惠的修订，迎来的对符合条件小企业6.5亿兰特的投资，增加了可用于支持企业发展的资金池。

（四）国有企业财务与治理改革

国有企业经营着电力和交通等网络产业，这些产业支撑着南非的经济增长潜力。政府再次承诺解决好这些公司的财务和治理挑战，内阁采用了私营部门参与框架，而政府将审查国有企业的融资模式。在考虑使陷入困境的机构恢复财务健康的必要改革时，政府将考虑邀请私营部门入股国有公司。

2018年1月，政府任命了南非电力公司的新董事会，预计将恢复电力公共事业的运营活力和财务稳定。南非具有极佳的利用可再生资源发电的潜力，其成本近年来大幅下降。南非电力公司需要使其商业模式适应市场竞争、技术变革和更有效的采购安排。将探索与私营部门建立伙伴关系，以加强公用事业的资本结构。南非电力公司强大且有能力的董事会和管理团队使公用事业准备好适应这些变化，利用南非的可比优势，创造更清洁、更廉价的能源。

（五）促成经济转型

治理经济的体系、所有权模式和控制手段的根本性转变，可为所有南非人创造机会过上有生产力的、繁荣和有尊严的生活。政府继续实施旨在经济转型的政策：

经修订的公共采购条例于2017年4月生效。这使指定群体，包括小企业和在农村乡镇经济中经营的群体，更有效地参与公共采购。目前正等待内阁批准以征求公众意见的《公共采购法案》在修订的条例基础上进行了改进并将取代条例。

与独立发电商签订未完成的购电协议将使社区受益，在这些项目所在地，估计创造了66 000个就业机会，促成了550亿兰特的投资。政府的小企业和创新基金，致力于为创业者提供支持，将在创业阶段为企业提供资金。该基金还将帮助本地创新商业化，2019/2020财年将拨款10亿兰特。

2017年12月公报的“金融部门守则”，旨在增加南非黑人获得金融服务的机会，特别是低收入家庭，1 000亿兰特的黑色企业增长基金已通过该守则创建。政府支持扩大竞争性的、负担得起的银行服务，并认识到数字银行服务在这方面的价值，南非储备银行发放了三张银行执照，两张给予了具备强大数字能力的银行，一张给予了新近专注于数字化的互助银行，邮政银行的牌照已取得进展。目前正努力，特别是在大城市，促进对综合运输、住房和相关基础设施的更多投资。

加强竞争法促进经济转型。南非经济历来以主要部门的集中、卡特尔和价格操纵为特点，使小企业和新兴企业难以竞争。竞争管理机构成功地处理了涉及广泛产品的反竞争行为，包括面包、钢铁、水泥、混凝土、塑料管和艾滋病药物。银行及电讯业的反竞争行为亦受到惩罚。世界经济论坛《2017～2018 全球竞争力报告》在137 个国家中，就反垄断政策的有效性将南非排名在第 28 位。从 1999 年成立到2017 年，南非竞争委员会对各类企业征收约 64 亿兰特的行政处罚。根据世界银行2016 年的一份报告，该机构成功瓦解白玉米、家禽、小麦和面粉以及药品中的卡特尔，使总体贫困减少了 0.4 个百分点。对《竞争法》（1998）的拟议修正案，将加强竞争管理机构的权力，已发布征求公众意见。修正案将使该机构能调查特定市场的总体状况，而不是特定公司的行为。此外，它们将使该机构在考虑并购时，有义务考虑经济集中和转型的结构性问题，以及裁决滥用支配地位的投诉。

（六）预算文件改革方向及预算透明度排名

南非广泛而清晰的预算文件支持议会监督和公民参与该国经济和财政政策，强调了南非财政部对其宪法义务的持久承诺，包括促进公共财政的透明度、问责制和有效管理。2018 年预算文件和提交材料包括《预算审查》、《收入分配提案》、《国家支出估算》和《人民预算指南》，分别对应预算、转移支付、预测文件和公众版预算，均可于南非财政部网站下载。南非在全球预算透明度指数中名列前茅。2017预算公开指数中，南非和新西兰并列第一。2017 年预算公开调查评价了 115 个国家提供预算文件的全面和及时性，监督的有效性以及公众参与国家预算过程的机会。南非透明度得分 89（百分制），比 2015 年的 86 有所提高。该调查指出南非可以做更多工作来鼓励公众参与预算过程，这正是当前预算改革的重点。南非财政部和民间社会组织合作开发了预算数据门户，该门户网站在南非科萨语中名为“公开的钱”，目的是鼓励公众就服务交付进行知情辩论，并促进政府问责制。该门户网站刚刚启动，将通过与公众接触进一步发展。

综上所述，尽管增长预测相对于 2017 年 10 月有所改善，南非的经济前景仍面临重大风险。GDP 的持续复苏取决于商业信心的回升。持续的政策和政治不确定性，国有企业财务状况进一步亚化，仍是经济前景面临的最大风险，其他风险包括：一是南非本币债务的进一步降级，导致南非被排除在花旗世界政府债券指数之外，会导致更高的风险溢价并触发一些资本外流，引发借贷成本上升，汇率贬值和经济活动进一步恶化。二是低于预期的兰特汇率或更高的行政价格上涨（例如水电费提高）。整体通胀上升会削弱南非竞争力，并对贸易产生负面影响，降低国内消费者和企业的购买力。三是由于水危机，西开普省经济严重萎缩，将威胁到农业和旅游业的就业。南非财政部的计算显示，西开普省的经济每收缩1%，南非全国总体增长会减掉0.2个百分点。

主要参考文献

[1] 南非2018年预算，Budget Review 2018，National Treasury Republic of South Africa，21 February 2018。

[2] 南非2017年中期预算政策报告（MTBPS），Medium Term Budget Policy Statement 2017，National Treasury Republic of South Africa，25 October 2017。

[3]《经济危机中的财政：各国财政运行状况2011》，财政部财政科学研究所，中国财政学会外国财政研究专业委员会，中国财政经济出版社，2012年11月。

[4]《世界主要国家财政运行报告（2016）》，中国财政科学研究院，经济科学出版社，2016年12月。

[5]《世界主要国家财政运行报告（2017）》，中国财政科学研究院、广西（东盟）财经研究中心，经济科学出版社，2017年10月。

[6] 北大—林肯中心丛书·联邦制全球对话第4卷：践行财政“联邦制”，［美］安瓦·沙（Anwar Shah）著，贾康等译，科学出版社，2015年2月。

第七篇

亚　洲

日本

韩国

印度

第十一章 日本

日本位于亚洲大陆以东，隔东海、黄海、朝鲜海峡、日本海与中国、朝鲜、韩国和俄罗斯相望，国土由本州、北海道、九州、四国四个大岛和3 900多个较小的岛屿组成，海岸线长3万多公里，多海湾和良港，是太平洋上一个呈弧形的群岛国家。日本基本属于单一民族（大和民族）国家（北海道地区约有2.5万阿伊努族人），人口约1.2675亿（2017年7月）。日本是君主立宪制国家，天皇是国家的象征，不参与国家行政管理。日本的政治体制是根据1947年日本新宪法确立的，实行立法、行政、司法各自独立的三权分立体制。国会作为立法机关，是国家最高权力机构，也是国家唯一的立法部门。行政权属于内阁，内阁由内阁总理大臣及其他国务大臣组成，内阁行使有关行政权并对国会负责。日本中央政府行政机构包括1府（内阁府）12省（厅）①。内阁总理大臣享有对国务大臣的任免权，以保持内阁的统一。法院作为司法机关，由最高法院及下级法院（高等法院、地方法院、家庭法院、简易法院）组成。所有的法官都独立行使职权，只受宪法和法律的约束。最高法院院长由内阁提名，天皇任命，其他法官均由内阁任命。法院有权认定一切法律、法令是否符合宪法。

一、经济概况②

日本在安倍经济学框架下，扩张性宏观经济政策已经实施了五年。2017年，在

① 总务省、法务法、外务省、财务省、文部科学省、厚生劳动省、农林水产省、经济产业省、国土交通省、环境省、防卫省、国家公安委员会（警察厅）。

② 文中数据来源于日本内阁府经济社会综合研究所国民经济计算部GDP统计数据以及日本总务省统计局统计《日本统计年鉴（2018年）》。

全球经济普遍好转背景下，日本经济也取得了超出预期的好成绩。经济温和增长，居民消费意愿增强，企业设备投资增长，出口形势好转，通缩局面改善，就业形势乐观。

一是内需释放，经济温和增长。2017 年，日本经济在内外需的共同拉动下，一季度经济增长好于市场预期，GDP（经季节调整后）环比折年率增长 2.2%，连续 5 个季度实现增长。二季度经济较一季度出现加速增长，GDP（经季节调整后）环比折年率增长 4.0%，为 2015 年一季度以来最快增速，连续 6 个季度保持扩张。日本 2017 年全年实际经济增长达到了 1.6%。

在国际经济环境改善大背景下，国内需求释放是推动日本经济快速温和复苏的主要因素之一。由于因物价走势总体偏弱、就业环境持续向好，居民消费意愿增强，投资增长显著。一季度内需对经济增长贡献率为 0.4%，个人消费增长 0.4%，连续 5 个季度增长，显示消费者信心有所改善。政府公共投资微降 0.1%，私人住宅投资增长 0.7%，企业设备投资增长 0.2%。二季度内需对经济增长贡献率为 1.3%，居民消费进一步回暖，个人消费增长 0.9%。政府公共投资大增 5.1%，私人住宅投资增长 1.5%，企业设备投资增长 2.4%，连续 3 个季度增长且涨幅不断扩大。2017 年全年日本国内需求增长了 1.3%，其中个人消费需求增长高于政府部门消费增长 0.2 个百分点，达到了 0.9%、企业设备投资增长了 3.2%。

二是出口大于进口，贸易收支保持盈余。受世界经济复苏加快、外部需求回升以及主要贸易对象国增长拉动等影响，日本出口形势好于进口，贸易收支持续改善。一季度出口增长 2.1%，进口增长 1.4%，主要与中国在内的亚洲市场需求不断扩大带来强劲的出口增速有直接关系。二季度尽管贸易规模出现萎缩，但出口下降 1.11%，进口下降 3.18%，出口降幅仍低于进口降幅。而且，受益于人数激增的访日外国游客在日本国内消费，以及日企海外子公司分红增多，三季度日本对外贸易继续表现抢眼，海外需求带动经济稳步增长。在汽车和半导体产品海外需求提振下，8 月份出口同比飙升 18.1%，创 4 年最大涨幅；进口增长 15.2%，贸易盈余高达 1 136 亿日元。9 月份出口连续第 10 个月实现同比增长，贸易顺差进一步升至 6 702 亿日元。2017 年全年日本出口增长了 11.9%，进口增长了 13.9%，贸易盈余 49 308 亿日元。

三是通缩局面有所改观，但距 2% 的通胀目标还有较大差距。2017 年，在能源等国际大宗商品价格上涨带动下，日本通胀水平趋于好转。剔除生鲜食品后，1 ~ 3 月份 CPI 同比分别增长 0.1%、0.2% 和 0.2%。二季度通缩局面进一步得到缓解，4 ~ 6 月份 CPI 分别同比增长 0.3%、0.4% 和 0.4%。由于电价等能源产品价格上涨明显，7、8 月份 CPI 持续走强，9 月份 CPI 同比上涨 0.7%，连续第九个月上升。2017 年全年日本 CPI 增长0.5，与安倍经济学框架下日本政府制定的2%通胀目标还有较大差距。

四是就业形势好转，失业率创新低。2017 年，日本就业形势较为乐观。一季度失业率稳中有降，就业水平不断向好，1～3 月份的失业率分别为 3.0%、2.8% 和 2.8%，建筑业、餐饮业和 IT 等行业劳动力需求旺盛。二季度就业水平创 43 年来最优，4～6 月份的失业率分别为 2.8%、3.1% 和 2.8%，制造业、运输邮电业和建筑业等劳动力需求增加。三季度以来，日本就业形势继续保持良好态势，7 月份失业率为 2.8%，8 月份失业率继续维持在 2.8% 水平，连续第三个月处于 3% 以下水平，显示就业状况得到大幅改善。2017 年全年日本失业率为 2.8%，创近年新低。

展望 2018 年，世界经济复苏的积极因素增多，日本经济增长的外部需求以及大宗商品价格将保持稳定，日本有望在外需拉动以及奥运会筹建等积极因素促进下，继续延续 2017 年温和增长势头，但要实现安倍政府制定的通胀 2% 等宏观经济政策目标仍将面临严峻挑战。日本经济的主要宏观数据如表 11－1 所示。

表 11－1　　日本经济的主要宏观指标

一、国内经济	2015 年	2016 年	2017 年	2018 年（1～3 月）
（一）实际 GDP 增长（%）	1.4	1.2	1.6	－0.2
（二）国内需求	1.3	0.4	1.3	－0.2
1. 私人部门最终国内需求	1.4	0.4	1.4	－0.2
（1）私人最终消费支出	0.8	0.3	0.9	－0.1
（2）私人住宅投资	3.7	6.2	－0.3	－1.8
（3）私人企业设备投资	2.3	1.2	3.2	0.3
2. 公共部门最终国内需求	1.1	0.5	0.9	0.0
（1）政府最终消费支出	1.9	0.5	0.7	0.1
（2）公共固定资本形成	－1.6	0.9	1.4	－0.1
（三）CPI（比上年、上月，%）	0.8	－0.1	0.5	－0.3（3 月）
1. 扣除生鲜食品的核心 CPI	0.5	－0.3	0.5	－0.1（3 月）
2. 扣除生鲜和能源价格的核心 CPI	1.4	0.6	0.1	－0.1（3 月）
（四）完全失业率（%）	3.4	3.1	2.8	2.5

续表

二、国际收支			2014 年	2015 年	2016 年	2017 年
（一）经常账户余额（亿日元）			39 215	162 351	203 421	218 742
	1. 贸易余额		-104 653	-8 862	55 251	49 308
		出口贸易	740 747	752 742	689 797	771 955
		进口贸易	845 400	761 604	634 546	722 647
	2. 服务收支		-30 335	-19 307	-11 480	-7 061
	3. 收益		194 148	210 189	181 011	197 397
	4. 经常转移		-19 945	-19 669	-21 361	-20 902
（二）资本转移收支（亿日元）			-2 089	-2 714	-7 433	-2 872
（三）金融收支（亿日元）			62 782	215 920	286 985	
（四）外汇储备余额（100 万美元）			1 266 815	1 260 214	1 233 214	1 216 903

资料来源：日本内阁府经济社会综合研究所国民经济计算部 GDP 统计数据（2018 年 6 月 8 日）；日本总务省统计局统计《日本统计年鉴（2018 年）》。

二、政府支出

（一）政府的范围及其分类

日本 1978 年开始采用新国民经济核算体系，即 SNA（System of Nation Accounts）体系。SNA 体系将日本国民经济主体分为家庭、企业以及公共部门 3 个部分。这 3 个部门通过经济活动相互关联，通过贸易、资本交易以及对外经济活动连结成一个整体。家庭与企业很容易理解与界定，公共部门的具体内容在日本主要包括一般政府与公共企业，而一般政府又包括中央政府、地方政府和社会保障基金（厚生年金、国民年金、健康保险等）3 个部门，公共企业又包括公营金融机关（日本银行、公库等）和公营企业（公社、公团）等。

（二）公共部门支出

据最新统计数据，2016 年日本 GDP 为 5 392 886 亿日元，公共部门支出共计 1 331 632 亿日元，占 24.7%，其中中央政府支出占 4.1%，地方政府支出占 10.9%，社会保障基金占 8.4%。从 2000 年以后的变化看，中央政府和地方政府财政支出规模都略有缩小，社会保障基金支出规模扩大迅速，反映出日本老龄少子化背景下社会保障压力。事实上，1990 年日本社会保障基金占 GDP 的比重只有 4.1%，1995 年上升至 4.9%，之后在整个 90 年代后半期维持 5% 上下，进入 2000 年突然窜升至 5.7%，之后一路攀升至 2012 年的 8.8%，最近几年略有下降（参见表 11－2）。

表 11－2　　日本国民经济计算中的公共支出总量　　单位：亿日元、%

年度	合计	中央政府	地方政府	社会保障基金	公营企业	公共部门支出占 GDP 的比重
2006	1 209 013	228 082	574 040	340 000	66 891	22.9
2007	1 209 013	226 883	566 707	352 578	70 541	22.9
2008	1 204 271	226 679	547 774	360 099	69 720	23.6
2009	1 231 666	231 688	554 327	374 890	70 760	25.0
2010	1 227 558	213 685	559 316	389 142	65 415	24.6
2011	1 239 627	212 324	560 536	403 555	63 212	25.1
2012	1 247 756	208 837	557 760	414 366	66 793	25.2
2013	1 287 823	227 980	567 395	424 673	67 774	25.4
2014	1 314 835	224 884	583 896	435 880	70 175	25.4
2015	1 328 239	217 918	585 867	451 296	73 158	24.9
2016	1 331 632	220 393	585 315	453 339	72 584	24.7

资料来源：日本总务省《地方财政白皮书（2018 年版）》。

注：表中数据为年度国民经济计算构成数据，即只包括计入 GDP 的支出，不包括转移支付、公债利息等，口径比政府预算口径窄。

（三）中央政府与地方政府支出①

1. 总支出

（1）日本中央政府预算构成。

日本中央政府预算分为一般会计预算、特别会计预算和政府关联机构预算三大类。一般会计预算是总括性预算，是综合管理国家一般性财政收支的预算，其收入主要是税收，也包括公债等，支出主要是国防、教育、社会保障、公共事业等一般行政活动所需经费。在日本，通常情况下所指的预算就是一般会计预算。值得注意

① 预决算支出，比日本国民经济计算中的政府支出口径宽。

的是，日本的一般会计预算与理论上的经常预算有所区别。理论上的经常预算以税收等正常收入为财源，主要提供行政、社会保障及教育等非投资性支出经费。而日本的一般会计预算，在收入方面包括国债（包括建设国债和赤字公债）收入，在支出方面包括中央财政拨款投资支出和国债偿还。

特别会计预算是中央政府为了经营某些特定事业，或管理某些特殊的收入支出根据《财政法》第13条第2项规定设置的分类管理型事业预算。历史上，特别会计预算数目繁多，如1979年有42个，1982年度有38个。最初特别会计预算大致分为五类：一是管理诸如邮政、造币、道路港湾修整、土地改良、治山治水等特殊事业收支的特别会计；二是管理贵重金属、外汇资金、粮食等特殊的物资和资金的特别会计；三是管理各种保险事业的特别会计；四是管理国家投融资贷款资金的特别会计；五是管理诸如地方交付税及让与税资金、国债整理基金等特殊资金或基金的特别会计。2006年，日本开始对特别会计进行改革，缩减了特别会计数目。2017年，只剩下15个特别会计（参见表11－3）。

表11－3　　　　日本中央政府特别会计构成

名称	主管机构
交付税及让与税配付金特别会计	内阁府、总务省、财务省
国债整理基金特别会计	财务省
外汇资金特别会计	财务省
财政投融资特别会计	财务省、国土交通省
能源对策特别会计	内阁府、文部科学省、经济产业省、环境省
劳动保险特别会计	厚生劳动省
年金特别会计	内阁府、厚生劳动省
粮食安全供给特别会计	农林水产省
国有森林事业债务管理特别会计	农林水产省
特许特别会计	经济产业省
机动车安全特别会计	国土交通省
东日本大地震灾后重建特别会计	国会、法院、会计检查院、内阁、内阁府、复兴厅、总务省、法务省、外务省、财务省、文部科学省、厚生劳动省、农林水产省、经济产业省、国土交通省、环境省、防卫省

政府关联机构预算是各政府关联机构的财务预算。政府关联机构是指依据特定法律设立的、中央政府提供全部资本金的法人，是经营事业尤其是融资性业务的机

构，将其与中央政府机构区分开来设置的目的是为了能灵活运用企业经营规则，以提高效率。但是，为了保证其公共性，其预算与政府预算同样接受国会的监督。2006 年，日本府关联机构包括 6 个公库 2 个银行，之后随着行政改革的进展，2008 年 10 月以后，只包括冲绳振兴开发金融公库、日本政策金融公库、国际协力银行以及国际协力机构 4 个关联机构。

以上三种预算并非单纯并列而是相互交叉的。一方面，有一般会计预算对特别会计预算及政府关联机构预算的资金转移，另一方面，也存在特别会计预算及政府关联机构对一般会计预算的利润上交。因此，在观察日本中央预算的总体规模时，不能单纯地将各种预算金融进行加总，而应从中扣除相互转移资金的重复计算部门。

(2) 日本地方政府预算构成。

日本地方预算的分类与中央基本相同。根据《地方自治法》规定，地方预算区分为一般会计预算和特别会计预算。一般会计是以地方政府基本收支为中心的财政收支预算；地方特别会计预算，有按国家法令规定必须设置的，也有各地方政府经本级议会批准设置的，因此各地方政府特别会计预算的设置不尽相同。此外，地方政府还管理公营企业预算，即地方各级政府所有和经营的企业的预算以及其他特别预算等，如根据《国民健康保险法》规定设置的国民健康保险事业预算，根据《农业灾害补偿法》设置的农业共济事业预算等等。

在日本地方财政统计分析及中央对地方财政的管理中，还有普通会计预算与公营事业预算这两个常用的分类。公营事业预算包括地方特别会计预算中的公营企业预算、国民健康保险事业预算、收益事业预算、公益典当事业预算和农业共济事业预算；而普通会计预算包括一般会计预算和公营事业预算以外的其他特别会计预算。通常，简单地讲地方财政往往指普通会计预算，它与中央的一般会计预算是对称的，而且在进行财政分析比较及分配转移支付资金时，也以普通会计预算的收支为基础。不仅如此，每年中央政府在向国会提交本级预算的同时，还需提交全国地方普通会计预算的年度收支计划，与此有关的文件称作“地方财政计划”。由于地方财政计划不是各地方收支预算额的加总，而是从标准的地方财政收支水平的角度出发由中央政府测算的，其目的是引导地方财政的运营，与各地实际不一定一致，因此国会对地方财政计划不进行审、决议。但是，由于地方财政计划中关于各地方的财政收支预计额，是中央财政转移支付资金的基础，因而它对地方财政运营是有一定的影响的。

(3) 总支出。

1990 年至 2010 年，日本中央与地方政府总支出占 GDP 的比重从 35.71% 上升至53.64%，上升了近18个百分点，2010年之后变化不大。从地方财政计划支出占GDP的比重看，1990年为14.80%，1995年和2017年均为16.10%，基本没有变化；从中央政府总支出占GDP的比重看，1990年为27.04%，2000年为40.04%，2005年为46.04%，2000年与2005年分别比1990年上升了13个百分点和19个百分点（参见表11－4）。可以看出，日本1990年以来政府总支出规模的扩大主要是中央政府支出规模的扩大，是20世纪90年代以来应对泡沫经济破灭，实施扩张性财政政策的结果。

2. 中央政府一般会计与地方政府普通会计支出

日本中央政府一般会计预算与地方政府普通会计预算支出是一般意义的政府预算支出。2017年，日本中央政府支出约97.5万亿日元，占GDP的17.83%，地方政府支出约87.6万亿日元，占GDP的15.85%，中央政府与地方政府支出之比为52.7∶47.3。中央政府支出中向地方转移支出约29.1万亿日元，地方政府支出中向中央上交支出约5 780亿日元。政府间财源转移之后，日本中央政府本级支出约68.3万亿日元，占GDP的12.5%，地方政府本级支出88.0万亿，占GDP的15.74%，中央政府与地方政府的支出之比变为43.7∶56.3。

20世纪90年代以来，日本政府支出总量占GDP的比重变化不大。1990年，中央政府支出占GDP的比重为15.27%，地方政府支出占GDP的比重为17.30%。2010年以后，由于应对2008年全球金融危机、日本大地震等宏观经济政策的延续，中央政府支出有所上升，占GDP的比重突破了19%，2013年达到19.75%，2015年以后开始下降，2017年跌到18%以下。地方政府支出规模一直相对平稳，2016年和2017年有下降趋势（参见表11－5）。

（四）中央政府一般会计[①]支出

1. 中央政府一般会计支出总额

日本2017年中央政府一般会计预算支出规模97.5万亿日元。从20世纪90年代以来的财政支出趋势看，整个90年代，财政支出规模呈上升趋势；2000至2008年，财政支出总体规模基本维持在81万亿上下；2008年金融危机之后，支出规模再次扩大。

20世纪90年代，日本泡沫经济破灭。日本政府从1992年到2002年的10年间，

---

① 相当于我国中央政府的经常性预算，但包括债务收支。

表 11－4　日本中央政府与地方政府总支出

单位：10 亿日、元

年度	一般会计预算支出（A）	特别会计预算支出（B）	政府关系机关预算支出（C）	中央政府支出合计		扣除重复计算的中央政府支出合计（F＝D－E）	扣除重复计算的中央政府支出合计占 GDP 的比重（%）	地方财政计划支出（G）	地方财政计划支出占 GDP 的比重（%）	中央政府与地方政府支出合计		扣除重复计算的中央政府与地方政府支出合计（H－I）	中央政府与地方政府支出（H－I）占 GDP 的比重（%）
				（D＝A＋B＋C）	重复计算金额（E）					（H＝F＋G）	重复计算金额（I）		
1990	66 237	175 486	5 523	247 245	124 602	122 644	27.04	67 140	14.80	189 784	27 792	161 992	35.71
1995	70 987	241 718	8 086	320 792	160 054	160 738	31.36	82 509	16.10	243 247	32 035	211 213	41.21
2000	84 987	318 689	7 661	411 337	200 435	210 902	40.04	88 930	16.88	299 832	37 216	262 616	49.86
2005	82 183	411 944	4 678	498 805	257 490	241 316	46.04	83 769	15.98	325 084	32 689	292 395	55.79
2010	92 299	367 074	3 135	462 508	244 744	217 764	43.52	82 127	16.41	299 891	31 563	268 328	53.63
2013	92 612	386 630	2 510	481 751	256 566	225 185	44.39	84 453	16.65	309 639	34 514	275 125	54.24
2014	95 882	411 426	2 337	509 645	270 220	239 426	46.59	85 575	16.65	325 000	34 929	290 071	56.45
2015	96 342	403 553	2 216	502 111	262 184	239 927	45.10	87 768	16.50	327 694	35 484	292 211	54.93
2016	96 722	403 852	2 077	502 650	256 212	246 438	45.77	87 670	16.28	334 108	34 807	299 301	55.59
2017	97 455	393 429	1 845	492 729	250 602	242 127	44.31	87 999	16.10	330 125	34 410	295 715	54.11

资料来源：日本总务省统计局《日本统计年鉴（2018 年版）》。

注：中央政府支出为预算额，地方财政计划支出为计划额。

表 11－5　　日本中央政府一般会计与地方政府普通会计支出

单位：10 亿日元；%

年度	支出总额				中央向地方转移支出	地方向中央上交支出	本级支出额					GDP（名义）（F）
	中央（A）	占 GDP 的比重（A/F）	地方（B）	占 GDP 的比重（B/F）			中央（C）	占 GDP 的比重（C/F）	地方（D）	占 GDP 的比重（D/F）	总计（E）	
1990	69 269	15.27	78 473	17.30	27 548	87	41 721	9.20	78 387	17.28	120 107	453 608.4
1995	75 939	14.82	98 945	19.30	27 391	94	48 548	9.47	98 850	19.29	147 398	512 541.7
2000	89 321	16.96	97 616	18.53	29 770	50	59 552	11.31	97 567	18.52	157 118	526 705.9
2005	85 520	16.32	90 697	17.30	29 088	32	56 431	10.77	90 665	17.30	147 096	524 132.9
2010	95 312	19.05	94 775	18.94	32 097	149	63 215	12.63	94 626	18.91	157 841	500 353.9
2013	100 189	19.75	93 167	18.37	33 177	116	67 012	13.21	93 050	18.34	160 062	507 246.0
2014	98 814	19.23	94 511	18.39	32 941	613	65 873	12.82	93 899	18.27	159 772	513 876.1
2015	98 230	18.46	93 571	17.59	31 764	617	66 466	12.49	93 954	17.66	160 420	531 985.7
2016	97 541	18.61	85 759	15.93	29 787	580	70 435	13.08	85 179	15.82	155 614	538 445.6
2017	97 455	17.83	86 620	15.85	29 129	578	68 326	12.50	86 042	15.74	154 368	546 488.6

资料来源：日本总务省统计局《日本统计年鉴（2018 年版）》、日本财务省《财政基础数据》、日本内阁府《国民经济计算》。

注：中央政府支出中 2017 年为预算额，其他年度为决算额；地方政府支出中 2016 和 2017 年为计划额，其他年度为决算额。

实施了13次经济刺激计划，政策资金总规模合计约160万亿日元，其中财政政策规模占到一半以上，导致财政支出水平不断攀升。1990年，日本财政支出规模66万亿日元，2000年已上升为85万亿日元，增长了28.8%。财政支出占GDP的比重也从1990年的16.3%上升为2000年的18.8%。

2000年至2008年期间，由于近十年的大规模支出计划并未奏效，且积累了大量财政赤字与债务，财政支出规模没有进一步扩张，大致维持在80万亿～85万亿日元之间。2008年全球经济危机爆发，日本经济遭受严重打击。为应对这场危机，日本政府分别于2008年8月、10月，2009年4月、12月，2010年9月、10月以及2013年1月出台了7个经济刺激计划，政策资金总额约为180万亿日元，其中财政规模约为48.3万亿日元。财政支出规模也由2008年的约83万亿日元直接攀升到2009年的约88.5万亿日元，之后逐年上升至2017年的97.5万亿日元。

日本一般会计支出在20世纪90年代泡沫经济破灭后对公债的依赖程度不断加深。1990年，公债依存度8.4%，1996年迅速攀升至28.0%，提高了20个百分点；到了2000年，这一比重达到了38.4%，比1996年提高了10个百分点，比1990年提高了30个百分点；2010年达到最高值，为48.0%，比1990年提高了近40个百分点。2010年以后，公债依存度有所降低，目前降到了35.3%。

日本一般会计支出对公债的依存度很高，但由于日本泡沫经济破灭后利率一路走低，公债利息支出比重一直没有上升，特别是20世纪90年代中后期以来还呈现出缓慢下降趋势，2017年公债利息支出占一般会计支出的比重仅为9.4%（参见表11－6）。

表11－6　　一般会计支出　　单位：10亿日元

年度	一般会计支出	基础财政收支经费	公债发行额	公债依存度（%）	利息费	利息费比重（%）
	（A）		（B）	（B/A）	（C）	（C/A）
1990	66 237	51 948	5 593	8.4	11 069	16.7
1991	70 347	54 311	5 343	7.6	11 930	17.0
1992	72 218	55 771	7 280	10.1	12 126	16.8
1993	72 355	56 913	8 130	11.2	11 661	16.1
1994	73 082	57 177	13 643	18.7	11 588	15.9
1995	70 987	57 766	12 598	17.7	11 651	16.4

续表

年度	一般会计支出	基础财政收支经费	公债发行额	公债依存度（%）	利息费	利息费比重（%）
	（A）		（B）	（B/A）	（C）	（C/A）
1996	75 105	58 730	21 029	28.0	11 703	15.6
1997	77 390	60 588	16 707	21.6	11 682	15.1
1998	77 669	60 406	15 557	20.0	11 589	14.9
1999	81 860	60 411	31 050	37.9	11 368	13.9
2000	84 987	63 022	32 610	38.4	10 743	12.6
2001	82 652	65 482	28 318	34.3	10 402	12.6
2002	81 230	64 559	30 000	36.9	9 594	11.8
2003	81 789	64 991	36 445	44.6	9 060	11.1
2004	82 111	64 542	36 590	44.6	8 734	10.6
2005	82 183	63 741	34 390	41.8	8 864	10.8
2006	79 686	60 925	29 973	37.6	8 648	10.9
2007	82 909	61 910	25 432	30.7	9 514	11.5
2008	83 061	62 898	25 348	30.5	9 341	11.2
2009	88 548	68 304	33 294	37.6	9 420	10.6
2010	92 299	70 932	44 303	48.0	9 757	10.6
2011	92 412	70 863	44 298	47.9	9 924	10.7
2012	90 334	68 390	44 244	47.6	9 840	10.9
2013	92 612	70 370	42 851	46.3	9 870	10.7
2014	95 882	72 612	41 250	43.0	10 098	10.5
2015	96 342	72 891	36 863	38.3	10 115	10.5
2016	96 722	73 110	34 432	35.6	9 869	10.2
2017	97 455	73 926	34 370	35.3	9 133	9.4

资料来源：日本财务省历年预算数据。

2. 中央政府一般会计支出结构

（1）按支出性质分类的支出结构。

2017 年日本中央政府一般会计预算中，国债支出 23.5 万亿日元，占支出总额的 24.7%，经常性财政支出 73.9 万亿日元，占 75.9%。具体地，国债支出 23.5 万亿日元中，包括偿还债务本金 13.7 万亿日元和利息支出 9.8 万亿日元；地方交付税支出 15.6 万亿日元，占支出总额的 16.0%；社会保障支出 32.4 万亿日元，占支出总额的 33.3%。（参见表 11－7）

表 11－7　　日本中央政府一般会计支出构成　　单位：亿日元、%

年度	2014 年		2015 年		2016 年		2017 年	
	总额	比重	总额	比重	总额	比重	总额	比重
国债支出	232 702	24.3	234 507	24.3	236 121	24.4	235 285	24.7
经常性支出	726 121	75.7	728 912	75.7	731 097	75.6	739 262	75.9
社会保障关系支出	305 175	31.8	315 297	32.7	319 738	33.1	324 735	33.3
地方交付税等	161 424	16.8	155 357	16.1	152 811	15.8	155 671	16.0
合计	958 823	100	963 420	100	967 218	100	974 547	100

资料来源：日本财务省预算资料整理。

2017 年日本中央政府一般会计预算中，国债支出、地方交付税支出以及社会保障支出三项之和占支出总额的 74%，其他支出被挤压在 26% 的区间内。经常性财政支出中，社会保障支出比重最高，占经常性财政支出的 43.9%；其次是向地方财政支出的地方交付税支出，占 21.1%。这两项支出合计占经常性支出总额的 65%。在其他各项支出中，公共事业支出和防卫支出比重较高，分别为 8.1% 和 6.9%（参见表 11－8、图 11－1）。

表 11－8　　日本中央政府一般预算经常性经费支出结构　　单位：亿日元、%

年度	2015 年			2016 年			2017 年		
	总额	构成比	比上年增长	总额	构成比	比上年增长	总额	构成比	比上年增长
社会保障支出	315 297	46.3	8.3	319 738	43.7	1.4	324 735	43.9	1.6
文教及科学振兴支出	53 613	7.4	-0.1	53 580	7.3	-0.1	53 567	7.2	0.0
养恤费	39 32	0.5	-22.1	3 421	0.5	-13.0	2 947	0.4	-13.9
地方交付税	155 357	21.3	-4.5	152 811	20.9	-1.6	155 671	21.1	1.9
防卫支出	49 801	6.8	4.8	50 541	6.9	1.5	51 251	6.9	1.4

续表

年度	2015 年			2016 年			2017 年		
	总额	构成比	比上年增长	总额	构成比	比上年增长	总额	构成比	比上年增长
公共事业支出	59 711	8.2	13.0	59 737	8.2	0.0	59 737	8.1	0.0
经济协力支出	5 064	0.7	-1.7	5 161	0.7	1.9	5 110	0.7	-1.0
中小企业对策	1 856	0.3	2.5	1 825	0.2	-1.7	1 810	0.2	-0.8
能源对策	8 985	1.2	5.8	9 308	1.3	3.6	9 635	1.3	3.5
粮食安全供给支出	10 417	1.4	-1.2	10 282	1.4	-1.3	10 174	1.4	-1.0
其他支出	61 379	8.4	2.4	61 193	8.4	-0.3	61 098	8.3	-0.2
预备费	3 500	0.5	0.0	3 500	0.5	0.0	3 500	0.5	0.0

资料来源：日本财务省《财政相关基础数据》。

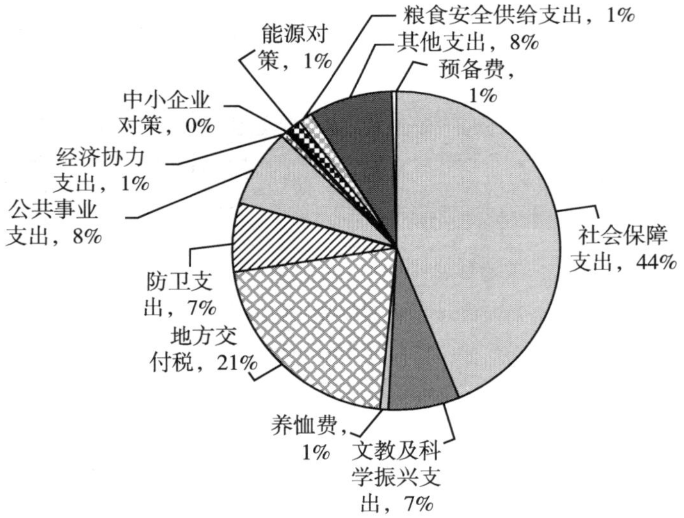

图 11－1 日本中央政府一般预算经常性支出结构（2017 年）

20 世纪 90 年代以来，日本财政支出结构变化的特点是国债支出比重一直居高不下，同时，社会保障支出也随着老龄化过程的加剧不断增加，其他各项经常性财政支出比重不断下滑。国债支出在财政支出总额中所占比重，1980 年为 12.7%，1990 年上升至 20.7%，2000 年达到 24%，之后一直维持在高位；社会保障支出在财政支出总额中所占比重，1980 年为 18.8%，1990 年为 16.6%，之后由于少子高龄化社会程度加深的影响，逐渐攀升至 2000 年为 19.7%，2010 年为 29.5%，2015 年高达 32.7%；地方交付税在财政支出总额中所占比重，1985 年为 22.9%，之后不断攀升，2003 年达到最高点 26.8%，之后开始回落，2015 年为 15.8%。

（2）按部门分类的支出结构。

日本 2017 年中央政府一般会计预算按部门分类的支出，财务省占比最高，为 27.32%；其次是厚生劳动省和总务省，分别约为 25.9% 和 19.52%；国土交通省、文部科学省和防卫省排在第 4 ~6 位，比重在 5% ~7% 之间；农林水产省占比不到 3%，经济产业省占比 1.24%，其他部门占比均不足 1%（参见图 11 -2、表 11 -9）。

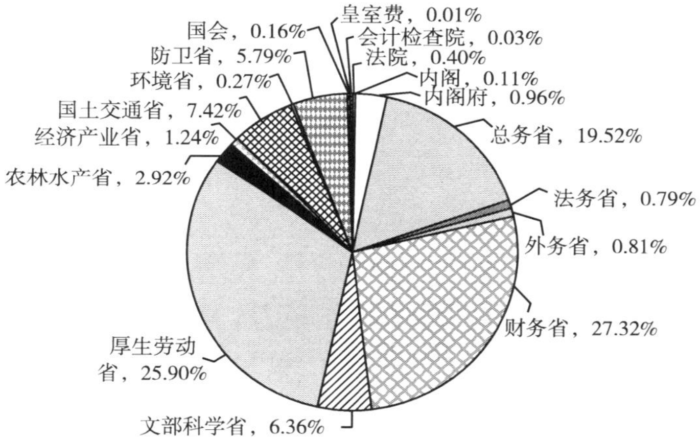

图 11 -2　日本中央政府财政支出部门构成（2017 年）

表 11 -9　　中央政府一般预算支出结构：部门分类　　单位：千日元

年度	2014 年	2015 年	2016 年	2017 年
皇室费	6 267 782	6 116 909	6 099 554	6 824 272
国会	138 051 943	136 832 435	138 672 823	130 698 260
法院	313 809 227	312 656 865	315 300 114	330 394 123
会计检查院	16 952 556	16 829 135	16 826 708	21 509 793
内阁	123 868 010	126 789 916	115 231 340	90 877 875
内阁府	1 513 580 973	2 971 998 534	2 919 397 534	796 390 687
总务省	17 918 475 202	17 669 115 593	15 991 440 757	16 184 546 096
法务省	739 978 733	750 713 193	742 017 106	651 120 745
外务省	856 151 111	894 380 882	714 011 470	670 926 713

续表

年度	2014 年	2015 年	2016 年	2017 年
财务省	25 055 231 721	25 125 401 173	25 757 326 761	22 654 051 124
文部科学省	5 599 982 178	5 417 117 988	5 321 556 160	5 270 548 726
厚生劳动省	30 822 919 355	30 602 026 294	30 310 957 536	21 476 893 672
农林水产省	2 401 192 411	2 464 617 737	2 139 200 220	2 420 100 577
经济产业省	1 569 167 618	1 186 437 626	938 624 823	1 027 271 073
国土交通省	6 465 496 265	6 454 930 264	5 917 764 283	6 155 400 930
环境省	371 668 241	355 430 349	323 264 693	219 946 845
防卫省	5 087 544 367	5 171 880 074	5 054 149 172	4 801 306 300
合计	99 000 337 693	99 663 274 967	96 721 841 054	82 908 807 811

资料来源：日本财务省历年预、决算数据。

三、政府收入

（一）中央政府与地方政府收入

2017 年，日本中央政府（一般会计预算、特别会计预算、政府关系机关预算）与地方政府（地方财政计划）收入总计 295.207 万亿日元，占 GDP 的 54.02%；中央政府总收入 494.74 万亿日元，扣除重复计算后为 241.62 万亿日元，占 GDP 的 44.21%；地方财政计划收入额 88 万亿日元，占 GDP 的 16.1%。

1990 年至 2005 年，日本中央与地方政府总收入占 GDP 的比重从 39.57% 上升至 62.69%，15 年间上升了近 13 个百分点，2010 年以后，比重稳定在 55% 左右。从地方财政计划收入占 GDP 的比重看，1990 年为 14.80%，1995 年和 2017 年均为 16.10%，基本没有变化；从中央政府总收入占 GDP 的比重看，1990 年为 30.90%，2000 年为 43.09%，2005 年为 52.94%，2000 年与 2005 年分别比 1990 年上升了 12 个百分点和 22 个百分点（参见表 11－10）。

（二）中央政府一般会计收入

2017 年日本中央政府一般会计预算收入总规模 97.455 万亿日元。其中，债务收入 34.37 亿日元，占 35.3%；税收收入 57.712 万亿日元，占 59.2%。

从税收收入占一般预算总收入的比重看，自上世纪 80 年代中期至 2011 年呈一

表 11－10　日本中央政府收入与地方财政计划收入

单位：10 亿日元

年度	一般会计预算收入（A）	特别会计预算收入（B）	政府关系机关预算收入（C）	中央政府收入合计		扣除重复计算的中央政府收入合计（F＝D－E）	中央政府收入占 GDP 的比重（%）	地方财政计划收入（G）	地方财政计划收入占 GDP 的比重	中央政府与地方政府收入合计		扣除重复计算的中央政府与地方政府收入合计（H－I）	中央政府与地方政府收入（H－I）占 GDP 的比重（%）
				（D＝A＋B＋C）	重复计算金额（E）					（H＝F＋G）	重复计算金额（I）		
1990	66 237	191 789	5 617	263 643	123 493	140 150	30.90	67 140	14.80	207 290	453 608.4	179 498	39.57
1995	70 987	266 959	8 001	345 947	161 202	184 745	36.04	82 509	16.10	267 254	512 541.7	235 219	45.89
2000	84 987	336 490	7 396	428 873	201 906	226 967	43.09	88 930	16.88	315 897	526 705.9	278 681	52.91
2005	82 183	449 150	5 073	536 406	258 909	277 497	52.94	83 769	15.98	361 266	524 132.9	328 577	62.69
2010	92 299	381 366	2 200	475 864	247 401	228 463	45.66	82 127	16.41	310 590	500 353.9	279 027	55.77
2013	92 612	408 483	1 710	502 805	258 529	244 276	48.16	84 453	16.65	328 729	507 246.0	294 215	58.00
2014	95 882	414 628	1 799	512 309	271 902	240 407	46.78	85 575	16.65	325 982	513 876.1	291 053	56.64
2015	96 342	406 498	1 835	504 675	263 613	241 063	45.31	87 768	16.50	328 830	531 985.7	293 346	55.14
2016	96 722	407 322	1 702	505 746	257 882	247 865	46.03	87 670	16.28	335 535	538 445.6	300 728	55.85
2017	97 455	395 684	1 604	494 743	253 124	241 619	44.21	87 999	16.10	329 617	546 488.6	295 207	54.02

资料来源：日本总务省统计局《日本统计年鉴（2018 年版）》。

注：中央政府收入为预算额，地方政府收入为计划额。

路下滑态势。1985 年为 70.7%，到了 90 年代中期，下降了 6.2 个百分点，为 64.5%，2005 年，比 90 年代中期又下降了近 9.4 个百分点，为 55.1%，6 年后的 2011 年再度下降了 16.2 个百分点，为 38.9%。2014 年以后，比重开始逐步回升，2017 年已经恢复至近 60%（59.2%）（参见表 11－11）。

在税收收入比重下滑的同时，必然是债务收入比重的上升。1985 年和 1995 年，债务收入占一般会计收入的比重均为 22.8%，此时泡沫经济破灭的影响尚未显现。2005 年，债务收入比重上升了 12.3 个百分点，为 35.1%，之后一直居高不下，徘徊在 35%～39% 的区间内。

表 11－11　日本中央政府一般会计收入规模　单位：10 亿日元、%

年份	税收收入	其他收入	债务收入	总收入
1985	38 199 （70.7）	34 857 （6.5）	12 308 （22.8）	539 926 （100）
1995	51 931 （64.5）	73 794 （9.2）	18 396 （22.8）	805 572 （100）
2005	49 065 （55.1）	86 658 （9.7）	31 269 （35.1）	890 003 （100）
2011	428 326 （38.9）	130 989 （11.9）	427 980 （38.9）	1 099 795 （100）
2013	496 529 （44.3）	156 327 （14.7）	408 510 （38.5）	1 060 447 （100）
2014	53 971 （51.6）	12 215 （11.7）	38 493 （36.8）	140 679 （100）
2015	56 285 （55.1）	10 972 （10.7）	34 918 （34.2）	102 175 （100）
2016	55 469 （54.0）	9 270 （9.0）	38 035 （37.0）	102 774 （100）
2017	57 712 （59.2）	5 373 （5.5）	34 370 （35.3）	97 455 （100）

资料来源：日本财务省《财政关系基础数据》、《日本的统计（2018 年）》。

注：（1）2017 年为预算数，其他年份为决算数；（2）税收收入包括印花收入；（3）括号内数字为构成比重。

从税收收入构成看，直接税与间接税之比约为 3∶2，所得税、消费税、法人税三大税种合计占税收收入的比重将近 80%。2017 年，所得税收入 179 480 亿日元，占 29.22%，消费税收入 171 850 亿日元，占 27.90%，法人税收入 123 910 亿日元，占 20.17%（参见表 11－12 和表 11－13）。

表 11－12　日本中央政府税收收入结构　单位：亿日元、%

	2013 年	2014 年	2015 年	2016 年	2017 年
税收收入	512 274	578 492	601 872	611 967	614 240
直接税	311 381	328 821	341 575	350 230	354 768
间接税	200 893	249 670	260 297	261 737	259 472
占税收的比重					
直接税	60.78	56.84	56.75	57.23	57.76
间接税	39.22	43.16	43.25	42.77	42.24

资料来源：日本总务省《日本的统计（2018 年）》。

注：2013、2014 年为决算数，其他年份为预算数。

表 11－13　日本中央政府税收收入结构：分税种　单位：亿日元、%

	2014 年	2015 年	2016 年	2017 年	
				总额	比重
税收收入	578 492	601 872	611 967	614 240	100
所得税	167 902	175 900	179 750	179 480	29.22
法人税	110 316	117 410	122 300	123 910	20.17
遗产税	18 829	17 610	19 210	21 150	3.44
地方法人税	10	5 225	6 365	6 439	1.05
地方法人特别税	23 945	21 753	18 809	20 025	3.26
复兴特别所得税	3 492	3 677	3 766	3 764	0.61
复兴特别法人税	4 328	49	—	—	0.00
消费税	160 290	171 120	168 010	171 850	27.90
酒税	13 276	13 080	13 590	13 110	2.13
香烟税	9 187	9 060	9 230	9 290	1.51
挥发油税	24 864	24 660	23 860	23 940	3.90
石油天然气税	97	100	90	80	0.01

续表

	2014 年	2015 年	2016 年	2017 年	
				总额	比重
航空燃料税	521	510	520	520	0.08
石油煤气税	6 307	6 280	6 880	6 880	1.12
电力开发促进税	3 211	3 230	3 200	3 130	0.51
机动车重量税	3 728	3 740	3 850	3 700	0.60
关税	10 731	11 170	11 060	9 530	1.55
吨位税	100	100	100	100	0.02
印花税	10 350	10 270	10 520	10 920	1.78
地方挥发油税	2 660	2 638	2 553	2 562	0.42
石油煤气税（让与部分）	97	100	90	80	0.01
航空燃料税（让与部分）	149	146	149	149	0.02
机动车重量税（让与部分）	2 558	2 567	2 642	2 562	0.42
特别吨位税	125	124	125	125	0.02
香烟税特别税	1 421	1 401	1 428	1 437	0.23

资料来源：日本总务省《日本的统计（2018 年）》。

注：（1）2014 年为决算数，其他年份为预算数；（2）包括特别会计税收。

四、政府赤字

日本自 20 世纪 90 年代以来，财政收支状况不断恶化，期间，日本政府改善财政的“建全化”计划几乎从未间断。早在 1996 年 12 月，桥本内阁就制定了《财政构造改革法》，它确定了一个多年期的支出削减计划，提出的目标是在 2005 年之前将财政赤字占 GDP 的比重控制在 3% 以下，而实际执行的结果是 5.3%。2006 年 7 月，日本内阁出台了《经济财政运营和构造改革的基本方针》、2009 年 1 月通过了《经济财政的中长期方针和 10 年展望》、2009 年 6 月又制定了《经济财政改革基本方针（2009）》等等计划，这些计划都制定了具体的基本财政收支健全化目标。虽然日本在 2007 年终于实现了赤字占 GDP 之比小于 3% 的目标，但随后而来的全球金融危机又使这一指标重新恶化，2011 年更是达到了历史高点 8.3%，之后重新进入改善通道，目前赤字占 GDP 的比重为 4.8%（参见图 11 – 3）。

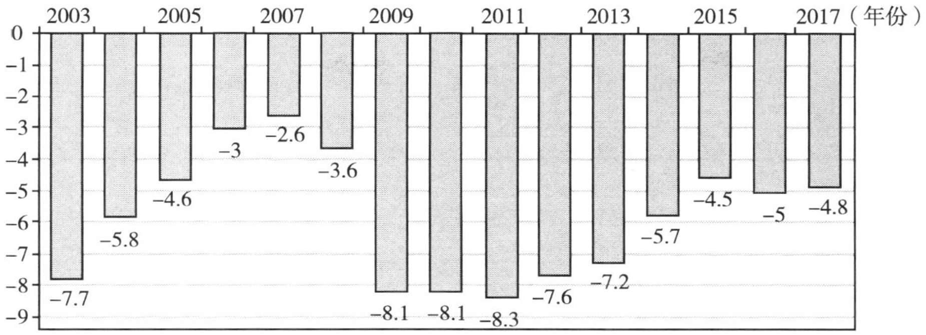

图 11－3　日本政府财政赤字占 GDP 的比重

资料来源：根据日本财务省《日本财政相关》（2018 年 3 月）制作。

五、政府债务

（一）一般政府债务水平

20 世纪 90 年代泡沫经济破灭后，日本政府累积起来的巨额债务，水平之高历史罕见。目前日本债务余额为发达国家之最。根据 OECD 的统计，日本一般政府债务余额占 GDP 的比重 1995 年是 86.2%，低于意大利与加拿大；1997 年达到 100.5%，超过加拿大但低于意大利；1999 年上升为 127.0%，超过意大利，成为债务金额最多的发达国家。2009 年，日本一般政府债务余额占 GDP 的比重突破 200%，已远远高于其它西方发达国家，2017 年达到了 240.3%，比排名第二位的意大利高出 107 个百分点（参见图 11－4）。

一般政府债务余额在进行国际比较时有一个缺陷，可能会高估或低估某些国家政府债务的真实情况。因此，一般政府债务余额在与政府拥有的金融资产一起考虑调整，即要考虑政府的还债能力后，再进行国际比较，即比较一般政府纯债务余额才合理。一般政府纯债务余额等于一般政府债务余额减去外汇储备及社会保障基金等政府性金融资产后的数额。由于日本有大量的外汇储备等政府性金融资产，以一般政府纯债务余额占 GDP 的比重看，日本债务规模缩小了一倍，与意大利水平相当，约为 120%（参见图 11－5）。

（二）中央政府债务水平

20 世纪 90 年代以来，随着财政收支缺口的扩大，日本政府债务总水平不断提高。从国债发行额看，1990 年仅为 5.6 万亿日元，并且全部是建设国债；到了 1999 年，国债

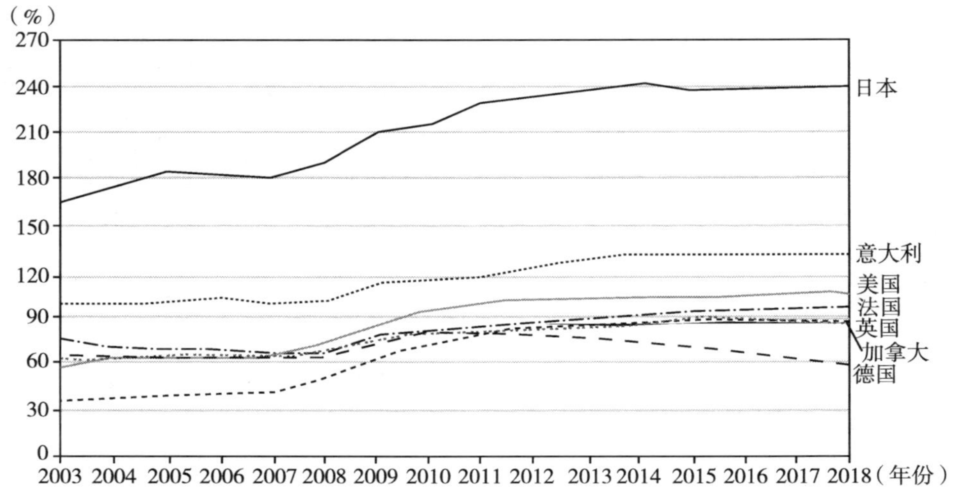

图 11－4　日本一般政府总债务余额占 GDP 的比重（国际比较）

资料来源：日本财务省《日本财政相关资料》2018 年 3 月。

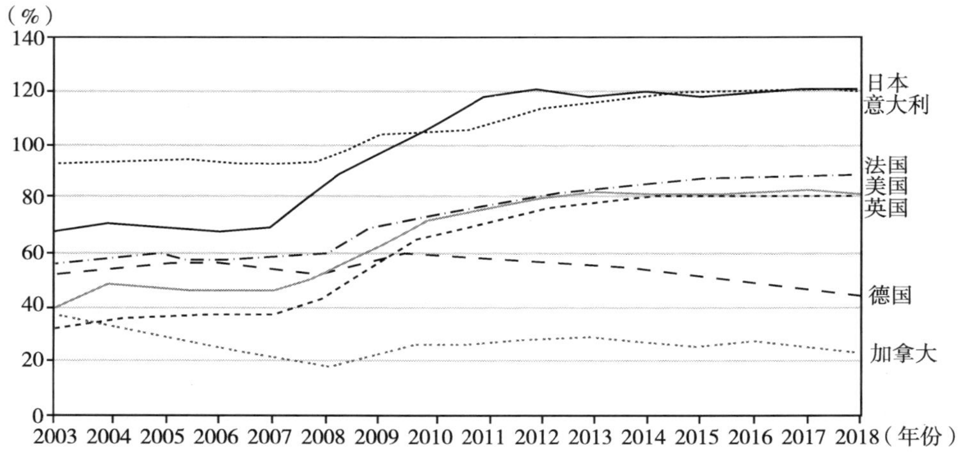

图 11－5　日本一般政府纯债务余额占 GDP 的比重

资料来源：日本财务省《日本财政相关资料》2018 年 3 月。

发行额达到了 31.1 万亿日元，其中建设国债为 9.3 万亿日元，占 39.9%，而赤字国债却高达 21.7 万亿日元，占 60.1%；2000～2005 年，国债发行额基本稳定在 35 万亿日元左右，2005～2008 年略有下降；2008 年以后，受全球金融危机影响下，国债发行额又创新高，2010 年国债发行额高达 43.3 万亿日元，2014 年以后下降到 2009 年水平，为 34.4 亿日元。从债务依存度看，1990 年是 8.4%，之后迅速上升，1999 年已经上升为 37.9%，2010 年达到历史最高点，为 48.0%，最近几年有所回落，2017 年为 35.3%（参见图 11－6）。从债务余额看，1990 年为 166 万亿日元，之后呈直线累积趋势，并且主要由赤字国债累积形成，预计 2018 年债务余额将达到 883 万亿日元，相当于中央政府一般会计预算税收收入的 15 倍，这也相当于每个日本国民负债 700 万日元（参见图 11 -7）。

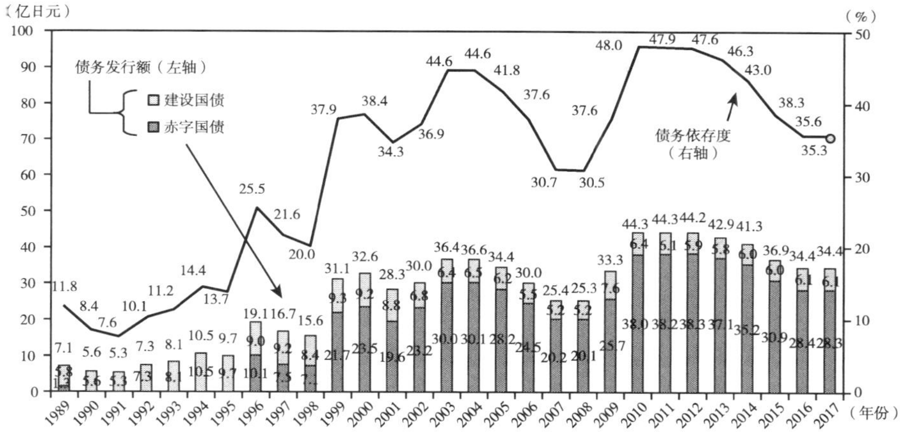

图 11 -6　日本公债发行额与依存度

资料来源：日本财务省《日本财政関係資料》（2017 年 4 月）。

注：数据为每年预算数。

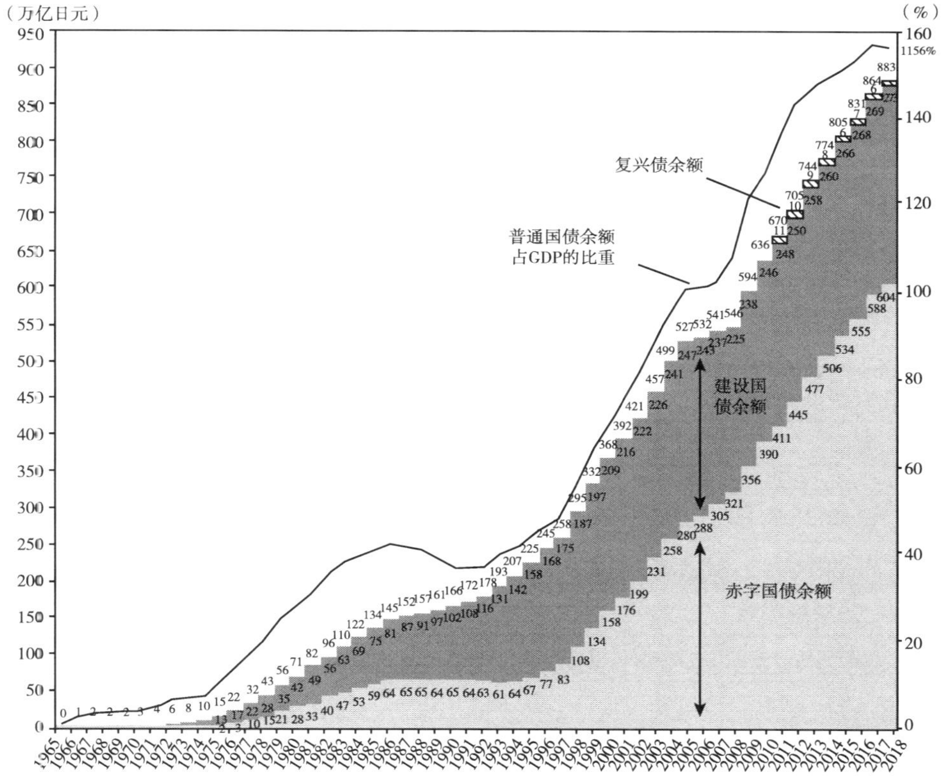

图 11 -7　日本中央政府债务余额

资料来源：日本财务省《日本財政関係資料》（2018 年 3 月）。

（三）中央政府与地方政府长期债务水平

20 世纪 90 年代以来，日本中央政府与地方政府长期债务逐步攀升。1990 年为 2 658 419 亿日元，占 GDP 的 59%；1998 年上升为 5 527 949 亿日元，占 GDP 的 105%，突破 100% 大关；之后逐年攀升，2016 年达到 10 730 333 亿日元，占 GDP 的比重为 199%，接近 200%。日本政府长期债务余额以中央政府债务为主，2002 年中央政府长期债务余额达 5 357 097 亿日元，占 GDP 的比重超过了 100%（104%），2016 年达到了 168%；地方政府债务余额占 GDP 的比重自 20 世纪 90 年代初期的 15% 上升至 90 年代末的 33%，上升了 18 个百分点；2000 年以后，先是缓慢爬升，最高值为 2011 年和 2012 年的 41%，之后重新下降至 2000 年左右的水平，2017 年为 35%（参见表 11－14）。

表 11－14　日本中央政府与地方政府长期债务余额　单位：亿日元、%

年份	中央政府		地方政府		合计	
	债务余额	占 GDP 的比重	债务余额	占 GDP 的比重	债务余额	占 GDP 的比重
1990	2 003 181	44	670 459	15	2 658 419	59
1991	2 087 890	44	699 477	15	2 780 634	59
1992	2 237 579	46	791 451	16	3 007 171	62
1993	2 456 577	51	912 653	19	3 331 274	60
1994	2 687 328	53	1 063 180	21	3 676 182	73
1995	2 969 906	57	1 247 593	24	4 100 643	79
1996	3 145 295	61	1 391 317	26	4 493 086	85
1997	3 574 710	67	1 498 931	28	4 921 505	92
1998	4 077 755	78	1 628 065	31	5 527 949	105
1999	4 498 768	86	1 737 892	33	6 003 468	115
2000	4 907 475	93	1 813 806	34	6 458 648	122
2001	5 139 483	99	1 877 146	36	6 731 326	130
2002	5 357 097	104	1 930 685	38	6 980 540	136
2003	5 251 730	101	1 982 831	38	6 916 204	133
2004	5 639 223	108	2 014 874	39	7 325 921	141
2005	5 904 999	112	2 014 167	38	7 583 024	144

续表

年份	中央政府		地方政府		合计	
	债务余额	占 GDP 的比重	债务余额	占 GDP 的比重	债务余额	占 GDP 的比重
2006	5 945 215	112	2 001 545	38	7 610 587	144
2007	6 017 324	113	1 985 533	37	7 666 684	144
2008	6 069 642	119	1 970 976	39	7 704 445	151
2009	6 546 701	133	1 986 794	40	8 197 322	167
2010	6 953 831	139	1 998 385	40	8 616 043	173
2011	7 278 344	147	2 003 949	41	8 947 120	181
2012	7 643 040	155	2 010 476	41	9 319 344	188
2013	8 037 450	158	2 013 616	40	9 717 893	192
2014	8 332 091	161	2 005 414	39	10 006 332	193
2015	8 664 458	163	1 990 849	37	10 327 133	194
2016	9 079 358	168	1 975 148	37	10 730 333	199
2017	9 303 697	168	1 948 159	35	10 931 683	198

资料来源：日本财务省《财政基础数据》。

六、政府间转移支付

（一）政府间事权与财权划分

日本自明治维新开始创建了地方自治制度。第二次世界大战后，在美国占领下对地方自治的具体内容进行了改革，出台了《地方自治法》，之后又于1999年对地方自治制度进行了调整，对《地方自治法》进行了修订。

根据《地方自治法》，日本地方政府被视为一个自主并综合地执行地区行政事务的广泛性职能机构，而中央政府承担作为国家在国际社会中的有关事务以及全国统一的国民活动事务，制定有关地方自治基本准则的政策。在该法规范下，中央与地方政府的事权划分清晰。

在税收划分的原则方面，基本上沿袭了1949的“夏普劝告”规定的三原则：

第一，税源划分以事权划分为基础，“各级政府事务所需经费原则上由本级财政负担”；第二，便于全国统一税率和征收的大宗税源归中央，征收工作复杂的小宗税源划归地方。例如土地房屋税，税额与当地的地价密切相关，不可能统一按面积征税，因而划归最基层的市町村；第三，涉及收入公平、宏观政策的税种划归中央，地方税以受益原则为依据，主要实行比例税率或轻度累进税率。例如，中央与地方都对个人和企业的所得征税，但中央的所得税、法人税的累进性强，地方的所得税（称作居民税）累进性弱。

按照《地方自治法》划分的事权与财权，日本的地方自治曾被称为“三分自治”，现在是“四分自治”，即地方政府全部财政收入中，作为自主财源的地方税只占40%，60%左右是中央政府的转移支付以及地方债等。

（二）中央对地方政府的转移支付

日本中央政府和地方政府税收收入分配比例是3∶2，而支出结构却与之相反，中央与地方支出比例约2∶3。中央政府为弥补地方政府财政支出缺口，主要有两种转移支付制度安排：一是不指定用途的一般性转移支付，即地方交付税制度；二是指定用途的专项转移支付制度，即国库支出金制度。

1. 地方交付税

日本的地方交付税制度起始于1940年开始建立的地方“财政收入平衡制度”，后经“财政平衡交付金制度”逐渐演变而来。财政收入平衡制度以平衡地区间财政收入为目的，由返还税和分配税制度构成。第二次世界大战后的1950年，日本开始实行地方财政平衡交付金制度。这一制度与分配税的根本区别在于总额确定上，体现地方优先原则，地方财政平衡交付金总额不再依某些税源确定，而是根据各地实际不足的数额来定。1954年，日本废除了地方财政平衡交付金制度，开始实行地方交付税制度。

交付税从性质上来说是原本应该列入地方政府的税收收入。但是，考虑到统筹调整地方政府之间财政来源的不均衡性，为了确保所有地方政府都有相应的财源以维持一定的行政服务水平而将其作为中央税由中央政府代替地方政府进行征收，再根据一定的合理标准在地方政府间进行分配。在这一点上，可以说地方交付税是“中央政府代替地方自治体征收、由地方自治体共享的、固定的财政来源”。

地方交付税的总额如何确定，在《地方交付税法》中有着明确规定，目前地方交付税总额为“所得税、法人税和酒税收入的各32%、消费税收入的29.5%以及烟税收入的25%”。但实际上，制定地方财政计划时如果出现地方财政来源不足的情况，有关部门会采取借用交付税原资、结转交付税、特例增额或减额等措施，因而交付税总额与上述中央税的一定比例不完全一致。

地方交付税分为普通交付税和特别交付税。普通交付税按以客观标准计算的各地财政收入不足额进行分配，用于公平地填补地方政府的财政来源的不足，约占交付税总额的94%；余下的6%作为特别交付税，用于赈灾或起因于该地区特殊事件的支出等，是靠普通交付税仍然不能解决财政来源不足时的填补手段。

日本各地方政府的普通交付税分配额的计算相当复杂，具体测算方法及操作程序在《地方交付税法》中有着明确规定。总体来说，首先根据客观因素和行政服务水平要求计算出各地方的标准财政需求额，然后以各地地方税应征收税额加上地方让与税，作为各地的标准财政收入额。将标准财政需求额减去标准财政收入额则得出各地方的财源不足额，以普通交付税形式发放给该地方自治体。因此，对于标准财政收入额超过标准财政需求额的地方自治体（例如：东京都），则不发放普通交付税，这样的地方政府称为“不交付团体（政府）”。

标准财政需求额是为了合理地评价各地方自治体的财政需要，而按照土木费（道桥费）及教育费（小学校费）等各行政项目，通过一定的计算方法式算出的金额。首先，在标准团体（都道府县为人口170万人、市町村为人口10万人的城市）中计算出用于保持一定行政水平所需的费用。然后，在此基础上，考虑人口、面积或地区特点等因素补充修正，确定各地方自治体的标准财政需求额。

标准财政收入额是根据最近的税收等估算出的各地方自治体的标准地方税收额的一定比例（都道府县、市町村均为75%）。之所以未将地方税收入额的100%作为标准财政收入额，是因为这样做会使地方自治体失去增加地方税收的热情（如果地方税收增加的部分，又以减少普通交付税的形式来全额抵消，那么就失去了大费周章增加地方税收的意义），同时也是为各地方自治体留出没有反映在标准财政需求额上的地方独立项目所需财源。

当这样计算出的各地方自治体的财政来源不足额的合计与普通交付税的总额不一致时（经常出现交付税额小于地方财源不足额的情况），则需将对各地方自治体的财政来源不足额进行调整，按比例压缩各地的支付额，使财政来源不足额的合计与普通交付税的总额相一致。

日本中央政府直接对都道府县和市町村分配地方交付税（国库支出金的分配也同样）。关于地方交付税在都道府县与市町村间的分配比例没有规定，从实际情况看，一般都道府县和市町村各得一半。

由于地方交付税的目的是平衡各地财政收入，而且按规定中央财政不能从地方税收中提取资金，因而在设置中央税与地方税时有意压低地方税比重，使几乎所有地方都接受来自中央财政的支付。在日本全国47个都道府县中，目前只有东京都和大阪府（均不包括下属的市町村）未接受该资金支付。

2. 国库支出金

国库支出金是中央政府指定用途的向地方政府转移的财政资金。根据法律规定，国库支出金的目的是：（1）确保财政资金的有计划、有重点投入；（2）确保重要行政服务的全国平均水平；（3）奖励地方从事难度较大的服务项目；（4）满足救灾等特殊财政需要；（5）支付代理中央办理事务的费用。国库支出金的支付范围，涉及地方财政支出中的工资、差旅费、设备费、融资资金、工程承包费、补助等诸多方面。国库支出金一般分为国库负担金、国库补助金及国库委托金。

国库负担金是指基于中央与地方政府的共同责任，由作为一方责任人的中央政府向作为项目主体的地方政府支付的款项，主要以保证重要行政事务的全国平均水平为目的，用于地方一般行政，其中具有代表性的是与义务教育相关的国库负担金。国库补助金是中央为了推进特定政策，采取鼓励措施向地方自治体发放的款项，以提高资金使用效益为目的，主要用于地方公共投资。国库委托金是指考虑到方便性、效率性，而将其本应由中央负责的事务委托给地方政府时，由中央支付的相关款项，具有代表性的有国会议员的选举事务经费。

由于国库支出金是针对特定事务事业发放的特定财政来源，用途由中央指定，地方不得挪用，其使用一方面要受主管部门监督、指导，另一方面要受中央会计督察院的审计，一旦发现挪用，中央可以收回资金或进行其他处罚。

（三）政府间转移支付规模

目前，日本地方交付税规模约17万亿日元，2017年为163 596亿日元，占中央财政支出总额的16.79%，占地方财政收入总额的17.82%；国库支出金规模约15万亿日元，2017年为150 531亿日元，占中央财政支出总额的15.45%，占地方财政收入总额的16.22%（参见表11－15）。从2017年预算数字看，地方政府财政收入中的地方交付税与国库支出金两项资金合计约占其财政收入总额的比重为34.04%，可见日本政府间转移支付规模对地方财政运营的重要性。

表 11-15　日本中央政府对地方政府的转移支付　单位：亿日元

项目＼年份	2013	2014	2015	2016	2017
地方特例交付金	1 255	1 192	1 187	1 233	1 283
地方交付税	175 955	174 614	173 906	172 390	163 596
国库支出金	165 118	155 189	152 822	156 871	150 531
占地方财政收入比重（%）					
地方特例交付金	0.12	0.12	0.12	0.12	0.12
地方交付税	17.40	17.11	17.06	16.99	17.82
国库支出金	16.33	15.20	14.99	15.46	16.22
占中央政府财政支出的比重（%）					
地方特例交付金	0.13	0.12	0.12	0.13	0.13
地方交付税	17.40	17.18	16.74	17.82	16.79
国库支出金	13.5	15.7	15.3	16.22	15.45

资料来源：根据日本总务省《地方财政白皮书》及《日本统计年鉴（2018）》相关数据整理。

注：2016 年以前为决算数，2017 年为补充预算后数字。

七、施政方针与财政改革

（一）经济社会面临的问题与施政方针

2016 年，日本经济整体呈现出就业改善，经济缓慢复苏的基调，预示着安倍经济学的某种成功迹象。日本 2017 年的宏观经济政策，仍然是基于安倍经济学提出的“新三只箭”①，着力解决日本经济运行中的重大结构性问题，如人口老龄化、劳动力短缺等等，努力通过强化育儿支援等社会保障措施强化经济，打造经济增长和利益分配良性循环状态，实现“一亿总活跃社会”②。

日本 2017 年的财政施政方针，一是配合“新三只箭”提出的经济改革目标，为“育儿”、“社会保障（护理）”以及经济增长政策提供财力保障；二是随着“一

① “强劲的经济”“育儿支援”以及“社会保障”。

② 安倍“新三只箭”政策将努力实现“人人（1 亿人口）都能活跃（类似我国的万众创业，大众创新）的社会”，即“1 亿总活跃”，内阁官房设立有“一亿总活跃推进室”，负责制定具体政策。

亿总活跃社会”的推进，相关政策将进入实施阶段，财政政策要适时跟进；三是强化灾后重建政策，为东日本大地震、熊本地震后的重建，以及各地区的防灾减灾等提供必要的财力支援；四是继续采取措施，完善财政健全化（称为“经济财政再生计划”①）这一长期财政整顿目标。

（二）2017年财政政策重点

1. 财政政策重点

一是为实现“一亿总活跃社会”，财政政策以“合计特殊出生率达到1.8”、“老年人护理离职率为零”为目标，改善保育员以及护理从业人员待遇等，确保育儿支援与护理服务领域财政支出。

二是为构筑可持续的社会保障制度，根据《经济财政再生计划》，采取措施继续抑制社会保障关系支出增长，如缩短年金领取资格年限、完善育儿休假制度、调低雇佣保险费率、推进医疗领域诊疗报酬合理化改革等。

三是切实采取措施，推进“经济再生”，以推进官民一体的经济增长为目标，对重点领域进行财力倾斜，如加大科学技术振兴费支出、推进第4次产业革命关联支出、公共事业关系费向有增长潜力领域重点分配等。

四是对改革就业与工作环境的企业给予财政支持，如努力提高职员薪酬待遇的企业、引入“工作时间间隔制度②”给予员工最低日常休息时间的中小企业、改革员工待遇，采取措施将临时员工转为正式员工的企业等等。

五是加速灾后重建，切实加强减灾防灾工程。

2. 财政健全化目标

一是按照《经济财政再生计划》要求，控制一般会计预算支出增长，将财政支出总额增长控制在“经济财政再生计划”制定的范围内③，特别是将社会保障支出总额增长压缩在5 000亿日元之内。

二是国债发行额比上年减少622亿日元，总额控制在34.4万亿日元，公债依存

---

① 日本目前处在实施过程中的“经济财政再生计划”策定于2015年6月，目标是在2010年之前实现基础财政收支无赤字化，2016年年末制定了具体的改革时间表，计划了2020年之前缩减各领域支出的具体内容等。

② 日本职场长时间加班为常态，过劳死现象严重。为解决这个问题，日本政府鼓励中小企业引入“工作时间间隔制度”，保障员工有充分的工作时间间隔用于休息（连续11小时以上或9小时以上），引入这一制度的中小企业将得到政府的奖励金，日本政府希望2020年之前能有10%的中小企业引入这一制度。

③ 2017年和2016年合计不超过5 300亿日元。

度在2016年35.6%的基础上再降0.3个百分点，为2008年全球金融危机以来的最低水平。

（三）财政收支特征

支出方面。日本2017年一般会计预算各项支出中仍以社会保障支出为最多，达324 735亿日元，比2016年预算增加了4 997亿日元，增长了1.6%，创历史新高；防卫费支出51 251亿日元，比2016年预算增加了710亿日元，增长了1.4%，亦创新高；卫生费文教与科技支出为13 045亿日元，比2016年预算增加了116亿日元，增长了0.9%；一般公共事业关系费支出59 763亿日元，基本与2016年持平，东日本大地震重建方面的公共事业关系费支出6 774亿日元；中小企业对策费支出为1 810亿日元，比2016年预算减少14亿日元，减少了0.8%。此外，债务支出235 285亿日元，比2016年预算减少了836亿日元。

收入方面。日本2017年一般会计预算收入中税收收入比2016年预算增长了2 243亿日元，达到57 712亿日元，占一般会计预算总收入的59.2%，是继1991年以来的历史最好水平；国债发行额继续降低，比2016年预算减少了3 665亿日元，34 370亿日元，国债收入在总收入中的比重比2016年度下降了1.7%，但从国债在总收入中的比重仍达35.3%，即日本一般会计预算中仍有三分之一的收入依靠国债，财政状况依旧严峻。

主要参考文献

[1] 日本内阁府网站：www. cao. go. jp.

[2] 日本总务省网站：www. soumu. go. jp.

[3] 日本财务省网站：www. mof. go. jp.

[4] 日本总务省统计局网站：www. stat. go. jp.

第十二章
韩国

韩国位于东北亚朝鲜半岛南部，三面环海，西濒临黄海，与胶东半岛隔海相望，东南是朝鲜海峡，东边是日本海，北面隔着三八线非军事区与朝鲜相邻，领土面积占朝鲜半岛总面积的4/9。韩国是20国集团和OECD成员之一，也是APEC和东亚峰会的创始国，是亚洲四小龙之一。自20世纪60年代以来，韩国政府实行了“出口主导型”开发经济战略，缔造了举世瞩目的“汉江奇迹”。是拥有完善市场经济制度的经合组织发达国家。韩国的资讯科技产业多年来一直较强，制造业与科技产业发达，除高速互联网服务闻名世界外，内存、液晶显示器及等离子显示屏等平面显示装置和移动电话都在世界市场中具领先地位。

一、经济概况

（一）经济发展指标

2017年5月10日，共同民主党提名的文在寅，获得40.2%的得票率，当选新一任韩国总统。韩国经济昔日创造了“汉江奇迹”，但文在寅上台时，韩国正走向历史上最严重的经济动荡，改善经济和创造就业成了文在寅新政府的首要任务。

文在寅接替朴槿惠担任韩国总统一年多以来，实施了收入主导型经济政策，令韩国经济增速时隔3年重回3%的增长水平。韩国企划财政部2018年5月8日发表的相关数据显示，2017年韩国经济增长率达3.1%（见表12-1）。2018年一季度环比增长1.1%，继续维持上升势头。但韩国财政部2018年7月18日也表示，由于全球贸易紧张局势加剧，加上设施投资规模下滑，多个机构已经下调韩国经济增速的预期。文在寅总统在2018年5月末表示“从宏观数据来看，国内经济并不好”，而现代经济研究院在其发布的“经济下行风险加大”的报告中指出：“目前国内的经济情况，正处于从经济衰退跌入停滞发展的过程中”。韩国企划财政部表示，由于韩国就业市场复苏乏力，在全球贸易紧张局势加剧的背景下，除了半导体行业外，出口增长陷入停滞，2019年经济增速预计将下降至2.8%。此外，韩国央行2018年7月12日也将韩国经济增长预期下调，将2018年经济增速由原来的3%下调至2.9%。

表12-1　　　　韩国GDP规模及增速　　　　单位：十亿韩元，%

年份 项目	2016	2017	2017 1/4	2017 2/4	2017 3/4	2017 4/4	2018 1/4
名义GDP	1 637 420.8	1 730 398.5	406 309.0	431 027.0	446 835.0	446 228.0	—
实际GDP增速	2.8	3.1	2.9	2.8	3.8	2.8	2.8

资料来源：韩国银行《国民收入》。http：//www.index.go.kr/potal/main/EachDtlPageDetail.do? idx_cd=2736。

韩国经济是典型的出口驱动型。2017年韩国出口创历史最高纪录，同比增长15.8%，为5739亿美元。进口同比增长17.7%，为4781亿美元，实现贸易收支顺差958亿美元。同期，韩国2017年家庭负债增速全球第一，2017年第三季度，韩国家庭负债规模占GDP的比重高达94.4%，环比上升0.6个百分点，较2016年年底的92.8%相比，上升1.6个百分点①。韩国产业通商资源部数据显示，2018年上半年韩国累计出口额同比增长6.6%，达到2975亿美元。分析人士认为，全球贸易紧张局势加剧让韩国出口行业感到忧虑，也给韩国经济未来发展蒙上阴影②。

韩国人均国民收入2017年为2.9745万美元，预计2018年将会突破3万美元，这将是韩国人均国民收入在2006年突破2万美元大关后，时隔12年第一次升至3万美元水平。

韩国就业问题依然突出。2017年失业率未较2016年有所改善。尽管文在寅政府为促进就业，大幅增加财政投入，但就业形势异常严峻，就业形势创下史上最糟糕纪录。据统计，2017年韩国失业人口达103万名，青年（15至29岁）失业率高达9.9%，两项指标皆为2000年以来的最高值。2018年2月和3月份，新增就业人

① 韩国去年家庭负债增速全球居首，人民网-国际频道，2018年03月18日。

② 来源：韩国财政部下调经济增长预期，中国证券报，2018-07-19 04：50：37。

口连续两个月停留在 10 万名出头水平。青年就业形势仍不乐观，失业率高达 9.9%①，创下亚洲金融危机后的最高纪录②。

表 12－2　　韩国 2013～2017 年经济指标

项目＼年份	2013	2014	2015	2016	2017
雇佣率（全年雇佣率）	59.8 （39.5）	60.5 （40.5）	60.5 （41.2）	60.6 （41.7）	60.8 （42.1）
失业率（全年失业率）	3.1 （8.0）	3.5 （9.0）	3.6 （9.1）	3.7 （9.8）	3.7 （9.8）
GDP（经常，亿美元）	13 054	14 110	13 824	14 147	15 302
经济增长率（实际，去年同期比,%）	2.9	3.3	2.8	2.9	3.1
人均 GNI（经常，美元）	26 070	27 892	27 171	27 681	29 745
出口（FOB），增长（百万美元,%）	—	—	526 756 （△8.0）	495 426 （△5.9）	153 694 （15.8）
进口（CIF），增长（百万美元,%）	—	—	436 499 （△16.9）	406 193 （△6.9）	478 478 （△8.0）

资料来源：韩国企划财政部网站发布的《参考：主要经济指标》（2018 年 8 月）。由其中的雇佣表、国民账户表等数据制作而成③。

（二）财政指标

韩国中央政府综合财政收入包括国税收入、非税收入、资本收入和社会保障收入。2017 年，韩国中央政府综合财政收入规模为 403.8 万亿韩元，占 GDP 的比重为 23.3%，较 2016 年增长 32.5 万亿韩元，增长率为 8.8%。其中国税收入 265.4 万亿韩元，占 65.8%。非税收入 74.8 万亿韩元，占 18.5%；社会保障收入 60.5 万亿韩元，占 15%（见表 12－3）。

2017 年，韩国中央政府综合财政支出规模为 379.8 万亿韩元，占 GDP 的比重为

① 韩国 2017 年青年失业率高达 9.9% 创新高，韩联网，2018 年 1 月 10 日。

② 韩国统计厅 2018 年 10 日发布的数据。

③ 网址：http://www.moef.go.kr/sch/schMain.do _ 000000000007200&searchBbsId1 = MOSFBBS _ 000000000046。

22%，较2016年增长25.4万亿韩元，增长率为7.2%。其中经常支出332.7万亿韩元，占87.6%。资本支出31万亿韩元，占8.2%；净贷款16.1万亿韩元，占4.2%（见表12-3）。

2017年，韩国中央政府综合财政收支出现盈余，盈余额为24万亿韩元，占GDP的比重为1.4%。2016年，韩国中央政府综合财政盈余额为16.9万亿韩元，占GDP的比重为1%。由此可见，2017年的财政状况在2016年的急促上继续好转。

表12-3　　韩国财政收支状况　　单位：万亿韩元

项目＼年份	2013	2014	2015	2016	2017
综合财政支出（万亿韩元）	300.2	312.4	339.4	354.4	379.8
占GDP比重,%	21	21	21.8	21.6	22.0
经常支出（万亿韩元）	268	280.5	296.2	310.0	332.7
资本支出（万亿韩元）	34	31	34.3	32.6	31.0
净贷款（순융자）（万亿韩元）	-1.8	0.9	8.8	11.7	16.1
综合财政收入（万亿韩元）	314.4	320.9	339.2	371.3	403.8
占GDP比重,%	22	21.6	21.8	22.7	23.3
国税收入（万亿韩元）	201.9	205.5	217.9	242.6	265.4
非税收入（万亿韩元）	63.1	62.9	64.9	68.4	74.8
资本收入（万亿韩元）	3.3	2.7	3.3	3.4	3.2
社会保障收入（万亿韩元）	46.1	49.8	53.1	56.9	60.5
综合财政收支	14.2	8.5	-0.2	16.9	24.0
占GDP比重,%	1	0.6	-0.01	1.0	1.4
管理财政收支（관리재정수지）	-21.1	-29.5	-38	-22.7	△18.5
占GDP比重,%	-1.5	-2	-2.4	-1.4	△1.1
国家债务（万亿韩元）	489.8	533.2	591.5	627.1	660.7
占GDP比重,%	34.3	35.9	37.9	38.3	38.2
税收负担率,%	17.9	18	17.5	19.4	19.4
国民负担率,%	24.3	24.8	23.9	26.3	26.3

注：（1）综合财政基准；（2）GDP为2008年SNA基准；（3）"综合财政收支"是在会计年度里累计一般会计、特别会计的所有收支，去掉会计和基金的内部交易或借贷以及债务偿还等，是纯财政收入减去纯财政支出的一个概念。综合财政收支=收入（经常收入+资本收入）一拨款和净贷款。

资料来源：韩国企划财政部网站发布的《参考：主要经济指标》（2018年8月）。由其中的雇佣表、国民账户表等数据制作而成，网址：http://www.moef.go.kr/sch/schMain.do。

根据2018年政府预算案，2018年政府总收入预计将比2017年增加7.9%，达到447.1万亿韩元，这得益于企业的强劲表现和2017年的税收修订法案的通过（见表12－4）。

2018年政府总支出将比2017年增加7.1%，达到429.0万亿韩元，反映了这是为实施政府经济政策而制定的一个相对积极的预算，如加强对创造就业机会的有力支持，以及满足日益增长的福利需求。

表12－4　　2018年预算与2017年预算对比　　单位：万亿韩元,%

	2017预算（A）	2018预算案（B）	变化	
			B－A	%
政府总收入	414.3	447.1	32.8	7.9
－税收收入	242.3	268.2	25.9	10.7
政府总支出	400.5	429.0	28.4	7.1

资料来源：韩国企划财政部。

以综合财政平衡指标衡量的赤字水平2018年预计将比2017年改善0.1个百分点，从－1.7%提升至－1.6%。政府债务预计比上年下降0.1个百分点，从39.7%下降到39.6%（见表12－5）。

表12－5　　韩国2018年财政赤字水平　　单位：万亿韩元,%

	2017预算（A）	2018预算案（B）	变化（B－A）
综合财政平衡（占GDP的比重）	－28.3（－1.7）	－28.6（－1.6）	－0.3（0.1%p）
政府债务（占GDP的比重）	669.9（39.7）	708.9（39.6）①	39.0（－0.1%p）

资料来源：韩国企划财政部。

二、政府支出

衡量韩国中央政府支出规模有两个指标，一是中央政府综合财政规模，二是中央政府总支出规模。中央政府综合财政规模指的是，支出（经常支出＋资本支出）加上净融资（融资支出－融资回收），而中央政府总支出规模是经常支出、资本支

① 根据国民议会批准的补充预算，占GDP的39.6%。

出和贷款支出之和，包括一般账户、特别账户和基金支出，但不包括内部交易和账户与资金之间的债务偿还等维护交易。

2013 年至 2017 年，韩国中央政府支出规模逐年上升。2017 年预算显示，中央政府总支出规模为 401 万亿韩元（见表 12－6），较 2016 年的 386 韩元增长 3.9%。

表 12－6　　韩国中央政府总支出规模　　单位：万亿韩元，%

项目＼年份	2008	2009	2010	2011	2012	2013	2014	2015	2016	2017
中央政府综合财政规模	236	275	264	280	294	302	325	344	355	369
（占 GDP，%）	24.3	26.7	23.4	22.5	22.0	21.2	21.6	21.6	22.1	21.8
中央政府总支出规模	257	302	293	309	325	342	356	375	386	401

资料来源：韩国企划财政部。http：//www.index.go.kr/potal/main/EachDtlPageDetail.do？idx_cd＝2739。

注：2007 年数据是根据决算标准，2008 年以来数据基于预算标准。

2017 年，韩国中央政府一般账户和特殊账户支出达 342.9 万亿韩元。2017 年原本支出计划 354.9 万亿韩元[①]，总计比上一年增加 10.7 万亿韩元，而实际支出只有 342.9 万亿韩元，4.9 万亿韩元[②]被结转到 2018 年。

表 12－7　　韩国政府 2017 年支出　　单位：万亿韩元

	收入目标（A）	收入（B）	收入盈余（B－A）	支出（C）	盈余（B－C）	Spending Transferred（D）	平衡（B－C－D）	Unused
总计	349.9	359.5	9.6	342.9	16.2	4.9	11.3	7.1
一般账户	285.0	292.9	7.9	280.5	11.9	1.9	10.0	4.2
特殊账户	64.9	66.6	1.6	62.4	4.2	3.0	1.3	2.9

资料来源：韩国企划财政部。

2005 年以来，政府支出占 GDP 的比重一直保持在 25% 左右的水平（见图 12－1）。十年来，政府的支出主要集中在以下几个领域：（以 2015 年为例）：社会保障（20.1%），一般政府（15.8%），教育（16.2%），经济（16.2%），医疗卫生（12.8%），国防（7.7%），公安（4.1%）。

① 其中 349.9 万亿韩元为 2017 年支出目标，5.0 万亿韩元为从上一年转入。

② 普通账户 1.9 万亿韩元，比 2016 年增加 0.3 万亿韩元，特殊账户增加 3.0 万亿韩元，比 2016 年减少 0.2 万亿韩元

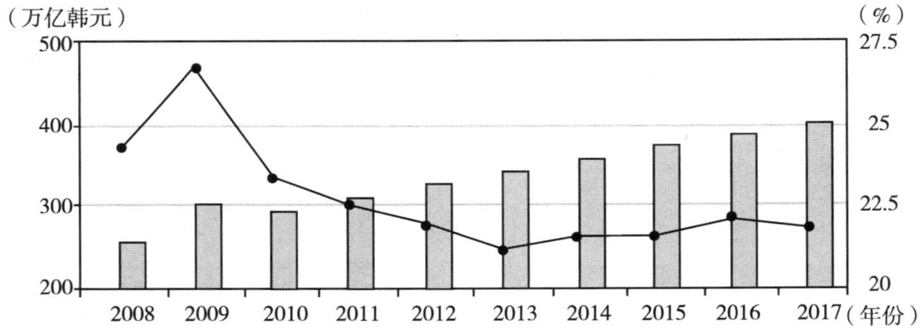

图 12－1　韩国中央政府总支出规模及占 GDP 比重的变化

资料来源：韩国企划财政部。http：//www.index.go.kr/potal/main/EachDtlPageDetail.do？idx_cd＝2739。

注：黄色柱形代表中央政府总支出规模；绿色折线代表中央政府总支出占 GDP 的比重。

2017 年，约有 7.1 万亿韩元，即占预算总额的 2.0%[①]未执行。连同补充预算在内，未执行的预算比上一年减少了 3.9 万亿韩元（见表 12－8）。

表 12－8　韩国中央政府 2013 至 2017 年未执行的预算　单位：万亿韩元

年份	2007～2012 年平均	2013	2014	2015	2016	2017
总计 （占预算的%）	5.4 （2.2）	18.1 （5.8）	17.5 （5.5）	10.8 （3.2）	11.0 （3.2）	7.1 （2.0）

资料来源：韩国企划财政部。

根据韩国 2018 年政府预算案，韩国 2017 年中央政府总支出预计达到 429 万亿韩元（增长 7.1%）。从支出重点领域看，支出增长较快的三个领域分别是：保健福利劳动就业支出、教育支出、对地方政府的拨款支出，分别增长 12.9%、10%（见表 12－9）。

表 12－9　2018 年韩国政府预算（分领域）　单位：万亿韩元

	2017 预算 （A）	2018 预算案 （B）	变化	
			（B－A）	%
总支出	400.5	429.0	28.4	7.1
1. 医疗、福利、就业	129.5	146.2	16.7	12.9
－创造就业	17.1	19.2	2.1	12.4
2. 教育	57.4	64.1	6.7	11.7
－对地方教育财政的拨款	42.9	49.6	6.6	15.4
3. 文化、体育、旅游	6.9	6.3	－0.6	－8.2

① 一般账户 4.2 万亿韩元，特别账户 2.9 万亿韩元，分别下降 1.2 万亿韩元和 2.7 万亿韩元。

续表

	2017 预算（A）	2018 预算案（B）	变化	
			（B－A）	%
4. 环境	6.9	6.8	－0.1	－2.0
5. R&D	19.5	19.6	0.1	0.9
6. 工业，中小企业，能源	16.0	15.9	－0.1	－0.7
7. SOC	22.1	17.7	－4.4	－20.0
8. 农业、林业、渔业、食品	19.6	19.6	0.02	0.1
9. 国防	40.3	43.1	2.8	6.9
10. 外交、统一	4.6	4.8	0.2	5.2
11. 社会秩序、安全	18.1	18.9	0.8	4.2
12. 公共行政、地方政府	63.3	69.6	6.3	10.0
－对地方政府的拨款	40.7	46.0	5.2	12.9

资料来源：韩国企划财政部《2018 年预算案》。

三、政府收入

2017 年，韩国中央政府一般账户和特殊账户收入达 359.5 万亿韩元，比上一年增加 14.5 万亿韩元，比预期收入目标高出 9.6 万亿韩元。从宏观税负角度看，韩国税收和社会保险缴费占 GDP 的比重从 2000 年的 21.5% 增加至 2016 年的 26.3%。国家税收总额为 265.4 万亿韩元，比上年增加 22.8 万亿韩元，其中，法人税增加 7.1 万亿韩元，所得税增加 6.6 万亿韩元，附加价值税增加 5.3 万亿韩元，继承和赠与税增加 1.4 万亿韩元，总计超过目标 14.3 万亿韩元。非税（Nontax）收入总计 94.1 万亿韩元，比 2016 年减少 8.4 万亿韩元，比目标低 4.7 万亿韩元，原因是 KTB① 发行量减少，在收入增加的情况下，政府债务融资需求减少。非税收入包括 8.9 万亿韩元的预付款，从去年结转的 5.3 万亿韩元，以及 1.0 万亿韩元的结转资金。

从国税收入结构来看，所得税、附加价值税以及法人税这三种税收规模最大，其中，所得税收入 68.5 万亿韩元，占国税收入的 28.2%；附加价值税收入 75.1 万亿韩元，占国税收入的 28.3%；附加价值税收入 67.1 万亿韩元，占国税收入的 25.3%；法人税收入 59.2 万亿韩元，占国税收入的 22.3%（见表 12－11）；规模最

① KTB 投资集团成立于 1981 年，于 1996 年于韩交所上市。作为韩国的类主权投资基金，KTB 投资集团成立 30 多年以来，已成功管理 30 支投资基金，累计出资额逾 19 亿美元，是韩国第五大私募股权基金。

表 12－10　韩国中央政府 2017 年收入规模

单位：万亿韩元

	税收收入					非税收入					总收入	
	2016 年收入	目标（A）	收入（B）	较 2017 年变化（C）	和预期目标变化（B－A，D）	2016 收入	目标（E）	收入（F）	较 2016 年变化（G）	变化（F－E，H）	较 2016 年变化（G－C）	较目标变化（H－D）
总计	242.6	251.1	265.4	22.8	14.3	102.4	98.8	94.1	－8.4	－4.7	14.5	9.6
一般账户	235.7	244.0	258.5	22.8	14.6	46.0	41.0	34.4	－11.6	－6.6	11.2	7.9
特别账户	6.8	7.1	6.9	—	－0.2	56.5	57.8	59.7	3.2	1.9	3.3	1.7

资料来源：韩国企划财政部。

表 12－11　韩国 2017 年国税收入

单位：万亿韩元

	2016 年						2017 年					
		实际			预算和实际对比			实际			预算和实际对比	
	预算额	实际金额	增加额	增长率（%）	误差额	误差率（%）	预算额	实际金额	增加额	增长率（%）	误差额	误差率（%）
总国税	232.7	242.6	24.7	11.3	9.8	4.2	251.1	265.4	22.8	9.4	14.3	5.7
一般会计	225.8	235.7	24.9	11.8	9.9	4.4	244.0	258.5	22.8	9.7	14.6	6.0
－所得税	63.3	68.5	7.8	12.8	5.2	8.2	69.6	75.1	6.6	9.6	5.5	7.9
－法人税	51.4	52.1	7.1	15.7	0.7	1.4	57.3	59.2	7.1	13.5	1.9	3.3
－附加价值税	59.8	61.8	7.7	14.2	2.1	3.5	62.6	67.1	5.3	8.5	4.5	7.2
特别会计	6.9	6.8	－0.2	－2.9	－0.1	－1.0	7.1	6.9	0.0	0.4	－0.2	－3.4

资料来源：韩国企划财政部。http：//www.index.go.kr/potal/main/EachDtlPageDetail.do? idx_cd＝1124。

大的这三种税收收入基本呈逐年上升趋势（见图12－2）。

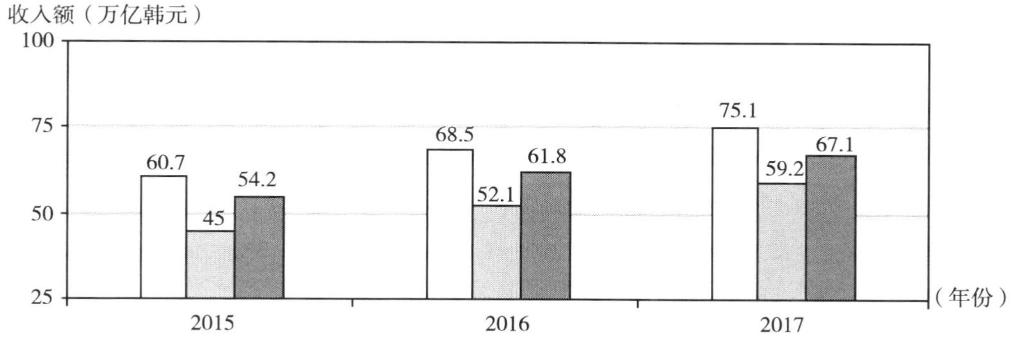

图12－2 韩国国税收入实际状况

注：橙色柱形代表所得税；黄色柱形代表法人税；绿色柱形代表附加价值税。

资料来源：韩国国税厅。http：//www. index. go. kr/potal/main/EachDtlPageDetail. do？ idx_cd＝1124。

根据《2017～2021年财政展望》，2017～2021年，韩国中央政府总收入预计每年平均增长5.5%，总支出预计每年平均增长5.8%（见表12－12）。

表12－12 韩国政府收入和支出的中期展望 单位：万亿韩元，%

	2017年		2018年	2019年	2020年	2021年	年均增长（%）
	原预算	补充预算					
政府总收入	414.3	423.1	447.1	471.4	492.0	513.5	5.5
－税收收入	242.3	251.1	268.2	287.6	301.0	315.0	6.8
政府总支出（增长，%）	400.5（3.7）	410.1（6.1）	429.0（7.1）	453.3（5.7）	476.7（5.2）	500.9（5.1）	5.8

资料来源：韩国企划财政部《2018年预算案》。

四、政府盈余/赤字

在韩国，代表韩国政府赤字水平的是财政平衡指标，包括综合财政平衡和管理财政平衡。二者内涵相近，但又有所区别。综合财政平衡代表政府当年的盈余或赤字规模。管理财政平衡也是指政府的盈余或赤字，但不包括社会保障基金余额和公共基金还款的本金。如果政府收入高于支出，财政平衡就会出现盈余，反之，则会变成赤字。如果赤字累积，国债将增加。财政平衡代表一年中的盈余或赤字，是评估金融稳定与国家债务的重要指标。

自2005年以来，韩国基本保持盈余，唯独2009年除外。2009年的赤字，是由于受 2008 年金融危机影响，经济衰退，政府实施了扩张性财政政策，增加支出和减税而引发的。2009 年，韩国税收和社会保险缴费占 GDP 的比重出现下降。而近几年，多数国家出现赤字，韩国却一直保持了财政盈余。这主要得益于韩国比较迅速克服了全球金融危机的影响，维持了良好的财经纪律，严控了支出。

韩国政府 2012 年至 2014 年连续三年出现赤字，自 2015 年以来连续三年实现盈余①（见表 12－9）。根据韩国《国家财政法》第 90 条，韩国中央政府将为地方自治体提供 10.0 万亿韩元的补贴，资金来源为一般账户盈余，用于地方政府偿还公共基金（Public Funds）和政府债务。

2017 年，韩国政府盈余为 11.3 万亿美元。继 2015 年 2.8 万亿韩元盈余和 2016 年 8 万亿韩元盈余后，韩国政府在 2017 年实现了 11.3 万亿韩元的盈余，再创新高（见表 12－13）。

表 12－13　　韩国 2012～2017 年政府盈余　　单位：万亿韩元

项目＼年份	2012	2013	2014	2015	2016	2017
盈余	－0.1	－0.8	－0.8	2.8	8.0	11.3

资料来源：韩国企划财政部。

从综合财政平衡指标看，韩国政府近几年基本是盈余的，没有赤字，而从管理财政平衡指标看，韩国近几年都有不同程度的赤字，但从趋势上看，两个指标都在向逐渐转好的方向发展（见图 12－3）。

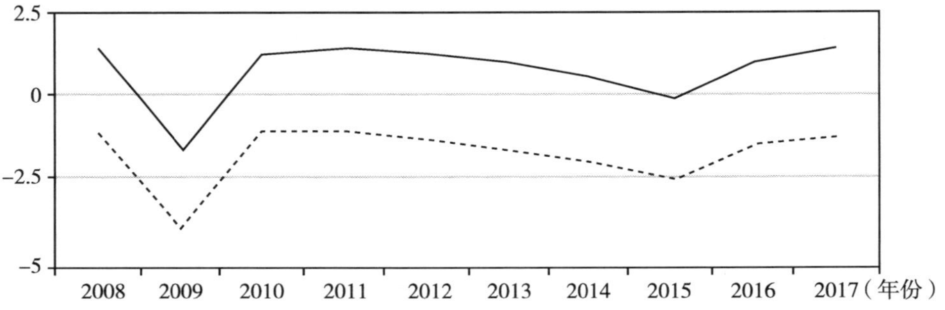

图 12－3　韩国综合财政平衡趋势

资料来源：韩国企划财政部。

注：橙色折线代表综合财政平衡占 GDP 的比重，黄色折线代表管理财政平衡占 GDP 的比重。

① 政府盈余（万亿韩元）：－0.1（2012）→－0.8（2013）→－0.8（2014）→2.8（2015）→8.0（2016）→11.3（2017）。

为了应对世界经济危机，韩国政府实施了占 GDP 比重 5.0% 的大规模的财政刺激政策来推动经济复苏，因此 2009 年综合财政收支出现赤字，赤字率为 1.5%。积极财政政策的成效很快显现，2010 年韩国财政已经摆脱赤字，实现 1.3% 的盈余。韩国不仅迅速摆脱金融危机，且不再实施追加措施也能实现财政平衡。2011 至 2013 年继续保持了盈余，分别为 1.4%、1.3%、1%。2014 年盈余比重有明显下滑，降至 1% 以下（0.6%）。由于 2014 年世界经济缓慢恢复，导致韩国政府的税收收入也未达预期。韩国为政府基本没有特别的控制赤字的措施，反而是以扩张性财政政策为主。2015、2016 年两年连续既没有盈余，也没有赤字，2017 年产生盈余，高达 1.4%。

表 12－14　　韩国财政平衡指标　　单位：万亿韩元

项目＼年份	2012	2013	2014	2015	2016	2017
综合财政平衡	18.5	14.2	8.5	－0.2	16.9	24.0
（占 GDP，%）	1.3	1.0	0.6	0.0	1.0	1.4
管理财政平衡	－17.4	－21.1	－29.5	－38.0	－22.7	－18.5
（占 GDP，%）	－1.3	－1.5	－2.0	－2.4	－1.4	－1.1

资料来源：韩国企划财政部。

注：1. 财政平衡包括综合财政平衡和管理财政平衡。

2. 综合财政平衡＝综合财政收入（经常收入＋资本收入）－综合财政支出和净贷款（经常支出＋资本支出＋净贷款）。

3. 经常收入：税收收入、非税收入。税收收入：包括社会保障缴费；非税收入：租金、利息的收入、手续费、罚款和没收金、公务员养老金等。

4. 资本收入：固定提供资产、土地和无形资产处置收入等。

5. 经常性支出：人员经费、目前的转移支付，如薪金、租金、利息、补贴和地方政府。

6. 资本支出：固定资产、对地方政府的资本转移。

7. 管理财政平衡＝综合财政平衡－社会保障基金余额（社会保障基金收入－社会保障基金支出）。

8. 社会保障基金：国家养老金、私人养老金、就业保险、工业事故保。

从国际比较角度看，韩国的财政状况也要好于发达国家的平均水平。2016、2017 年发达国家平均赤字水平分别为－2.5 与－2.3，而韩国不论是从综合财政平衡还是从管理财政平衡角度看，情况都好于发达国家平均水平（见表 12－15）。

表 12－15　主要发达国家财政平衡比较　单位：占 GDP,%

年份	韩国		美国	日本	德国	法国	英国	发达国家平均
	综合财政平衡	管理财政平衡						
2016	1.0	△1.4	△4.2	△3.7	0.8	△3.4	△3.0	△2.5
2017	1.4	△1.1	△4.6	△4.2	1.1	△2.6	△2.3	△2.3

资料来源：IMF WEO（2018 年 4 月）。

2017～2021 年，综合财政平衡（consolidated fiscal balance）减去社会保障基金后的赤字将被控制在约占 GDP 约 2.0% 左右的水平（见表 12－16）。

表 12－16　韩国财政平衡与政府债务的中期展望　单位：万亿韩元,%

项目＼年份	2017	2018	2019	2020	2021
合并财政平衡减社会保障基金后（占 GDP 的比重）	－28.3 （－1.7）	－28.6 （－1.6）	－33.0 （－1.8）	－38.4 （－2.0）	－44.3 （－2.1）
政府债务（占 GDP 的比重）	669.9 （39.7）[1)]	708.9 （39.6）	749.1 （39.9）	793.0 （40.3）	835.2 （40.4）

资料来源：韩国企划财政部《2018 年预算案》。

五、政府债务

（一）韩国财政健全性排名

受老龄化影响，韩国政府债务即使不主动增加，也会自然增长。韩国政府债务增长速度在 OECD 成员国中，居第四位。2000～2016 年的债务年平均增加率为 11.6%。比面临财政危机的西班牙（7%）、希腊（4.9%）、意大利（3.4%）还要高。OECD 曾发出警告，韩国的净债务在 2060 年时将逼近 GDP 的 200%。

瑞士洛桑管理学院（IMD）发表年度竞争力报告。2000 年初期，韩国 IMD 公共财政排名较为靠前，2004 年排名第 2，但自 2005 年以来开始下降，2005 年排名第 14，2006、2007、2008 年排名分别为 25、19 和 18 名，2008 年经济危机后，排名有所回升，但自 2007 年以来有所回升，2014 年以后基本稳定在 20 名左右的水平，2018 年排名第 22 位（见表 12－17）。

在世界经济论坛（WEF）的综合财政收支排名中，韩国自2010年以来进入前20名，2017年排名第11。政府负债排名2017年为第45名。

表 12－17　　　　韩国的财政健全性排名

项目＼年份	2013	2014	2015	2016	2017	2018
IMD① 综合排名	22	26	25	29	29	27
IMD 公共财政排名	9	24	25	20	19	22
WEF②综合排名	25	26	26	26	26	—
WEF 政府财政收支排名	18	14	19	18	11	—
WEF 政府负债排名	50	55	52	40	45	—

资料来源：韩国企划财政部。

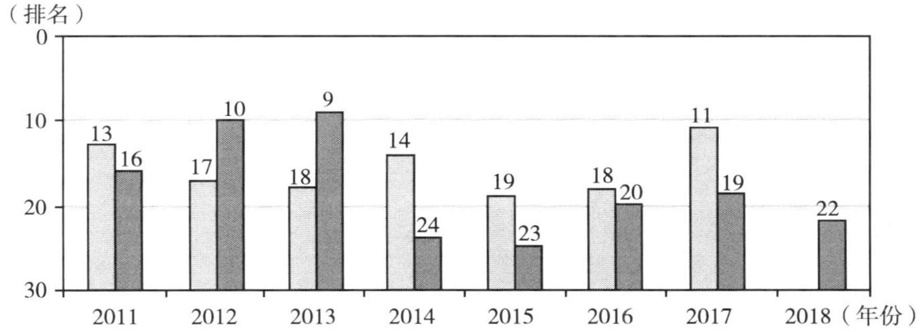

图 12－4　IMD、WEF 财政健全性排名

注：橙色柱形代表 WEF 政府财政收支排名，黄色柱形代表 IMD 公共财政排名。

资料来源：IMD "World Competitiveness Yearbook"，WEF "The Global Competitiveness Report"。

从国际比较角度看，在主要经合组织国家中，韩国的财政健全性排名也较为靠前。从 WEF 发布的2014年排名看，韩国的赤字水平排名第14，负债水平排名第55，财政状况远远好于美、英、德、法、日等发达国家（见表12－18）。

① (International Institute for Management Development).

② (World Economic Forum).

表 12－18　主要经合组织国家的 IMD、WEF 财政健全性排名

	美国	英国	德国	法国	日本	韩国
政府财政平衡排名（WEF，14 年）	130	119	23	96	136	14
政府负债排名（WEF，14 年）	134	126	118	129	143	55

资料来源：韩国企划财政部。

（二）韩国政府债务

韩国国家债务或政府债务包括中央政府债务、地方政府债务、赤字性债务和金融性债务在内的所有政府性债务，是指未来政府必须偿还的债务，是中长期财政健康状况的一个关键指标量。通过统计政府债务，可以分析韩国政府债务的规模、趋势、增长速度。政府债务可以分为中央政府债务和地方政府债务，也可以分为赤字性债务和金融性债务两类。

2011 年至 2017 年期间，政府债务占 GDP 的比重逐年上升。2018 年至 2021 年政府债务规模仍有上升趋势（见图 12－5）。2017～2021 年，政府债务规模将被控制在占 GDP 的 40% 左右的水平。

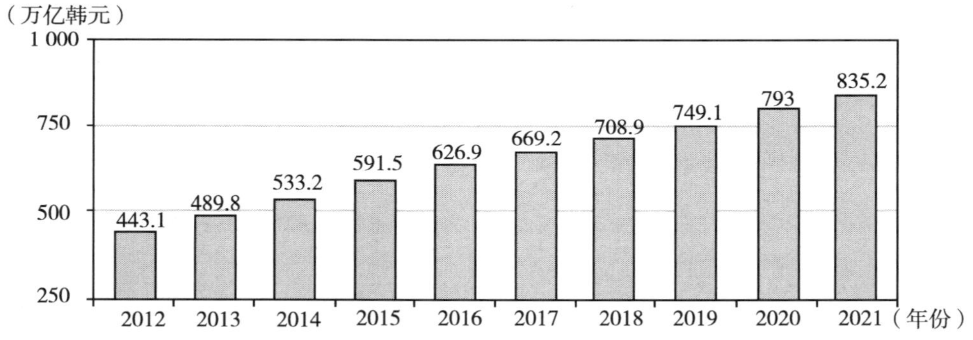

图 12－5　韩国国家债务趋势

资料来源：韩国企划财政部。

2017 年政府债务占 GDP 的比重达到 39.6%，不过这一指标在 OECD 国家中仍属于比较低的水平，说明韩国的财政稳定程度比较高。其中，中央政府债务包含国债、借入金、国库债务负担行为。韩国的中央政府债务规模远远大于地方政府债务，2017 年，中央政府债务 633.5 万亿韩元，占政府债务总额的 94.7%，地方政府债务 35.7 万亿韩元，仅占政府债务总额的 5.3%。

在另一种政府债务分类中，赤字性债务规模大于金融性债务。2017 年，赤字性债务规模为 387 万亿韩元，占政府债务总额的 57.8%，金融性债务规模为 282.2 万亿韩元，占政府债务总额的 42.2%（见表 12－19）。

表 12－19　韩国国家债务趋势　单位：万亿韩元

项目 \ 年份		2017	2018	2019	2020	2021
国家债务（1＋2）		669.2	708.9	749.1	793.0	835.2
（占 GDP,%）		39.6	39.6	39.9	40.3	40.4
中央政府	合计（1）	633.5	675.9	716.8	762.1	802.4
	国债	629.6	672.0	713.7	759.1	719.5
	借入金	3.8	3.7	3.0	2.9	2.7
	国库债务负担行为	0.2	0.2	0.1	0.1	0.1
地方政府纯债务	合计（2）	35.7	33.1	32.3	30.9	30.1
赤字性债务	合计（1）	387.0	412.0	441.2	475.3	513.8
	一般会计赤字保护①	298.8	327.5	362.0	402.5	447.4
	公共资金国债转换	47.6	46.7	42.3	37.3	31.8
	其他	40.6	37.8	36.9	35.5	34.7
金融性债务	合计（2）	282.2	296.9	307.9	317.7	321.4
	外汇市场稳定	223.0	235.5	247.0	259.0	271.0
	稳定住宅	59.3	61.4	60.9	58.7	50.4

资料来源：韩国企划财政部。

注：1. 以 2017 年数据为基准；2. 2018 年以后数据来源于“2017～2021 国债管理计划”前景展望；3. 地方政府纯债务：地方政府整体债务中，除去对中央政府的债务；4. 计算国家债务占 GDP 的比重时，GDP 数据依据韩国银行公布的 GDP 数据变化而变化。

根据韩国 2017 年国家财务报告，2017 年韩国中央政府债务为 627.4 万亿韩元（占 GDP 的 36.6%，与 2016 年相比增加 35.4 万亿韩元，与预测相比减少 6.1 万亿韩元）。包括地方政府在内的政府债务总额为 660.7 万亿韩元（初步，占 GDP 的 38.6%）。随着政府发行债券以减少一般账户赤字（18.3 万亿韩元）并确保外汇市场稳定（12.0 万亿韩元），中央政府债务增加（见表 12－20）。

① 保全（보전）。

表 12 – 20　　2017 年韩国政府债务　　单位：万亿韩元

项目＼年份	2016 年债务 (A)	2017 年		变化	
		预测 (B)	债务 (C)	比上年 (C – A)	比预测 (C – B)
中央政府（a） % to GDP *	591.9 36.1	633.5 37.5	627.4 36.6	35.4 0.5%p	–6.1 –0.9%p
政府债券 –国债 –外汇稳定债券 –住房债券	587.5 516.9 6.7 64.0	629.6 552.6 7.8 69.1	623.3 546.7 7.2 69.4	35.8 29.8 0.5 5.4	–6.2 –5.9 –0.6 0.3
借款	3.9	3.7	3.8	–0.1	0.1
项目专用债	0.5	0.2	0.2	–0.3	–0.0
地方政府（b）	35.0	35.7	33.4	–1.6	–2.4
总计 1（a + b，preliminary D1） % to GDP *	626.9 38.3	669.2 39.6	660.7 38.6	33.8 0.3%p	–8.5 –1.1%p

资料来源：韩国 2017 年政府预算案。

虽然国家经济亮起了红灯，2018 年的年度预算编制指导却是“超扩张”基调。韩国政府在中期财政运用计划中表明，正在讨论将财政支出增加率上调至 5.7% 的方案。2018 年的预算是 4 290 000 万亿韩元，为了创造就业、扩充家庭收入基数、解决少子化问题、扩大女性经济活动、消除老龄人士贫困问题，只能进一步投入资金。但这样的政策有多少效果，必须进行详尽的政策调研。为了解决年轻人就业问题而提出的每年向每个人提供 1 000 万韩元援助的方案只不过是一时之策。提高最低工资，政府提供援助的“就业稳定基金”也是一样。政府已经大手笔支出数十万亿韩元，但有必要从根本上解决跌落到史上最低数值的出生率问题。创造好的创业环境、对男女平等认识的转换，这些问题仅靠投入资金无法从根本上解决问题。

在这期间，韩国政府提出了“提高国民切实体会得到的生活质量提升”，并出台及扩大了各种福利政策。目前的政府执政之后，相继发表了加强健康保险保障、放宽抚养义务者基准、提高基础年金、扩大基础生活需求和供给、新的育儿补贴等政策。无论哪项政策都是需要发行数万亿甚至是数十万亿韩元。此外，提高士兵工资、增加公务员人数、提高最低工资等社会、经济政策也都需要很多资金。解决失业、少子化问题，为了解决这些问题，必须加大政府财政的作用。但如果仅仅是表面上的“扩张性预算政策”，只会让人认为是大手大脚，随意撒钱。

2018年政府预算案中，福利支出的增加率为12.9%，为史上最高值。如果保持现在的节奏，2019年的预算非常有可能超过这个增加率。届时，经济如果变得严峻，福利措施则难以实施。现在国家债务占GDP的比重不到40%，与国际标准相比，仍有调整余地。但迅速发展的老龄化带来生产年龄人口减少，最终将导致税收减少。在这种背景下，必须要考虑如何充实国库，重新制定长期财政战略。

六、政府间转移支付

韩国实行以中央集权为特征的地方税制体系，即由中央政府集中税收管理权限。地方税的立法权集中在中央，地方自治团体只有一些地方零星税种的执法权。地方税的征收制度和征收标准一般由中央统一制定，地方自治团体在统一的规定下根据本地的情况制定一些具体的征收办法，确定本地地方税的适用税率。全国各税的征收由中央统一管理，征收后再按税种的划分规定拨付给地方。在韩国的税收总额中，地方税收收入所占比重较小，一般无法满足地方自治团体承担各项事务的财政支出需要，地方自治团体财政自立比例全国平均为50%～60%，道、市、自治区是30%～50%，郡是10%左右。

自1995年地方自治开始以来，地方财政和对地方转移支付资金的数量急剧增加（见图12-6）。地方可用财源从2006年的106.9万亿韩元增加至2008年的130.3万亿韩元、2010年的138.8万亿韩元、2014年的169.4万亿韩元。对地方转移支付财源从2006年的65.6万亿韩元，增加至2008年的84.8万亿韩元、2010年的89.6万亿韩元、

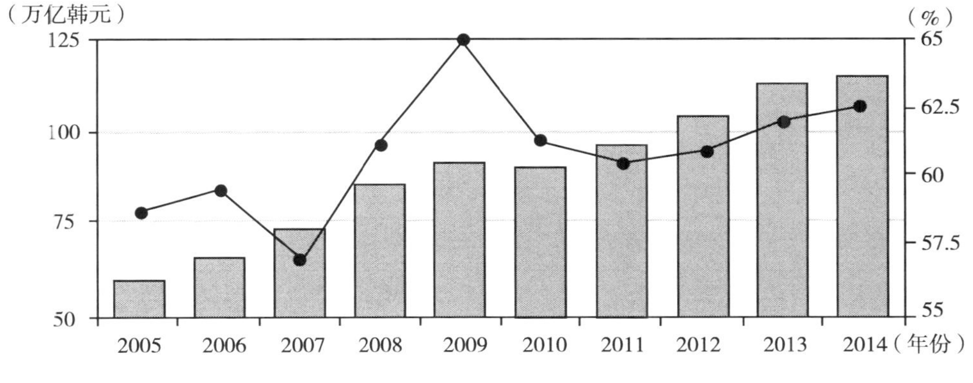

图12-6 韩国中央对地方转移支付

资料来源：韩国企划财政部（按年度预算）。

橙色柱形代表对地方转移支付财源，黄色折线代表占地方总税收的比重。

2012 年的 103.5 万亿韩元、2014 年的 114.9 万亿韩元（见表 12－21）。

表 12－21　　中央对地方转移支付　　单位：万亿韩元

项目＼年份	2008	2009	2010	2011	2012	2013	2014
转移支付财源	84.8	90.8	89.6	95.9	103.5	112.6	114.9
－交付金	59.7	58.9	59.7	65.5	71.4	78.3	77.7
－盈余金①	—	—	—	—	—	—	—
－国库补助金	19.0	24.9	23.6	24.2	26.1	28.0	31.3
－广特会计②	6.1	7.0	6.3	6.2	6.0	6.3	5.9
地方可用财源	130.3	136.0	138.8	148.3	157.4	165.3	169.4
（占总税收比重，%）	61.2	64.9	61.2	60.5	61.0	62.0	62.5

资料来源：韩国企划财政部。

地方交付税的规模占地方财政收入的比重一般在 15% 左右。韩国国税中除了关税和目的税以外的几种税统称为内国税，内国税的一定比率充当地方交付税的财源。1969～1972 年，法定交付率是内国税税收总额的 17.6%。1973～1982 年，法定交付率暂定，根据每年的预算不同而不同。1983～1999 年，法定交付率是内国税税收总额的 13.27%。2000～2004 年，法定交付率是内国税税收总额的 15%。2005 年，法定交付率变为内国税税收总额的 19.13%。2006～2009 年，法定交付率变为内国税税收总额的 19.24%。

就外国而言，联邦州的地方税比例相对较高，而非联邦州的地方税比例相对较低。从国际比较角度看，韩国地方政府可用财源的比例高于联邦州国家，而低于非联邦制国家（见表 12－22）。

表 12－22　　地方政府可用财源国际比较　　单位：%

	非联邦制			联邦制	
	英国	法国	韩国	德国	美国
国税：地方税	95:5	79:21	79:21	52:48	59:41
可用财源（国家：地方）	65:35	60:40	40:60	30:70	28:72

资料来源：韩国企划财政部。

① 盈余金，原文为잉여금。

② 广特会计，原文为광특회계。

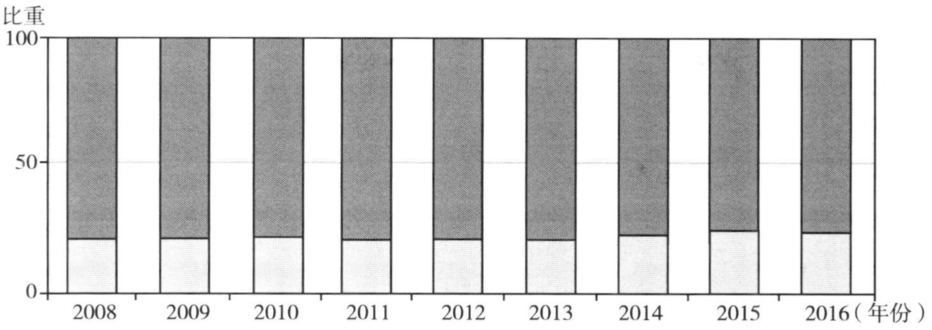

图 12－7　韩国国税与地方税比重

资料来源：韩国国家税务局、韩国海关总署。

注：橙色柱形代表地方税比重，黄色柱形代表国税比重。

由于大部分财源主要集中在中央，地方自治团体经常出现入不敷出的情况，为了解决地方自治团体的收入不足，满足其支出需求，韩国中央政府只有通过实施转移支付制度，平衡中央和地方财力需求。地方自治团体之间尤其是近邻自治体之间是竞争关系，竞争获得中央更多的财源支持。

2016 年的国税和地方比例约为 76∶24。从 2012 年至 2016 年国地税比重看，分别为 79∶21、79∶21、76.9∶23.1、75.4∶24.6、76.3∶23.7。地方税的比重有扩大的趋势。

表 12－23　　国税和地方税比重　　单位：万亿韩元，%

项目＼年份	2012	2013	2014	2015	2016
税收	256.9	255.7	267.2	288.9	318.1
(占 GDP，%)	18.7	17.9	18.0	18.5	19.4
国税	203.0	201.9	205.5	217.9	242.6
(国税比重，%)	79.0	79.0	76.9	75.4	76.3
地方税	53.9	53.8	61.7	71.0	75.5
(地方税比重，%)	21.0	21.0	23.1	24.6	23.7

资料来源：韩国国家税务局、韩国海关总署。

七、施政方针与财政改革

2018 年的韩国政府预算，重点关注创造就业，实现收入导向型增长和创新型经济增长。2018 年韩国政府预算案包含对实现人民友好型经济和可持续增长的支持，并强调扩张性财政支出在实现这些目标方面的作用。2018 财年预计将安排总计 429.0 万亿韩元（比 2017 年预算增加 28.4 万亿韩元，增长 7.1%）支出，用于实施新政府的经济政策。2018 年预算案和 2017 ~ 2021 年财政管理运营计划将于 8 月 29 日内阁会议通过后于 9 月 1 日提交国民议会审议。对 2018 财年政府预算案的主要内容梳理如下。

（一）实施新政府的经济政策

一是支持创造就业机会：增加公共部门的就业机会，支持私营部门创造就业机会，并为韩国就业市场开发一个模式，重点关注安全性和灵活性。

二是改善福利以确保以工资为导向的增长：加强对就业友好型福利的支持，采用儿童保育福利，并提高基本养老金。

三是促进创新，帮助开发新的增长引擎：支持第四次工业革命，建立产业集群以进行创新，并开发创新型人力资源。

（二）进行强有力的财政重构

一是谨慎管理 SOC 预算①，并显著扩大福利和创造就业机会的支出。

二是对项目进行零基（zero - based）分析，并通过根据需求调整预算和支出系统来提高支出效率。

（三）追求财政管理的创新

一是引入促进合作的支持系统，包括支持建立基础设施，以便促进更好的合作。

二是尝试公民参与预算规划，建立财务信息管理系统，为公民提供实时需求信息。

（四）2018 年预算重点

2018 年预算重点措施主要包括福利措施以及创新和安全措施。

1. 福利举措

一是加强儿童保育支持。包括：为 0 至 5 岁的儿童提供每月 100 000 韩元的儿

① 韩国 SOC 预算，主要用于公路、铁路等项目和交通安全投资。

童保育支持；将公共日托中心数量从 180 个增加到 450 个；为 3 至 5 岁的儿童提供全额日托费支持。

二是为年轻人提供就业支持。包括：为中小企业每年新雇用的年轻雇员提供 20 000 000 韩元的支持，为期三年；给求职者每月 300 000 韩元的补助，为期 3 个月。

三是改善对新婚夫妇的住房支持。包括：将新婚公共租赁住房的供应量从 20 000 套增加到 30 000 套；为新婚者提供高达 30 000 000 韩元的低利率抵押贷款，贷款利率比其他抵押贷款低 0.3 个百分点。

四是增加老年人的收入。包括：将基本养老金从每月 206 000 韩元提高到 250 000 韩元；将老年人的工作岗位从 437 000 个增加到 514 000 个；加强对痴呆症护理中心的支持。

五是改善低收入阶层的福利。包括：改善低收入阶层的福利；将能源券从 95 000 韩元增加到 102 000 韩元；将国家医疗覆盖范围扩大到各种疾病。

六是增加对小商家的支持。包括：推出价值 200 亿韩元的小型商业基金；将自备停车位的传统市场数量从 30 个增加到 43 个。

2. 创新和安全举措

一是通过创新促进增长。包括：将用于第四次工业革命的投资从 1.2 万亿韩元扩大到 1.5 万亿韩元；通过韩国创业科技孵化计划（Tech Incubator Program for Startups）（TIPS）增加启动支持，从支持 150 个初创公司增加到 284 个初创公司。

二是确保安全。包括：增加对“杀伤链”① 发展的支持，从 2.1 万亿韩元增加到 2.3 万亿韩元；通过促进旧柴油车辆的早期报废等，重新努力减少细尘污染。

（五）2018 年韩国经济面临的风险

1. 中美贸易摩擦影响

韩国经济过度依赖美国和中国经济，中美之间发生贸易摩擦，韩国不可能置身事外，韩国经济受到中美贸易摩擦影响而经济陷入停滞的风险较大。2018 年 3 月 1 日，美国表示将对从中国进口的钢铁制品征收高关税，并于当月 23 日实施了该关税。而在 4 月 2 日，中国发动了报复关税。之后，美国每一步公布制裁关税，中国

① 杀伤链（kill chain）是指实时探测敌方导弹、识别武器类型和位置后，选定攻击手段，决定是否攻击，实施攻击等一系列体系。

则会立即响应，公布报复关税，贸易摩擦逐渐升温。此外，美国不光是对中国，对EU、日本、加拿大的钢铁制品同样征收了高关税，贸易摩擦正在波及全球。

从韩国方面来说，由于韩国在韩美FTA的修正交涉中作出了让步，因此得以在钢铁制品高关税中获得豁免。美国正在讨论进口汽车的关税问题，也就是说，韩国今后仍有可能受到提高关税的直接打击，但就目前而言，韩国制品暂时避免了被美国征收高关税。虽然韩国没有直接卷入由美国发起的贸易摩擦，但这次贸易摩擦并不能事不关己高高挂起，今后如果持续升级，韩国经济还是有可能受到严重打击。

韩国经济为出口导向型经济，对外依存度较高。衡量对外依存度有一个客观指标，即在国内生产的附加价值中，最终需求为国外的比例有多大。这个指标是从2013年开始，由OECD与WTO共同编制并公布的TiVA（Trade in Value - Added）指标。TiVA指标的最新数值是2011年的数据，通过该数据可发现，在韩国生产的33%的附加价值最终满足的是国外需求。而日本、美国、EU的这一数据均为10%～20%之间，可见韩国经济的对外依存度是相当高的。同时，国内生产的GDP最终在哪个国家被消费，也能从TiVA指标得出结论。在韩国生产的附加价值中，中国的需求为19%，美国为17%，与EU的12%、日本的8%有较大差距。可见，韩国经济高度依赖中国和美国经济。这意味着韩国的经济易受到中国和美国经济的影响。从近几年的经验也证明，进入2016年，美国、中国经济出现复苏迹象后，韩国经济也开始复苏。韩国经济在美国和中国强有力的牵引下强势复苏。

中美贸易摩擦的影响，韩国可能受到比当事国还要严重的影响。韩国对贸易依存度很高，每年金额高达10 000亿美元，因此韩国经济也受到严重影响。特别是，中国是其最大的出口市场，中间材料的出口比例高达79%。为了向美国出口，有很多企业在中国设立了材料、零件生产工厂。根据OECD的分析，如果中国的进口减少10%，韩国的增长率将降低1.6%。

美国的华尔街日报称："全球贸易纠纷中受伤害最大的不是"大国玩家"，而是像韩国等夹在这些大国之间的小规模开放经济型国家"。韩国政府虽然为了应对中美贸易战，召开了紧急会议，但是得出的结论不过是"短期内对韩国出口造成有限影响（产业通商资源部）"，"如果贸易对立情况持续恶化、加深，将成为韩国经济的不稳定因素，不过目前韩国出口处于良好态势（企划财政部）"。如果政府的预计过于悲观，可能会导致投资者心理预期下跌。不过，韩国政府认为保持良好态势的出口，正以超乎想象的速度减少。第二季度的出口仅增加0.8%，与第一季度的4.4%相比，大幅度减少。同时进口也在放缓，这些都是国内生产与投资活动下跌的证据。

2. “收入主导增长政策”失效的风险

在韩国总统朴槿惠卷入丑闻，失去政权之后，文在寅总统提出了提高国民生活水平、实现收入分配公平等政见，并因此当选总统。文总统 2017 年相继公布了一系列强化监管的政策，如，对高收入人群以及大企业增税，阻止以投机为目的的房地产交易。另一方面，针对低收入人群，政府实施了提高最低工资以及扩大正规就业的措施。通过这些措施，政府不断推进消除贫富差距的政策。

这些措施主要是由担任副总理兼企划财政部长官金东兖主导的。这些措施是以韩国独特的经济增长理论为基础，是一种“收入主导增长政策”。主要观点是：如果能提高普通国民的收入，将会增加消费，促进经济活力。而这种观点产生的背景主要是，认为以前的出口主导型经济增长导致了贫富差距加大，带来了经济的两极化。

文在寅执政后，韩国经济的确出现较好的增长情况。但 2018 年 1～3 月份的实际经济数据显示，只有高收入人群的收入有所增加，低收入人群的收入急速减少。而 4～6 月的经济，同比增长了 0.7%（上一季度增长了 1.0%），出现下跌情况，导致舆论对韩国经济今后的走向出现担忧。同时，经济减速还表现在其他地方，设备投资大幅度降低至 -6.6%，建设投资也转为负 -1.3%。

“中美贸易摩擦”对韩国极为不利，在这种情况下，政府还推出了一系列不利于投资的政策，导致投资者的投资意愿低迷，这也是影响韩国经济的重要原因。目前，企业无暇考虑未来的投资，主要都在想如何分红和减持自己公司的股票，获取国外股东的芳心。这种情况导致民间消费仅增长了 0.3%，为 2016 年第四季度以来最低值。出口也面临停滞，仅增长 0.8%，比起第一季度（增长 4.4%）以来，大幅度降低。

3. 文在寅政府支持率下降的风险

文在寅总统的支持率连续 6 周下跌。韩国盖洛普 2018 年 7 月 27 日发布的总统支持率为 62%，比上周降低了 5 个百分点。而与上月第二周的数值相比，降低了 17 百分点，是到目前为止的最低值。反对的理由中，排第一位的是“经济政策、平民政策出现问题”，为 37%，第二位的是“提高最低工资”，为 12%。可以说，文在寅总统在竞选纲领中提出的政策都未受到支持。另外，支持的理由中，“外交、安全保障政策”为 13%，“与北朝鲜重启对话”为 12%。

在这种情况下，韩国国内对于文在寅总统的经济政策开始出现不同看法，悲观的看法正在不断扩大，经济减速的负面效果逐渐在文在寅政府支持率方面显现。之前的韩国经济每年的增长率约为3%左右。其中内需贡献2.5%，出口贡献0.5%。但在2018年第二季度，消费与投资同时降温，出现内需不振情况。其中，民间消费去年每个季度均维持在0.5～1.0%的增长，而在2018年第二季度，仅增长了0.3%。

4. 内需不振的风险

内需不振在年轻人群和老龄人群中均出现。年轻人就业困难情况不断加剧，2018年5月份的年轻人群失业率为10.5%，从事工厂里的操作员、物流配送等单纯劳动的年轻人的比例，是自进行统计以来最高的数字，而制造业等“高质量就业”却在减少。雪上加霜的是，最低工资的快速上涨导致就业机会减少，这也使得从事单纯劳动的年轻人数量增加。

在韩国，员工人员不满300人的中小企业解决了劳动年龄人群中87%的就业，是创造就业机会的“主力”。但中小企业的经营环境越来越差，就业环境没有改善预期。甚至连韩国政府都将今年的新增就业预期从之前的32万人大幅下调至18万人。这也反映出，政府并不看好年轻人群的就业和收入增加。老年人的情况更为严峻。收入处于后20%的户主，平均年龄为62.6岁。在韩国，60岁以上的老年人群在人口构成中所在比例中，翻了一番。60岁以上人群的消费大幅度减少，而开始削减消费的年龄也从60多岁，提前到50多岁。家庭负债与GDP比例在去年，为94.4%，而在日本该数字为84%，韩国比日本高了10个百分点。另外，资产内容也是以房地产为核心，现金保有量较低。

韩国银行在2018年7月25日公布了7月消费者心理指数，为101.0，比上个月降低了4.5个百分点。从各个方面来看，韩国的消费扩大路线面临着四面楚歌。而比这种消费降温更为严重的是，设备投资和建设投资正在下降。

5. 企业经营下降的风险

面向低收入人群的政策正在妨碍企业发展。最低工资的急速上调，以及劳动时间的缩短，对在经济不景气的环境中挣扎的中小企业来说，是雪上加霜。据了解，半夜工业用电电费也要上涨。

过去一年间，在海外建设工厂、进行设备扩张的韩国企业有1 884家，与5年前相比，约增加了700家左右，海外投资也增长了3倍。而另一方面，这期间，韩国国内投资减少了3分之1以上。这种现象，与其说是基于全球市场战略的考虑，不如说是为了避免人工费负担以及艰难的经营环境，在海外寻找生路。

而在产业一线，有观点认为，中小企业将从明年开始大规模转向国外。主要原因是，政府不顾中小企业反对，明年仍将继续以两位数速度上调最低工资。中小企业认为这些政策是政府在逼企业离开韩国。在这种情况下，韩国企业无法应对艰难的经营环境，倒闭的企业不断增加。截至 2018 年 6 月，全国法院收到的倒闭申请案件数量为 836 件，创下新记录。专家们认为企业倒闭数量增多，是由经济不景气的多米诺效应。汽车、钢铁、造船等大型企业出现经营不善，而依赖于这些大企业生存的合作企业也陷入了经营困难。

现代汽车于 7 月 26 日公布的上半年的联合报表显示，现代汽车全球销售数量为 224 万台，增加了 4.5%，不过由于韩元升值、工厂开工率较低，显示主营业务利润的营业利润仅有 16 321 亿韩元，同期下降了 37.1%。这种情况导致现代起亚的 1 级、2 级承包商出现倒闭的情况。

（六）韩国国内对文在寅政府政策的评价

文在寅政府推出了加快放松监管，注重提升企业业绩的政策。2018 年 7 月 19 日，文在寅总统访问了首尔郊区的大学医院，宣布“将把医疗器械作为未来的新兴产业”，并表示“将大规模降低行业壁垒，大幅度缩减市场准入手续”。同时，之前规定，事业单位不得持有 10% 以上银行股份。目前也在讨论是否对网络银行放宽这一规定。这种放松监管的动作，基本上是有利于经济发展的。不过，另一方面，明年仍将继续以两位数速度上调最低工资。这一政策无法改善中小企业日益恶化的经营环境。

韩国经济研究院表示，2017 年，韩国 13 大出口主力行业的危险企业数量为 464 家，比前年增加了 65 家。而这一数字是 2016 年增加数的 2 倍。在这些企业中有相当多家企业濒临倒闭。专家们表示，如果这种情况持续发生，下半年的增长率将会为零，则无法达成今年的目标 2.9%。2019 年，韩国企业预计将进一步向海外转移，经济增长率可能再创新低。

有专家批评，最低工资快速上涨和最长工作时间缩短等劳动政策，对整体就业，特别是中小企业就业造成冲击，建议政府调整经济政策优先目标。

文在寅政府无视经济的真实状况，一味地谋求改善与朝鲜的关系以及增加低收入人群的收入。如果保持这种态势，韩国经济将陷入停滞，一直以来支持文总统的民众可能会放弃对政府的支持。韩国国内认为，目前已经到了文在寅总统从根本上重新审视这种政治态度的时候。

主要参考文献

［1］韩国财政部下调经济增长预期，中国证券报，2018 - 07 - 19 04：50：37

［2］2018 Budget Proposal. DivisionBudget Office - Budget Coordination Division. DateAugust 29，2017. http：//english. moef. go. kr/pc/selectTbPressCenterDtl. do? boardCd = N0001&seq = 4361

［3］韓国経済、一気に停滞局面突入か…米国と中国への過度な「依存経済」、米中貿易摩擦で裏目．高安雄一．2018. 07. 02. http：//biz - journal. jp/2018/07/post_23914. html

［4］http：//english. mosf. go. kr/ec/selectTbEconomicDtl. do? boardCd = E0002&seq = 4438&boardCdKey = N

［5］https：//headlines. yahoo. co. jp/article? a = 20180801 - 00176129 - diamond - int&p = 4

［6］韩国 2017 年政府预算

［7］韩国企划财政部网站

［8］韩国银行网站

［9］韩国国税厅网站

第十三章 印度

印度全称印度共和国（The Republic of India），位于南亚次大陆，面积约298万平方公里（不包括中印边境印占区和克什米尔印度实际控制区等），居世界第7位，人口12.95亿（世界银行2014年统计数据），居世界第2位。印度是世界四大文明古国之一，公元前2500年至1500年之间创造了印度河文明。1600年英国开始入侵印度，1757年沦为英国殖民地，1849年全境被英国占领，二战后的1947年8月15日取得独立。1950年1月26日，印度宪法正式生效，印度成立共和国，同时仍为英联邦成员。印度为联邦制国家，主权的、社会主义的、世俗的民主共和国，采取英国式议会民主制。2014年4月7日至5月12日，印度举行第16届人民院[①]选举，印度人民党赢得人民院过半数席位，成为第一大党，单独执政，纳伦德拉·莫迪出任总理。[②]

一、经济概况[③]

（一）国民经济

印度农业基本自给。印度拥有世界1/10的可耕地，面积约1.6亿公顷，人均

---

① 印度议会分上、下两院，上议院又被称作联邦院，下议院又被称作人民院。

② 中国外交部，《印度国家概况》，中国外交部网站，2017年9月更新。

③ 中国外交部，《印度国家概况》，中国外交部网站，2017年9月更新。

0.17公顷，是世界上最大的粮食生产国之一。农村人口占总人口的72%。由于投资乏力、化肥使用不合理等因素，近年来农业发展缓慢。

印度工业体系较为完整，自给能力较强。印度的主要工业包括纺织、食品加工、化工、制药、钢铁、水泥、采矿、石油和机械等。汽车、电子产品制造、航空和空间等新兴工业近年来发展迅速。2016/2017财年，印度工业生产指数同比增长5%，其中电力行业增长5.8%，制造业和采矿业分别同比增长4.8%和5.4%。

20世纪90年代以来，印度服务业发展迅速，占GDP比重逐年上升。近年来，印度服务业发展较快，2015/2016财年增长9.7%，2016/2017财年增长7.7%。2016/2017财年，服务业对国民总增加值的贡献率为62%。服务业是印度创造就业、创汇和吸引外资的主要部门。目前印度已经成为全球软件、金融等服务业重要出口国。

（二）经济增长

印度是目前世界经济增长最快的国家之一，而且在较长期间保持着高速的经济增长。印度经济增速较快，1992～1996年经济年均增长6.2%；“九五”计划期间（1997～2002年），经济年均增长5.5%；“十五”计划期间（2002～2007年），经济年均增长7.8%，成为世界经济增长最快的国家之一；近十年来，2007/2008～2012/2013财年期间，以现价计算的GDP年增长率分别为16.1%、12.9%、15.1%、20.3%、15.1%和11.7%，实际年增长率（以2004/2005财年不变价格计算）分别是9.3%、6.7%、8.6%、9.3%、6.2%和5.0%[①]；2014/2015～2017/2018财年期间，以不变价格计算的实际年增长率分别是7.5%、8.0%、7.1%和6.5%[②]。

（三）宏观经济

根据印度财政部2018年1月公布的《经济调查（2017/2018财年）》，2014/2015～2017/2018财年期间，印度以不变价格计算的GDP分别为105万亿、114万亿、122万亿、130万亿卢比；GDP增长率分别为7.5%、8.0%、7.1%、6.5%；以现价计算的人均国民收入分别为8.6万、9.4万、10.3万、11.2万卢比；批发价

① The Ministry of Finance of the Government of Indian, Economic Survey 2012－13, P58，印度财政部网站。

② The Ministry of Finance of the Government of Indian, Economic Survey 2017－18, January 2018, Volume2 table 0.1，印度财政部网站。

格指数（WPI）通货膨胀率分别为1.2%、-3.7%、1.7%、2.9%，消费者价格指数（CPI）通货膨胀率分别为5.9%、4.9%、4.5%、3.3%；外汇储备分别为3 416亿、3 602亿、3 700亿、4 094亿美元；货币为卢比，平均汇率分别为1美元相当于61.14、65.46、67.07、64.49卢比（参见表13-1）。

表13-1　印度主要宏观经济指标（2014/2015～2017/2018财年）

数据分类	单位	2014/2015	2015/2016	2016/2017	2017/2018
GDP及相关指标					
GDP（不变价格）	千万卢比	10 536 984	11 381 002	12 189 854（暂时估计）	12 985 363（首次提前估计）
GDP增长率	%	7.5%	8.0%	7.1%	6.5%
人均国民收入（现价）	卢比	86 454	94 130	103 219	111 782
价格					
WPI通货膨胀率（平均）	变动%	1.2	-3.7	1.7	2.9（2017年4～12月）
CPI通货膨胀率（平均）	变动%	5.9	4.9	4.5	3.3（2017年4～12月）
对外贸易					
外汇储备	十亿美元	341.6	360.2	370.0	409.4（2017年12月29日）
平均汇率	卢比/美元	61.14	65.46	67.07	64.49（2017年4～12月）

资料来源：the Ministry of Finance of the Government of Indian，Economic Survey 2017/2018，January 2018，Volume2 table 0.1，印度财政部网站。

注：（1）暂时估计的英文为Provisional Estimates，首次提前估计的英文为First Advance Estimates。

（2）WPI为批发价格指数，CPI为消费者价格指数。

二、政府支出

印度中央和地方财政分立，其中中央指联邦和没有立法机构的中央直辖区

（Union Territories，缩写 UTs），邦指邦和有立法机构的中央直辖区①。印度邦以下政府的信息难以获得，因此本文没有涉及。印度的财政年度从每年 4 月 1 日至次年 3 月 31 日。另外需要说明的是，印度财政部每年发布的印度财政统计（Indian Public Finance Statistics）在 2017 年没有发布，由于数据可获得性的原因，因此本文的第二到第六部分的部分相关数据只能采用最新的 2016 年发布的 2015/2016 财年印度财政统计的数据。

（一）中央和邦支出

1. 支出规模及其变化

政府支出是反映一国政府规模的重要指标。2013/2014 财年，印度中央和邦的总支出增加到 29.5 万亿卢比，占 GDP 的 26.20%。根据预算，2015/2016 财年，中央和邦总支出预计会增加到 37.9 万亿卢比，占 GDP 的 26.90%（参见表 13－2）。

从历史变动趋势来看，近年来中央和邦支出年增长率在 10%～20% 之间，支出占 GDP 的比重较稳定，在 27% 左右。2008 年全球金融危机之前，支出占 GDP 比重在 25% 左右，危机发生后政府为经济尽快从危机中解脱出来增加了政府支出，支出占 GDP 比重上升明显，在 2009/2010 财年该比重甚至达到 28.01%②，之后略有下降。

表 13－2 印度中央和邦支出状况（2011/2012～2015/2016 财年）

单位：千万卢比

项目 \ 财年	2011/2012	2012/2013	2013/2014	2014/2015（调整数）	2015/2016（预算数）
总支出	2 381 434	2 649 263	2 953 311	3 503 496	3 794 689
支出增长率	12.5%	11.2%	11.5%	18.6%	8.3%
GDP（现价）	8 736 039	9 951 344	11 272 764	12 653 762	14 108 945
支出占 GDP 比重	27.26%	26.62%	26.20%	27.69%	26.90%

资料来源：the Ministry of Finance of the Government of Indian，Indian Public Finance Statistics 2015－16，August 2016，table1.9，http：//dea.gov.in/datastatistic/public－finance－statistics，印度财政部网站。

注：支出增长率为计算得出。

① Delhi 中央直辖区从 1993/1994 财年开始划入邦，之前被列入中央。

② the Ministry of Finance of the Government of Indian，Indian Public Finance Statistics 2015/2016，August 2016，table1.9，印度财政部网站。

2. 支出结构及其变化

（1）经济分类。

印度财政统计把支出分为经常性支出和资本性支出，印度中央和邦支出以经常性支出为主，资本性支出为辅（见表 13－3）。近年来，经常性支出占比在 85%左右，资本性支出占比在 15%左右。

2013/2014 财年，印度中央和邦的经常性支出和资本性支出一共 29.5 万亿卢比，其中经常性支出 25.3 万亿卢比，占经常性支出和资本性支出汇总的 85.7%；资本性支出 4.2 万亿卢比，占比为 14.3%。从历史变动趋势来看，经常性支出一直是支出最重要的类别，占比在 80%以上，占比在 2000/2001 财年曾接近 90%，近年来在 85%左右，资本性支出的变动趋势与之相反。

表 13－3 印度中央和邦支出结构（1990/1991～2013/2014 财年）

单位：千万卢比

项目 \ 财年	1990/1991	2000/2001	2010/2011	2012/2013	2013/2014
经常性支出	122 950	485 388	1 784 314	2 272 152	2 531 370
资本性支出	30 202	60 960	325 601	374 767	421 892
经常性和资本性支出汇总	153 152	546 348	2 109 915	2 646 919	2 953 262
	占经常性支出和资本性支出汇总的比重				
经常性支出占比	80.3%	88.8%	84.6%	85.8%	85.7%
资本性支出占比	19.7%	11.2%	15.4%	14.2%	14.3%

资料来源：the Ministry of Finance of the Government of Indian, Indian Public Finance Statistics 2015－16, August 2016, table1.3, table1.4, http://dea.gov.in/datastatistic/public－finance－statistics，印度财政部网站。

注：（1）经常性支出的英文原文为 revenue expenditure。

（2）经常性和资本性支出汇总为计算得出，占比也为计算得出。

（2）其他分类。

从支出构成来看，印度财政统计把支出分为非发展支出、发展支出、借款和预付款、自我平衡项目支出和基金支出五类（见表 13－4）。印度中央和邦支出以非发展支出和发展支出为主，其他三类支出所占比重很低。目前来看，发展支出占总支出的一半左右，非发展支出占比略小于一半。

2013/2014 财年，印度中央和邦的总支出 29.5 万亿卢比，其中非发展支出 14.3 万亿卢比，占总支出的 48.6%；发展支出 14.8 万亿卢比，占总支出的 50.1%；借款和预付款0.4万亿卢比，占总支出的1.3%；自我平衡项目支出和基金支出为都是0。

从历史变化来看，非发展支出和发展支出的占比交替领先，在1990/1991财年发展支出占比略高，到2000/2001财年非发展支出占比较为领先，近年来发展支出又略高于非发展支出，这体现出国家战略的调整。

表13-4 印度中央和邦支出结构（1990/1991～2013/2014财年）

单位：千万卢比

项目＼财年	1990/1991	2000/2001	2010/2011	2012/2013	2013/2014
A 非发展支出	69 195	298 848	1 001 375	1 231 824	1 434 017
B 发展支出	74 000	236 096	1 064 432	1 375 622	1 479 739
C 借款和预付款	11 946	17 180	39 888	41 817	39 556
D 汇总（A+B+C）	155 141	552 124	2 105 695	2 649 263	2 953 311
E 自我平衡项目	5	0	0	0	0
F 基金	1 079	4 540	10 783	—	—
G 总支出（D+E+F）	156 226	556 664	2 116 478	2 649 263	2 953 311
	占总支出比重（单位:%）				
A 非发展支出	44.3%	53.7%	47.3%	46.5%	48.6%
B 发展支出	47.4%	42.4%	50.3%	51.9%	50.1%
C 借款和预付款	7.6%	3.1%	1.9%	1.6%	1.3%
D 汇总（A+B+C）	99.3%	99.2%	99.5%	100.0%	100.0%
E 自我平衡项目	0.0%	0.0%	0.0%	0.0%	0.0%
F 基金	0.7%	0.8%	0.5%	—	—
G 总支出（D+E+F）	100.0%	100.0%	100.0%	100.0%	100.0%

资料来源：the Ministry of Finance of the Government of Indian，Indian Public Finance Statistics 2015/2016，August 2016，table1.1，http://dea.gov.in/datastatistic/public－finance－statistics，印度财政部网站。

注：占比为计算得出。

（二）中央支出

1. 支出规模及其变化

2013/2014财年，印度中央支出增加到15.4万亿卢比，占GDP的13.7%。根据预算，到2015/2016财年，中央支出预计会增加到17.6万亿卢比，占GDP的12.5%（见表13－5）。

从历史变动趋势来看，近年来中央支出总量不断增加，年增长率在10%上下，但支出占GDP的比重呈现不断下降的态势，从2011/2012财年的14.7%下降到2013/2014财年的13.7%，预计到2015/2016财年还将继续下降至12.5%。

表13－5　印度中央支出状况（2011/2012～2015/2016财年） 单位：千万卢比

财年 项目	2011/2012	2012/2013	2013/2014	2014/2015 （调整数）	2015/2016 （预算数）
总支出	1 286 997	1 393 577	1 541 466	1 670 220	1 761 812
支出增长率	8.3%	8.3%	10.6%	8.4%	5.5%
支出占GDP比重	14.7%	14.0%	13.7%	13.2%	12.5%

资料来源：the Ministry of Finance of the Government of Indian，Indian Public Finance Statistics 2015－16，August 2016，table2.1，http：//dea.gov.in/datastatistic/public－finance－statistics，印度财政部网站。

注：支出增长率和支出占GDP比重为计算得出，占GDP比重根据同一资料来源table1.9的GDP数据计算得出。

2. 支出结构及其变化

（1）经济分类。

按经济分类（见表13－6和图13－1），中央支出由资本形成、消费性支出、经常性转移支付和其他四部分构成。其中经常性转移支付是支出中最重要的内容，占总支出的60%左右，消费性支出和资本形成也是重要的支出类别，占总支出的比重都在20%左右。

2013/2014财年，中央政府总支出15.1万亿卢比，其中经常性转移支付9.4万亿卢比，占总支出的62%；消费性支出3.1万亿卢比，占总支出的20%；资本形成2.4万亿卢比，占总支出的16%；其他支出0.2万亿卢比，占总支出的2%（见图13－1）。从增长率上看，增长最明显的是消费性支出和经常性转移支付，分别增长了13.2%和10.5%，同时这两类支出对总支出增长的贡献也最多，对增长分别贡献2.6和6.5个百分点。

从近年的变动趋势看，消费性支出占总支出的比重最为稳定，在20%左右，经常性转移支付和资本形成占总支出的比重也较为稳定，但此消彼长，变动区间在

3%以内。近些年来消费性支出排在第2的位置，但从更长的期间来看，消费性支出占总支出比重是重回第二的位置。①

表13－6　　印度中央政府支出结构：经济分类

（2013/2014～2015/2016财年）

项目＼财年	2013/2014 实际数	2014/2015 调整数	2015/2016 预算数
	总量（千万卢比）		
总支出	1 511 200	1 634 218	1 712 127
ⅰ）资本形成	243 113	258 357	262 778
ⅱ）消费性支出	306 898	335 838	373 276
ⅲ）经常性转移支付	940 445	1 010 460	1 049 553
ⅳ）其他	20 744	29 563	26 520
	增长率（%）		
总支出	9.9	8.1	4.8
ⅰ）资本形成	5.3	6.3	1.7
ⅱ）消费性支出	13.2	9.4	11.1
ⅲ）经常性转移支付	10.5	7.4	3.9
ⅳ）其他	－4.1	42.5	－10.3
	对增长的贡献（%）		
总支出	9.9	8.1	4.8
ⅰ）资本形成	0.9	1.0	0.3
ⅱ）消费性支出	2.6	1.9	2.3
ⅲ）经常性转移支付	6.5	4.6	2.4
ⅳ）其他	－0.1	0.6	－0.2

资料来源：the Ministry of Finance of the Government of Indian，An Economic and Functional Classification of the Central Government Budget 2015－16，06th June 2016，P18，Table 1：Expenditure by Economic Classification，https：//dea.gov.in/sites/default/files/FunClass201516.pdf，印度财政部网站。

（2）功能分类。

按功能分类，中央支出包括社会服务、经济服务、一般服务和未分配支出（见表13－7和图13－2）。中央支出中除未分配支出以外，占总支出的比重从大到小依

① 参考《世界主要国家财政运行报告（2017）》及之前年份的各报告。

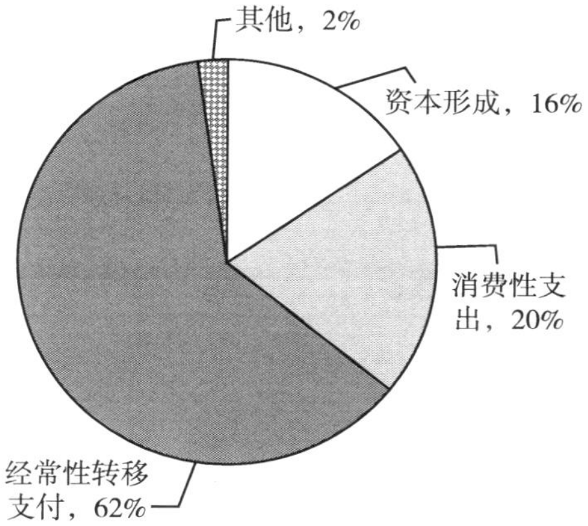

图 13－1　印度中央政府支出结构：经济分类（2013/2014 财年）

注：本图根据上表绘制。

次是经济服务支出、一般服务支出和社会服务支出。

2013/2014 财年，经济服务支出、一般服务支出和社会服务支出分别为 4.1 万亿、3.1 万亿和 2.0 万亿卢比，占总支出的比重分别是 27%、21% 和 14%（见图 13－2），近年来这三类支出占总支出的比重变化不大[①]。从增长率来看，2013/2014 财年，中央总支出增长 9.9%，其中未分配支出增长率最高（15.2%），其次是社会服务支出（12.5%），对总支出增长贡献最多的也是未分配支出（5.5 个百分点），贡献超过了一半，其次是社会服务支出和一般服务支出（均为 1.7 个百分点）。

表 13－7　　印度中央政府支出结构：功能分类
（2013/2014～2015/2016 财年）

项目 \ 财年	2013/2014 实际数	2014/2015 调整数	2015/2016 预算数
总量（千万卢比）			
社会服务	204 627	227 630	311 706
经济服务	410 633	379 011	337 747
一般服务	316 743	364 987	407 678
未分配	579 197	662 591	654 997
总支出	1 511 200	1 634 218	1 712 127

① 参考《世界主要国家财政运行报告（2017）》及之前年份的各报告。

续表

项目 \ 财年	2013/2014 实际数	2014/2015 调整数	2015/2016 预算数
	增长率（%）		
社会服务	12.5	11.2	36.9
经济服务	3.7	-7.7	-10.9
一般服务	7.8	15.2	11.7
未分配	15.2	14.4	-1.1
总支出	9.9	8.1	4.8
	对增长的贡献（%）		
社会服务	1.7	1.5	5.1
经济服务	1.1	-2.1	-2.5
一般服务	1.7	3.2	2.6
未分配	5.5	5.5	-0.5
总支出	9.9	8.1	4.8

资料来源：the Ministry of Finance of the Government of Indian, An Economic and Functional Classification of the Central Government Budget 2015 - 16, 06th June 2016, P19, Table 2: Expenditure by Functional Head, https://dea.gov.in/sites/default/files/FunClass201516.pdf，印度财政部网站。

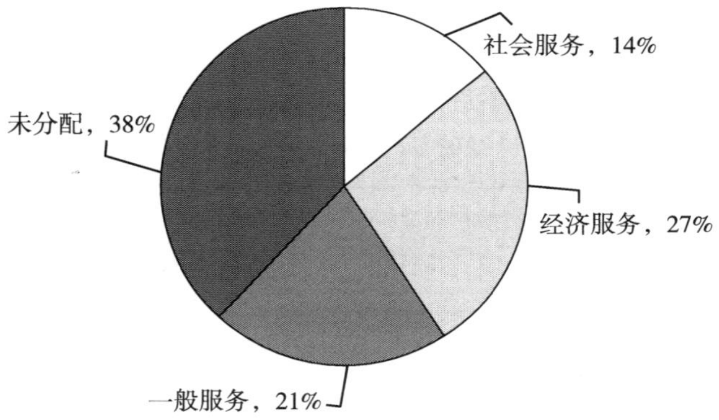

图 13-2　印度中央政府支出结构：功能分类（2013/2014 财年）

注：根据上表绘制。

（3）其他分类。

印度财政统计对中央支出还有三种分类方式。一种分成非发展支出、发展支出、自我平衡项目支出、对邦的法定拨款及借款和预付款五类（见表 13-8）。中央支出中以非发展支出和发展支出为主，其他支出类型占比较低（合计不到5%），其中非发展支出所占比重最高（50%以上），其次是发展支出，占比超过40%（见表13－8和图13－3）。

2013/2014财年，中央总支出15.4万亿卢比，其中非发展支出、发展支出、自我平衡项目支出、对邦的法定拨款及借款和预付款分别为8.4万亿、6.4万亿、0、0.5万亿、0.06万亿卢比，分别占总支出的54.7%、41.4%、0.0%、3.5%和0.4%。

从历史变动趋势来看，非发展支出一直占据最重要的位置，占总支出比重曾在2000/2001财年高达63.9%，之后有所下降，目前占比超过50%；发展支出一直占据第二的位置，占比曾经在30%左右，近年来上升到40%以上；对邦的法定拨款占比十分稳定，在3%左右；借款和预付款曾经占比超过10%，目前已经下降到不足1%。

其中中央非发展支出以利息支出为主，占非发展支出的40%左右，此外国防支出也是非发展支出的重要组成部分，占非发展支出的比重在20%多一点。发展支出中社会和社区服务支出所占比重最高，为25%左右，其次是对邦和中央直辖区的拨款，占发展支出的17%左右。①

表13－8　印度中央支出构成（1990/1991～2013/2014财年） 单位：千万卢比

项目 \ 财年	1990/1991	2000/2001	2010/2011	2013/2014
非发展支出	48 979	199 886	620 199	842 986
发展支出	34 566	91 884	525 019	638 124
自我平衡项目	5	0	0	0
对邦的法定拨款	3 394	11 579	31 514	53 905
借款和预付款	13 940	9 662	11 166	6 451
总支出	100 884	313 011	1 187 898	1 541 466
	占总支出比重			
非发展支出	48.5%	63.9%	52.2%	54.7%
发展支出	34.3%	29.4%	44.2%	41.4%
自我平衡项目	0.0%	0.0%	0.0%	0.0%

① 资料来源同表13－8，比重根据计算得出。

续表

项目 \ 财年	1990/1991	2000/2001	2010/2011	2013/2014
	占总支出比重			
对邦的法定拨款	3.4%	3.7%	2.7%	3.5%
借款和预付款	13.8%	3.1%	0.9%	0.4%

资料来源：the Ministry of Finance of the Government of Indian，Indian Public Finance Statistics 2015－16，August 2016，table2.1，http：//dea.gov.in/datastatistic/public－finance－statistics，印度财政部网站。

注：占总支出比重为计算得出。

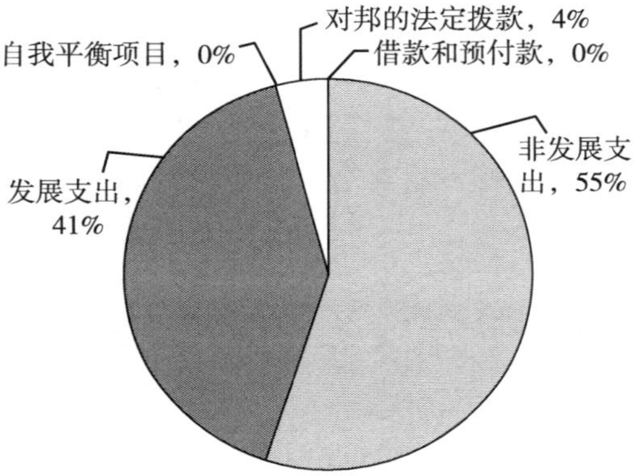

图 13－3　印度中央支出构成（2013/2014 财年）

注：本图根据上表绘制。

中央支出的另一种分类如表 13－9，分为经常性支出和资本性支出两类。总支出以经常性支出为主，占总支出的比重超过 85%；资本性支出占总支出的比重不到 15%。2013/2014 财年，总支出 15.4 万亿卢比，其中经常性支出 13.7 万亿卢比，占总支出的 88.6%；资本性支出 1.8 万亿卢比，占总支出的 11.4%。从历史变动趋势来看，经常性支出所占比重略呈现上升趋势，2000/2001 财年以来基本稳定在接近 90%，资本性支出变动趋势与之相反，占比稳定在 10% 多一些。

表 13－9　印度中央支出构成（1990/1991～2013/2014）　单位：千万卢比

项目 \ 财年	1990/1991	2000/2001	2010/2011	2013/2014
经常性支出	73 557	277 975	1 036 061	1 366 170
资本性支出	27 327	35 036	151 837	175 296
经常性和资本支出汇总	100 884	313 011	1 187 898	1 541 466

续表

项目＼财年	1990/1991	2000/2001	2010/2011	2013/2014
	占经常性和资本性支出汇总的比重			
经常性支出	72.9%	88.8%	87.2%	88.6%
资本性支出	27.1%	11.2%	12.8%	11.4%

资料来源：the Ministry of Finance of the Government of Indian, Indian Public Finance Statistics 2015 – 16, August 2016, table 2.3 和 table 2.4, http://dea.gov.in/datastatistic/public – finance – statistics，印度财政部网站。

注：经常性和资本性支出汇总为计算得出，占比为计算得出。

中央支出以前还分为计划支出（Plan Expenditure）和非计划支出（Non – Plan Expenditure）两类，计划支出是指中央对邦和中央直辖区计划的资助性支出。中央支出以非计划支出为主，占总支出的70%左右，计划支出占总支出的30%左右。近年来非计划支出所占比重略有下降，计划支出所占比重略为上升①。在2017/2018财年，印度取消了对支出的这种分类方式。

三、政府收入

（一）中央和邦收入

1. 收入规模及其变化

2013/2014财年，印度中央和邦的总收入增加到21.7万亿卢比，占GDP的19.2%。根据预算的预测，到2015/2016财年，中央和邦总收入预计会增加到28.4万亿卢比，占GDP的20.1%（见表13 – 10）。

表13 – 10　印度中央和邦收入规模（2011/2012 ~ 2015/2016财年）

单位：千万卢比

项目＼财年	2011/2012	2012/2013	2013/2014	2014/2015（调整数）	2015/2016（预算数）
总收入	1 647 883	1 930 876	2 165 575	2 585 480	2 841 966
增长率	6.7%	17.2%	12.2%	19.4%	9.9%

① 资料来源：Economic Survey 2014 – 15 Volume II, table 2.2.

续表

项目 \ 财年	2011/2012	2012/2013	2013/2014	2014/2015（调整数）	2015/2016（预算数）
总收入占 GDP 比重	18.9%	19.4%	19.2%	20.4%	20.1%

资料来源：the Ministry of Finance of the Government of Indian，Indian Public Finance Statistics 2015－2016，August 2016，table1.1 B，http：//dea.gov.in/datastatistic/public－finance－statistics，印度财政部网站。

注：总收入增长率、总收入占 GDP 比重为计算得出，GDP 数据根据表 13－2。

从历史变动趋势来看，近年来中央和邦收入的年增长率在 10%～20% 之间，收入占 GDP 的比重较稳定，在 19% 左右。从更长期间来看，收入占 GDP 比重略有下降，2007/2008 财年以前该比重大约为 25% 左右①，也就是说从全球金融危机开始政府收支都有所缩减。

2. 收入结构及其变化

印度财政统计将中央和邦收入分为两类，分别是经常性收入和资本性收入，其中以经常性收入为主，资本性收入为辅，经常性收入大约为资本性收入的 2～3 倍（见表 13－11）。经常性收入又分为税收收入、非税收入、自我平衡项目、来自基金的收入、转移支付的账户调整、其他调整共六类，其中税收收入占比最高，其次是非税收入，资本性收入以在金融市场的贷款为主。

2013/2014 财年，印度中央和邦的经常性和资本性收入共 29.5 万亿卢比，其中经常性收入 21.7 万亿卢比，占比为 73.6%；资本性收入 7.8 万亿卢比，占比为 26.4%。从历史变动来看，经常性收入一直是最重要的收入来源，所占比重呈现上升趋势。

表 13－11　印度中央和邦收入结构（1990/1991～2013/2014 财年）

单位：千万卢比

项目 \ 财年	1990/1991	2000/2001	2010/2011	2012/2013	2013/2014
经常性收入	99 282	349 979	1 548 424	1 933 187	2 169 193
资本性收入	42 384	197 279	570 008	736 390	778 380
经常性和资本性收入汇总	141 666	547 258	2 118 432	2 669 577	2 947 573

① 资料来源同表 13－10。

续表

项目 \ 财年	1990/1991	2000/2001	2010/2011	2012/2013	2013/2014
	占经常性和资本性收入汇总的比重				
经常性收入	70.1%	64.0%	73.1%	72.4%	73.6%
资本性收入	29.9%	36.0%	26.9%	27.6%	26.4%

资料来源：the Ministry of Finance of the Government of Indian, Indian Public Finance Statistics 2015 - 2016, August 2016, table 1.2, table 1.5, http://dea.gov.in/datastatistic/public - finance - statistics，印度财政部网站。

注：（1）经常性收入的英文原文为 revenue receipts。

（2）经常性和资本性收入汇总为计算得出，占比为计算得出。

（3）由于数据来源不同，口径存在差异，本表的经常性和资本性收入汇总与上表总收入数值不同。

（二）中央收入

1. 收入规模及其变化

2013/2014 财年，印度中央总收入增加到 10.1 万亿卢比，占 GDP 的 9.0%，根据预测，到 2015/2016 财年，中央总收入预计会增加到 11.4 万亿卢比，占 GDP 的 8.1%（见表 13 - 12）。

从历史变动趋势来看，中央收入的年增长率相比支出的增长率变动要大一些，有的年份是负增长，有的年份增长率接近 20%，但是收入占 GDP 的比重还是较为稳定的，在 8% ~9% 之间。

表 13 - 12 印度中央收入规模（2011/2012 ~ 2015/2016 财年） 单位：千万卢比

项目 \ 财年	2011/2012	2012/2013	2013/2014	2014/2015（调整数）	2015/2016（预算数）
总收入	751 328	873 474	1 009 118	1 121 643	1 136 628
增长率	-4.1%	16.3%	15.5%	11.2%	1.3%
总收入占 GDP 比重	8.6%	8.8%	9.0%	8.9%	8.1%

资料来源：the Ministry of Finance of the Government of Indian, Indian Public Finance Statistics 2015 - 2016, August 2016, table 2.1 B, http://dea.gov.in/datastatistic/public - finance - statistics，印度财政部网站。

注：总收入增长率、总收入占 GDP 比重为计算得出，GDP 数据根据表 13 - 2。

2. 收入结构及其变化

（1）收入总体结构及其变化。

印度财政统计将中央收入分为两类，分别是经常性收入和资本性收入（净值），其中以经常性收入为主，资本性收入为辅，经常性收入大约为资本性收入的2倍（见表13－13）。经常性收入的结构下文会专门介绍，资本性收入有8个来源渠道，分别为金融市场贷款、外债、小额储蓄、国家准备金、公共准备金、非政府准备金特别存款、特别证券和其他杂项资本性收入，其中以金融市场的贷款为主。

2013/2014财年，印度中央经常性收入和资本性收入（净值）共15.5万亿卢比，其中中央经常性收入10.1万亿卢比，占比为65.0%；资本性收入5.4万亿卢比，占比为35.0%。从历史变动来看，经常性收入一直是中央最重要的收入来源，从趋势来看其所占比重较为稳定。

表13－13　印度中央收入结构（1990/1991～2013/2014财年） 单位：千万卢比

项目＼财年	1990/1991	2000/2001	2010/2011	2012/2013	2013/2014
经常性收入	54 995	192 742	783 810	873 474	1 009 118
资本性收入（净值）	34 542	113 359	389 900	517 765	543 785
汇总	89 537	306 101	1 173 710	1 391 239	1 552 903
	占经常性收入和资本性收入（净值）汇总的比重				
经常性收入	61.4%	63.0%	66.8%	62.8%	65.0%
资本性收入（净值）	38.6%	37.0%	33.2%	37.2%	35.0%

资料来源：the Ministry of Finance of the Government of Indian，Indian Public Finance Statistics 2015－2016，August 2016，table 2.2，table 2.5，http：//dea.gov.in/datastatistic/public－finance－statistics，印度财政部网站。

注：（1）经常性收入的英文原文为revenue receipts。

（2）汇总、比重均为计算得出。

（2）经常性收入的结构及其变化。

中央经常性收入分为税收收入、非税收入和自我平衡项目收入三类（见表13－14）。其中税收收入是经常性收入的主体，占比在70%～85%之间，其次是非税收入，自我平衡项目收入小到可以忽略不计。

2013/2014财年，印度中央经常性收入10.1万亿卢比，其中税收收入和非税收入分别为8.2万亿卢布和1.9万亿卢比，占经常性收入的比重分别为80.8%和19.2%。从历史变化来看，税收收入所占比重经历了下降又回升的变化过程。

表 13－14 印度中央经常性收入的总量和结构
（1990/1991～2013/2014 财年） 单位：千万卢比

项目＼财年	1990/1991	2000/2001	2010/2011	2012/2013	2013/2014
税收收入	43 042	136 659	569 869	741 877	815 854
非税收入	11 948	56 083	213 941	131 596	193 264
自我平衡项目	5	0	0	0	0
经常性收入汇总	54 995	192 742	783 810	873 474	1 009 118
	占经常性收入的比重				
税收收入	78.3%	70.9%	72.7%	84.9%	80.8%
非税收入	21.7%	29.1%	27.3%	15.1%	19.2%
自我平衡项目	0.0%	0.0%	0.0%	0.0%	0.0%

资料来源：the Ministry of Finance of the Government of Indian, Indian Public Finance Statistics 2015－2016, August 2016, table 2.2, http://dea.gov.in/datastatistic/public－finance－statistics, 印度财政部网站。

注：比重为计算得出。

（3）税收收入的结构及其变化。

税收收入是中央经常性收入中最重要的内容，按收入类型可以分为直接税和间接税两种。另外印度实行收入分享的税收体制，中央税收收入接近 30% 的部分需要按相应的规定分享给邦。表 13－15 列出了中央税中直接税、间接税、分配给邦的税收收入情况，以及中央税收收入（净值）和税收收入情况。

从表中可以看出，2013/2014 财年，中央税收收入（净值）8.2 万亿卢比，其中直接税收入 6.3 万亿卢比，间接税收入 5.1 万亿卢比，税收收入（直接税＋间接税）11.4 万亿卢比，税收收入中的 3.2 万亿卢比是应该分配给邦的收入，因此中央税收收入（净值）8.2 万亿卢比。

从税收结构来看，2013/2014 财年，中央税收收入中直接税收入略高于间接税。从历史变动趋势来看，1990/1991 财年时，印度中央税收收入以间接税为主，直接税较低，之后直接税收入逐步上升，到 2007/2008 财年，直接税的税收收入开始超过间接税，2009/2010 财年，直接税所占比重达到顶峰，之后所占比重略有下降①。近年来，中央税收收入分给邦的份额一直保持在中央税收收入的 28% 左右，比 2000/2001 财年之前明显上升，表明中央在此之后加大了对邦税收分享类转移支付

① 根据表 13－15 的资料来源。

的力度①。

表 13－15 印度中央税收收入概况（1990/1991～2013/2014 财年） 单位：千万卢比

项目＼财年	1990/1991	2000/2001	2010/2011	2012/2013	2013/2014
税收收入（1+2）	43 042	136 916	793 071	1 036 235	1 138 733
税收收入（净值）（1+2－3）	43 042	136 659	569 869	741 877	815 854
1. 直接税	6 909	49 652	438 515	554 063	633 578
2. 间接税	36 133	87 264	354 556	482 172	505 155
3. 分给邦的收入	0	257	223 203	294 357	322 879
	占税收收入的比重				
1. 直接税	16.1%	36.3%	55.3%	53.5%	55.6%
2. 间接税	83.9%	63.7%	44.7%	46.5%	44.4%
3. 分给邦的收入	0.0%	0.2%	28.1%	28.4%	28.4%

资料来源：the Ministry of Finance of the Government of Indian，Indian Public Finance Statistics 2015－16，August 2016，table 2.2，http：//dea.gov.in/datastatistic/public－finance－statistics，印度财政部网站。

注：比重为计算得出，税收收入为计算得出。

从税种来看②（图 13－4），中央直接税的主体税种是企业所得税和其他所得税。2013/2014 财年，印度中央的企业所得税 3.9 万亿卢比，其他所得税 2.4 万亿卢比，分别占直接税收入的 62.3% 和 37.5%，分别占中央税收收入（直接税＋间接税）的 34.7% 和 20.9%。而此外的 7 个直接税税种的收入共 103.0 亿卢比，占直接税收入的 0.2%，占中央税收收入（直接税＋间接税）的 0.1%。

从历史变动情况看，从 1990/1991 财年，企业所得税占中央税总收入的比重还只有 12.4%，之后占比不断攀升，到 2009/2010 财年已经接近 40%，之后有所下降，是直接税收入超过间接税但近年来所占比重有所下降的重要因素。其他所得税占税收总收入的比重多年来基本稳定在 18% 左右。

中央间接税的主体税种有关税、联邦商品税③和服务税④。2013/2014 财年，关

① 根据表 13－15 的资料来源。

② 根据 the Ministry of Finance of the Government of Indian，Indian Public Finance Statistics 2015－2016，August 2016，table 2.2 及计算得出。

③ 联邦商品税（Union excise duty）是对商品的生产和制造征收的税收，商品不同适用的税率也不同。

④ 2017/2018 财年商品和服务税实施后，中央间接税主体税种按收入从高到低依次为商品和服务税、联邦商品税、关税。

税1.7万亿卢比，联邦商品税1.7万亿卢比，服务税1.5万亿卢比，分别占间接税收入的34.1%、33.5%和30.6%，占中央税收收入（直接税+间接税）的15.1%、14.9%和13.6%。其他间接税税种的收入共883.5亿卢比，占间接税收入的1.7%，占中央税收收入（直接税+间接税）的0.8%。

从历史变动情况看，关税和联邦商品税占税收总收入比重分别从接近50%和超过30%下降到目前的同为15%左右，是间接税收入占税收收入比重下降的主要原因。近年来，服务税所占比重有所上升，是间接税所占比重又略有上升的主要原因。

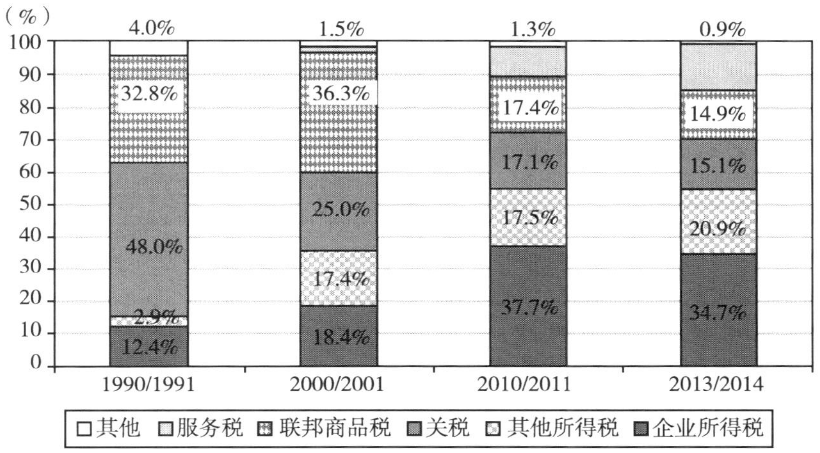

图13－4 印度中央税主要税种的税收收入占中央税收总收入（直接税＋间接税）比重变动情况（1990/1991～2013/2014财年）

资料来源：the Ministry of Finance of the Government of Indian, Indian Public Finance Statistics 2015－16, August 2016, table2.2, http://dea.gov.in/datastatistic/public－finance－statistics，印度财政部网站。

注：比重为计算得出。

2017/2018财年商品和服务税（GST）实施后，印度中央税的税收结构发生了较大变化。一是从税种来看，5个主体税种的收入从高到低依次为企业所得税、其他所得税、联邦商品税、商品和服务税、关税，关税从原来的第3位跌到第5位。二是从税收性质看，直接税收入下降到仅略微高于间接税。①

2018/2019财年，税收结构继续发生变化。一是从税种来看，5个主体税种的收入从高到低依次为商品和服务税、企业所得税、其他所得税、联邦商品税、关税，

① The Ministry of Finance of the Government of Indian, Budget At A Glance 2018－2019，印度财政部网站Union Budget 2018－2019.

商品和服务税从原来的第 4 位上升到第 1 位。二是从税收性质看，直接税收入下降到与间接税基本持平。①

四、政府盈余/赤字

（一）中央和邦盈余/赤字及其变化

印度在讨论财政盈余/赤字时涉及一些基本的概念。其中经常性赤字（revenue deficit）指经常性支出超过经常性收入的部分；财政（总）赤字（fiscal deficit）是指经常性收入和非债务资本性收入与包括借款和预付款（净值）的总支出之间的差额，反映的是政府各种途径的借款总量；财政净赤字（net fiscal deficit）指财政总赤字减去借款和预付款净值；原发性（总）赤字（primary deficit）指财政赤字减去支付的利息；原发性赤字净值（net primary deficit）指财政净赤字减去利息支付净值；预算赤字（budgetary deficit）指包括借款和预付款的总支出与总收入的差额，等于财政赤字加上现金余额的下降以及市场稳定计划的净收入。②

2013/2014 财年，印度中央和邦的财政总赤字 7.5 万亿卢比，财政净赤字 7.3 万亿卢比，分别占 GDP 的 6.69% 和 6.45%。根据预算的预测，2014/2015 财年，中央和邦财政总赤字和财政净赤字都会略有增加，其占 GDP 的比重也会略有上升。2015/2016 财年，中央和邦财政总赤字和财政净赤字都会略有下降，其占 GDP 的比重会有较大幅度的下降（见表 13－16）。

历史来看，中央和邦的财政总赤字从数量上看增长幅度较大，1990/1991 财年财政总赤字 0.5 万亿卢比，到 2013/2014 财年已经增加到 7.5 万亿卢比。从财政总赤字占 GDP 比重来看，1990/1991 财年和 2000/2001 财年，财政总赤字占 GDP 比重高达 9% 左右，在全球金融危机前财政总赤字所占比重已经下降到 4% 左右，在 2008/2009 财年，财政总赤字占 GDP 比重扩大了 1 倍多，之后赤字状态有所缓解，基本保持在 GDP 的 7% 以下。中央和邦财政净赤字及其占 GDP 比重的变动趋势也类似。③

---

① The Ministry of Finance of the Government of Indian，Budget At A Glance 2018－2019，印度财政部网站 Union Budget 2018－19.

② 资料来源：Indian Public Finance Statistics 2012－13，P x iii。如想加强对这几个赤字指标含义的理解，请参考英文原文。

③ the Ministry of Finance of the Government of Indian，Indian Public Finance Statistics 2015－16，August 2016，table1.6，印度财政部网站。

表 13-16　中央和邦盈余/赤字（2011/2012～2015/2016 财年）单位：千万卢比

项目 \ 财年	2011/2012	2012/2013	2013/2014	2014/2015（调整数）	2015/2016（预算数）
1. 经常账户盈余（+）/赤字（-）	-366 690	-338 965	-362 176	-374 628	-332 470
2. 资本账户盈余（+）/赤字（-）	269 537	361 624	356 488	287 603	297 323
3. 总盈余（+）/赤字（-）	-97 153	22 658	-5 688	-87 025	-35 147
备忘项目					
1. 财政总赤字	688 434	683 418	753 974	879 501	873 074
2. 财政净赤字	661 414	656 707	726 549	851 991	842 459
3. 原发性总赤字	285 199	225 868	216 506	279 931	202 170
	占 GDP 比重				
1. 经营性盈余（+）/赤字（-）	-4.20%	-3.41%	-3.21%	-2.96%	-2.36%
2. 总盈余（+）/赤字（-）	-1.11%	0.23%	-0.05%	-0.69%	-0.25%
3. 财政总赤字	7.88%	6.87%	6.69%	6.95%	6.19%
4. 财政净赤字	7.57%	6.60%	6.45%	6.73%	5.97%
5. 原发性总赤字	3.26%	2.27%	1.92%	2.21%	1.43%

资料来源：the Ministry of Finance of the Government of Indian, Indian Public Finance Statistics 2015-16, August 2016, table1.6, http://dea.gov.in/datastatistic/public-finance-statistics，印度财政部网站。

（二）中央盈余/赤字及其变化

2013/2014 财年，印度中央财政总赤字 5.0 万亿卢比，财政净赤字 5.0 万亿卢比，分别占 GDP 的 4.46% 和 4.40%。根据预算的预测，2014/2015 财年，中央财政总赤字和财政净赤字还会略有增加，但其占 GDP 的比重会下降到 4% 左右。2015/2016 财年，中央财政总赤字和财政净赤字增加较多，但其占 GDP 的比重仍然会略有下降（见表 13-17）。

历史来看，中央财政总赤字从数量上看增长幅度较大，1990/1991 财年，财政总赤字 0.4 万亿卢比，到 2013/2014 财年已经增加到 5.0 万亿卢比。但是从财政总赤字占 GDP 比重来看，1990/1991 财年和 2000/2001 财年，财政总赤字占 GDP 比重都在 6% 左右，在全球金融危机前财政总赤字占 GDP 比重下降到 3% 左右，受危机影响财政总赤字占比迅速又回到6%左右，近年来赤字状况有所缓解，占 GDP 比重基本保持在 5%左右。中央财政净赤字及其占 GDP 比重的变动趋势也类似。①

表 13－17　中央盈余/赤字（2011/2012～2015/2016 财年） 单位：千万卢比

项目＼财年	2011/2012	2012/2013	2013/2014	2014/2015（调整数）	2015/2016（预算数）
1. 经常账户盈余（＋）/赤字（－）	－394 628	－364 282	－357 052	－362 486	－394 471
2. 资本账户盈余（＋）/赤字（－）	283 472	361 943	368 490	326 987	352 367
3. 总预算盈余（＋）/赤字（－）	－111 156	－2 338	11 437	－35 499	－42 104
备忘项目					
1. 财政总赤字	515 990	490 190	502 858	512 628	555 649
2. 财政净赤字	514 413	484 750	496 407	501 931	542 290
3. 原发性总赤字	242 840	177 020	128 604	101 274	99 504
	占 GDP 比重				
1. 经常性盈余（＋）/赤字（－）	－4.52%	－3.66%	－3.17%	－2.86%	－2.80%
2. 总盈余（＋）/赤字（－）	－1.27%	－0.02%	0.10%	－0.28%	－0.30%
3. 财政总赤字	5.91%	4.93%	4.46%	4.05%	3.94%
4. 财政净赤字	5.89%	4.87%	4.40%	3.97%	3.84%
5. 原发性总赤字	2.78%	1.78%	1.14%	0.80%	0.71%

资料来源：the Ministry of Finance of the Government of Indian，Indian Public Finance Statistics 2015－16，August 2016，table 2.6，http：//dea.gov.in/datastatistic/public－finance－statistics，印度财政部网站。

五、政府债务

（一）中央和邦债务水平及其变化

2013/2014 财年，印度中央和邦债务 80.0 万亿卢比，占 GDP 的 70.93%。根据预算的预测，2014/2015 财年和 2015/2016 财年，中央和邦债务的数量会略有增加，但债务占 GDP 的比重会有所下降（见表 13－18）。

① the Ministry of Finance of the Government of Indian，Indian Public Finance Statistics 2015－16，August 2016，table2.6，http：//dea.gov.in/datastatistic/public－finance－statistics，印度财政部网站。

历史来看，中央和邦债务从数量上看增长幅度较大，2000/2001 财年债务 15.2 万亿卢比，到 2013/2014 财年已经增加到 80.0 万亿卢比。但是从债务占 GDP 比重来看较为稳定，基本在 70% ~80% 之间。近年来在 2006/2007 财年，债务占 GDP 比重较高，为 84.60%，金融危机期间及之后债务占 GDP 比重一直呈现下降态势。也就是说，金融危机并没有导致印度债务负担的增加，得益于政府对债务状况的关注，债务状况得到了持续改善。①

从债务结构来看，中央和邦债务按政府层级划分分为中央债务、邦债务两大部分，其中中央债务大概占中央和邦债务的 70%，邦债务占 30%，比重多年来较为稳定②。

表 13 -18　中央和邦债务余额及其占 GDP 比重（2011/2012 ~ 2015/2016 财年，截至 3 月底）

单位：千万卢比

项目＼财年	2011/2012	2012/2013	2013/2014	2014/2015（调整数）	2015/2016（预算数）
A. 中央债务	4 517 252	5 070 592	5 670 181	6 278 854	6 874 991
1. 内债	4 347 164	4 893 303	5 485 600	6 084 568	6 669 531
2. 外债	170 088	177 289	184 581	194 286	205 460
B. 邦债务	1 850 369	2 065 434	2 325 454	2 627 726	2 932 287
A + B 汇总	6 367 621	7 136 026	7 995 635	8 906 580	9 807 278
	占 GDP 比重				
A. 中央债务	51.71%	50.95%	50.30%	49.62%	48.73%
1. 内债	49.76%	49.17%	48.66%	48.09%	47.27%
2. 外债	1.95%	1.78%	1.64%	1.54%	1.46%
B. 邦债务	21.18%	20.76%	20.63%	20.77%	20.78%
A + B 汇总	72.89%	71.71%	70.93%	70.39%	69.51%

资料来源：the Ministry of Finance of the Government of Indian, Indian Public Finance Statistics 2015 - 2016, August 2016, table 6.2 & table 6.2 (A), http://dea.gov.in/datastatistic/public - finance - statistics，印度财政部网站。

注：邦债务中不包括中央对邦的贷款。

① the Ministry of Finance of the Government of Indian, Indian Public Finance Statistics 2015 - 16, August 2016, table 6.2 & table 6.2 (A), http://dea.gov.in/datastatistic/public - finance - statistics，印度财政部网站。

② 比重根据表 13 - 18 数据来源计算得出。

（二）中央债务水平及其变化

2013/2014 财年，印度中央债务 56.7 万亿卢比，占 GDP 的 50.30%。根据预算的预测，2014/2015 财年和 2015/2016 财年，中央债务总量还会略有增加，但债务占 GDP 的比重会有所下降（见表 13－18）。

历史来看，中央债务从数量上看增长幅度较大，2000/2001 财年债务 11.7 万亿卢比，到 2013/2014 财年已经增加到 56.7 万亿卢比。但是从中央债务占 GDP 比重来看，债务状况持续改善，债务占 GDP 比重从 1990/1991 财年的 62.67% 一直下降到 2013/2014 财年的 50.30%。同样，金融危机也并没有导致印度中央债务负担的增加，债务状况在持续改善。[①]

从债务结构来看，印度中央债务分为内债和外债两类，其中以内债为主，外债所占比重很低。2013/2014 财年，印度中央债务 56.7 万亿卢比，其中内债 54.9 万亿卢比，占 GDP 的 48.66%，外债 1.8 万亿卢比，占 GDP 的 1.64%。近年来，印度中央债中的内债占 GDP 比重较为稳定并略有下降，外债所占比重也是如此，只是下降得更为显著一些，从较长期看，外债占比下降得更为明显[②]。

六、政府间转移支付

印度财政分为中央和邦两级（见图 13－5），中央指联邦和没有立法机构的中央直辖区，邦指邦和有立法机构的中央直辖区[③]，印度政府间关系如图 13－5 所示。

直到 1871 年，印度仍然实行完全中央集权式政府结构，邦的所有开支都来自中央的拨款。《1919 年印度政府法案》正式划分了中央和邦的收入，导致中央赤字，不得不利用来自邦的转移支付来弥补。

目前印度中央将其收入的 30% 左右用于对邦的转移支付[④]。中央对邦的转移支付主要通过税收分享、拨款以及借款这三种方式来实现（见表 13－19）。中央转移支付中税收分享是最主要的转移支付方式，其次是对邦和中央直辖区的拨款，中央

---

① the Ministry of Finance of the Government of Indian, Indian Public Finance Statistics 2015－16, August 2016, table 6.2 & table 6.2（A）, http://dea.gov.in/datastatistic/public－finance－statistics，印度财政部网站。

② 比重根据表 13－18 数据来源计算得出。

③ Delhi 中央直辖区从 1993－94 财年开始划入邦，之前被列入中央。

④ 这里所述都是指转移支付净值。

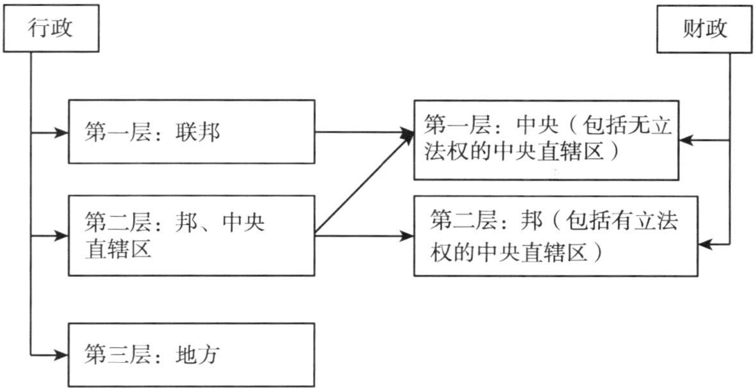

图 13－5　印度行政、财政的层级关系结构

对邦和中央直辖区的净借款的数量相对较小①。

2013/2014 财年，印度中央将其 19.3 万亿卢比收入中的 5.2 万亿（约占中央收入的 26.81%）转移给邦，其中税收分享、拨款以及净借款的金额分别为 3.2 万亿、1.9 万亿和 97.1 亿卢比，分别占中央政府对邦政府转移支付的 62.3%、37.5% 和 0.2%。

历史来看，从 20 世纪 70 年代以来的四十多年里，印度中央对邦的转移支付占中央收入的比重基本在 25%～35% 之间，其中 2004/2005 财年中央对邦转移支付占中央收入的比重最低，为 15.86%，2008/2009 财年中央对邦转移支付占其收入的比重最高，为 38.40%，2010/2011 财年以来，中央转移支付占其收入的比重较为稳定，在 27% 左右②。

经过转移支付的调整后，中央和邦在支出方面基本持平，近年来邦支出的 30% 以上依赖中央的转移支付，依赖程度较高（见表 13－20）。

税收分享是中央对邦转移支付的最重要的一种方式。中央和邦税收收入详情见表 13－21，按照制度的安排，中央税中有部分收入是分享给邦的，中央税收收入的净值是中央税减去分给邦的部分，邦的税收总收入是邦本级税收收入加上中央从中央税收入中分给邦的部分。以 2013/2014 财年为例，中央和邦税收收入共 18.8 万亿卢比，占 GDP 的 16.67%；其中中央税收收入 11.4 万亿卢比，占 GDP 的 10.10%，邦本级税收收入 7.4 万亿卢比，占 GDP 的 6.57%。中央税收入 11.4 万亿卢比中邦的份额为 3.2 万亿卢比，除去邦的份额后，中央税净收入为 8.2 万亿卢比，占 GDP

① 转移支付详情还可参考财政部财政科学研究所，《各国财政运行状况》（2013），中国财政经济出版社 2014 年版，第 244～248 页。

② 资料来源同表 13－19。

表 13－19　　印度中央对邦的转移支付（1970/1971～2015/2016 财年）

单位：千万卢比

	中央政府收入	对邦的转移支付					中央对邦级政府转移支付净值	中央对邦级政府转移支付净值占中央收入的比重
		中央税中邦的份额	中央对邦和中央直辖区的拨款	中央对邦和中央直辖区的借款（总量）	邦和中央直辖区偿还的借款	对邦转移支付汇总（总量）		
	1	2	3	4	5	2＋3＋4	2＋3＋4－5	（2＋3＋4－5）/1
1970/1971	5 506	755	612	1 028	658	2 395	1 737	31.55%
1980/1981	25 507	3 792	2 796	3 146	917	9 734	8 817	34.57%
1990/1991	117 297	14 535	13 293	14 522	4 653	42 350	37 697	32.14%
2000/2001	376 872	51 945	37 684	20 490	11 691	110 119	98 428	26.12%
2010/2011	1 419 724	223 203	157 181	10 299	9 327	390 683	381 356	26.86%
2011/2012	1 360 292	259 412	177 426	10 088	10 754	446 926	436 172	32.06%
2012/2013	1 722 109	294 357	177 708	14 059	9 511	486 124	476 613	27.68%
2013/2014	1 931 790	322 880	194 119	11 090	10 119	528 089	517 969	26.81%
2014/2015（调整数）	1 989 204	342 928	323 923	12 121	9 135	678 972	669 837	33.67%
2015/2016（预算数）	2 255 479	529 648	297 572	12 679	9 372	839 899	830 527	36.82%

资料来源：the Ministry of Finance of the Government of Indian，Indian Public Finance Statistics 2015－16，August 2016，table6.4，http：//dea.gov.in/datastatistic/public－finance－statistics，印度财政部网站。

表 13－20　　中央对邦的转移支付占邦支出的比重（1990/1991～2015/2016 财年）

单位：千万卢比

财　年	中央对邦的转移支付	邦总支出	比重
1990/1991	37 697	81 311	46.4%
2000/2001	98 428	306 689	32.1%
2010/2011	381 356	1 090 665	35.0%
2011/2012	436 172	1 259 447	34.6%

续表

财 年	中央对邦的转移支付	邦总支出	比重
2012/2013	476 613	1 445 003	33.0%
2013/2014	517 969	1 615 870	32.1%
2014/2015（调整数）	669 837	2 168 373	30.9%
2015/2016（预算数）	830 527	2 347 343	35.4%

资料来源：the Ministry of Finance of the Government of Indian，Indian Public Finance Statistics 2015 - 16，August 2016，table6.4 和 table3.1，http：//dea.gov.in/datastatistic/public - finance - statistics.

注：比重为计算得出。

的7.24%，邦本级税收收入加上中央税收入中邦的份额后，邦税收总收入为10.6万亿卢比，占GDP的9.43%。也就是说，中央和邦税收收入中，中央税收入和地方本级税收收入大约是6∶4的关系，中央将其税收收入的约28%分给邦，之后中央税收净收入和邦税收总收入大约是4∶6的关系。

表13-21　　印度中央和邦的税收收入情况

（1990/1991～2015/2016财年）　　单位：千万卢比

项目 / 财年	中央和邦税收收入 A+C	中央税收入 A	中央税中邦的份额 B	中央税收入（净值） A-B	邦本级税收收入 C	邦税收总收入 B+C
1990/1991	87 722	57 577	14 535	43 042	30 145	44 680
2000/2001	305 322	188 605	51 945	136 660	116 717	168 662
2010/2011	1 271 665	793 072	223 203	569 869	478 594	701 797
2011/2012	1 467 891	888 898	259 412	629 486	578 993	838 405
2012/2013	1 716 117	1 036 234	294 357	741 877	679 882	974 239
2013/2014	1 879 142	1 138 733	322 879	815 854	740 409	1 063 288
2014/2015（调整数）	2 098 173	1 251 391	342 928	908 463	846 782	1 189 710
2015/2016（预算数）	2 419 085	1 449 491	529 648	919 843	969 594	1 499 242
	占GDP比重					
1990/1991	14.96%	9.82%	2.48%	7.34%	5.14%	7.62%
2000/2001	14.02%	8.66%	2.39%	6.28%	5.36%	7.75%
2010/2011	16.34%	10.19%	2.87%	7.32%	6.15%	9.02%
2011/2012	16.80%	10.18%	2.97%	7.21%	6.63%	9.60%

续表

项目 财年	中央和邦税收收入 A+C	中央税收入 A	中央税中邦的份额 B	中央税收入（净值） A-B	邦本级税收收入 C	邦税收总收入 B+C
2012/2013	17.25%	10.41%	2.96%	7.46%	6.83%	9.79%
2013/2014	16.67%	10.10%	2.86%	7.24%	6.57%	9.43%
2014/2015（调整数）	16.58%	9.89%	2.71%	7.18%	6.69%	9.40%
2015/2016（预算数）	17.15%	10.27%	3.75%	6.52%	6.87%	10.63%

资料来源：the Ministry of Finance of the Government of Indian，Indian Public Finance Statistics 2015 - 16，August 2016，table 1.7 和 table 1.8，http：//dea.gov.in/datastatistic/public - finance - statistics，印度财政部网站。

七、施政方针与财政改革

（一）面临的优势和挑战

1. 优势

（1）印度是世界上经济增长最快的经济体之一。从2014年5月本届政府执政以来，印度经济运行良好。在本届政府执政的前3年，GDP的平均增速高达7.5%。

（2）印度经济总量居世界前列。印度经济总量（GDP）2.5万亿美元，居世界第7位，与排在第5和6位的法国和英国已经十分接近。另外，以购买力平价计算的GDP看，印度已经成为世界第3大经济体。

（3）印度吸引的国外直接投资不断增长。得益于政府的改革成果，印度吸引的国外直接投资不断增长。

2. 挑战

（1）世界经济增速放缓。根据世界银行的经济增长数据，2016年全球经济增长2.492%，接近2010年以来的最低点，即2012年的2.446%。

（2）美国加息预期。2018年美联储继续调高政策性利率的可能性很大。

（3）贸易保护主义压力的增加。特别是在特朗普成为美国总统以来，政策关注点落在了美国的巨额贸易逆差上，曾经试图征收边境调节税而最终放弃，但是美国政府仍然没有放弃其他努力。目前美国与欧盟、美国与中国、美国与加拿大的贸易摩擦加剧，增加了世界经济和贸易的不确定性。

（二）国家战略和目标

印度要把政府建设成为一个诚实、廉洁和透明的政府。让印度具备可以在艰难条件下做出正确决策和恢复印度经济强劲活力的能力。其施政目标包括减贫、加快基础设施建设、建设强大和自信的新印度。总理莫迪还曾提出“小政府，大治理”的目标，鼓励政府机构实施政策改革、规章制度改革和程序改革。

（三）2018/2019 财年联邦预算概况[①]

1. 联邦预算概览

印度联邦在增加支出的同时坚持财政公平。2018/2019 财年总支出的预算估计数为 24.4 万亿卢比，比 2017/2018 财年总支出经调整后的估计数增加 2.24 万亿卢比，但是总支出占 GDP 比重仍然稳定在 13% 左右，与之前财年相比略有下降（见表 13 – 22）。2018/2019 财年财政赤字在 2017/2018 财年该比重经调整后的估计数 3.5% 的基础上下调 0.2%，占 GDP 的 3.3%。

表 13 – 22　　联邦预算概览（2016/2017 ~ 2018/2019 财年）　　单位：千万卢比

	2016/2017 实际数	2017/2018 预算估计	2017/2018 调整的估计	2018/2019 预算估计
1. 经常性收入	1 505 428	1 515 771	1 505 428	1 725 738
2. 税收收入（中央税收净收入）	1 101 372	1 227 014	1 269 454	1 480 649
3. 非税收入	272 831	288 757	235 974	245 089
4. 资本性收入	600 991	630 964	712 322	716 475
5. 借款的清偿	17 630	11 933	17 473	12 199
6. 其他收入	47 743	72 500	100 000	80 000
7. 借款和其他债务	535 618	546 531	594 849	624 276
8. 总收入（1 + 4）	1 975 194	2 146 735	2 217 750	2 442 213
9. 总支出（10 + 13）	1 975 194	2 146 735	2 217 750	2 442 213
10. 经常性账户支出	1 690 584	1 836 934	1 944 305	2 141 722
其中：				
11. 利息支出	480 714	523 078	530 843	575 795
12. 形成资产的援助拨款	165 733	195 350	189 245	195 345

① The Ministry of Finance of the Government of Indian, Budget At A Glance 2018 – 2019，印度财政部网站 Union Budget 2018 – 19.

续表

	2016/2017 实际数	2017/2018 预算估计	2017/2018 调整的估计	2018/2019 预算估计
13 资本账户支出	284 610	309 801	273 445	300 441
14 经常性赤字（10－1）	316 381 （2.1）	321 163 （1.9）	438 877 （2.6）	416 034 （2.2）
15 实际经常性赤字（14－12）	150 648 （1.0）	125 813 （0.7）	249 632 （1.5）	220 689 （1.2）
16 财政赤字［9－（1+5+6）］	535 618 （3.5）	546 531 （3.2）	594 849 （3.5）	624 276 （3.3）
17 原发性赤字（16－11）	54 904 （0.4）	23 453 （0.1）	64 006 （0.4）	48 481 （0.4）

资料来源：The Ministry of Finance of the Government of Indian，Budget At A Glance 2018－2019，印度财政部网站 Union Budget 2018－19.

注：括号内数值为占 GDP 比重。

2. 联邦收入结构

2018/2019 财年，联邦收入主要由税收收入、非税收入、借款和其他债务以及非债务资本性收入构成，他们占收入的比重分别为 70%、8%、19% 和 3%（参见图 13－6）。税收收入按税种来看，主要有企业所得税、其他所得税、商品和服务税及

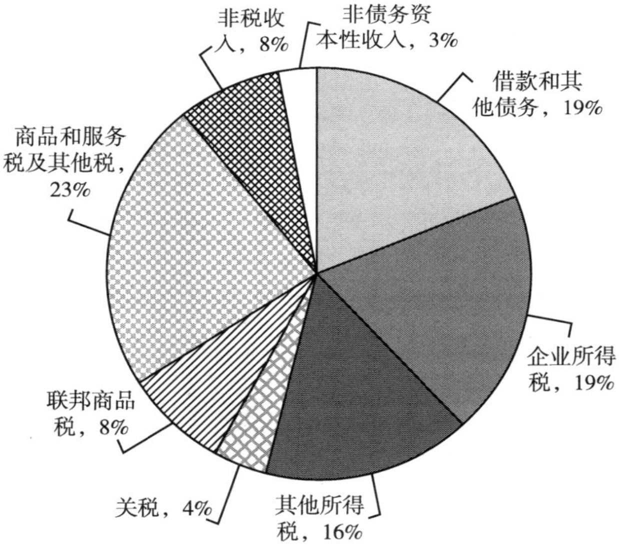

图 13－6　联邦收入结构（2018/2019 财年）

资料来源：The Ministry of Finance of the Government of Indian，Budget At A Glance 2018－2019，印度财政部网站 Union Budget 2018－19。

其他、关税和联邦商品税，这几个税种的税收收入占总收入比重分别为 19%、16%、23%、4% 和 8%。

3. 联邦支出结构

2018/2019 财年，联邦支出主要由中央资助计划、中央部门计划、利息支出、国防、补贴、财政委员会和其他转移支付、应属于邦的税收收入和收费的份额、养老金支出和其他支出构成，他们占总支出的比重分别为 9%、10%、18%、9%、9%、8%、24%、5% 和 8%。

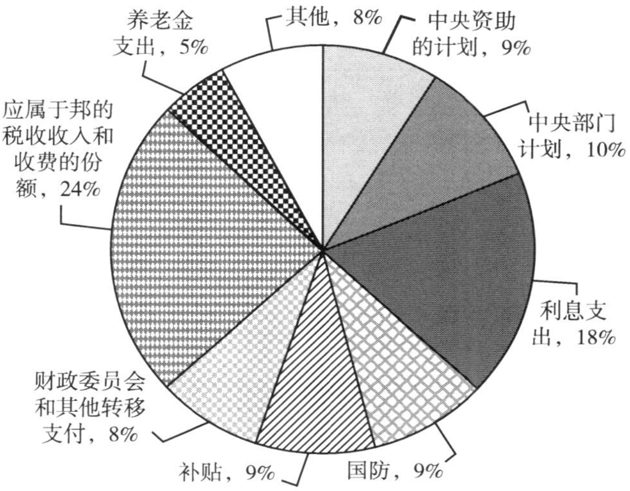

图 13－7　联邦支出结构（2018/2019 财年）

资料来源：The Ministry of Finance of the Government of Indian, Budget At A Glance 2018－2019, 印度财政部网站 Union Budget 2018－19.

（四）重点推进的财政政策和改革措施①

2018/2019 财年印度的预算重点是推进农业、农村、医疗、教育、就业、中小微企业、基础设施建设的发展。

1. 财政管理方面

本届政府在 2014 年 5 月就职时，财政赤字率很高，2013/2014 财年的赤字率为 GDP 的 4.4%。因此总理和本届政府一直把审慎的财政管理和控制赤字放在极其重

① The Ministry of Finance of the Government of Indian, Budget 2018－19 Speech of Arun Jaitley, February 1, 2018, 印度财政部网站 Union Budget 2018/2019.

要的位置。赤字率在本届政府执政期间不断下降，2017/2018 财年调整后的财政赤字估计数为 GDP 的 3.5%，估计 2018/2019 财年该比重会下降到 3.3%。政府已经接受了把财政赤字定为财政目标的建议，把其看作一个主要的财政运行参数。

预算建议接受财政改革和预算管理委员会（the Fiscal Reform and Budget Management Committee）的建议，实施债务规则（the Debt Rule），把中央政府债务占 GDP 比重降到 40%。

2. 支出政策方面

支出方面，预算将继续推进结构性调整，给农民、贫困人群和其他脆弱群体直接的利益，帮助落后地区发展。2018/2019 财年的联邦支出的重点是促进农业和农村的经济发展、对经济不够发达地区提供优良的医疗服务、照顾老年人、促进基础设施建设、与各邦一起为提高国家的教育质量提供更多资金。

（1）农业和农村方面。

政府承诺提高农民福利。总理莫迪宣布，到 2022 年，当印度庆祝独立 75 周年的时候，农民的收入要翻一番。政府决定对所有秋收作物实行最低支持价格（Minimum support price）。最低支持价格至少是生产成本的 1.5 倍，如果农作物的市场价格低于最低支持价格，那么政府会按最低支持价格购买农作物或者通过其他办法让农民以最低支持价格出售农产品。政府将出台价格和需求预测方面的政策和操作办法，例如利用期货和期权市场、扩大仓储系统、出台特殊的进出口措施。本金为 200 亿卢比的"农业基础设施基金"将被用于发展和升级农业市场化的基础设施。政府将大力促进有机农业的发展。政府还将支持高度专业化的医用作物和香料的种植。政府将投入 20 亿卢比资金支持大规模种植和合作社的发展。预算提议将农民信用卡（Kisan Credit Cards）的使用对象扩展到渔民和养殖户，满足他们对资金的需求。预算提议颁布重组的"国家竹任务计划"，提供 129 亿卢比资金促进竹业发展。政府建立"长期灌溉基金"（a Long Term Irrigation Fund），满足灌溉的资金需求。

（2）医疗、教育和社会保障方面。

预算为"国家社会援助计划"（National Social Assistance Programme）安排 997.5 亿卢比资金。政府制定学习绩效指标并实施国家调查，对 2 000 万学生的学习成果进行评估。预算提议对从学前开始到 12 年级提供不间断的教育支持。预算将为教师提供一项综合的培训计划（B. Ed. programme）。国家已经修订了《受教育权法》，130 万没经过培训的教师将接受培训。预算提议增加数字化在教学中的应用，把教育从黑板转到数字化黑板。政府将在大学中推进研究及相关基础设施投资，包括医疗设施投资，预算提议在未来4年总投资1万亿卢比用于“教育创新基础设施和体系2022”。政府将启动“总理奖学金”计划，每年将从大学中选1 000名最优秀的毕业生，为他们提供优厚的奖学金资助他们取得博士学位。《国家医疗政策2017》提出，医疗和健康中心是印度医疗体系的基础，预算将支持15万个这样的中心就近为当地患者提供医疗服务。在2018/2019财年，120亿卢比的资金将用于这些中心。政府关注因病致贫现象，目前Rashtriya Swasthya Bima Yojana（RSBY）计划每年将为贫困家庭提供最高3万卢比的补贴，一些邦也通过相应的医疗计划提供类似的医疗补贴。政府还将制定“国家医疗保障计划”（National Health Protection Scheme），该计划将为超过1亿的贫困和脆弱家庭（预计受益人有5亿）提供每个家庭每年不超过50万卢比的二级和三级医院医疗补贴。

（3）中小微企业和就业方面。

预算提议379.4亿卢比用于为中小微企业提供信贷支持、投资和利息补贴和创新资金。预算提议修订《雇员缴纳基金和相关规定法》（the Employees Provident Fund and Miscellaneous Provisions Act），把女性雇员就业前3年缴费比率下调到8%。按照Pradhan Mantri Kaushal Kendra计划，政府将在每个区成立一个就业技能示范中心。2018/2019财年，政府将为纺织部门提供714.8亿卢比的资金。

（4）基础设施和金融发展方面。

国家需要总额超过50万亿卢比的基础设施建设资金用于公路、机场、铁路、港口和内河水道建设以及提供高质量的公共服务。仅PRAGATI网络监控体系一项，就需要9.46万亿卢比的设备投入。为加强国防建设，印度正在进行边境地区的基础设施建设。已经完成了Rohtang隧道建设，实现了与Ladakh地区在任何气候条件下的互联互通，超过14公里的Zozila Pass隧道的建设合约在顺利进行中，预算还提议建设Sela Pass隧道。为促进旅游和发展紧急医疗服务，政府将支持水上飞机投资。政府为支持城市发展提出了两项互为相关的计划——“智慧城市任务”（Smart Cities Mission）和AMRUT。其中智慧城市任务预计建设100个智慧城市，已经选出了99个城市，总支出2.04万亿卢比。

（5）机制建设和改善公共服务方面。

自2014年就任以来，本届政府重点推进了国防力量的现代化和实战能力建设，预算优先保障国防支出。印度已经允许私人投资国防产品，也允许了国外直接投资自由投资该领域，还将采取措施开发2个国防工业产品生产渠道，还将出台产业友好的《国防产品政策2018》（Defence Production Policy 2018）促进国内的公共部门、私人部门和中小微企业提供国防产品。政府要求每个企业，无论大小，都需要建立一个唯一的身份识别号，政府将开发一个方案为每家企业编一个唯一的识别号。为促进商业发展，印度政府确定了372个特别的商业改革行动，所有邦都进行了相应的改革和实施了商业简化措施，政府还将对其实施效果进行绩效评估。

3. 税收政策方面

（1）直接税方面。

印度直接税收入占比有大幅增加，为了增进税收依从度，政府对年收入不到2 000万卢比的小企业主实施了推定所得计划，对年收入低于500万卢比的专业人士也实施了类似的计划。政府还实施了多项针对性的税收政策，主要包括：

①针对农作物加工的税收激励政策。

目前，政府对从事初级农产品生产的合作社给予了全额税收扣除。为了鼓励农产品收割后价值的增值，预算提议对登记的农民生产合作社（Farmer Producer Companies）中年收入低于10亿卢比、利润主要来自提升作物附加值的从2018/2019财年开始，给予5年的全额税收扣除。

②中小微企业税收支持政策。

政府已经将2015/2016财年收入低于5亿卢比的企业适用的企业所得税税率降至25%。填写纳税申报单的企业中的96%都享受到了这项税收优惠。预算提议将这项税收优惠政策惠及到2016/2017财年收入低于25亿卢比的企业。如果该项政策得以实施，那么将惠及所有的中小微企业，填写纳税申报单的企业中的99%将享受到这项税收优惠。估计这项税收优惠的幅度在2018/2019财年将达700亿卢比。

③减轻工薪阶层的税收负担。

政府在过去的3年中实施了很多降低个人所得税税率的措施，因此预算提议不再下调税率。社会中有这样的现象，即做生意的人比拿工资的人收入更高。但是所得税征缴数据表明，所得税收入主要由拿工资的人缴纳。为减轻依赖工资生活的人们的税收负担，预算提议用4万卢比的标准扣除替代目前的交通扣除和医疗费扣除。但是残疾人的交通扣除还应该继续实施，同样雇员住院缴纳的住院费的医疗费扣除也应该继续实施。

④减轻老年人的税收负担。

政府把个人在银行和邮政的存款的利息所得的免税额从1万卢比提高到5万卢比。政府还把医疗保险缴费和（或）医疗支出税收抵扣的限额从3万卢比提高到5万卢比。此外，政府还把针对老年人和针对高龄老人患某些重大疾病的医疗支出的税收抵扣分别从6万和8万卢比都提高到10万卢比。

⑤对建设国际金融服务中心的税收激励政策。

为支持建设世界级别的国际金融服务中心，为刺激国际金融服务中心的股票交易活动，预算提议免除非居民进行衍生金融产品和某些证券交易应缴纳的资本利得税。

⑥医疗和教育税取代教育税。

目前，印度在个人所得税和企业所得税税基上按3%的税率征收教育税，其中征收的2个百分点的税收收入用于小学教育，1个百分点的税收收入用于初中和高中教育。预算提议把该税替换成税率为4%的“医疗和教育税”（Health and Education Cess），这样将再增加1 100亿卢比的收入。

（2）间接税方面。

①商品和服务税改革。

随着商品和服务税的引入，印度的间接税体系更为简化。2018/2019财年预算是商品和服务税推开的第一个财年，大部分商品税（excise duties）和服务税并入了商品和服务税，进口税也是如此。随着商品和服务税的铺开，预算提议将商品和关税中央委员会（Central Board of Excise and Customs）的名称改为间接税和关税中央委员会（Central Board of Indirect Taxes and Customs）。

②调整部分关税的税率。

过去的20年里，印度对关税一直推行减税策略，但是现在印度准备有所改变。为促进特定行业的国内商品价值的增值和促进国内生产，预算提议把手机的关税从15%提高到20%，对一些零配件的关税提高到15%，电视的某些部件的关税提高到15%。为帮助国内腰果加工业的发展，预算提议把生腰果关税从5%下调到2.5%。预算提议废除对进口商品征收的教育税和初高中教育税，并征收“社会福利费”作为替代，在进口关税税基上按10%的比率征收，为政府的社会福利计划提供资金。预算建议以前对进口免征教育税的继续免征社会福利费。另外，对部分特殊商品按3%的比率征收社会福利费。

主要参考文献

[1] 中国外交部，《印度国家概况》，中国外交部网站，2017年9月更新。

[2] The Ministry of Finance of the Government of Indian，Economic Survey 2012－13，印度财政部网站。

[3] The Ministry of Finance of the Government of Indian，Economic Survey 2017－18，January 2018，印度财政部网站。

[4] The Ministry of Finance of the Government of Indian, Indian Public Finance Statistics 2015 - 16, August 2016，印度财政部网站。

[5] The Ministry of Finance of the Government of Indian, An Economic and Functional Classification of the Central Government Budget 2015 - 16, 06th June 2016，印度财政部网站。

[6] The Ministry of Finance of the Government of Indian, Budget At A Glance 2018 - 2019，印度财政部网站 Union Budget 2018 - 19。

[7] The Ministry of Finance of the Government of Indian, Budget 2018 - 19 Speech of Arun Jaitley, February 1, 2018，印度财政部网站 Union Budget 2018 - 19。

附录　G20 与中国

一、何为 G20

2016 年 G20 峰会在中国的杭州召开，给国民留下了深刻的印象。实际上，G20 是重要的全球论坛之一，在国际经济和全球治理舞台上发挥着重要作用。

（一）重要的全球论坛

G20 是 20 国集团论坛的简称，是世界上主要经济体的重要论坛，旨在寻求全球性政策以应对当前面临的主要挑战。G20 由 19 个国家和欧盟组成，这 19 个国家为阿根廷、澳大利亚、巴西、加拿大、中国、法国、德国、印度、印度尼西亚、意大利、日本、韩国、墨西哥、俄罗斯、沙特阿拉伯、南非、土耳其、英国和美国。

（二）缘起

G20 源于 1999 年的七国集团（G7）的财长和央行行长会议。在这次会议上他们认识到需要一个更具包容性和代表性的组织，才能更好地应对全球金融危机的挑战。G7 邀请包含发达国家和发展中国家的主要经济体组成了一个新的部长级论坛：G20。

2008 年，全球金融危机爆发，各国认识到需要一个更高层次的对话协商机制。从此，G20 峰会由各国元首或政府首脑参加，G20 成为稳定世界经济的重要机制。从此，G20 的议程扩展到金融市场、国家贸易和发展政策等方面。

（三）全球影响

G20 成员国拥有全球 2/3 的人口、85% 的全球经济总量、80% 的全球投资和

75%的国际贸易。在G20会议上，重要的国际组织、非成员国和相关组织被邀请参加会议，这极大地拓展了G20的政策功能和政策影响。

（四）G20会议和峰会

G20年会有50多场会议，包括部长会议、外交部特使会议（夏尔巴会议）、央行行长会议和世界领导人会议。这些会议以各国元首和政府首脑参加的领导人峰会为高潮，他们在峰会上会发表G20联合宣言。例如：

——在2017年汉堡G20峰会上，世界各国领导人同意限制保护主义，致力于建立以规则为基础的国际贸易体系，促进各国分享全球化带来的利益。

——在2016年杭州G20峰会上，各国领导人同意扩大G20的作用，在避税问题上建立更多的全球合作，并促进国际合作，促进绿色债券的跨国投资。

（五）G20的两条轨道：财金轨道和夏尔巴轨道

财金轨道包括与G20财长和央行行长及其代表的所有会议。他们全年多次召开会议，重点讨论财政、金融和经济问题，如货币、财政和汇率政策、基础设施投资、金融监管和国际税收协调等。

夏尔巴轨道讨论的问题更为广泛，包括政治参与、反腐败、发展、贸易、能源和气候变化、两性平等等。每个G20国家在其会议上由其相关部长和指定的夏尔巴人或使者代表出席。夏尔巴代表各自国家的领导人参与规划、谈判和执行任务。

（六）承办国和三驾马车

每年，当一个新的国家担任主席国（如2018年为阿根廷），它将与上一个主席国（2017年为德国）和下一个主席国（2019年为日本）联合工作，这种机制称为三驾马车，这么做的目的是为了保持G20行动的一致性和连续性。

G20主席国每年在该组织的19个成员国之间轮流担任。由于G20没有总部或常任工作人员，因此由G20主席国主持会议，并在制定议程和在推动成员之间建立共识方面发挥主导作用。

（七）国际组织和外围机制

为了扩大G20的范围和影响，并确保其聚焦全球性问题，G20会议邀请联合国（UN）、国际货币基金组织（IMF）和世界银行等主要国际组织参加。

此外，G20还建立了一些外围机制，以增强G20的合法性和代表性。G20已经先后建立了以下外围组织，分别是工商20峰会（B20）、智库20峰会（T20）、青年20峰会（Y20）、劳工20峰会（L20）、科学20峰会（S20）、市民社会20峰会（C20）和妇女20峰会（W20）。这些外围组织的参与者不仅仅局限于G20成员方，具有非常广泛的代表性，也弥补了G20机制的合法性不足问题。

二、历次峰会主要成果

从2008年以来，G20每年举行峰会，对于维护世界经济稳定、促进全球有效治理发挥了重要作用。

（一）2008年华盛顿峰会

2008年11月15日，G20在美国华盛顿举行第一次峰会。峰会就各国合作应对国际金融危机、维护世界经济稳定达成重要共识，通过了47条金融领域改革行动计划。

（二）2009年伦敦峰会

2009年4月2日，G20在英国伦敦举行第二次峰会。峰会出台总额1.1万亿美元的全球经济复苏和增长计划，向国际社会发出了团结一致和合作应对国际金融危机的强有力信号，提振了市场信心。

（三）2009年匹兹堡峰会

2009年9月24日，G20在美国匹兹堡举行第三次峰会。峰会确立G20作为国际经济合作主要论坛的地位，确定世界银行和国际货币基金组织两大金融机构量化改革目标，启动“强劲、可持续、平衡增长框架”以及相互评估进程，并就二十国集团领导人峰会机制化等达成重要共识。

（四）2010年多伦多峰会

2010年6月26日，G20在加拿大多伦多举行第四次峰会。峰会为促进世界经济复苏和妥善应对欧洲主权债务危机发挥积极作用，要求在11月首尔峰会前完成国际货币基金组织份额改革，同时为发达国家削减赤字和公债设定了量化指标和时间表。

（五）2010 年首尔峰会

2010 年 11 月 12 日，G20 在韩国首尔举行第五次峰会。峰会完成了世界银行和国际货币基金组织量化改革目标，就全球经济失衡制定“参考性指南”达成原则共识，并将发展问题列为 G20 长期议题。

（六）2011 年戛纳峰会

2011 年 11 月 3 日，G20 在法国戛纳举行第六次峰会。峰会承诺继续加强宏观经济政策协调，通过促进增长和就业行动计划，就建立更为稳定和抗风险的国际货币体系、改革全球经济治理达成重要共识，对应对欧债危机和促进世界经济复苏发挥了重要作用。会议还确定 2013 年、2014 年、2015 年峰会主办国分别为俄罗斯、澳大利亚、土耳其。

（七）2012 年洛斯卡沃斯峰会

2012 年 6 月 19 日，G20 在墨西哥洛斯卡沃斯举行第七次峰会。峰会承诺致力于保增长、促就业、促稳定，继续支持欧洲国家处理好主权债务问题。为确保国际货币基金组织拥有足够资源应对世界经济领域的风险，不少国家在会上宣布参与国际货币基金组织的增资。峰会还在加强国际金融体系、贸易、发展等方面达成积极共识。

（八）2013 年圣彼得堡峰会

2013 年 9 月 5 日，G20 在俄罗斯圣彼得堡举行第八次峰会。峰会决定加强宏观经济政策协调，改革国际金融体系，反对贸易保护主义，共同促进世界经济复苏，特别是决定建设开放型世界经济，把不采取贸易保护主义措施的承诺延长至 2016 年。各方关注发达国家宽松货币政策的外溢效应，呼吁有关国家采取负责任的政策，调整货币政策时同各方加强沟通。

（九）2014 年布里斯班峰会

2014 年 11 月 15 日，G20 在澳大利亚布里斯班举行第九次峰会。峰会以“增长、就业和抗风险”为主题，主要讨论世界经济形势、全面增长战略、经济改革、就业、国际贸易、能源等议题。峰会决定加强宏观经济政策协调，建设开放型世界经济，反对保护主义，增加基础设施投资，完善全球能源治理，致力于实现未来5年二十国集团整体经济增长在当前政策水平上额外提高2%以上的目标。

（十）2015年安塔利亚峰会

2015年11月15日G20峰会在土耳其安塔利亚举行会议，决定采取共同行动，以实现包容和稳健增长，增加人民福祉。会议坚定致力于创造更多、更高质量就业，促进全球强劲、可持续和平衡增长。会议强调要推进包容性增长和增强信心，需要运用所有政策工具并同关键利益攸关方紧密互动。会议强调围绕3个支柱制定了全面议程，即坚定落实已有承诺、促进投资增强增长动力、提高行动的包容性以确保共享增长红利。

（十一）2016年杭州峰会

2016年9月4日G20峰会在中国杭州召开。峰会形成了推动世界经济强劲、可持续、平衡和包容增长的一揽子政策和措施形成“杭州共识”，在结构性改革、国际贸易与投资、发展等方面达成G20史上开创历史，规划了未来世界经济发展方向，提出了详尽的保障措施，将有力推动世界经济走上强劲、可持续、平衡、包容增长的轨道，有力推动G20从危机应对机制向长效治理机制转型。

（十二）2017年汉堡峰会

2017年7月7日G20峰会在德国汉堡召开。峰会以“塑造互联世界”为主题，与会各国领导人围绕贸易、金融、数字经济、能源、气候变化、难民移民、反恐等重大全球性议题展开讨论。峰会强调应对当今世界挑战，塑造联动世界是二十国集团作为经济合作主要平台的共同目标，承诺在杭州峰会成果的基础上，坚持开放经济，增进贸易交流，发挥数字化潜力，推动可持续发展，与非洲国家建立伙伴关系，支持非洲发展，实现可持续、平衡和包容增长，塑造全球化，造福全人类。但峰会未能就气候变化《巴黎协定》达成一致。

三、G20杭州峰会

2016年，G20峰会在杭州召开，峰会发布了《二十国集团领导人杭州峰会公报》。公报成果非常丰富，充分反映了中国提出的“构建创新、活力、联动、包容的世界经济”的主题，充分吸纳了习近平主席提出的“中国主张”，在结构性改革、国际贸易与投资、发展等方面达成 G20 史上多个“第一次”。

（一）“杭州共识”

在杭州峰会上，G20 作为国际经济合作主要论坛，同意根据以下原则，就推动世界经济强劲、可持续、平衡和包容增长的一揽子政策和措施形成“杭州共识”：

——放眼长远。G20 将完善 G20 增长议程，发掘增长新动力，开辟新增长点，以创新和可持续的方式推动经济转型，更好地维护当代和子孙后代共同利益。

——综合施策。G20 将创新经济增长理念和政策，财政、货币和结构性改革政策相互配合，经济、劳动、就业和社会政策保持一致，需求管理和供给侧改革并重，短期政策与中长期政策结合，经济社会发展与环境保护共进。

——扩大开放。G20 将继续努力建设开放型世界经济，反对保护主义，促进全球贸易和投资，加强多边贸易体制，确保全球化背景下的经济增长提供惠及更多人的机遇、得到公众普遍支持。

——包容发展。G20 我们将确保经济增长的成果普惠共享，满足各国和全体人民尤其是妇女、青年和弱势群体的需要，创造更多高质量就业，消除贫困，解决经济发展中的不平等现象，不让任何国家、任何人掉队。

（二）“杭州行动计划”

G20 在落实增长战略方面取得了新进展，但仍有大量工作需要推进。迅速和全面落实增长战略对于支持经济增长和实现布里斯班峰会制定的共同增长雄心仍然十分关键，G20 正在明确落实增长战略措施的优先顺序。为此，G20 制订了《杭州行动计划》并更新增长战略，包括新的和调整的宏观经济及结构性政策措施，发挥二者相互支持以共同促进增长的作用。G20 还将致力于减少过度失衡，并在追求经济增长的过程中提升包容性和减少不平等。

杭州行动计划列出了 G20 将要遵循的战略，以促进强劲和更加广泛的经济增长，实现所有人共享的发展成果。在过去承诺的基础上，行动计划中列出的新承诺旨在开辟一条通往强劲、可持续、平衡和包容性增长的清晰道路。行动计划包含许多将在未来几年采取的政策行动，其中一些是短期内促进经济增长和创造就业的宏观经济政策措施，其他一些是中长期预计可提高经济生产率和生活水平的结构性改革措施，还有一些政策旨在确保我们追求的短期和中期增长在面临突发情况时更具韧性，更可持续，能更大力度地支持自然环境，以及可更公平地分享。

——强化短期经济增长和稳定。虽然自全球金融危机爆发以来，全球经济出现改观，但G20仍对全球经济复苏差强人意表示担忧。全球经济环境充满挑战，下行风险犹存，尤其是大宗商品价格波动以及许多发达经济体的通胀水平处于低位。金融市场的波动性依旧高企，经济重构、地缘政治冲突、恐怖主义和难民流动继续使全球经济环境复杂化。G20正在使用货币和财政政策增强信心，促进经济增长和稳定。G20认识到需求侧措施在支持经济活动中的重要作用及其对结构性改革的补充作用。

——促进中期实际与潜在增长。为促进中期实际和潜在增长，G20正在进一步推进结构性改革，包括通过为战略性基础设施投资奠定基础，以及共同建设一个公平而高效的国际税收体系的方式。一是深化结构性改革议程。结构性改革是推动中长期经济增长的重要动力，在有力的宏观经济政策框架配合下，能够提振信心、刺激需求、创造就业并促进短期经济增长。G20制定了涵盖九大优先领域的深化结构性改革议程，其中包括各优先领域的指导原则和指标体系（详见《G20深化结构性改革议程》）。不同国家结构性改革的具体重点不尽相同，各国将集中关注与自身改革最密切相关的领域。成员国可以将优先领域与指导原则用于指导今后的政策改革，包括用于更新增长战略。指标体系包括政策指标和产出指标等，旨在帮助评估和监测结构性改革的进展，以及这些改革措施是否足以应对结构性挑战。G20承诺继续落实和完善《G20深化结构性改革议程》。二是提振和加强基础设施投资。不论是公共部门还是私营部门的基础设施支出对于促进总需求、拉动额外的私营部门投资、推动供给侧结构性改革、实现更加强劲、平衡、可持续和包容性增长至关重要。G20鼓励11家多边开发银行履行其在“支持基础设施投资行动的联合愿景声明”中所做的承诺。G20支持开发银行在各自职能范围内制定高质量基础设施项目量化目标，最大限度地提高基础设施项目质量、加强项目储备、增进新老多边开发银行的合作并动员私人投资。G20强调，高质量基础设施投资对于确保经济效率非常重要，其综合了考虑生命周期成本、安全性、抗自然灾害的韧性、创造就业机会、能力建设以及根据共同同意的条件转移知识和专业技能，同时处理好项目的社会和环境影响，并与经济和发展战略相一致。三是税收政策促增长。税收政策对于实现强劲、可持续和平衡经济增长发挥着关键作用。G20强调有效的税收政策工具对供给侧结构性改革、推动创新和包容性增长的重要作用。G20也强调有必要提高税收确定性，以支持跨境贸易与投资。G20支持国际税收合作，构建公平、高效的国际税收环境，以减少税收体系之间的冲突并推动实现强劲、可持续和平衡经济增长。G20要求OECD与IMF就促进创新驱动的包容性增长、提高税收确定性的税收政策起草报告。同时，G20注意到中国将通过建立一个致力于国际税收政策设计与研究的国际税收政策研究中心贡献自己的力量。

——使增长更具韧性、可持续和平衡。除了那些在短期和中期促进更强劲增长的政策措施外，G20还采取行动以确保经济增长将提高金融部门的韧性以应对冲击，促使G20的人民群众享受到更广泛的、量身定制的金融服务，为环境友好型项目提供更多融资，以及减少持续的、过度的内部和外部失衡。

——构建更加繁荣的未来。全球增长创造了巨大的收益。G20的增长也将为发展中国家和低收入国家带来正面的溢出效应。G20也认识到需要减少国内政策措施对于其他国家的负面溢出效应。G20需要加倍努力，保证未来全球增长的收益被更多的人群所分享，以提高国家内和国家间的包容性。G20需要证明G20推动经济增长的政策实际上将使得更多人群受益，增长应该更具包容性，这样政策措施才能获得更加广泛的支持。特别是，G20应努力确保自由贸易、全球化、更广泛的全球联通性为包容性的、被更加广泛分享的经济增长做出贡献，并有效地宣传其好处。全球经济会继续受到不可预见事件的影响，有可能产生令人失望的负面经济和社会效应。G20有责任保护已经取得的成果，预防对于增长前景的损害。因此，G20应更加努力，通过增加经济增长目标和政策工具的韧性，来管理不确定性。

（三）创新行动计划

杭州峰会首次将创新纳入G20议程并作为第一主题，将“创新增长方式”作为重点议题。峰会上，各成员将就制定《G20创新增长蓝图》达成共识，出台《G20创新行动计划》，并在新工业革命、数字经济等领域制定具体行动计划。

——协同。G20鼓励增强各成员国创新体系内各创新主体及相关利益攸关方间的协同合作，构建活力、合作、包容的创新生态系统。为了推动创新创业，G20充分认识到一个开放透明、广泛参与、非歧视性法律、法规和政策框架的重要性，支持市场竞争、可预测性以及良好的基于实证的政策制定和监管问责机制。

——合作。G20同意通过政策对话、共享最佳实践和经验以及推动合作应对共同挑战来鼓励创新合作。G20也充分意识到工商界在创新创业中发挥的重要作用，包括公私伙伴关系以及大型企业与中小企业间的伙伴关系。

——开放。G20支持在各方同意的情况下，自愿推动知识扩散和技术转移。据此，G20支持采取适当措施，推动开放科学，在可找寻、可访问、可交互、可再用（FAIR）的原则下，提高获取公共财政资助研究成果的便利。此外，G20还强调在更为开放的贸易和投资体制下，通过知识产权保护和提高公众科学素养对推动创新的重要性。

——包容。G20致力于依靠包容创新，尽最大可能，为包括妇女、青年和老年人在内的所有人创造教育和其他机遇，消除极端贫困、减少不平等和社会排斥现象。G20鼓励采取行动，提高发展中国家的科技创新能力，实现全球可持续发展。

——创意。G20鼓励建立创新生态体系，支持创意与科技创新的结合，鼓励大众创业、万众创新，促进经济增长，创造就业。G20还认识到支持大众创新是鼓励创新的有效方法。

四、德国汉堡峰会上的中国声音

2017年7月8日，国家主席习近平出席G20汉堡峰会并发表题为《坚持开放包容，推动联动增长》的讲话，强调二十国集团要坚持开放型世界经济大方向，共同为世界经济增长发掘新动力，携手使世界经济增长更加包容，继续完善全球经济治理，推动联动增长，促进共同繁荣，向着构建人类命运共同体的目标迈进。

习近平指出，当前世界经济出现向好势头，有关国际组织预计，今年世界经济有望增长3.5%。这是近年来最好的经济形势。有这样的局面，同二十国集团的努力分不开。同时，世界经济中的深层次问题尚未解决，仍然面临诸多不稳定不确定因素。面对挑战，杭州峰会提出了二十国集团方案：建设创新、活力、联动、包容的世界经济。汉堡峰会把“塑造联动世界”作为主题，同杭州峰会一脉相承。我们要共同努力，把这些理念化为行动。

习近平强调，我们要坚持建设开放型世界经济大方向。这是二十国集团应对国际金融危机的重要经验，也是推动世界经济增长的重要路径。国际组织当前调高世界经济增长预期，一个重要原因就是预计国际贸易增长2.4%、全球投资增加5%。我们要坚持走开放发展、互利共赢之路，共同做大世界经济的蛋糕。作为世界主要经济体，我们应该也能够发挥领导作用，支持多边贸易体制，按照共同制定的规则办事，通过协商为应对共同挑战找到共赢的解决方案。

习近平强调，我们要共同为世界经济增长发掘新动力。这个动力首先来自创新。研究表明，全球95%的工商业同互联网密切相关，世界经济正在向数字化转型。我们要在数字经济和新工业革命领域加强合作，共同打造新技术、新产业、新模式、新产品。这个动力也来自更好解决发展问题，落实2030年可持续发展议程。这对发展中国家有利，也将为发达国家带来市场和投资机遇，大家都是赢家。杭州峰会就创新和发展达成重要共识，有关合作势头在德国年得以延续，下一步要不断走深、走实。

习近平强调，我们要携手使世界经济增长更加包容。当前，世界经济发展仍不平衡，技术进步对就业的挑战日益突出。世界经济论坛预计，到2020年，人工智能将取代全球逾500万个工作岗位。二十国集团的一项重要使命，就是本着杭州峰会确定的包容增长理念，处理好公平和效率、资本和劳动、技术和就业的矛盾。要继续把经济政策和社会政策有机结合起来，解决产业升级、知识和技能错配带来的挑战，使收入分配更加公平合理。二十国集团应该更加重视在教育培训、就业创业、分配机制上交流合作。这些工作做好了，也有利于经济全球化健康发展。

习近平强调，我们要继续完善全球经济治理。国际金融危机爆发以来，二十国集团在加强宏观政策协调、改革国际金融机构、完善国际金融监管、打击避税等方面取得积极成果，为稳定金融市场、促进经济复苏做出了重要贡献。下一步，我们要在上述领域继续努力，特别是要加强宏观政策沟通，防范金融市场风险，发展普惠金融、绿色金融，推动金融业更好地服务实体经济发展。

主要参考文献

[1] 二十国集团领导人杭州峰会公报。

[2] 2016年二十国集团创新行动计划。

[3] 杭州行动计划。

[4] 二十国集团创新增长蓝图。

[5] 二十国集团领导人安塔利亚峰会公报。

[6] 习近平在G20德国汉堡峰会上的讲话：《坚持开放包容　推动联动增长》。

[7] G20 Leaders' Declaration, Shaping an interconnected world, Hamburg, 7/8 July 2017.

后　　记

2018 年，中国财政科学研究院外国财政研究中心继续开展“各国财政运行状况”跟踪研究，这本《世界主要国家财政运行报告（2018）》，是我们对美国、英国、德国、法国、日本、韩国、印度、巴西、俄罗斯、南非等 12 个 G20 成员国的 2018 年度财政运行分析报告。

全书共分为七篇十三章，各章作者如下：

第一章总论：傅志华、马洪范、李成威、景婉博、于雯杰、陈龙；第二章英国：李欣；第三章德国：张东明；第四章法国：于雯杰；第五章俄罗斯：白忠涛；第六章美国：景婉博；第七章加拿大：刘翠微；第八章巴西：王美桃；第九章澳大利亚：于雯杰；第十章南非：刘翠微；第十一章日本：李三秀；第十二章韩国：景婉博；第十三章印度：李欣；附录 G20 与中国：李成威。

本书是集体研究成果，虽然我们竭尽全力，但不当之处在所难免，敬请各位专家批评指正！

外国财政研究中心　马洪范

2018 年 9 月 12 日

图书在版编目（CIP）数据

世界主要国家财政运行报告．2018／中国财政科学研究院著．—北京：中国财政经济出版社，2018．12

（中国财政科学研究院年度智库报告）

ISBN 978－7－5095－8691－4

Ⅰ．①世…　Ⅱ．①中…　Ⅲ．①财政管理体制－研究报告－世界－2018　Ⅳ．①F811．2

中国版本图书馆 CIP 数据核字（2018）第 273963 号

责任编辑：胡　博　庄　莉　　　　责任校对：杨瑞琦

封面设计：王　颖

中国财政经济出版社 出版

URL：http：//www．cfeph．cn

E－mail：cfeph @ cfeph．cn

社址：北京市海淀区阜成路甲 28 号　邮政编码：100142

营销中心电话：010－88191537　北京财经书店电话：64033436　84041336

北京财经印刷厂印装　各地新华书店经销

787×1092 毫米　16 开　25．25 印张　454 000 字

2018 年 12 月第 1 版　2018 年 12 月北京第 1 次印刷

定价：96．00 元

ISBN 978－7－5095－8691－4

（图书出现印装问题，本社负责调换）

本社质量投诉电话：010－88190744

打击盗版举报热线：010－88191661、QQ：2242791300